旅游市场营销

LUYOU SHICHANG YINGXIAO

主 编 吴旭云

上海交通大学出版社
SHANGHAI JIAO TONG UNIVERSITY PRESS

内容提要

本书按照应用型旅游人才培养目标,以"原理先行、案例跟进、实训同步、综合提高"的原则分为五大模块十五个项目任务进行编写。每一模块设立知识和技能目标,按照基本理论学习、案例和相关知识拓展、实践技能训练、复习小结、思考与习题等部分展开。本书在讲述营销理论的同时,结合行业发展的实际,引入营销实战模块,加入了新媒体营销、定制旅游营销以及主题旅游产品策划等内容,通过简明的理论、丰富的案例、多样的训练、适当的习题及回顾,使"旅游市场营销课程"融通俗性、可读性、应用性于一体,体现"教、学、做、评"合一的课程特点。

本书各模块可根据实际情况灵活选用,适合于各类旅游应用型本科及高职院校作为教材使用,也可以作为行业相关岗位培训用书,还可作为旅游类专业教师教学的参考用书。

图书在版编目(CIP)数据

旅游市场营销 / 吴旭云主编. —上海:上海交通
大学出版社,2020(2024重印)
ISBN 978 - 7 - 313 - 23978 - 5

Ⅰ. ①旅⋯ Ⅱ. ①吴⋯ Ⅲ. ①旅游市场—市场营销学
—高等学校—教材 Ⅳ. ①F590.8

中国版本图书馆 CIP 数据核字(2020)第 207634 号

旅游市场营销
LÜYOU SHICHANG YINGXIAO

主　　编:吴旭云
出版发行:上海交通大学出版社　　　　　　地　　址:上海市番禺路 951 号
邮政编码:200030　　　　　　　　　　　　电　　话:021 - 64071208
印　　制:浙江天地海印刷有限公司　　　　经　　销:全国新华书店
开　　本:787 mm×1092 mm　1/16　　　　印　　张:16.25
字　　数:404 千字
版　　次:2020 年 12 月第 1 版　　　　　　印　　次:2024 年 2 月第 3 次印刷
书　　号:ISBN 978 - 7 - 313 - 23978 - 5
定　　价:49.00 元

前　言

目前,我国旅游产业新的发展阶段已经到来。在移动互联网的大背景下,传统旅游营销模式正经历着前所未有的变化,通信与信息技术的融合以及以游客互动体验为主的旅游营销模式成为今后发展的大方向,旅游产品需求逐渐转向"定制化"和"多样化",旅游产品在线销售成为旅游营销的重要构成。以上变化都对"旅游市场营销课程"的教学和相关的教材编写提出了新的挑战。

作为全国唯一一所旅游类示范性高职高专院校和文化与旅游部旅游职业教育校企合作示范基地,长期以来,上海旅游高等专科学校一直结合旅游产业的变化开展相关旅游营销实训课程的开发,以学生营销技能的获得和综合素质的养成为根本,不断在具体教学内容和实训项目设置方面进行调整创新。2020年,结合本校旅游管理专业入选上海市高职院校一流专业建设的契机,按照应用型旅游人才培养目标,我校在原有校本教材的基础上积极获取行业资源,通过与携程旅游学院等相关校企合作企业共同编写教学案例及实训项目等形式进行了教材内容的重新构造,按营销知识的纵向铺垫为经线、业务实践的横向穿插为纬线,以项目任务的形式把全书分为五个模块十五个项目任务,每一模块设立知识和技能目标,按照基本理论学习、案例和相关知识拓展、实践技能训练、复习小结、思考与习题等部分依次展开,并在教材中融入互联网市场调研及细分、营销策略设计、主题旅游产品策划、新媒体营销等符合当前行业动态的实践内容,形成了自身特有的教材结构体系并结集成书。

本书由吴旭云教授主编,全书内容吸收了旅游市场营销课程的历届专任教师王缇萦、龙睿、钱枫等的课程资料精华,相关大纲、典型案例及实践技能训练由学校和携程旅游学院等校企合作企业共同商定,并由上海旅游高等专科学校旅游管理教研室负责审定,最后由吴旭云统稿。全书以培养学生的营销职业技能为目标,较为全面、系统地总结了当前旅游市场营销发展的最新理论成果,编写思路宽广,表述形式创新,内容精炼,而且将典型案例有机融入理论的阐述中,并通过技能训练加以巩固,在体例编排方面体现了系统性、科学性、实用性。本书各模块可根据实际情况灵活选用,适合于各类旅游应用型本科及高职院校作为教材使用,也可以作为行业相关岗位培训用书,还可作为旅游类专业教师教学的参考用书。

在编写过程中,作者根据十多年的专业实践和教学经验,考察及咨询了不少合作企业相关人士,并参考引用了大量的资料及案例,在教材中加以列举。但遗憾的是,有部分以往积累的资料已经难以找到出处,在此,谨向这一部分的相关人员表示最诚挚的感谢和歉意,也欢迎大家和我们联系,以备将来修改时有机会纠正我们的不足之处。同时,我们也由衷地感谢上海交通大学出版社的大力支持和编辑张勇老师、倪华老师的认真工作,正是由于他们的支持和努力,才使本教材能在较短时间内问世,及时与广大读者见面。

由于社会不断发展,旅游市场营销的内容与模式仍在持续变化,本教材的缺陷在所难免,欢迎读者不吝赐教。

作 者

2020 年 8 月

目　　录

模块一　旅游市场营销认知

学习目标

☆知识目标　1. 理解市场营销的概念,领悟各种市场营销观念的变迁。
　　　　　　2. 了解国内外市场营销的历史演进和目前出现的新趋势、新理念。
　　　　　　3. 认识旅游营销策划的基本类型及方法。
☆技能目标　1. 掌握旅游市场营销的一般流程。
　　　　　　2. 掌握旅游市场营销策划书的写作要求和技巧。

引例　11 大新业态站上风口,文旅部圈定旅游供给重点鼓励新方向

根据文旅部最新发布的《关于提升假日及高峰期旅游供给品质的指导意见》(以下简称《意见》),我国将加强对假日及高峰期旅游消费的调控引导,完善供给体系。在业内看来,这也是文旅部从政策端指明了下一步国家层面鼓励企业投资旅游的 11 个新风口。

《意见》提出,我国将着力缓解传统观光景区压力,拓展丰富全域旅游产品供给。密切与线上线下旅游企业、主要客源地等机构和地区的对接,开展游客流量分析预测,提前制定旅游调控预案。注重旅游消费引领,及时推出新线路、新产品,发布旅游消费指南,拓宽旅游活动空间,避免旅游消费冷热不均、结构失衡。

具体来说,《意见》提出了要重点开发的 11 种旅游新业态,包括:文化体验游、乡村民宿游、休闲度假游、生态和谐游、城市购物游、工业遗产游、研学知识游、红色教育游、康养体育游、邮轮游艇游、自驾车房车游。

《意见》还明确,要采取多种融资方式,创新商业模式,制定奖励激励政策,积极引导社会资本参与旅游公共服务设施建设。要推动旅游经营单位加大对假日及高峰期旅游服务设备设施的储备。

在体验经济时代下,旅游业已经从传统观光式旅游升级到"个性、体验、康养、旅居"等多元化需求当中。就国内旅游市场来说,特色乡村文化体验以及民宿休闲度假,也已经成为近两年假期短线旅游的热门选项。与此同时,随着人们对健康生活的重视以及老龄人旅游比例持续上升,多个拥有丰富自然资源的省市,瞄准健康市场蓝海,打造康养旅游目的地。

中国旅游研究院副研究员吴丽云指出,我国旅游业正在从原本的观光旅游向休闲体验游转变。此次文化和旅游部提出旅游新业态建设,是对行业供给的一种完善。文化体验游、休闲度假游、生态和谐游、城市购物游等属于综合性、较为宽泛的旅游领域;而像研学知识游、红色教育游、康养体育游、工业遗产游等属于由产业融合而生、相对专业的旅游领域。这两类旅游业态,之后都会有比较好的发展。"近两年,文化和旅游部针对旅游业业态的文件非常多,足以可见国家对此非常重视。此次提出重点发展 11 种旅游新业态释放出一种信号,政府将在相

对应的旅游领域提供优先政策支持以及投资方向引导。上述旅游新业态的市场消费和行业发展前景都非常值得期待。"

资料来源：(文/蒋梦惟,武媛媛)北京商报 2018 年 12 月 04 日 http://www.bbtnews.com.cn/2018/1204/277078.shtml

案例思考：

根据上述导引案例,讨论旅游市场的含义并思考市场变化对旅游企业市场营销工作的影响及挑战。

项目任务一　认识旅游市场营销

一、市场营销的产生与发展

人类社会在工业革命之后的一段漫长时间里,并没有出现现代意义上的市场营销。进入 20 世纪,市场营销才在英、美等国有了迅猛发展,并逐渐形成了市场营销理论与学科。

(一)世界市场营销的产生与发展

1. 交换与贸易：起源阶段(19 世纪及以前)

在早期社会,人类处于生产为了消费的自给自足阶段,没有出现大规模的交易。在这一时期,剩余产品的物物交换、简单贸易是市场营销的起源。到中世纪,有了初步的劳动分工,生产是为了交易,人们开始在正式或非正式的市场上进行交换、交易,国家和地区之间有了跨越空间和时间的贸易和商品流通。例如我国的茶叶、丝绸通过"丝绸之路"流通到欧洲。

2. 推销与广告：形成阶段(19 世纪末至 20 世纪初)

从 19 世纪开始,工业革命带来了机械化、大规模生产方式,制造业得到了飞速发展,世界上第一家百货公司在法国巴黎诞生。日益发达的生产力,使社会商品供应日益丰富,导致部分产品出现供过于求,从而使产品推销、销售成为企业关心的问题。企业纷纷成立了销售部门,雇用销售人员。一些企业还成立了市场营销的研究部门,开始了理性的市场营销活动。由于企业对产品推销与销售的重视,广告、商标、包装等已成为企业开展市场营销的重要手段。

3. 现代营销：发展阶段(20 世纪 30—80 年代)

该阶段是市场营销发展最为迅速的阶段,具有深远的历史意义,对企业营销实践和理论发展产生的影响延续至今。这一阶段又分为第二次世界大战前后两个时期。

在第二次世界大战前,市场供应的迅速增加和有效需求的不足使社会经济矛盾日趋尖锐,终于在 1929 年导致世界性的经济危机。严酷的现实使越来越多的企业感受到竞争的压力,体会到市场营销活动的重要性,从而使市场营销活动在企业中迅速普及。越来越多的企业开始由单纯研究产品的宣传和销售转向发现和研究顾客需求,并以市场为导向指导企业的生产和经营活动。

第二次世界大战以后,一大批新技术、新材料、新能源由军用转向民用,促使新产品不断涌现,市场供应十分丰富;社会消费品质量不断提高,消费需求多样化、层次化趋势日益明显;商场成为新的"战场",各国谋求市场进一步扩张的欲望只能通过新的商业竞争加以实现。在整个发展阶段,市场细分与定位、营销战略制定、品牌战略、整合营销传播、分销与物流、国际营销、公共关系、关系营销等都是企业采用的营销手段。

4. 数字化营销：发展新阶段(20世纪90年代至今)

20世纪90年代以来，以互联网为代表的数字技术的迅猛发展给企业市场营销带来又一次革命。通信技术彻底改变了人们的生活方式，如购物、沟通、娱乐、学习、医疗等。据统计，世界人口中近一半是网民，发达国家和以中国为代表的部分发展中国家绝大多数成年人使用智能手机。这些数字随着互联网技术的发展而快速增长，人类社会进入数字化营销时代，社交媒体营销或新媒体营销、移动营销、搜索引擎营销、视频营销、场景营销、病毒营销、大数据等都成为企业营销的新利器。

(二) 中国市场营销的产生与发展

1. 古代商业：起源阶段(清代及以前)

中国古代商业产生于商周时期，初步发展于秦汉时期，到唐宋、明清时期有了进一步的发展。周武王灭商后，商朝遗民为了维持生计，东奔西跑做买卖，逐渐形成一个固定职业，被周人称为"商人"，他们的职业被称为"商业"。春秋战国时期，涌现了以范蠡、子贡为代表的一批秉承"君子求财取之有道"的儒商，也出现了靠奇货可居、贩贱卖贵而富可敌国的以吕不韦、白圭为代表的商人。范蠡总结出一套商训，阐述了义利兼顾的儒商思想以及"贱收贵抛""囤积居奇"的生意经，被后人尊称为"陶朱公"，推崇其为儒商鼻祖。虽然一段时间内存在重农抑商的思想，但在唐宋、明清阶段，商人地位逐步提高，商业经营逐步发展，儒商思想进一步升华。在清代，全国各地涌现出许多地域性的商人群体，叫做商帮，如徽商、晋商、鲁商、浙商等。这些商帮历时二三百年而不衰，对明清的政治、经济、军事的发展起到了举足轻重的作用。

这些中国古代商人以儒学为指导思想，从传统文化中汲取仁、义、礼、德的养分，"欲从商，先为人"，由此形成共同商业伦理道德和自愿遵守的商业行为准则，这种思想和准则都是当代中国营销人和企业家应当继承和发扬的。

2. 民族工商业：启蒙阶段(1911—1949年)

民国时期，伴随民族工商业的发展，在与国外产品的竞争中，在军阀混战和抗日战争的硝烟中，民族企业艰难地开展市场营销的启蒙与探索。一大批民族资本家在纺织、金融、食品、化工等领域创办企业。例如张謇创办了中国最早的民族轻工业，卢作孚创办了民生轮船公司，吴蕴初创办了上海天厨味精厂，荣德生、荣宗敬有"面粉大王"和"棉纱大王"之称，刘鸿生有"煤炭大王""火柴大王"之誉。许多企业都设有专门的营销与销售部门，在上海等地出现了从事广告与设计的专业人员。民族企业在商标设计、品牌宣传、海报设计、包装装潢等方面已经达到较高的水平，许多作品至今仍让人惊叹不已，产生了哈德门、冠生园、六必居、三枪等许多名牌，一些品牌至今仍具有旺盛的生命力。

3. 改革开放：复苏阶段(1978—1989年)

中华人民共和国成立后的30年，由于实行计划经济体制，企业统购统销，市场营销失去了生存的土壤。20世纪70年代末，中国步入改革开放的轨道后，国有企业自主权扩大，乡镇企业和民营企业异军突起，有了竞争和市场，企业的市场营销实践开始复苏。市场营销的发展进一步促进了国家市场经济体制的巩固与深化。

1979年，《天津日报》在全国率先恢复报纸商业广告，可口可乐第一次进入中国大陆市场，推出"可口可乐添欢乐"的广告语。从西铁城精工手表、索尼电视、可口可乐到"味道好极了"的雀巢咖啡、丰田汽车和夏普电器，日、美等国的企业以独特新颖、制作精良的户外广告和电视广告打动了中国老百姓的心,也给中国企业上了一堂生动的市场营销启蒙课。中国企业的市场营销从广告开始起航,国内第一次大规模广告始于1982年,江苏盐城的燕舞公司,首先在《人民日报》《北京日报》和北京电视台投放收录机广告,继而在中央电视台连续播出燕舞广告,"燕舞、燕舞,一曲歌来一片情"的广告语一时响遍大江南北。为"霞飞"化妆品拍广告的潘虹成为中国第一位拍广告的电影明星。"郑州亚细亚"商场在中央电视台黄金时间不断亮相,引起一场中原商战。1984年,广州白云制药厂承包了广州足球队,开创了企业利用运动赛事推广企业形象的先河。

4. 营销热潮:发展阶段(1990—1999年)

20世纪90年代,境外直接投资的规模大幅提高,众多外企开始在中国市场开疆拓土。它们在市场研究、品质管理、品牌传播、分销系统、促销手段和广告创意方面的系列做法,给参与其中的中国营销员工做了深入、全面的培训。1992年之后,房地产热、保健品热、股票热、期货热等驱动了各行各业的营销热潮,中国企业的营销实践此起彼伏、分外精彩。

第一,广告。从1995年开始,中央电视台进行黄金时间的广告招标,孔府宴酒、秦池酒、爱多VCD、步步高等先后高价竞得"标王"。

第二,销售促进。90年代初期的市场疲软导致各行业纷纷采取销售促进手段,"买一赠一""返款销售"、送汽车的"巨奖销售"等营销方式层出不穷。长虹每台彩电让利消费者350元,由此点燃彩电行业"价格战"的战火。三株、巨人、太阳神、飞龙等一批保健品企业在人员推销、广告等领域展开了营销战。

第三,公共关系活动。1990年,健力宝集团花巨资购买了专用运动饮料专利权,并出资1600万元赞助第十一届亚运会,成为当时国内最大的广告赞助商。中国企业各类公关活动不仅改变了人们对公关的狭隘认识,而且使中国企业营销策略从单一广告转变为策略组合。

第四,分销渠道系统。众多企业学习宝洁等企业的经验,搭建自己的分销渠道系统,经销商、代理商在全国四处开花。1990年,美国雅芳化妆品在广州安家落户,并以传销方式招募直销员,开展无店铺直销。传销一时泛滥成灾,成为经济社会的热点。

5. 理性与变革:发展新阶段(2000年至今)

进入21世纪,中国企业对市场营销有了理性的、全面的认识,企业不再将市场营销与"打广告""搞推销"简单等同,开始走出"标王"的误区,客观进行市场分析,全方位部署营销战略,走上了整合营销的道路。传销虽然对中国企业丰富渠道系统、重视直销以及销售队伍的建设与激励起到一定的促进作用,但由于"猎人头""老鼠会"的做法引发了严重的社会经济问题,遭到取缔,安利等一些国内外公司进行转型。

2001年,中国成功加入世界贸易组织(WTO),中国市场进一步同国际市场接轨,中国企业与强大的跨国公司直接竞争。这迫使中国企业更快地掌握和应用市场营销的理论和方法,市场营销在中国的发展更加理性、深入。

第一,产品研发和国际营销成为重要的营销战略。以海尔、联想、娃哈哈为代表的一批企业,重视产品研发和市场调研、消费者行为研究,市场营销战略被融入企业整体发展战略之中,产品更新换代的周期不断缩短,企业市场竞争的武器不再只是价格、广告。很多行业从比价格、比广告投入,转型为比服务、比质量、比国际化程度,并开始实施海外并购。

第二,市场营销被应用到服务行业,服务营销蔚然成风。市场营销的理念与方法影响了餐饮、旅游、酒店、通信、银行、民航等服务业的竞争和发展,使服务理念、态度和方式都产生了革命性的变化。一些国有垄断性行业引入市场竞争机制,中国联通、民生银行等一批股份制企业打破垄断局面,运用市场营销树立品牌形象,提高服务水平,从而赢得了市场,也带动了整个行业的提升。

第三,企业进入数字化营销、网络营销时代。20世纪90年代后期,互联网开始在中国进入商业领域。互联网技术衍生出的虚拟市场营销彻底改变了传统的广告模式、渠道模式、产品模式、服务模式等,数字化营销及网络营销是中国市场营销迈入新世纪的里程碑与航标。21世纪,在阿里巴巴、腾讯、百度(三者简称BAT)等的带动下,网络营销已经上升到国家战略层面,为传统营销模式、传统行业运行带来巨大的变革。

二、市场营销和旅游市场营销的定义

(一)市场营销的定义

市场营销(Marketing),又称作市场学、市场行销或行销学,基本含义是人们在市场中进行产品交换的活动。整个市场营销的冰山如图1-1所示,水面以下看不见的营销活动才是现代市场营销的重点。

市场营销的定义并无标准形式。西方市场营销学者曾从不同角度及发展的观点对市场营销下了不同的定义。

有些学者从宏观角度对市场营销下定义。例如,麦卡锡把市场营销定义为一种社会经济活动过程,其目的在于满足社会或人类需要,实现社会目标。

还有些定义是从微观角度来表述的。例如,美国市场营销协会于1960年对市场营销下的定义:市场营销是"引导产品或劳务从生产者流向消费者的企业营销活动"。而格隆罗斯的定义强调了营销的目的:所谓市场营销,就是在变化的市场环境中,旨在满足消费需要、实现企业目标的商务活动过程,包括市场调研、选择目标市场、产品开发、产品促销等一系列与市场有关的企业业务经营活动。

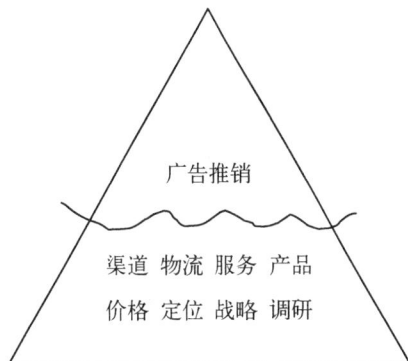

图1-1 市场营销冰山

台湾的江亘松在《你的营销行不行》中解释了营销的变动性,将英文的Marketing做了以下的定义:"什么是营销? 就字面上来说,营销的英文是Marketing,若把Marketing这个字拆成Market(市场)与ing(英文的现在进行式表示方法)这两个部分,那营销可以用'市场的现在进行式'来解释。"

美国学者基恩·凯洛斯将各种市场营销定义分为三类:

一是将市场营销看作一种为消费者服务的理论;

二是强调市场营销是对社会现象的一种认识;

三是认为市场营销是通过销售渠道把生产企业同市场联系起来的过程。这从一个侧面反映了市场营销的复杂性。

美国市场营销协会(AMA)于1985年对市场营销下了更加完整和全面的定义:市场营销"是对思想、产品及劳务进行设计、定价、促销及分销的计划和实施的过程,从而产生满足个人和组织目标的交换。"这一定义比前面的诸多定义更为全面和完善。主要表现为以下四点:

第一,产品概念扩大了,它不仅包括产品或劳务,还包括思想。

第二,市场营销概念扩大了,市场营销活动不仅包括营利性的经营活动,还包括非营利组织的活动。

第三,强调了交换过程。

第四,突出了市场营销计划的制定与实施。

2013 年,美国市场营销协会(AMA)再次更新了市场营销的概念:营销就是创造、沟通、交付和交换对顾客、客户、合作伙伴以及社会有价值的市场供应物的活动、系列制度和过程。

美国经济学家包尔·马苏则认为,市场营销是"传送生活标准给社会"。人们普遍认为这个定义将市场营销的实质生动地体现了出来。许多产品的市场营销活动,的确在向全社会传递着一种新的生活标准,同时也有效地促进了这些产品的市场销售。

在各种定义中,美国市场营销学家菲利普·科特勒教授早期对市场营销的解释得到了广泛的认同:市场营销是个人或组织通过创造并同他人交换产品和价值以满足需求和欲望的一种社会和管理过程。

根据这一定义,可以将市场营销具体归纳为以下几点:

其一,市场营销的最终目标是"满足需求和欲望";

其二,交换是市场营销的核心,交换过程是一个主动、积极地寻找机会,满足双方需求和欲望的社会过程和管理过程;

其三,交换过程能否顺利进行,取决于营销者创造的产品和价值满足顾客需求的程度和交换过程管理的水平。

在 2013 年菲利普·科特勒教授在《市场营销原则》(第 15 版)中,再次更新了他对市场营销(Marketing)的认识:市场营销是通过为顾客创造价值来构建可获利的顾客关系并从中获取价值回报的过程。简言之,营销就是经营可获利的顾客关系。

(二)市场营销的相关概念

1. 需要、欲望和需求

(1)需要(Needs)指人们没有得到某些基本满足的感受状态。需要是人类与生俱来的,如人们为了生存在生理上需要食物、衣服、房屋等,以及在心理上需要安全、归属感、尊重和自我实现等。需要不能由市场营销者创造,而只能是适应。

(2)欲望(Wants)指人们想得到一些基本需要的具体满足物的愿望。它是个人受不同文化及社会环境影响而表现出来的对基本需要的特定追求。不同背景下的消费者欲望不同,比如中国人在食物上需要米饭,法国人在食物上需要面包,美国人在食物上需要汉堡包等。市场营销者无法创造需要,但可以影响消费者的欲望并开发销售特定的产品和服务来满足人们的欲望。

(3)需求(Demand)指有支付能力和愿意购买某种物品的欲望。可见,消费者的欲望在有购买力作后盾时就变成为需求。需求实际上是对某一特定产品及服务的市场需求。一些成功的案例表明,消费者并不知道什么是他们想要的,甚至什么是可能的。市场营销者需要做的是收集新产品和服务创意,用新产品领导消费者。

2. 产品、效用和价值的满足

(1)产品(Product)是指用来满足消费者需要和欲望的任何东西,包括有形产品与无形的服务和体验。例如当我们感到疲劳时,可以到音乐厅欣赏歌星唱歌(人),可以到公园去游玩(地),可以到室外散步(活动),可以参加俱乐部活动(组织),或者接受一种新的意识(观念)。随着营销观念的不断深入,市场营销者已将注意力从具体的产品或服务,转变成为消费者提供信息和体验。企业销售产品是为了满足顾客需求,如果只注意产品而忽视顾客需求,就会产生"市场营销近视症"。

（2）效用、价值和满足（Utility,Value,Satisfaction）。当消费者面对大量产品和服务而难以选择时,产品为其所传递的价值和满足是其选择的基础和依据。价值和满足则主要根据对满足其需要的每种产品的效用进行估算而决定。效用就是消费者对满足其需要的产品的全部效能的估价。

产品的效用如何确定？例如某消费者到某地去的交通工具,可以是自行车、摩托车、汽车、飞机等,这些可供选择的产品构成了产品的选择组合。又假设某消费者要求满足不同的需求,即速度、安全、舒适及节约成本,这些构成了其需求组合。这样,每种产品有不同能力来满足其不同需要,如自行车省钱,但速度慢,欠安全;汽车速度快,但成本高。消费者要决定一项最能满足其需要的产品。为此,将最能满足其需求到最不能满足其需求的产品进行排列,从中选择出最接近理想需求的产品,它对顾客效用最大。如果顾客到某目的地所选择理想产品的标准是安全、速度,他可能会选择汽车。

顾客选择所需的产品除效用因素外,产品价格高低亦是因素之一。如果顾客追求效用最大化,他就不会简单地只看产品表面价格的高低,而会看每一元钱能产生的最大效用。例如一部好汽车价格比自行车昂贵,但由于速度快、修理费少、相对于自行车更安全,花在其上的每一元钱产生的效用可能更大,从而更能满足顾客需求。

3. 交换、交易和关系

（1）交换（Exchange）是市场营销的核心概念。人们有了需要和欲望,企业将产品生产出来,不能简单解释为市场营销。人们通过自给自足或自我生产方式,或通过偷抢方式,或通过乞求方式获得产品都不是市场营销,只有通过等价交换,买卖双方彼此获得所需的产品,才产生市场营销。要完成一笔交换,必须满足下列5个条件:

其一,至少要有两个参与交换的伙伴。

其二,参与的一方要拥有另一方希望获得的东西。

其三,参与的一方要能与另一方进行沟通,并能将另一方需要的商品或服务传递过去。

其四,参与一方要有接受或是拒绝的自由。

其五,参与一方要有与另一方交往的欲望。

即便上述所有的条件都具备了,有时交换也不一定发生。但是没有这些条件,交换肯定不会发生。

（2）交易（Transactions）是一个过程。如果双方正在洽谈并逐渐达成协议,称为在交换中;如果双方通过谈判并达成协议,交易便发生。交易涉及几个方面,即两件有价值的物品,双方同意的条件、时间、地点,还有用以维护和迫使交易双方执行承诺的法律制度。

交易是指买卖双方价值的交换,它以货币为媒介。交换不一定以货币为媒介,它可以是物物交换。交易是交换的基本组成部分。

（3）关系（Relationships）。精明能干的市场营销者都会重视同顾客、分销商等建立长期、信任和互利的关系。而这些关系要靠不断承诺及为对方提供高质量产品、良好服务及公平价格来实现,靠双方加强经济、技术及社会联系来实现。关系营销可以减少交易费用和时间,最好的交易是使协商成为惯例化。

处理好企业同顾客关系的最终结果是建立起市场营销网络。市场营销网络是由企业同市场营销中介人建立起的牢固的业务关系。交易营销是关系营销大观念中的一部分。

4. 市场及市场营销者

(1)市场(Markets)由一切有特定需要或欲望并且愿意和可能从事交换来使需要和欲望得到满足的现实和潜在顾客所组成。

一般说来,市场是买卖双方进行交换的场所。但从市场营销学角度看,卖方组成行业,买方组成市场。行业和市场构成了简单的市场营销系统:卖者将货物、服务和信息传递到市场,然后收回货币及信息。

市场营销学中的旅游市场是指一定时期某一地区中存在的对旅游产品具有支付能力的现实的和潜在的购买者。现实购买者是指既有支付能力又有购买兴趣的人;潜在购买者是指可能具有支付能力和购买兴趣的人。旅游市场是一定的时空条件下的旅游消费者群、购买力、出游愿望、出游机会的集合。

(2)市场营销者(Marketers)是从事市场营销活动的人。市场营销者既可以是卖方,也可以是买方。在市场的交换双方中,如果一方比另一方更主动积极地寻求交换,我们就把前者称为市场营销者,后者称之为预期顾客。当买卖双方都在积极寻求交换时,他们都可称为市场营销者。这种情况被称为双边营销,这种营销也被称为互惠的市场营销。

一般意义上,市场营销者是指面对竞争者,服务于市场的企业。

(三)旅游市场营销

旅游市场营销来源于英文 Tourism Marketing 一词。旅游市场营销是服务营销理论在旅游市场应用产生的一个分支,是指旅游市场中通过交换旅游产品和价值来满足旅游消费者需要的社会管理过程。除了具有服务营销的一般性特点,由于旅游产品的综合性和营销主体的复杂性,旅游市场营销还具有其独特性,一般可分为旅游企业营销与旅游目的地营销。

小链接

旅游市场营销与一般市场营销的差异

旅游业是一个特殊的服务性行业,旅游产品是一种特殊的产品,它既包含有形产品,又包含大量的无形产品,这就使得旅游产品呈现出服务产品的特性。因此,旅游市场营销也就必然区别于一般产品的营销。所以,在从事旅游市场营销时,必须依照旅游市场营销特点进行有针对性的营销,才能取得良好的营销效果。具体来看,旅游市场营销与一般市场营销的差异主要体现在以下几方面。

1. 经营产品不同

旅游产品与一般实物产品不同,是一种特殊形态的产品,它既包含有形产品又包含大量的无形产品(旅游服务)。因为旅游企业与其他企业经营的产品不同,故旅游营销侧重于无形产品,而其他行业营销一般偏重于有形产品。

2. 生产过程参与度不同

其他行业的消费者一般不参与产品的生产过程,而在旅游活动中,旅游者可以参与旅游产品的生产过程,因此对于旅游市场营销人员来说,要生产出符合游客需要的旅游产品,不仅需要对员工进行管理,还需要对游客进行某种形式的教育或管理,以便使旅游产品的提供能够满足游客的期望,或者尽量缩短游客期望与实际体验之间的差距,提高游客的满意度。

3. 消费需求不同

人们对旅游产品的需求通常不同于对一般日用工业品的需求,旅游需求往往具有多样性、季节性、敏感性和弹性大的特点,因而旅游企业应根据这些需求特点,提供适销对路、价格合理的旅游产品,以满足旅游者的不同需求。

4. 产品质量控制难易不同

有形产品的生产一般都可以控制产品质量,而旅游市场营销的主体是无形的商品,游客享受的服务是一种过程和行为,因而很难做到标准化,产品质量也难以控制。尽管旅游企业的各部门岗位制定了精细的管理制度和服务标准,但服务过程有很大的易变性,实际操作过程很难确保服务人员按标准将服务传递给旅游者。而即使旅游企业员工都能按标准提供服务,也会由于旅游者的个人特质不同、感受不同,致使满意程度也不同。因此,搞好内部营销是旅游企业营销管理的一个重要内容。

5. 对时效的重视度不同

虽然其他行业营销也比较关注时效问题,然而其重视程度往往不如旅游营销。这是因为在旅游市场上,旅游产品的生产与消费过程是由旅游企业员工与旅游者面对面进行的,如果旅游产品提供不及时、服务效率低下,就会引起旅游者的不满,这既不利于旅游产品的推销,也有损于旅游企业的形象。所以,旅游企业在旅游营销活动中都十分重视时效问题。

6. 分销渠道不同

旅游企业不像生产企业那样通过物流把产品从工厂运送到游客手里,而是借助一系列独立的中间商,或者各种信息渠道(如互联网),或是把生产、零售和消费的地点连在一起来推广产品。其中,借助一系列独立的中间商来营销的传统方式非常普遍,往往造成中间商的行为和态度直接影响旅游需求者的购买决策。

7. 评价标准不同

其他行业有形产品的质量既可反复观察、挑选,又有数据和试用为评价标准,而旅游企业提供的旅游产品大量表现为服务,灵活性大,并且由于旅游者的喜爱不同,对旅游服务的要求和评价标准也不同。这样,旅游产品质量的好坏通常取决于旅游者的评价。因此,为了提高旅游消费效果,旅游企业更重视旅游营销调研,注意了解旅游者的需要,巧妙地设计各种旅游产品,突出产品特色,以满足不同旅游者的不同需要。

---

1. 旅游目的地营销

(1)旅游目的地的概念。旅游目的地营销的产生建立在旅游目的地形成的基础上。世界旅游环境研究中心曾将旅游目的地广义地定义为:"乡村、度假中心、海滨或山岳休假地、小镇、城市或乡村公园;人们在其特定的区域内实施特别的管理政策和运作规则,以影响游客的活动及对环境造成的冲击。"

英国学者霍洛韦在《论旅游业——二十一世纪旅游教程》中对旅游目的地进行了另一个角度的分析,认为"一个旅游目的地可以是一个具体的风景胜地,或者是一个城镇,一个国家内的某个地区,整个国家,甚至是地球上一片更大的地方"。他还根据英国的旅游资源将目的地划分为:海滨胜地、城镇或城市、乡村三种主要类型。

在总结前人研究的基础上,本书将旅游目的地定义为:旅游目的地即游客为了满足异地体验的目的而选择的暂居地,它是大多数游客度假体验的核心因素。有学者认为,成为一个旅游目的地,需要具备"4A"要素:吸引物(Attractions)、康乐设施(Amenities)、进入设施(Access)和附属设施(Ancillary Services)。

(2)旅游目的地营销的必要性。旅游业的经营和其他行业一样,都受市场环境影响,都要用适应市场环境的经营观念去指导营销实践。旅游需求来自世界各个国家和地区,而旅游供给又遍布全世界,在科学技术高速发展的今天,游客选择旅游目的地已经可以突破时空的限制。

在国际政治条件许可的情况下,游客的活动可不受地区和国界的束缚,旅游供给者的接待对象也无民族、国别之分。游客的选择性强,旅游活动的范围大,使旅游供给者面临的是一个竞争十分激烈的市场环境。因此,无论是一个旅游目的地还是一个旅游企业,要生存,要发展,就必须在正确的营销观念指导下,创新、灵活地运用营销理论进行旅游营销实践活动。

旅游目的地是旅游者旅游行为的主要发生地,它在整个旅游系统中占据着非常重要的地位。一个旅游目的地能否吸引旅游者前来旅游观赏,其自身的营销发挥着至关重要的作用。旅游消费行为的异地性特点、旅游产品的综合性特点以及旅游投资的刚性特点,三者共同决定了旅游目的地开展营销活动的必要性。

2. 旅游企业营销

旅游企业是指包括旅游饭店、旅游景区、旅行社,以及与之配套的交通运输企业。旅游企业营销最大的与众不同之处就在于:其销售的产品的核心价值是服务。作为旅游企业,研究市场营销的最大目的在于售出自己的产品并创造价值。旅游企业在经营决策过程中,应依据市场细分,避开不利于自身发展的市场威胁,确定目标市场,推出多层次、多品种的旅游产品,建立适合消费者的灵活价格体系,选择高效快捷的营销途径,利用各种促销手段,创造营销特色。

旅游企业市场营销就是指旅游企业以旅游消费需求为导向,通过分析、计划、执行、反馈和控制,协调各种旅游经济活动,从而实现提供有效产品和服务、使游客满意、使企业获利并实现社会目标的过程。

3. 旅游目的地营销与旅游企业营销的关系

(1)区别

旅游目的地营销与旅游企业营销是旅游营销中两种不同类型的营销,其区别主要表现在以下几方面。

第一,目的不同。旅游目的地营销的研究对象主要是旅游目的地(国家、城市或地区)的整体营销活动,目的是通过发展旅游业塑造和提高目的地的旅游形象和知名度;通过吸引游客前来旅游,增加目的地的社会财富,提高目的地的旅游竞争力,增加就业,改善目的地居民的生活质量。旅游企业营销的研究对象则是旅游企业的经营活动,目的在于通过满足游客的各方面需求实现企业目标,获得利润。

第二,主体不同。旅游目的地营销的主体是目的地政府及其旅游主管部门,营销的性质属于国家(城市或地区)营销。旅游企业营销的主体则是企业,其营销是本来意义上的营销。

第三,活动内容不同。旅游目的地营销需要分析旅游目的地面对的来自其他目的地的竞争环境,整合目的地所有旅游资源,形成目的地定位,通过规划、开发、建设营造和传播整体旅游形象,营造目的地的整体旅游环境,其营销活动具有"造势"性质。旅游企业营销则是各类旅游企业开展的营销活动,为到达旅游目的地的游客提供不同的旅游产品和服务,满足游客各方面的需求。单独的旅游企业是很难靠自己的力量直接吸引游客的,因此,其营销活动具有"借势"性质。

（2）联系

旅游目的地营销与旅游企业营销的区别说明了两者的性质不同。但是,并不说明两者毫无关联。恰恰相反,两者的联系是非常密切的、互为前提和条件的。

首先,旅游目的地营销是旅游企业营销的前提。如前所述,单独的旅游企业是不能靠自己的力量直接吸引游客的,只能在目的地营销将游客吸引来之后才能发挥作用,即使是以单独景区（可以由一个企业经营）为吸引物的旅游目的地也需要通过旅游目的地营销来吸引游客,单个的旅游企业往往承担不了对整个旅游目的地的营销。所以,旅游目的地营销是旅游企业营销的前提。

其次,旅游企业营销是旅游目的地营销的条件。无论任何旅游目的地,它为满足游客多样化的需求所提供的多样化的旅游产品,都必须通过企业经营的方式提供。如果没有旅游企业提供的旅游产品和服务,旅游目的地就成了一个"空壳"。而且,旅游企业提供的旅游产品必须达到一定的质量标准,以确保游客对其产品的满意。否则,旅游目的地营销就失去了意义,甚至出现旅游目的地营销越努力,游客越不满意的情况。

最后,旅游目的地营销与旅游企业营销具有同方向互动关系。旅游目的地营销通过整体的规划设计开发、制定旅游发展战略、科学的市场定位为本地吸引客源,创造产业发展机会;旅游企业则通过自身的营销活动为前来的游客提供产品和服务,满足游客的需求。显而易见,两者具有同方向互动的关系——旅游目的地营销越成功,吸引的游客越多,旅游企业的营销机会越大;旅游企业的营销越成功,游客在目的地的满意度越高,旅游目的地营销则越有吸引力。

本书所讨论的主要是旅游企业营销。

三、旅游市场营销观念的变迁

每个人行动的背后都隐含着指导其行动的哲学,包括世界观、价值观等,企业亦然。无论企业是否意识到,每个企业的战略、策略,甚至是日常每个具体的管理决策和行动,都在一定程度上反映出这个企业深层的经营管理哲学。企业哲学可能源自企业主要领导者（特别是创业者）的个人哲学,也可能源自企业在长年经营管理中所沉淀的文化。我们将潜在地指导或影响企业营销活动的哲学观念、思想和态度称为市场营销观念（marketing concept）或市场营销导向。

市场营销观念属于组织文化层面的战略性问题,对企业营销成败和持续发展具有全局性和方向性的影响。市场营销观念既是指导营销的思想,又是协调企业、顾客和社会关系的准则,还是贯穿和统领各项营销活动的总纲。

一个多世纪以来,世界各国企业的经营思想经历了一个漫长的演变过程。我们可以将种类繁多的市场营销观念分成传统市场营销观念和现代市场营销观念两大类。传统市场营销观念以企业内部要素为中心、为导向,现代市场营销观念以企业外部要素为中心、为导向。传统市场营销观念包括:生产观念、产品观念、推销观念;现代市场营销观念包括:营销观念、社会营销观念、关系营销观念和全面营销观念。其中,传统的市场营销理念并没有完全过时,在特定的市场条件下仍然行之有效。旅游市场营销观念的演变过程与市场营销观念的演变过程基本一致,只是在时间上稍有滞后。

（一）传统市场营销观念

1. 生产观念

生产观念（production concept）认为，消费者喜爱那些随处可以得到的、价格低廉的产品。生产观念是指导卖方行为的最古老的经营思想之一，其基本内容是：企业以改进、增加生产为中心，生产什么产品就销售什么产品。

生产观念型企业的管理层总是致力于获得高生产率和广泛的分销覆盖面。受这种观念主导的企业认为消费者主要对产品是否可以买到和价格低廉感兴趣。在生产观念的指导下，企业的中心任务是组织所有资源，集中一切力量，提高生产效率和分销效率，扩大生产，降低成本以扩展市场。生产观念产生于典型的卖方市场，市场产品供不应求，基本经营方式是等顾客上门通过大量生产来获得利润，而不必考虑市场调研、销售促进等活动。例如20世纪70年代，中国酒店业处于严重供不应求状况，酒店要做的就是努力增加客房数量。

2. 产品观念

产品观念（product concept）认为，消费者最喜欢高质量、多功能和具有某些创新特色的产品。产品观念型企业的中心任务是生产质量优异的产品并不断改进其性能和特色。持产品观念的公司在设计产品时经常不让或很少让顾客介入，他们相信自己知道该怎样设计和改进产品，甚至不考虑竞争者的产品，往往会引发"营销近视症"（market myopia）。营销近视症是李维特（Levitt）于1961年提出的，指企业在营销活动中缺乏远见，只注重产品质量，而忽视市场需求变化及企业长远发展，会导致企业的产品渐渐偏离市场，最终使企业处于困难的境地。

产品观念与生产观念的相同点在于二者都重生产、轻营销，并从生产角度出发，把市场看作生产过程的终点，而不是从消费者出发，把市场看作生产过程的起点，忽视了市场需求的多样性和动态性。如果说生产观念是"以量取胜"，则产品观念强调的是"以质取胜"和"以廉取胜"。例如，中国旅游业在20世纪90年代开始注重旅游产品的质量，旅游企业开始抓产品质量，但尚未过多考虑消费者的需求。

3. 推销观念

推销观念（selling concept）认为，如果不经过销售努力，而是让消费者和企业自行选择，他们就不会大量、足量购买某一企业的产品。因此，企业必须主动推销和积极促销。也就是说，企业努力推销什么产品，消费者或用户就会更多地购买什么产品。

在推销观念的指导下，企业十分注意运用推销术和广告术，往往雇用大量的推销员采用轰炸式的广告，向潜在购买者大肆兜售产品，以期压倒竞争者、提高市场占有率、获取利润。这一观念仍然是从企业现有产品出发，因而本质上是企业生产什么就销售什么。在产品供应充足并向买方市场转化时，企业往往奉行推销观念。20世纪90年代后期，中国酒店业出现了供大于求的状况，一些酒店成立了销售部，开始重视宣传促销和招揽游客，这就是推销观念的体现。

（二）现代市场营销观念

1. 营销观念

营销观念（marketing concept）认为，实现企业目标的关键在于正确确定目标市场的需要和欲望，并且比竞争对手更有效、更有力地传送目标市场所期望获得的东西。

在这种观念下，企业十分重视市场调查研究，收集每个顾客的历史交易资料以及人文、心理、媒体和购买偏好等方面的信息，在消费者的动态变化中不断发现那些尚未得到满足的市场需求,并集中企业的一切资源和力量,千方百计地去适应和满足这种需求,以期在顾客满意的过程中不断扩大市场销售,长久地获得较为丰厚的利润。企业考虑问题的逻辑顺序不是从既有的生产出发,也不是以现有的产品去寻找或吸引顾客,而是从市场上的消费需求出发,按照目标市场的需要与欲望,比竞争者更有效、更优秀地组织生产与销售。营销活动的中心是购买者而不是销售者。

营销观念与推销观念相比有本质的区别(见表1-1)。推销观念注重卖方需要,营销观念则注重买方需要。推销观念以卖方需要为出发点,依靠单一的推销和促销手段,考虑如何把产品变成现金,实现获得利润的目的;而营销观念考虑如何通过提高产品价值、服务水平、分销物流以及传播促销,来创造和传递产品,从而使顾客满意并获得利润。

表1-1　推销观念与营销观念的比较

理念类型	比较因素			
	出发点	中心	方法	目的
推销观念	企业	产品	推销和促销	通过销售获得利润
营销观念	目标市场	顾客需求	整合营销	通过顾客满意获得利润

2. 社会营销观念

社会营销观念(societal marketing concept)认为,企业提供产品,不仅要盈利并满足顾客需求,而且要符合顾客和社会的长远利益,企业要关心和增进全社会的福利和进步。

社会营销观念逐步为企业所接受有以下两个原因。

第一,20世纪70年代以来,社会对于环境保护和健康消费日益重视,这使得政府政策对有损社会利益的生产行为和消费行为的约束越来越严,从而迫使企业不得不通过树立良好的社会形象和主动协调各方面的关系来改善自己的经营环境。

第二,企业认识到,如果在其经营活动中不顾社会利益,造成社会利益受损,就会面临社会公众和舆论的压力,从而影响企业进一步发展。因而,社会营销观念要求营销者在营销活动中考虑社会和道德问题。旅游营销者必须平衡与评判企业利益、旅游消费者眼前利益及长远利益、社会整体利益等多方面的关系。

3. 关系营销观念

关系营销观念(relationship markcting concept)认为,随着市场逐渐成熟和竞争逐渐加剧,企业营销关注的焦点应当由与顾客的单次交易转变为与顾客建立长期业务关系,并通过这种长期的业务关系实现企业的目标。这种观念指导下的营销活动也称为关系营销。实践和实证研究证明:将一种产品和服务推销给一个现有客户的成本远低于吸收一个新客户的成本;满意的老顾客会有积极的正向口碑,和企业保持良好关系的顾客乐于把企业推荐给他人,从而有助于企业树立良好信誉,使企业低成本地获得更多的顾客,增加市场份额。关系营销的观点认为,建立、维持并增进顾客与企业的关系,保留老顾客是企业获得持久竞争优势的关键。

"关系营销"一词最早是由贝里(Bery)于1983年提出的。20世纪80年代,美国等发达国家遭遇经济滞胀,亚洲"四小龙"的崛起使欧美企业面临严峻的挑战。西方发达国家的企业开始由销售增长和市场份额扩张的进攻战略转变为保住已有销售收入和市场份额的防守战略。由此,以维护现有顾客为主导思想的关系营销应运而生。

关系营销具有以下几方面的特征。

(1) 关系营销注重的范围更加广泛。关系营销将企业的视线扩大,从传统的目标顾客扩大到供应商、分销商、内部员工、政府等多个利益相关者,各种关系交叉形成了企业网络(business network)或者营销网络(marketing network)。企业的竞争不再是"一个人的战斗"或"PK",而是企业网络之间的"群殴"。而且,关系营销进一步对目标市场的顾客进行细分和区别,寻找每个顾客的需求和欲望的差异以提供更好的产品或服务,保持顾客忠诚。

(2) 关系营销是以承诺、信任、双向信息交流为基础的合作过程。一个人要想有真正的朋友,得到永恒不变的友情,就必须让别人信任自己,做一个信守承诺的人。同样,一个企业要想持续发展,就要和自己的利益相关者相互信任、充分沟通、实现双赢,并建立稳定的长期关系。

(3) 关系营销是以互惠互利为目的的营销活动。在营销活动中,企业要遵循合作的原则,互惠互利,而不能以对一方的伤害为基础来达到自己的目的。

(4) 关系营销是以真诚为基础的情感交流。在当前竞争激烈的社会,人们越来越重视情感。因此,在关系营销中,合作的双方不仅要实现物质上的互惠,还应该注重友谊、友情的建立。

(5) 关系营销更加强调顾客服务的重要性。关系营销强调的是高度的顾客参与和紧密的顾客联系,对顾客服务更加重视。关系导向的营销观念与交易导向的营销观念的区别见表1-2。

表1-2 关系导向的营销观念与交易导向的营销观念的区别

划 分 标 准	交易导向的营销观念	关系导向的营销观念
对顾客的基本假设	经济人	社会人
顾客对交易的积极性	消极的	积极的
产品的概念	实体价值	实体价值和服务
质量维度	产品的质量	互动的质量
营销的作用	价值分配	价值创造
营销的重点	获得新顾客	留住老顾客
营销的核心	交易	关系
各次交易间的关系	没有作用	有作用
时间观念	关注短期	关注长期

4. 全面营销观念

营销观念在一百多年的历史演进中经历了多个阶段、多种类型。实际上,没有哪一个营销观念能够涵盖所有的营销观念并用以指导营销实践。也许,整合现有的各种观念是一种现实的选择,因而科特勒提出了全面营销观念(holistic marketing concept)。他认为,全面营销观念包括四个方面:关系营销、整合营销、内部营销和社会营销(见图1-2)。

内部营销是指培养公司的经理和雇员都树立以顾客为中心的观念,在企业或组织内创造一种营销文化,成功地雇用、培训和尽可能激励员工为顾客服务。餐饮企业海底捞获得极高的顾客满意度和营销成功就得益于其内部营销。内部营销必须先于外部营销,有效的内部营销是有效的外部营销的基础。关系营销、整合营销和社会营销是外部营销的营销观念,与内部营

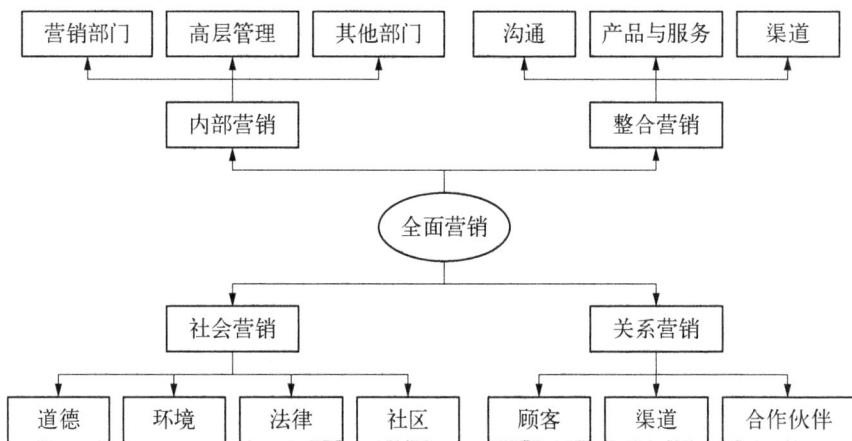

图1-2　全面营销观念

销共同构成全面营销观念。

全面营销还包括第二层含义：企业不仅需要营销自己的产品和服务，也需要营销有关的事件、体验、人物、区域、产权、组织、信息和观点。也就是说，市场营销观念和方法不仅适用于产品和服务，也适用于事件、体验、人物等要素，这也称为营销的范围(marketing scope)。企业对这些要素的全面营销体现在以下几个方面：

（1）事件。宣传企业的重大庆典、企业经营取得的重大成就等，即事件营销。

（2）体验。创造能够增加顾客参与性与满足感的服务内容，即体验营销。

（3）人物。宣传企业家和代表性的员工，达到树立企业形象的目的，即企业家营销。

（4）区域。如果产品具有地域性，则对区域的品牌形象进行宣传，达到爱屋及乌的效果，即区域营销。

（5）产权。营销企业的所有权或经营权，即通过上市、兼并收购、出售、剥离等方式进行资本运营，也称为产权营销。

（6）组织。通过公关活动、广告等树立企业良好的形象，即企业形象系统(CI)。

（7）信息。有效展现公司内部信息，如上市公司公布年报、企业利用新媒体及时沟通信息。

（8）观点。不仅营销产品和服务，而且营销它们所传达的消费观、价值观。

四、旅游市场营销的一般流程

旅游市场营销的流程即营销者在开展旅游市场营销及其管理工作时，需要逐步完成的工作。总体上，这不仅包括销售或推销工作，而且包括为了实现旅游企业营销目标，对市场环境和营销活动进行分析、计划、执行和控制的一系列营销和管理工作。

旅游市场营销流程的总体框架可以分为以下几部分：① 旅游市场机会分析；② 旅游营销战略制定；③ 旅游营销策略设计；④ 旅游营销的组织、执行与控制。

（一）旅游市场机会分析

市场机会(market opportunity)分析是旅游市场营销的开端。市场营销是对外部市场机会和威胁、内部企业资源和条件的反应。

旅游企业总是处于一定的、不断变化的营销环境当中，这给企业的市场营销带来制约与威胁，同时也给市场营销活动创造了良好的机会。环境是一个多因素、多层次的复杂的综合体，各种环境因素不但分别对企业的营销活动产生影响,而且各因素之间又有相互交叉的影响。所以,在进行旅游市场营销时,首先要考虑的是如何对企业的内、外部环境进行全面有效的分析。环境分析决定了市场营销后续步骤的方向。

旅游企业可以通过营销环境分析发现市场机会,即市场上存在的未满足的需求,或客观上已经存在或即将形成、而尚未被竞争对手认识的市场。营销者不仅要分析外部环境中的政治、经济等宏观要素和消费者、竞争对手等微观要素,也要分析内部环境中的企业资源条件、战略模式、企业文化、组织结构等。分析企业营销环境的方法和工具很多,需要通过市场调查的方法获得一手和二手数据,而后使用 PESTEL(政治、经济、社会、技术、环境、法律等宏观因素)分析法、SWOT(优势、劣势、机会、威胁)分析法、波士顿矩阵、通用电气公司经营矩阵,以及统计方法和软件等工具来分析数据,寻找市场机会。营销环境的多种因素中,顾客最为重要,因此还需要分析顾客的消费行为与特征等。

(二) 旅游营销战略制定

在对旅游企业的内外部环境进行分析之后,就需要确定市场营销的总体思路——营销战略(marketing strategy)。

制定旅游企业营销战略的主要任务是明确把旅游产品和服务卖给谁,提供什么价值主张给顾客,其制定的步骤是“市场细分—目标市场选择—市场定位”,简称为“STP”营销。市场细分(market segmentation)是旅游企业按照某种标准将市场上的顾客划分为若干个顾客群的市场分类过程。市场细分的目的是选择合适的目标市场(market targeting)。目标市场,就是旅游企业决定要进入的那个市场部分。旅游企业在市场细分和选择目标市场之后,还需进行市场定位(market positioning)。市场定位就是旅游企业为了使自己生产或销售的产品获得稳定的销路,从各方面为产品培养一定的特色、树立一定的市场形象,以求让顾客形成一种特殊的偏爱。

完成市场定位之后,营销者还需要根据外部机会与内部条件选择适合企业的市场营销战略类型。市场营销战略包括竞争战略、市场地位战略、产品生命周期战略、营销发展战略、市场地域战略等。其中,竞争战略包括成本领先战略、差异化战略和集中战略。市场地位战略包括市场领导者战略、市场挑战者战略、市场追随者战略、市场补缺者战略等。产品生命周期战略包括导入阶段战略、成长阶段战略、成熟阶段战略、衰退阶段战略等。营销发展战略包括密集型成长战略、一体化成长战略、多角化成长战略。市场地域战略包括本土化营销战略和国际化营销战略。当然,营销战略的类型还在不断丰富,互联网时代商业模式创新也是战略内容,还有学者和实践者把合作营销、关系营销、品牌营销等也作为营销战略。

(三) 旅游营销策略设计

在确定旅游营销战略的基础上,需要对旅游营销策略进行具体可实施性的设计。旅游企业的营销策略是企业对其内部与实现营销目标有关的各种可控因素的组合和运用。影响旅游企业营销目标实现的因素是多方面的,包括产品的设计组合、产品包装、品牌选择、价格的制定与调整、中间商的选择、产品的采购物流、广告宣传、人员推销、营业推广、公共关系等。

1. 麦卡锡的 4P 理论

最为广泛接受的营销策略组合(marketing mix)是麦卡锡于 20 世纪 60 年代提出的 4P 理论,即产品(product)、价格(price)、渠道(place)、促销(promotion),如图 1-3 所示。

(1)产品策略是指企业以向目标市场提供各种满足消费者需求的有形和无形产品的方式来实现其营销目标,主要的营销工作涉及产品品种、规格、设计、质量、包装、特色、品牌名称以

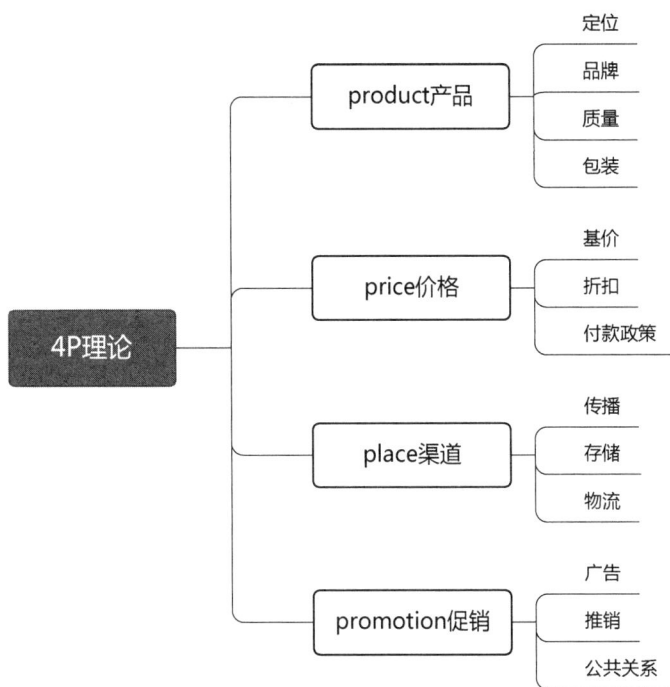

图 1 - 3 麦卡锡的 4P 营销理论

资料来源：https://pic3.zhimg.com/80/955beaffc64db2020d3c676c46c25332_hd.jpg

及服务,解决"卖什么"的问题。

（2）价格策略是指企业以按照市场规律制定价格和变动价格的方式来实现其营销目标,其中包括同定价有关的基本价格、折扣、优惠、付款期、信用条件以及各种定价方法和定价技巧等,解决"什么价"的问题。

（3）渠道策略是指企业以合理地选择分销渠道和组织商品流通的方式来实现其营销目标,其营销工作涉及线上与线下的选择、直销还是通过中间商、中间商的确定、渠道覆盖面、店铺地点的选择、物流管理以及网络营销等,解决"怎么卖"的问题。

（4）促销策略是指企业以利用各种信息传播手段刺激消费者的购买欲望,促进产品销售的方式来实现其营销目标,包括广告、人员推销、销售促进、公共关系等可控因素的组合和运用等,解决"卖更多"的问题。

2. 舒尔茨的 4C 理论

20 世纪 90 年代以后,随着市场营销理念的深入和新经济的发展,美国学者舒尔茨（Schultz）提出了以顾客满意为导向的营销组合理论 4C 理论,即顾客（customer）、成本（cost）、便利（convenience）、沟通（communication）,如图 1 - 4 所示。

（1）顾客是指明白并解决顾客的需求和帮助顾客创造价值,强调产品的开发应该能明白和解决顾客的需求和期望,并且顾客可以用这个产品帮助其实现某些方面的价值并促进顾客成长。

（2）成本是指企业的产品生产除了考虑生产费用和盈利空间外,还需要考虑顾客获得满足的代价,并且需要以顾客购买力为导向考虑产品定价。

（3）便利是指顾客时间与精力的节省,顾客使用产品或服务的体验应该便利舒适、容易

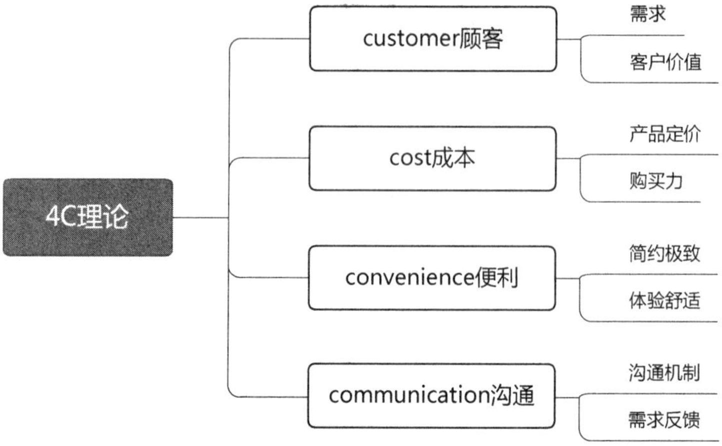

图 1-4　舒尔茨的 4C 营销理论

资料来源: https://pic2.zhimg.com/50/55c92746624e4f48e327e062cbf3973c_hd.jpg

上手。

（4）沟通是指顾客与企业之间的信息与情感交流,企业需要设计一套需求反馈和沟通的机制方案以更好地处理和顾客的外部沟通,并把顾客的需求反馈转化成产品改进的内部沟通。

4C 理论的提出只是进一步明确了企业营销策略的基本前提和指导思想,从操作层面上仍需通过以 4P 理论为代表的营销活动来具体运作,4C 理论是 4P 理论的一个深化发展,而不是取代 4P 理论。

3. 4R 营销策略组合

此外,还有 4R 策略组合,即关联(relevance)、反应(reaction)、关系(relationship)、报酬(reward),如图 1-5 所示。4R 营销理论以关系营销为核心,注重企业和客户关系的长期互动,重在建立顾客忠诚。它既从厂商的利益出发又兼顾消费者的需求,是一个更为实际、有效的营销制胜术。

（1）关联是指企业把自己的成长与和顾客价值关联起来,作为一个共同体,搭建双方持续共赢的生态链。

（2）反应是指类似 4C 理论的沟通,用户需求沟通反馈及这些需求形成的质变需要企业有所反应,应同时考虑内部组织变革及商业模式的转变。

（3）关系是指企业与顾客的互动关系应长期存在,不能抱着一次性成交的想法,设法保持长期合作比如会员营销,由考虑短期利益转变为长期合作。

（4）报酬是指给顾客价值、给供方价值、平台搭建、跨界合作、多方共赢成长。

4. 4I 营销策略组合

随着网络媒体的发展,按照传统的营销理论,已经很难完全适应新媒体的传播,把内容整合得有趣(interesting)、给用户带来利益(interests)、做到和用户互动(interaction)、让用户彰显个性(individuality)这一营销理念应运而生,也就是所谓的 4I 策略组合,如图 1-6 所示。其中,有趣是前提,不然营销内容无法吸引消费者的关注;利益是促进,能给目标用户带来价值才是有效的营销;互动是发展,注重和消费者的相互关系才能取得长远的营销发展;个性是提升,在内容创造上让用户因使用而彰显个性才能获得更好的营销效果。

图 1-5 4R 营销策略组合

资料来源：https://pic2.zhimg.com/50/26516d006b2522d0466b05098fa3cf69_hd.jpg

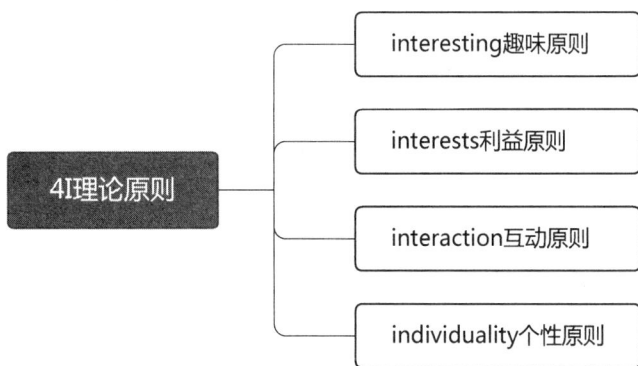

图 1-6 4I 营销策略组合

资料来源：https://pic2.zhimg.com/50/85b5a44697cc40aa138c7164eeba0287_hd.jpg

5. 新的营销策略组合

此外，还有新 4P、3P、10P、4V 等新的营销策略组合，如表 1-3 所示。营销的内容十分丰富、广博，不同的营销策略组合侧重点不同，适用面也有差异，但 4P 理论仍然是到目前为止对营销策略组合最为简洁、实用、通行的诠释。

表 1-3 新的营销策略组合列举

名　称	角　度	内　　　容
新 4P	全面营销	人员(people)、流程(process)、项目(program)、绩效(performance)
3P	服务营销	人员(people)、物质证据(physical evidence)、流程(process)

（续表）

名　称	角　度	内　　　　容
10P	大营销	战略4P：市场研究（probing）、市场细分（partitioning）目标市场选择（prioritizing）、市场定位（positioning） 策略4P：产品（product）、价格（price）、渠道（place）、促销（promotion） 国际营销2P：公共关系（public relation）、政治权力（political power）
5C	参与主体	企业（company）、合作者（collaborators）、顾客（customers）、竞争者（competitors）、环境（context）
4V	顾客价值	差异化（variation）、多样化（versatility）、附加价值（value）、共鸣（vibration）

（四）旅游营销管理实战

在旅游市场营销中，要完成营销目标，营销者必须重视具体的营销管理，需要有对营销过程进行计划、组织、执行与控制的一套系统。

营销策划是计划职能的集中体现，营销策划书的写作是营销人员必须具备的能力。营销策划的具体实施方法将在下一项目任务中详细阐述。

旅游企业必须设计一个实施营销方案的营销组织。旅游企业的营销组织可以根据企业的性质、任务的不同而有所不同，一般由一个处于公司决策层的分管领导（如营销副总经理、营销总监）、一个专门的职能部门（如营销部或市场部）以及一支从事营销活动的工作人员队伍组成。营销副总经理负责公司营销职能与其他职能乃至公司决策层面的沟通及协调，营销部负责公司营销活动的策划、组织与实施，营销队伍则是开展具体营销活动的基本力量。

市场营销执行主要解决"谁去做""何时做""怎么做"的问题。重在执行、赢在细节，没有执行的营销是空中楼阁，没有执行力的营销人是纸上谈兵。营销执行力就是将营销战略和计划转化为实际行动的能力，是企业营销战略成功的关键和实现高绩效的必要条件。

营销控制一般要抓好以下四个方面的控制。

（1）年度计划的控制：从数量和进度上保证营销计划的实施。

（2）盈利能力的控制：从营销的质量上进行检验和提高。

（3）效率控制：对营销活动进行日常监督和检查。

（4）战略控制：注意营销计划同环境的适应性，保证营销活动促进企业总体战略目标的实现。

小链接

市场营销的职业方向

许多人在学习市场营销之后，对这项职业产生了浓厚的兴趣，并立志以营销为职业生涯目标。根据英国学者乔布尔（Jobber）的总结，结合中国企业的实际情况，我们较全面地归纳了企业市场营销中的不同职业方向，并按照营销和销售两大类分别进行职业描述，便于营销人明晰自己的职业方向，并进行规划和求职。对于不做营销工作的学习者来说，也可借此更深入地理解市场营销。

表 1－4　市场营销中的营销职位

职　　位	工　作　描　述
营销主管/总监	管理所有与市场营销相关的活动
品牌职位	
品牌经理/产品经理	产品经理负责一个产品或产品线的所有营销和相关管理活动,进行顾客需求调查研究、参与产品的开发与设计、制定产品生产线的经营计划及营销战略、管理产品的分销、发布产品信息、协调售后服务与销售
品牌/销售助理	初级品牌助理的职责包括:进行市场分析、追踪产品销售情况、进行销售额及市场份额分析、监控促销活动等
营销职位	
市场研究员/分析员	搜集并分析相关信息以判定消费者是否存在对特殊产品或服务的需求,其中一些工作包括设计问卷、搜集所有相关的信息,并分析、提交、展示报告结果,提出一些建议等
市场沟通经理	管理组织的市场传播活动,包括广告、公共关系、赞助及直服营销
客户服务经理/专员	管理服务交付以及客户与组织的沟通,不同行业的客服经理扮演的角色不同
广告职位	
客户主管	设计并协调广告活动,设法与受托方(广告公司或媒体)取得联系;获取产品与公司详情、预算,以及营销研究的相关信息;向受托方中的专家(如创意团队、媒体策划和研究员)提供简要的顾客需求信息;制定活动的细节;向企业提供广告创意和广告方案并附上费用明细表;就有疑问的地方与受托方进行讨论并修改
媒体策划/媒体采购员	计划并协调在网站、社交媒体、电视台、电台、杂志、报纸等各种媒体上的广告活动;与广告版面的销售商达成协议,参与广告创意和内容设计,确保广告可以到达预期的目标市场
公共关系职位	
公共关系主管	帮助组织建立并维持一种热情友好的公关环境;与专业的公关公司或公关对象取得联系,并就特殊情况进行协商、游说;管理危机、媒体关系,撰写并编辑印刷材料
媒体关系/公司事务部	与媒体建立并维持一种友好的工作关系;撰写新闻发布稿或者回应媒体的质疑

表 1－5　市场营销中的销售职位

职　　位	工　作　描　述
销售主管/总监	与现有的以及潜在的客户建立良好的商业关系,使公司产品具有良好的销售前景
销售职位	
销售经理	计划并协调销售队伍的销售活动;监控产品的分销及预算达成率;培训并激励员工,准确预测
大客户经理	管理大客户的销售及市场运作;与大客户就产品、数量、价格、促销以及特别优惠等方面进行沟通;与能够影响大客户购买决定的关键人员建立良好关系;在销售过程中,负责与所有部门内部及相关同事进行沟通;监测对大客户的销售业绩

（续表）

职　　位	工　作　描　述
销售支持经理	通过对顾客实地访问或电话、邮件沟通提供销售支持；参与商品展销与促销活动；为产品宣传册、销售小册子的制作准备材料；购买市场调研公司提供的主要数据
跟单员	及时跟踪和汇报对客户的销售情况；确保交易顺利进行并维护客户关系
促销主管	直接拜访部分重要客户，并在客户所在地将产品的特性及优点直接介绍给客户；对所有的促销活动进行说明与管理
电话营销代表	记录与销售相关的呼入与呼出电话
广告营销专员	向潜在客户展示公司的宣传册、网络广告、电视广告、视频广告等
零售职位	
零售主管	制定计划并与零售商进行协调；监督人员招聘、培训过程；保持高质量的客户服务；管理存货水平
零售采购员	采购原材料或半成品；管理并分析存货水平；进行供货商关系管理

项目任务二　认识旅游营销策划

一、营销策划的相关知识

（一）策划的定义

关于策划，单从字面上理解，策是指计策、谋略，划是指计划、安排，因此，策划即有计划地实施谋略。策划通常需要组织者因时、因地制宜，集天时、地利、人和，整合各种资源，进行一种安排周密的活动。

目前，策划一般被定义为：人们为了达到某种预期的目标，借助科学方法、系统方法和创造性思维，对策划对象的环境因素进行分析，优化资源配置，进行调查、分析、创意、设计并制定行动方案的行为。策划是为了解决现存的问题，为实现特定的目标和达到预期效果，提出思路、实施方案与具体措施并运用脑力的理性行为。

策划最早开始于军事领域，古希腊神话和我国古代史的军事战例中就有策划的雏形。第二次世界大战以后，策划一词由军事领域发展到文化、政治等领域，在现代商业战争中，策划也开始出现在市场营销领域。策划作为一种程序，在本质上是一种运用知识和智慧的理性行为，是找出事物的主客观条件和因果关系，选择或制定出可行的对策，作为当前决策的依据。

同步阅读

策划与计划的区别与联系

一般来说，策划是指通过创意、谋划和论证，充分考虑现有条件，提出有价值的目标并设计最佳方案的活动。策划书（策划案）是指体现上述思想和过程的应用文体。而计划是指通过分解和部署,充分调动资源,为实现某一目标而进行工作设计的活动。计划书是指体现这些思想和过程的应用文体。策划和计划都面向未来、指导未来,都强调前导性和科学性,即策划和计划都是管理的前期阶段,都有着明确的目的,都指导着工作、任务的具体实施。策划和计划都要高度重视方案的可行性和高效性,要充分考虑各类要素和条件。

但策划和计划并不相同,其不同之处在于:策划一般在决策之前,是决策的依据和前提。因此,它强调价值、科学和竞争,即首先要创意出有价值的目标和谋划出科学可行的方案,这些目标和方案都应是最优的,应该在竞争中展现自己的优势并获得决策通过。计划一般在决策之后,是决策的细化和实现决策的保证。因此,它强调具体、明确和控制,即重在围绕决策目标和优先方案对工作进行分解、对资源进行细致安排。这些分解和部署都应是明确的,以便在实现过程中进行控制和评估。

策划与计划的联系非常紧密,主要表现在:策划是制定计划的重要依据。策划不仅提供了计划制定和实施所应围绕的中心和目标,还提供了目标实现的最优方案,这些都应是计划制订时所必须加以考虑的。计划是策划实施的重要保证,计划是策划和实施之间的桥梁。因为策划是事先谋划,所以侧重于目标和较为粗略的实施方案,其通过决策后要进行细化才能组织、控制实施行为,而计划则是策划的细化。

资料来源 https://zhidao.baidu.com/question/20342925.html

(二) 营销策划的定义及类型

1. 营销策划的定义

营销策划是根据企业的营销目标,以满足消费者需求和欲望为核心,设计和规划企业产品、服务和创意、价格、渠道、促销的理性思维活动。

营销策划要求企业根据市场环境变化和自身资源状况做出相适应的规划,从而提高产品销售,获取利润。营销策划的内容包含市场细分、产品创新、营销战略设计、营销组合 4P 战术等方面的内容。具体来说,一项营销策划一般可划分为两大组成部分,即现有的营销环境分析和营销策略的设计。营销策划中的这两部分是相辅相成、缺一不可的。营销环境的分析是为制定企业营销策略所做的基础分析,只有对营销环境进行准确而深入的分析后,企业才有可能了解其营销现状的机遇和挑战,才能采取某项营销策略来实现营销的目标。营销策略是一项营销策划中的主体,也是一项营销策划所应提供的营销方案中的主要部分,它包括商品或服务从创意、制造、分销到售后服务的各个环节,也涉及营销活动的产品策略、定价策略、分销策略和促销策略。

2. 营销策划的类型

市场营销策划的内容丰富、领域广泛,依据不同的标准,从不同的角度可以有不同的分类,常见的分类方法有如下 4 类。

(1) 根据涉及的策划时间长短分类,一般可以将其分为营销战略策划和营销战术策划两大类。

营销战略策划是对未来较长时期内企业发展方向、目标、任务、业务重点和发展阶段等问题进行的规划和设计,具有原则性、稳定性、持久性、整体性等特点,一般不可随意变更和调整。营销战略策划与企业的稳健经营和持续发展具有密切的关系。

营销战术策划则是依据企业营销战略策划的思路和方向,对营销调研、产品开发与设计、定价、营销渠道、市场促销等营销职能或活动进行的一种中短期规划和设计,它是企业增强产品或服务竞争力,改善和提高企业营销效果的有效手段。

营销战略策划与营销战术策划关系密切,前者为后者指明方向,后者为前者的完成提供支撑和保障。

(2)根据营销策划涉及的目标和范围分类,可以将其分为全程营销策划和单项营销职能策划两大类。

全程营销策划是就企业某一次营销活动进行的全方位、系统性策划,它涵盖了营销调研、市场细分、目标市场选择、市场定位、营销组合策略设计和营销管理的方方面面。当企业即将推出一种新业务、新产品时,通常需要进行这样的策划。

单项营销职能策划是在企业营销活动过程中,仅就某一方面的营销职能进行某种程度的设计与安排,其目的主要是改善该项职能的营销效果,如新产品开发策划、价格策划、渠道策划、促销策划、品牌策划、企业形象策划、广告策划等。

(3)按营销策划的主体分类,可分为企业内营销策划和第三方营销策划。

企业内营销策划指由企业的市场部或企划部人员做出的营销策划。

第三方营销策划则是由独立的营销策划公司、管理咨询公司等中介机构做出的营销策划。

(4)按营销策划作用时间的长短分类,可分为过程策划、阶段策划和随机策划。

过程策划指的是贯穿企业营销全过程的长期策划。

阶段策划则是指企业营销不同阶段的短期策划。

随机策划是指在企业营销的某一时点随时策划,属于更短期的策划。

(三)营销策划的方法及步骤

1. 营销策划的方法

(1)属性列举创意法。指将事物属性分解为不同的部分或方面并全部列举出来,然后对某部分或方面的属性进行置换,提出对问题的创新构思。属性列举创意法包括五个阶段,具体如下。

第一阶段,确定对象。根据市场发展前景与营销目标的关联确定对象。

第二阶段,列举属性。包括外部特征、整体形态、功能、运动方式、操作方式等。

第三阶段,提出问题。将属性列举出来之后,针对某个或某些属性提出问题。

第四阶段,属性置换。按照属性置换或移动的原理,针对各属性引发的问题提出解决方案或措施。

第五阶段,形成创意。将解决方案具体化、方案化,用创意计划书进行描述与说明。

(2)奥斯本设问创意法。也称为检查表法,概括出9种问题模式,并把这9种问题归纳成一张全方位的检查表,如表1-6所示。这种方法经常用于新产品的开发。这种强制性的设问思考方式有助于突破固有的习惯思维,从而找到有价值的问题和策划的新起点。

表1-6 奥斯本检查表

检查项目	含　义
能否他用	现有的事物有无其他的用途,保持不变能否扩大用途,稍加改变有无其他用途
能否借用	能否引入其他的创造性设想;能否模仿别的东西;能否从其他领域、产品、方案中引入新的元素、材料、造型、原理、工艺、思路

（续表）

检查项目	含　　义
能否改变	现有事物能否做些改变,如颜色、声音、味道、式样、花色、品种、意义、制造方法,改变后效果如何
能否扩大	现有事物能否扩大适用范围;能否增加使用功能;能否添加其他部件;能否延长使用寿命,增加长度、厚度、强度、频率、速度、数量、价值
能否缩小	现有事物能否体积变小、长度变短、重量变轻、厚度变薄、拆分或省略某些部分(简单化);能否浓缩化、省力化、方便化
能否替代	现有事物能否用其他材料、元件、结构、设备、方法、符号、声音等替代
能否调整	现有事物能否变换排列顺序、位置、时间、速度、计划、型号,内部元件能否交换
能否颠倒	现有事物能否从里外、上下、左右、前后、横竖、主次、正负、因果等角度颠倒过来用
能否组合	能否进行原理组合、材料组合、部件组合、形状组合、功能组合、目的组合

（3）逆向思维创意法。使用常规思维无法解决问题时,可采用逆向思维以获取意想不到的解决方案。逆向思维能改变人们固有的思维模式,拓宽创意渠道,找出新的切入点。通常情况下,企业往往交替使用逆向思维和顺向思维,寻求解决问题的途径,找出最恰当的方法。

小链接

2016年3月14日白色情人节前夕,康师傅爱鲜大餐品牌推出了四款为这个节日特别打造的方便面产品,在电商1号店独家首发,并限时限量供应。乍看起来,"在情人节送方便面"是一件特别"不营销"的事情,因为产品无法与话题搭界。然而,这却是传统方便面巨头康师傅在互联网模式与年轻化方面迈开最大步伐的一次。如何搭界? 在这次方便面包装上,康师傅爱鲜大餐分别推出了单身、情侣、女女、男男四款,发布会还邀请比较另类的时下热门脱口秀节目《奇葩说》的著名辩手姜思达畅谈90后的新想法。这种打"擦边"路线的社会化营销产品,对于一直走传统路线的康师傅来说,无疑是一次大的突破。

资料来源:http://www.chinavalue.net/Media/Article.aspx? ArticleId=136700

（4）5W2H法。从7个方面对策划创新的对象、目标进行设问。这7个方面具体如下。

Why——为什么需要创新?

What——创新对象是谁? 创新的目标和内容是什么?

Where——从哪些地方开始着手?

Who——谁来承担任务?

When——什么时候完成?

How——如何实施? 采用什么样的方法?

How much——达到什么样的水平? 需要多少成本?

5W2H法能够使企业营销人员的思维清晰化、条理化,围绕目标制定步骤,杜绝思维盲目、随意。

（5）头脑风暴法。等同于集思广益。人们在小组讨论中可以产生更好的想象力，思考的能力也会增强，更容易产生灵感。头脑风暴包括准备、热身、明确问题、畅谈、加工设想5个步骤，具体的做法是：围绕某个目标明确主题，召开10人左右的小组讨论会。主持人要善于引导、激励会议成员，并创造轻松、和谐的讨论环境；同时，各成员要遵守不批评他人的设想、不约束自由思考、尽量提出新奇的设想、结合他人的见解提出新设想这四条原则。

（6）组合创造法。是指将多种因素通过建立某种关系组合在一起从而形成组合优势的方法。组合创造法是现代生产经营活动中常用的方法。如市场营销过程是产品、价格、渠道、促销等可控因素的组合的过程；整体产品是核心产品、形式产品、附加产品的组合。组合可以是原理组合、结构组合、功能组合、材料组合及方法组合。不同的组合代表的意义不同，形成了属性差异。但无论什么样的组合，都要考虑组合的前提条件和结果。例如为了降低营销成本，哈根达斯利用组合创造法，提出了"用别人的渠道，搭建自己的渠道"的低成本创意：在高档楼盘的售楼处，让客户免费品尝哈根达斯，以显示自己的贵气。开发商借助哈根达斯的品牌效应营造高端氛围，为顾客带来特殊价值和体验。最终，通过这种组合方式达到双赢的局面。

小链接

营销策划人的基本要求

要成为一名出色的营销策划人，必须具备三种能力：一是思维力，它是对一个人逻辑和判断极为重要的衡量标准。二是专业力，策划需要大量知识技能作为基础，包括哲学、心理学、社会学等广泛的学科知识和对人性的认知，以及解决现实问题的综合能力、运作项目的实际经验。三是行业力，即不断积累的行业经验，这些经验无法从书本上学到。更具体地说，营销策划人需要记住八字箴言：察、思、奇、杂、简、德、勤、信。

"察"：营销策划的基础，掌握第一手资料，进行细查、深究。

"思"：金点子、新创意都是在勤思中迸发出来的。

"奇"：标新立异，出奇制胜，培养创新思维。

"杂"：融会贯通，资源整合，避免单一。

"简"：抓住关键点，简洁明了，提倡效益。

"德"：履行道德操守，遵守职业道德。

"勤"：五勤要诀——手勤、腿勤、眼勤、耳勤、嘴勤。

"信"：坚持诚信为本。

要成为一名优秀的营销策划人，必须是一个全才、通才，可是对于许多人来说，要掌握这么多知识、技能，特别是一些宝贵的经验，不可能一蹴而就，因此，营销策划人必须不断地学习、感悟，才能在学习中不断进步。

2. 营销策划的步骤

营销策划包括六个步骤：情景分析、目标、战略、战术、预算和控制。

（1）情景分析。企业首先要明确所处环境的各种宏观力量（经济、政治/法律、社会/文化、技术)和局内人——企业、竞争者、分销商和供应商。企业可以进行 SWOT 分析(优势 Strengths、劣势 Weaknesses、机会 Opportunities、威胁 Threats)。但是这种分析方法应该做一些修改,修改后成为 TOWS 分析(威胁 Threats、机会 Opportunities、劣势 Weaknesses、优势 Strengths),原因是分析思维的顺序应该由外而内,而不是由内而外。SWOT 分析方法可能会赋予内部因素不应有的重要性,误导企业根据自身的优势来选择性地认识外部威胁和机会。这个步骤还应包括公司各部门面临的主要问题。

(2)目标。对于情景分析中确认的那些最好的机会,企业要对其进行排序,然后由此出发,定义目标市场、设立目标和完成时间表。企业还需要为利益相关者、企业的声誉、技术等有关方面设立目标。

(3)战略。任何目标都有许多达成途径,战略的任务就是选择最有效的行动方式来完成目标。

(4)战术。战略充分展开成细节,包括 4P 和各部门人员的时间表和任务。

(5)预算。企业为达到其目标所计划的行为和活动需要的成本。

(6)控制。企业必须设立检查时间和措施,及时发现计划完成情况。如果计划进度滞后,企业必须更正目标、战略或者各种行为来纠正这种局面。

同步阅读

案例:星巴克在中国如何作秀

只用了短短几年时间,星巴克在中国就成了一个时尚的代名词。它所标志的已经不只是一杯咖啡,而是一个品牌和一种文化。

从 1971 年 4 月位于美国西雅图的星巴克开业开始,目前星巴克已经在北美、欧洲和南太平洋等地开出了 6 000 多家店。近几年的增长速度每年超过 500 家,平均每周超过 10 000 万人在店内消费,是唯一一个把店面开遍各大洲的世界性咖啡品牌,也已成为我国咖啡行业的第一品牌。

星巴克靠什么从一间小咖啡屋发展成为国际著名的咖啡连锁店品牌?

1. 商业模式

同麦当劳的全球扩张一样,星巴克很早就开始了跨国经营,在全球推行三种商业组织结构:合资公司、许可协议、独资自营。星巴克的策略比较灵活,它根据各国的市场情况而采取相应的合作模式。一般而言,星巴克在某一个地区所持的股权比例越大,意味着这个地方的市场对它越重要。另外,星巴克制定了严格的选择合作者的标准,如合作者的声誉、质量控制能力和是否以星巴克的标准来培训员工。

目前,星巴克在中国内地有三家合作伙伴:北京美大咖啡有限公司行使其在中国北方的代理权,统一集团行使其在上海、杭州和苏州等江南地区的代理权,南方地区(香港、深圳等)的代理权则交给了香港的一家公司。

2. 直营

30 多年来,星巴克对外宣称其策略是,坚持走公司直营店,在全世界都不要加盟店。事实上,星巴克的直营路子更多体现在星巴克合资或授权的公司在当地发展星巴克咖啡店上,"顽固"地拒绝个人加盟,当地的所有星巴克咖啡店一定是星巴克合资或授权的当地公司的直营店。星巴克为自己的直营路子给出的理由是:品牌背后是人在经营,星巴克严格要求自己的经营者认同公司的理念,认同品牌,强调纪律、品质的一致性;而加盟者都是投资客,他们把加盟品牌看作赚钱的途径,唯一的目的是为了赚钱而非经营品牌。

星巴克之所以不开放加盟,是因为星巴克要在品质上做最好的控制。比如,星巴克决不会吝啬报废物料,只是为了提供顾客最好的咖啡。如果开放加盟权,很难确保每个加盟店的老板都会舍得一直增加成本报废,只为了提供客人一杯好咖啡。同时,推行加盟连锁的企业必须具备很强的法律事务处理能力,以应对与加盟商产生的各种法律问题。因此,为了让品牌不受不必要的干扰,星巴克决定不开放加盟权。

3. 广告

星巴克给品牌市场营销的传统理念带来的冲击同星巴克的高速扩张一样引人注目。在各种产品与服务风起云涌的时代,星巴克公司却把一种世界上最古老的商品发展成为与众不同的、持久的高附加值的品牌。然而,星巴克并没有使用其他品牌市场战略中的传统手段,如铺天盖地的广告宣传和巨额的促销预算。

据了解,星巴克从未在大众媒体上花过一分钱的广告费,除了利用一些策略联盟帮助宣传新品外,几乎从来不做广告。根据在美国和台湾的经验,广告泛滥后会逐渐失去公信力。为了避免资源的浪费,星巴克故意不打广告。这来自欧洲那些名店名品的推广策略,它们并不依靠在大众媒体上做广告,而每一家好的门店就是最好的广告。

星巴克认为,在服务业,最重要的渠道是分店本身,而不是广告。如果店里的产品与服务不够好,靠做再多的广告吸引客人来,也只是让他们看到负面的形象。星巴克不愿花费庞大的资金做广告与促销,而坚持每一位员工都拥有最专业的知识与服务热忱。"我们的员工犹如咖啡迷一般,可以对顾客详细解说每一种咖啡的特性。通过一对一的方式,赢得信任与口碑。这是既经济又实惠的做法,也是星巴克的独到之处!"另外,意识到员工在品牌传播中的重要性,星巴克另辟蹊径开创了自己的品牌管理方法,将本来用于广告的支出用于员工的福利和培训,使员工队伍相对稳定。这对星巴克"口口相传"的品牌经营起到了重要作用。

4. 风格

星巴克认为它的产品不单是咖啡,而且是咖啡店的体验。星巴克的竞争战略就是在咖啡店中同客户进行交流,特别重视同客户之间的沟通。每一个服务员都要接受一系列培训,如基本销售技巧、咖啡基本知识、咖啡的制作技巧等,要求每一位服务员都能预感客户的需求。

另外,星巴克更擅长咖啡之外的"体验",如气氛管理、个性化的店内设计、暖色灯光、柔和音乐等。就像麦当劳倡导售卖欢乐一样,星巴克把美式文化逐步分解成可以体验的东西。"以顾客为本,认真对待每一位顾客,一次只烹调顾客那一杯咖啡。"这种企业理念贯穿了星巴克快速崛起的秘诀。注重"当下体验"的观念,强调在工作、生活及休闲娱乐中用心经营"当下"的生活体验。

星巴克还极力强调美国式的消费文化,顾客可以随意谈笑,甚至挪动桌椅,随意组合。这样的体验也是星巴克营销风格的一部分。

5. 教育消费

在一个习惯喝茶的国度里推广和普及咖啡,首先遇到的是消费者情绪上的抵触。星巴克为此首先着力推广"教育消费"。通过自己的店面以及到一些公司去开"咖啡教室",并通过自己的网络,星巴克成立了一个咖啡俱乐部。顾客在星巴克消费的时候,收银员除了品名、价格以外,还要在收银机键入顾客的性别和年龄,否则收银机就打不开。公司可以很快知道消费的时间、消费了什么、金额多少、顾客的性别和年龄段等。除此之外,公司每年还会请专业公司做市场调查。

6. 设计

星巴克在上海的每一家店面的设计都是由美国方面完成的。据了解,星巴克的美国总部有一个专门的设计室,拥有一批专业的设计师和艺术家,专门设计在全世界各地开的星巴克店铺。他们在设计每个门市的时候,会依据当地商圈的特色,思考如何把星巴克融入其中。所以,星巴克的每一家店在品牌统一的基础上又尽量发挥个性特色。这与麦当劳等连锁品牌强调所有门店的高度统一截然不同。

在设计上,星巴克强调每栋建筑物都有自己的风格,让星巴克融合到原来的建筑物中去,而不去破坏建筑物原来的设计。每增加一家新店,他们就用数码相机把店址内景和周围环境拍下来,照片传到美国总部,请他们帮助设计,再发回去找施工队。这样下来,星巴克才能做到原汁原味。例如,上海星巴克设计以年轻消费者为主,因此在拓展新店时费尽心思去寻找具有特色的店址,并结合当地景观进行设计。例如,位于城隍庙商场的星巴克,外观像座现代化的庙,而濒临黄浦江的滨江分店则突出玻璃帷幕和宫殿般的华丽。夜晚时分,可以悠闲地坐在江边,边欣赏外滩夜景,边品尝香浓的咖啡。

7. 问题——急剧扩张后的潜在风险

开设新店的投资压力巨大。据介绍,星巴克在上海每开一家新店,投资都在人民币300万元左右。这些投资包括从美国进口设备、报关费用、场地租金、人员招募、培训费用等。星巴克自2000年5月进入上海以来,将近每月开一家新店。以此计算,星巴克在上海一年用在开店上的投资就要人民币3 000万元以上。

同时,由于星巴克不允许加盟,所以经营者非但不能像其他咖啡店那样靠收加盟金坐收渔翁之利,而且为了吸引客流和打造精品,星巴克的每家店几乎都开在了租金极高的地段,租金压力也是经营的一大风险。

现实和潜在的竞争者众多。中国内地市场已有的咖啡品牌以及后来进入的咖啡店等无不把星巴克作为其最大的竞争对手,"咖啡大战"的上演已经不可避免。综合分析,星巴克面临的竞争对手大致可分为以下四大类。

(1)咖啡同业竞争。连锁或加盟店及陆续进入市场的咖啡店及独立开的咖啡店。

(2)便利商店的竞争。便利商店随手可得的铁罐咖啡、铝罐包装咖啡、方便式冲泡咖啡。

(3)快餐店卖咖啡。麦当劳快餐店、德州汉堡、肯德基快餐店等以便利为主的咖啡机冲泡的咖啡。

(4)定点咖啡机。设立于机场等地,以便利为主,随手一杯咖啡机冲泡的咖啡,或铁罐咖啡、铝箔包装咖啡。

资料来源:http://www.doc88.com/p-8939282931011.html

二、旅游营销策划书的内容与结构

(一)旅游营销策划书的内容

旅游营销策划书没有固定的模式,依据旅游产品或营销活动的不同要求,在策划的内容上可以有所变化。以综合性的全程旅游营销策划书为例,其主要内容一般包括以下方面。

（1）旅游营销现状分析。

（2）旅游环境的 SWOT 分析。

（3）确定旅游营销目标。

（4）制定旅游营销战略。

（5）制定行动方案。

（6）编制经济预算。

（7）组织实施和控制。

（二）旅游营销策划书的结构

旅游营销策划书的结构一般包括：封面、前言、目录、摘要、正文、结束语、附录等，如表 1-7 所示。

表 1-7　营销策划书的基本结构

构　成		内　　容	作　用
封　面		策划书名称、委托方、策划人名称、完成日期、适用时间段、编号	策划书的名片
前　言		策划目的、宗旨、背景、意义等说明	背景与过程
目　录		策划书提纲	构成框架
摘　要		策划书主要内容概括	方案精髓
正文	策划目标	市场目标、财务目标等	明确营销目标
	环境分析	重要环境因素分析	策划依据
	SWOT 分析	机会/威胁分析、优势/劣势分析，并整体考虑	提出问题
	STP 分析	市场细分、目标市场选择、市场定位	总体布局
	营销策略	产品、价格、渠道、促销策略	具体对策
	行动方案	营销策划活动（时间、人员、内容）具体安排	执行蓝本
	营销预算	费用预算、效益分析	可行性分析
	营销控制	执行控制、风险预测、应急方案	保障成功
结束语		总结、突出、强化策划人意见	总结主张
附　录		数据资料、问卷样本及其他背景材料	提高可信度

1. 封面

旅游营销策划书的封面应该提供如下信息：策划书的名称、委托方、策划机构或策划人的名称、策划完成日期、本策划适用的时间段和编号。

封面设计的原则是醒目、整洁，字体、字号、颜色根据视觉效果具体而定。

旅游营销策划书的名称应该简洁，准确，体现策划主题或目的，例如×××国庆节促销活动方案，×××年度营销方案等。

旅游营销策划完成日期一般以正式提交策划书日期为准。

一般在封面的上部标出委托方；封面下部标出策划者。两者均使用规范全称。

2. 前言

前言一般不超过一页，字数应该控制在 1 000 字之内。

前言的具体内容包括：策划的目的、宗旨、背景及策划的意义等。

前言或序言是旅游营销策划书正式内容前的策划背景、过程等情况说明，内容应简明扼要。其内容主要是：委托的情况，如A公司接受B公司的委托，就××年度的营销计划进行策划；本次策划的意义；策划的概况，即策划的过程和要达到的目的。

3. 目录

目录也是旅游营销策划书的重要组成部分之一。目录应涵盖全书的主体内容和要点，让读者尽快了解旅游营销策划书的全貌，使读者对策划人的思路、策划书的整体结构有一个大体的了解，并为使用者查找相关内容提供方便。目录是正文标题的集合，一般只涉及一级至三级标题，大多不超过一页。

4. 摘要

摘要是旅游营销策划内容的概括与总结，目的是使阅读者对营销策划内容和策划结论有一个非常清晰的了解，便于阅读者理解策划者的思路、意图和观点。摘要讲述营销策划采取什么手段，解决了什么问题，读者通过摘要可以了解本次营销策划内容的关键点和要点。

摘要是在旅游营销策划书完成后进行的总结和概述。摘要要求简明扼要，篇幅不能过长，一般三四百字为宜。

5. 正文

企业产品、营销阶段、营销目标不同，则各项内容在编制上有不同的详略取舍。正文应该包括下列内容。

（1）营销策划的目标。通过营销策划活动要达到什么样的目标，包括提高知名度及财务上销售收入及盈利目标等。

市场营销策划的目标是计划中最基本的要素，是企业营销活动所要达到的最终结果。营销目标一般包括以下内容：销售量、销售利润率、市场占有率、市场增长率、产品/品牌知名度和美誉度等。如："在明年获得总销售收入5 000万元，比去年提高15%""经过该计划的实施，品牌知名度从10%上升到20%""扩大分销网点15%""在明年，净利润达到300万元"等。

注意：① 一般情况下目标应具体化，以可以测定的方式（如数据、指标）来表达；② 如果是多个目标，目标之间应该彼此协调；③ 目标达成应设置一定的期限；④ 目标具有一定挑战性，但须经过努力可以达到。

（2）环境分析是对营销策划各重要环境因素的分析，是营销策划的依据和基础，一般应在外部环境和内部环境中抓重点，描述变化，形成令人信服的结论。主要内容包括：① 宏观坏境分析（这部分分析社会宏观环境现状和发展趋势，涉及政治法律、经济、科技、人口、社会文化等方面对企业产品和营销活动的影响）；② 行业市场分析（指目标市场规模及容量、市场增长状况、细分市场状况、产品特点及发展趋势、市场价格、利润空间等）；③ 竞争分析（分析本企业及产品的主要竞争对手，分析主要对手的产品特征、生产规模、发展目标、市场占有率、营销战略和策略，了解发展意图及行为，为本企业制定对应策略打好基础，可以从4P角度进行系统分析）；④ 消费者分析（指消费群体与需求状况，如顾客特点、品牌认知、媒体接触、购买量、购买方式、购买过程、购买时的影响因素等）。

（3）市场机会与问题分析（SWOT分析）。通过对企业内外部环境因素进行分析后，寻找机会，扬长避短，发挥优势，规避劣势与风险，从而提出下一步的目标和对应策略。主要包括：① 机会/威胁分析（通过对外部环境的分析了解企业所在行业或从事的业务所面临的有利影响或不利影响);② 优势/劣势分析(通过对内部环境的分析了解企业在资源、技术、产品、渠道、定价及宣传促销等方面具有的竞争优势和劣势);③ 综合分析(基于以上两方面,分析企业内部条件和外部环境的变化,确定企业应注意的主要问题及发展潜力,提出相应的营销策略,最终制定营销方案)。

(4)STP 分析。市场细分、目标市场和市场定位战略。本部分应该了解不同细分市场的偏好,选择合适的目标市场,然后确定在目标市场中建立怎样的市场形象来促进销售。

(5)营销策略。在确定目标市场营销战略的基础上,根据目标市场的特征合理配置资源,从策略上分别制定产品、价格、渠道、促销等方案。主要包括:① 产品策略(包括产品线策略、品牌策略、包装策略、产品生命周期策略、新产品策略等);② 价格策略(包括产品销售成本的构成及销售价格制定的依据等);③ 分销策略(包括分销渠道组建与激励);④ 促销策略(包括促销方式、宣传广告形式)。

(6)行动方案。根据策划期内各阶段特点,推出各项具体行动方案,以具体贯彻营销战略和策略。

行动方案主要是指营销策划活动"要做什么""什么时候做""怎样做""什么时间做""谁来做",即营销策划活动(时间、人员、内容)具体安排。行动方案必须是符合营销战略要求,具体、周密、操作性强,具有一定灵活性,同时还要考虑费用支出。可以使用表格或者图形,把各个行动要素要求描述出来,明确每项行动的日期、步骤、具体细节、参与及负责人员等,使整个方案条理清晰明了,便于营销策划活动的执行和检查。

表 1-8 营销策划行动方案安排表

负责人	活动地点	开始时间		结束时间		费　　用		人员	物资	备注
		计划	实际	计划	实际	预算	实际			

(7)营销预算。主要指整个营销方案推进过程中根据目标、战略和行动方案,预估营销方案执行过程中的费用收支情况,包括营销过程中的总费用、每阶段费用、分项目费用等。

预算应尽可能准确,能真实反映该策划案实施投入的大小,以方便审核者了解与查看。经济预算是企业进行资源分配以及营销管理的重要依据之一,其原则是尽量以较少投入获得最优效果。

(8)营销控制。主要是对营销策划方案的执行过程和进度进行管理的方式,包括以下几方面的工作:① 动员与准备(营销策划方案的实施需要把任务分解到企业的各个相关部门,为了保证营销策划方案的有效执行,需要各部门明确自己的工作任务,相互配合,因此,在实施策划方案之前需要对员工进行动员,并制定工作计划)。② 选择适当的实施时机(营销策划方案的实施要精心挑选时机,如果时机正确,往往能取得事半功倍的效果;如果贻误时机,只会事倍功半)。③ 实施过程监控方案(策划书中应明确制定各种监控方案,如效果评估方案、绩效奖惩方案、信息反馈方案等)。④ 应急方案(应扼要列举可能发生的各种不利情况或特殊事件,发生的概率和危害程度,应当采取的预防措施和必须准备的善后措施)。

实施方案控制作为策划方案的补充部分,一般篇幅较少,可以以进度表的方式呈现。

6. 结束语

结束语作为对整个营销策划方案要点和重点的归纳与总结,要与前言呼应,使策划书有一个圆满的结束,不至使人感到太突然。可以再次重复一下主要观点并突出要点。

7. 附录

附录是策划书的附件,对整个营销策划方案起着补充说明的作用,主要包括提供原始资料、客观的策划证明、由于篇幅太长不适合放在正文中的分析过程等,如旅游消费者问卷的样本和座谈会的原始照片等资料。附录也要标明顺序,以便于阅读者进行查找。

三、旅游市场营销策划书的写作要求和技巧

(一)写作要求

营销策划书展现策划项目实施的具体策略与计划,是指导项目实施的文件,一般采用说明文的文体格式,主要有以下写作要求:

1. 严谨性与形象性的统一

策划书语言要严谨、规范、准确,以书面语、专业术语为主,避免口语表达,体现专业水平。但在诉求主题、消费者描述时也需要使用形象性语言进行表达。所以策划书中应根据具体的需要进行语言的选择与使用。

2. 可操作性与针对性强

策划的目的是用于指导具体的营销活动,涉及营销活动中每个人的工作及各环节关系的处理。不具有操作性就难以指导活动,让执行人摸不着头脑或花费大量人力、财力、物力,却没有什么效果,这就失去了策划的意义。

针对性是指策划要抓住关键问题,深入分析,提出有指导性的相应对策。活动策划侧重活动安排与组织,可行性策划则需加强财务效益分析。

3. 有逻辑性

人们的认知过程是由浅入深,循序渐进的。策划的目的在于解决营销中遇到的问题,因此,策划书结构需要按照逻辑性推理思维,主次分明、有条理地排列策划书使自己的结论具有证明推导过程,更有说服力。一般结构是首先阐述策划背景和策划目的,分析市场现状;其次,明确策划目标,以便对实施效果进行评估;再次,详细阐述具体策划方案的内容,提出解决方案;最后,根据营销计划花费进行经费预算,并提出保障策划执行的措施。

4. 进行整合

策划者要把所策划的对象视为一个系统,用系统、层次、联系的观点来处理策划对象各要素之间的关系。整合性要求营销策划要围绕策划的主题,有效调动和合理安排企业各种人、财、物等资源,把需要涉及的各方面进行统筹运作,从而顺利完成目标。

5. 考虑效益性

效益性是指营销策划活动中,策划活动、宣传手段等要注意成本控制,要以较少的成本产生较好的效益。营销策划效益是策划主体和委托方的最终目的,企业之所以要进行营销策划,主要就在于追求经济效益。

6. 展示创意

初学策划者首先要掌握策划的基本格式,然后注意策划的创意性,内容新,表现手法也要

新,从而容易吸引人,方便推销自己的观点,也容易产生良好的策划效果。新颖的创意是策划书的核心内容之一。在策划执行过程中,好的创意更容易产生好的效果。

此外,营销策划书各部分的篇幅要与策划内容的繁简相一致,语言要简约、明了、流畅。

(二) 写作技巧

1. 理论依据指引

为策划观点寻找一定的理论依据,容易提高策划内容的可信性并使阅读者接受,并且具有高屋建瓴、指令策划全局的效果。

2. 数字说明问题

在策划书中利用各种绝对数和相对数来进行比较对照容易使人信服,支撑观点,特别是市场调研部分。但是,需要注意的是,各种数字最好都有出处以证明其可靠性。

3. 图文并茂展示

要善于运用图表表达,这有助于阅读者理解策划的内容,提高页面的美观性,同时反映策划方市场调查的详细度与真实性。策划书中同级别文字字体要统一,全案不超过 3 种字体,字体大小不宜变化太多。

4. 合理设计版面

策划书视觉效果会影响策划效果,合理设置版面也是撰写策划书的技巧之一。版面设计与安排应该简洁大气,一般为上下结构或左右结构。PPT 幻灯片的版式设计直接影响观看者信息接收的有效性。

5. 金字塔结构排序

撰写策划书必须要厘清思路,要有逻辑性和条理性,因此,在实践中最常用的排列结构是金字塔结构。金字塔结构要求从报告的主题所包含的中心思想开始,从上到下层层铺垫并展开观点,从而构成思路清晰、逻辑严密的报告。

6. 消灭细节错误

细节决定成败,简单的失误或差错都可能给人留下专业水平低下的印象。对打印好的策划书要反复仔细检查,杜绝任何差错,对专业术语、企业名称等更应着重注意。

复习小结

人类社会在工业革命之后的一段漫长时间里,没有出现现代意义上的市场营销。20 世纪以来,市场营销才在英、美等国有了迅猛发展,并逐渐形成了市场营销理论与学科。

世界市场营销的产生与发展可分为四个阶段,即 19 世纪及以前被视为以交换与贸易为主的营销起源阶段,19 世纪末至 20 世纪初是推销与广告的形成阶段,20 世纪 30~80 年代是现代营销的发展阶段,20 世纪 90 年代至今则被称为数字化营销的发展新阶段。

中国市场营销的产生与发展则可分为五个阶段。

(1) 起源阶段(清代及以前):商朝遗民为生计做买卖,被周人称为"商人",商业开始出现;春秋战国时期,开始涌现以范蠡、子贡等为代表的秉承"君子求财取之有道"的儒商;唐宋、明清阶段,商人地位逐步提高,商业经营逐步发展,儒商思想进一步升华。

(2) 启蒙阶段(1911—1949 年):民国时期,伴随民族工商业的发展,在与国外产品的竞争及军阀混战和抗日战争的硝烟中,民族企业艰难地开始市场营销的启蒙与探索。

（3）复苏阶段（1978—1989年）：中国开始改革开放，有了竞争和市场，企业的市场营销实践开始复苏，营销从广告开始起航。

（4）发展阶段（1990—1999年）：外企大量进入中国，培训了中国营销，中国企业开始涌现营销实践热潮。

（5）新发展阶段（2000年至今）：中国加入世贸组织后，营销被应用到服务业，并进入数字化营销时代。

美国市场营销学家菲利普·科特勒早期对市场营销的解释得到了广泛的认同：市场营销是个人或组织通过创造并同他人交换产品和价值以满足需求和欲望的一种社会和管理过程。简言之，营销就是经营可获利的顾客关系。旅游市场营销则是服务营销理论在旅游市场应用中产生的一个分支，指旅游市场中通过交换旅游产品和价值来满足旅游消费者需要的社会管理过程，一般可分为旅游企业营销与旅游目的地营销。旅游目的地营销的研究对象主要是旅游目的地的（国家、城市或地区）整体营销活动，其主体是目的地政府及其旅游主管部门，需要分析旅游目的地面对的来自其他目的地的竞争环境，整合目的地所有旅游资源，形成目的地定位，通过规划、开发、建设营造和传播整体旅游形象，营造目的地的整体旅游环境，其营销活动具有"造势"性质。旅游企业营销的研究对象则是旅游企业的经营活动，主体是企业，是各类旅游企业为到达旅游目的地的游客提供不同的旅游产品、满足游客各方面的需求而开展的营销活动，其营销活动具有"借势"性质。

市场营销观念是指导营销的思想和协调企业、顾客和社会关系的准则，可以将种类繁多的市场营销观念分成传统市场营销观念和现代市场营销观念两大类。

传统市场营销观念包括生产观念、产品观念、推销观念。生产观念的基本内容是企业以改进、增加生产为中心，生产什么产品就销售什么产品。产品观念的基本观点是消费者最喜欢高质量、多功能和具有某些创新特色的产品，企业的任务是生产质量优异的产品并不断改进其性能和特色。推销观念的观点认为企业努力推销什么产品，消费者或用户就会更多地购买什么产品。

现代市场营销观念包括营销观念、社会营销观念、关系营销观念和全面营销观念。营销观念认为，实现企业目标的关键在于正确确定目标市场的需要和欲望，并且比竞争对手更有效、更有力地传送目标市场所期望获得的东西。社会营销观念认为，企业提供产品，不仅要盈利并满足顾客需求，而且要符合顾客和社会的长远利益，企业要关心和增进全社会的福利和进步。关系营销观念认为，随着市场逐渐成熟和竞争逐渐加剧，企业营销关注的焦点应当由与顾客的单次交易转变为与顾客建立长期业务关系，并通过这种长期的业务关系实现企业的目标。全面营销观念第一层含义包括关系营销、整合营销、内部营销和社会营销四个方面的内容，第二层含义则是企业不仅需要营销自己的产品和服务，也需要营销有关的事件、体验、人物、区域、产权、组织、信息和观点。

旅游市场营销流程的总体框架可以分为以下几部分：① 旅游市场机会分析；② 旅游营销战略制定；③ 旅游营销策略设计；④ 旅游营销的组织、执行与控制。旅游企业可以通过营销环境分析发现市场机会。在确定市场营销的总体思路时，主要的任务是"STP"营销，即"市场细分—目标市场选择—市场定位"。确定旅游营销战略后，需要对旅游营销策略进行具体可实施性的设计。最为广泛接受的营销策略组合是4P理论，即产品（product）、价格（price）、渠道（place）、促销（promotion）。

　　营销策划是根据企业的营销目标,以满足消费者需求和欲望为核心,设计和规划企业产品、服务和创意、价格、渠道、促销的理性思维活动。其有多种分类方法,根据涉及的策划时间长短分类可分为营销战略策划和营销战术策划,根据营销策划涉及的目标和范围分类可分为全程营销策划和单项营销职能策划,按营销策划的主体分类可分为企业内营销策划和第三方营销策划,按营销策划作用时间的长短分类可分为过程策划、阶段策划和随机策划。营销策划的具体方法包括属性列举创意法、奥斯本设问创意法、逆向思维创意法、5W2H 法、头脑风暴法、组合创造法等。

　　具体的旅游营销策划书没有固定的模式,一般采用说明文的文体格式,依据旅游产品或营销活动的不同要求,在策划的内容上可以有所变化,但有一定的写作要求和技巧。综合性的全程旅游营销策划书主要内容一般包括以下方面:旅游营销现状分析、旅游环境的SWOT 分析、确定旅游营销目标、制定旅游营销战略、制定行动方案、编制经济预算、组织实施和控制。

实践技能训练

市场营销观念调查及营销策划书写作

一、实训内容

　　基于营销观念策划创意方法,对校园内某一餐饮企业的营销观念展开调查,利用课堂所学,提出相应的营销策划创意并写作营销策划书。通过实战和课堂分析,更好地理解不同市场营销观念的应用及营销策划的流程。

二、实训步骤

　　(1)将班级同学按每组 6~7 人分成若干小组,每组推选一名负责人,以小组为单位完成实训内容。

　　(2)选定将要调查的店面,做好市场调研,通过访谈等形式收集该店铺相关资料。

　　(3)在对资料进行综合分析的基础上,撰写一份关于店铺基本情况和营销观念的调查报告,并在此基础上按照营销策划书的基本结构要求完成针对该店铺的一项营销策划活动。

　　(4)每个小组按照实践情况在班级进行陈述,接受师生提问,各小组对陈述进行互评。

　　(5)教师进行活动总结。

三、考核评价

　　(1)按照教师和小组评分各占 50%的标准评选出优秀小组。

　　(2)评分标准:调查前准备工作(20 分);陈述报告的格式及内容(50 分);汇报的条理性(10);仪容仪表(10 分);小组合作的协调性(10 分)。

思考与习题

一、名词解释

1. 市场营销　　　2. 旅游市场营销　　3. 旅游企业营销　　4. 市场营销观念

5. STP 营销　　　6. 4P 营销策略　　　7. 营销策划

二、单项选择题

1. 世界营销发展史中,在(　　　)阶段,企业开始重视对产品的推销与销售,广告、商标、包装等逐渐成为企业开展市场营销的重要手段。

A. 19世纪及以前　　　　　　　　　B. 19世纪末至20世纪初

C. 20世纪30~80年代　　　　　　　D. 20世纪90年代至今

2. 中国市场营销的起源可追溯到(　　　)时期,"商业"的来源是当时的遗民为了维持生计,东奔西跑做买卖而逐渐形成的一个固定职业。

A. 商周　　　　　B. 秦汉　　　　　C. 唐宋　　　　　D. 明清

3. 中国企业的市场营销从(　　　)开始起航。

A. 促销　　　　　B. 公关　　　　　C. 广告　　　　　D. 分销

4. 传统市场营销观念中,强调"以质取胜"和"以廉取胜"的是(　　　)。

A. 生产观念　　　B. 产品观念　　　C. 市场营销观念　　D. 推销观念

5. 市场营销观念思考问题的出发点是(　　　)。

A. 目标市场的大小　　　　　　　　B. 所能提供的产品的功能特征

C. 消费者的需求和欲望　　　　　　D. 企业的各种资源状况

6. 市场营销发展阶段中,社会营销观念阶段的指导思想是(　　　)。

A. 以生产为中心　　　　　　　　　B. 以消费者需求为中心

C. 消费者需要与生态保护相结合　　D. 消费者需要、企业利润和社会效益相结合

7. (　　　)认为,随着市场逐渐成熟和竞争逐渐加剧,企业营销关注的焦点应当由与顾客的单次交易转变为与顾客建立长期业务关系。

A. 整合营销观念　　　　　　　　　B. 内部营销观念

C. 关系营销观念　　　　　　　　　D. 社会营销观念

8. 策划目的、背景、意义等说明一般应放在营销策划书的(　　　)部分。

A. 封面　　　　　B. 摘要　　　　　C. 前言　　　　　D. 正文

9. 具体的旅游营销策划书没有固定的模式,一般采用(　　　)的文体格式。

A. 记叙文　　　　B. 议论文　　　　C. 公文　　　　　D. 说明文

三、多项选择题

1. 属于传统市场营销观念的是(　　　)。

A. 生产观念　　　B. 关系营销观念　　C. 推销观念　　　D. 产品观念

2. 美国学者舒尔茨提出了以顾客满意为导向的营销组合理论4C理论,下列符合其主要观点的有(　　　)。

A. 产品的开发应该能明白和解决顾客的需求和期望

B. 顾客使用产品或服务的体验应该便利舒适、容易上手

C. 企业需要设计一套需求反馈和沟通的机制方案以更好地处理和顾客的外部沟通

D. 企业与顾客的互动关系应长期存在,不能抱着一次性成交的想法

3. 根据涉及的策划时间长短分类,一般可以将营销策划分为(　　　)。

A. 营销战略策划　　　　　　　　　B. 单项营销职能策划

C. 全程营销策划　　　　　　　　　D. 营销战术策划

4. 营销控制一般要抓好( )方面的控制。

A. 年度计划控制   B. 盈利能力控制

C. 效率控制   D. 战略控制

5. 下面属于营销策划书写作要求的是( )。

A. 严谨与形象性统一   B. 逻辑性

C. 整合性   D. 效益性

四、简答题

1. 旅游企业市场营销观念经历了哪些变迁?

2. 综合性的旅游营销策划书一般包括哪些内容?

五、论述题

1. 概述旅游市场营销与一般市场营销的差异。

2. 旅游目的地营销与旅游企业营销是什么关系?请阐述你的观点。

模块二　旅游市场机会分析

学习目标

☆知识目标　1. 掌握市场营销环境、旅游者购买行为、市场调研的概念。

2. 了解影响旅游企业营销的宏观环境因素、微观环境因素。

3. 理解影响旅游者购买行为的类型、模式及影响因素。

4. 了解旅游者购买决策过程和组织机构购买过程。

5. 掌握旅游市场调研的类型及方法。

☆技能目标　1. 掌握分析企业营销环境的方法并在此基础上开展旅游企业市场机会分析。

2. 能针对不同旅游者和组织机构的购买行为展开分析并确定其购买类型及特点。

3. 掌握旅游市场调研的常用方法，可以针对特定调研选择不同的调研设计。

4. 可以使用网络调查法开展市场调查，能设计调查问卷并撰写调查报告。

引例　中国游客消费模式明显变化呈现四大特征 ···

希尔顿、尼尔森等机构 2019 年 2 月 21 日在北京发布全新消费者研究报告《城市因你而鲜活，中国消费者"鲜"发现》。报告认为，和过去几年相比，中国游客消费模式明显变化，呈现四大特征。

本次研究样本来自中国 1 000 名不同年龄段及城市地域的消费者，他们在过去一年至少在一家高档酒店消费过一次。该研究探索了当下主要的旅游趋势，并重新定义了中国旅客的类型。结果显示，中国旅客在旅行偏好、行为及消费模式等方面有着明显变化。

报告认为，和过去几年相比，现在的中国旅客的特征可以用四个关键词来概括：一是探索，83%受访者更喜欢探索多样风土，文化特色；二是悦己，82%受访者不惜花更多钱，大方犒赏自己；三是开放，77%受访者更乐于深入当地，结识当地友人；四是独特，77%受访者拒绝一成不变，更追求独特体验。

报告强调，中国新兴旅客热衷于深入了解当地文化，乐于花费更多以获得优质体验犒赏自己。同时，他们也期待酒店更具文化性、舒适性、社交性和独特性。报告研究发现，中国旅客认为旅游是他们生活方式和生活态度的缩影。上述这四大变革也体现在中国消费者旅行中的具体需求上：舒适是最重要的需求，其次是文化需求及探索个性化需求。

本次研究还对新时代中国旅客的消费心态进行了评估。报告认为，新时代中国旅客的消费心态呈现出三大特征。

一是努力工作，尽情享受。67%受访者享受当下，无暇担心未来。其中，54%的受访者表示，他们期待寻找能够提供"振奋人心的体验"的酒店。

二是乐于表达,自我澎湃。69%受访者表示他们乐于展现自我独特品味,希望成为关注焦点。其中,50%的受访者表示,他们更喜欢酒店装饰更具当地特色,而48%的受访者则表示他们更喜欢酒店的独特设计和时尚风格。

三是短暂抽离生活。63%的受访者更喜欢简单享受生活乐趣,同时50%的受访者表示他们比较关心酒店如何满足他们的生活需求。

报告指出,上述特质的呈现无关年龄,充分说明中国新兴旅客在生活方式及品质方面的追求不再仅仅以年龄和地域区分,更多是自身价值观、思维方式的展现。

资料来源: 央广网 https://mp.weixin.qq.com/s/k2FVjCC1sxJ71An5SigpEA

案例思考:

根据上述导引案例,思考研究旅游者购买行为的意义并讨论中国游客消费模式变化对旅游企业市场机会带来的影响。

项目任务一　分析旅游营销环境

旅游企业总是在一定的外界环境条件下开展市场营销活动,而这些外界环境条件的不断变化,既给旅游企业创造了新的市场机会,又给旅游企业带来了某种威胁。因此,市场营销环境对旅游企业的生存和发展具有重要意义。旅游企业必须重视对市场营销环境的分析和研究,掌握旅游市场营销环境分析的方法,并根据市场营销环境的变化制定有效的市场营销战略,从而实现自己的市场营销目标。

一、旅游营销环境的概念及特点

(一) 旅游营销环境的概念

旅游营销环境是一个不断完善和发展的概念。起初,西方企业仅将销售市场作为营销环境,后来逐渐把政府、竞争者、自然生态、科学技术、社会文化等作为重要的环境因素。随着各国政府对经济干预力度的加强,企业家们又开始重视政治及法律环境的研究。随着环境对企业生存发展重要性的增加,在企业营销活动中又加强了对环境的分析和研究。因此,所谓的旅游企业市场营销环境,是指"由一些影响着旅游企业能否成功开展并维系与目标顾客进行交易的各种因素和势力的构成"①。

旅游营销环境可以分为宏观和微观两个部分。宏观环境要素,即影响企业宏观环境的巨大社会力量,包括人口、经济、政治、法律、科学技术、社会文化及自然地理等多方面的因素;间接影响和制约企业的市场营销活动微观环境要素包括企业的供应商、营销中间商、顾客、竞争者以及社会公众和影响营销管理决策的企业内部各个部门等。这些因素直接影响和制约企业的市场营销活动。

(二) 旅游营销环境的特点

旅游市场营销环境是一个多种因素、多层次而且不断变化的综合体,具有动态性、客观性、差异性、不可控性、复杂性等特点。

---

① 程萩,朱生东.旅游市场营销[M].合肥:合肥工业大学出版社,2005:30.

1. 动态性

动态性是营销环境的基本特征。旅游企业所面临的营销环境不是一成不变和静止的,而是处在一个不断变化的过程中。例如,随着互联网的迅猛发展,游客的行为习惯改变巨大,游客行为从线下往线上转移,游客可以在网上获得景区产品的价格、评价等信息,可以在网上实现查询、预定、下单等一站式的购买服务。随着市场环境和用户习惯的改变,旅游企业也必须跟上时代的步伐,才可能不被消费者和市场淘汰。

旅游市场营销环境各项因素的状态随着时间变化而变化,会形成与不同时间相对应的多样化环境。旅游需求由于可自由支配收入变化、闲暇时间的分布差异,易形成旅游流的时空波动;旅游目的地的旅游资源禀赋造成相对的旅游流季节波动;另外,政治形势剧变、重大自然灾害发生、传染性疾病流行等环境变化都会给旅游业造成巨大冲击,从而直接影响到旅游企业的市场营销工作。例如,2003 年肆虐中国的 SARS,2008 年 5 月发生在四川汶川的 8 级大地震、2020 年席卷全球的新冠疫情等,都对当时各地的旅游业造成了重大损失。在众多环境因素中,科技经济等因素的变化相对快而大,因而对旅游企业营销活动的影响相对短且跳跃性大;而人口、社会文化、自然因素等相对变化较慢较小,对企业营销活动的影响相对漫长而稳定。旅游企业的营销活动必须适应环境的变化,不断地调整和修正自己的营销策略。

小链接

疫情下整体休克,中国旅游业损失或达万亿

受新冠疫情影响,中国旅游业在 2020 年春节黄金周期间整体陷入沉寂——景区关门、酒店空转、餐馆闭客,OTA(Online Travel Agency,在线旅游服务)平台以及各大旅社更在承受亏损的前提下,依然费神于消费者的退改签问题。

梳理疫情时间线,从武汉市首个确诊病例至旅游业"休克",间隔仅短短 6 日。彼时离除夕夜不足一个礼拜,小红书、马蜂窝等社区中的旅游攻略早已杂糅进人们的出行计划中。据携程 1 月初发布的《2020 春节"中国人旅游过年"趋势预测报告》,今年春节长假预计有 4.5 亿人次出游,超过 30% 的游客选择在大年三十之前出发。但伴随着疫情的迅速发酵,旅行团暂停、旅游景点关闭,春节黄金周告吹,旅游业受影响巨大。

2019 年春节,我国旅游业实现收入 5 139 亿元,同比增长 8.19%。据国家统计局数据,自 2016 年以来,春节黄金周期间收入占旅游业全年总收入的 9% 左右。另外,2016—2018 年间,春节黄金周人均旅游支出约为 1 200 元,高于国庆假期约 800 元的水平。

如今,伴随着疫情防控周期的拉长,各大景区开业尚无明确时间,旅游业总体损失将远超5 139 亿元。据国家统计局数据,2003 年受非典影响,我国旅游业总收入为 3 442.27 亿元,同比下滑 11.24%,若叠加 2002 年 10% 的同比增速,则非典影响旅游业 20% 左右的营收。若以 2018 年全国旅游业 51 278 亿元的总规模为参考,此次疫情对旅游业的影响或超万亿元。

（文/张天伦）

资料来源：新财富(ID：newfortune) https://mp.weixin.qq.com/s/RVUKP4pcz6mDSUMHm4Xo7w

2. 客观性

环境是客观存在的,旅游企业总是在特定的社会经济和其他外界环境条件下生存、发展,只要从事市场营销活动,就必须要面对这样或那样的环境条件,在做出相应判断和决定时必须以客观实际为基础。例如,一个地区的经济发展水平在一定时间内可以看作稳定指标,旅游企业在选择产品与服务的内容与档次时,应将这一客观指标考虑在内。旅游企业要清醒地认识到环境给企业带来的多样化影响,努力适应客观存在的营销环境,应对企业面临的各种环境的挑战,抓住机会,实现企业目标。

3. 差异性

旅游市场营销环境的差异性不仅表现在不同的企业受不同环境的影响,而且同样一种环境因素的变化对不同企业的影响也不相同。例如,不同的国家、民族、地区之间在人口、经济、社会文化、自然地理等各方面都有所不同,这给旅游企业及其营销活动带来不同的影响。如我国的不同地区在地理、自然条件以及民族文化等方面有很大差异,东北三省的冰雪旅游与海南岛的热带风情就是迥然不同的旅游特色。又如,同处于某一城市的大型国际旅行社和小型国内旅行社,其宏观环境相似,但微观环境可能截然不同,大型国际旅行社由于自身实力强,在旺季来临之前可以综合运用各种各样的营销手段来推广自己的旅游产品,而小型的国内旅行社限于自身的人力、财力,可能只通过人员推销等有限的低成本手段来推广产品。企业应该要清楚地识别环境因素的差异性带来的机会和威胁,据此采取不同的营销策略,以应付和适应不同的营销环境。

小链接

中国跻身全球旅游总收入前五名　人均 3 次国内游

从旅游总收入占全球比例来看,排名前 20 位所占份额接近或者超过 80% 的国家,我们称之为 T20 国家。《世界旅游经济趋势报告(2019)》指出,T20 国家旅游总人次和旅游总收入占全球比例分别超过 88% 和 75%,从 T20 国家的构成来看,2012 年以来,美国、中国、德国、日本、英国一直占据旅游总收入前五,日本、印度、澳大利亚和泰国排名有所上升,瑞典和阿根廷跌出 T20,菲律宾和奥地利则挤进 T20。数据表明,旅游对 T20 国家国民经济的促进作用保持稳定,从近 15 年来国家旅游总收入相当于 GDP 的比例来看,菲律宾、泰国和马来西亚呈现明显提高的趋势,其他国家基本保持不变。

T20 多数国家旅游发展主要依赖国内游,少数国家是输入型目的地

根据入境旅游收入占国家旅游总收入的比例以及入境旅游收入占比年均增速(注:2005—2015 年年均增速,占比为 2015 年占比。)作为两个衡量维度,将 T20 国家划分为入境旅游驱动型国家、国际国内双驱动型旅游国家(国内旅游和入境旅游双轮驱动)和国内旅游驱动型国家。

2018 年,在 T20 国家中,入境旅游收入占本国旅游总收入比例超过 60% 的国家为泰国(77.7%),是典型的入境旅游驱动型国家。近 10 年的年平均占比增速为 2.4%。可见,泰国旅游业发展由入境旅游驱动的特点依然显著。

西班牙、土耳其、奥地利和瑞士为国际国内旅游双驱动型国家。西班牙、土耳其入境旅游收入占本国旅游总收入的比例分别为50.3%和51.3%,入境旅游收入占比近10年平均增速均为0.5%,入境旅游发展较为稳定;奥地利入境旅游收入占本国旅游总收入的比例为49.1%,近10年占比增速为0;瑞士入境旅游收入占国家旅游总收入的比例为46.6%,近10年占比增速为6.7%。

巴西、德国、墨西哥、印度、英国、美国、加拿大、意大利、澳大利亚、韩国、日本、中国、菲律宾、俄罗斯和法国等国家为国内旅游驱动型国家。以日本为例,其入境旅游收入占本国旅游总收入的比例约为19.7%,入境旅游收入占比近10年平均增速为19.1%,日本正处于入境旅游快速发展阶段。

几乎所有T20国家人均国内旅游次数均超过1次

从人均国内旅游次数指标来看,T20国家可划分为五个梯队:第一梯队为美国、澳大利亚和西班牙,前两者人均国内旅游次数最高,达到4次,后者人均国内旅游次数达到3.5次;第二梯队为中国、日本、法国、加拿大和马来西亚,人均国内旅游次数为3次;第三梯队为德国、英国、韩国、菲律宾和沙特阿拉伯,人均国内旅游次数为1.5~2次;第四梯队,人均国内旅游次数只有1次,是印度、印度尼西亚、巴西、墨西哥、意大利和土耳其;俄罗斯人均国内旅游次数不足1次,为第五梯队。

（文/伍策,楠雪）

资料来源: http://travel.china.com.cn/txt/2019-02/11/content_74454525.htm

4. 不可控性

市场营销环境是超出旅游企业控制能力的外部影响因素,对于这些多方面和复杂的影响因素,旅游企业只能被动地适应,而无法对其产生影响。例如,一个国家的政治法律制度、人口增长以及一些社会文化习俗等,旅游企业不可能随意改变,只能基于相关基础开展营销活动。另外,各个环境因素之间也经常存在着矛盾关系。例如,消费者对某个景区的兴趣与热情可能与该景区的容量相矛盾,这种情况下旅游企业不得不做进一步的权衡,在利用可以利用的资源前提下去开发新产品,开拓新的旅游空间,而且企业的行为还必须与政府及各管理部门的要求相符合。又如建一座旅游饭店,不仅要分析市场对何种等级饭店的需求已达到饱和状态、目标市场规模的大小、何时能收回投资、经营风险如何,还要考虑其地理位置、交通条件、饭店的设计与建筑、设施设备的布局、员工的招募等多方面因素。因此,旅游企业在进行市场营销环境分析时,要充分注意各种不可控因素之间的相互作用,努力降低其对旅游企业经营所产生的影响。

5. 复杂性

在旅游营销环境这个系统中,既有宏观环境,又有微观环境,既有外部环境,又有内部环境,各个影响因素相互依存、相互作用和相互制约。其中某一项因素的变化,都会引发连锁反应,带动其他因素的相互变化,形成新的市场营销环境,所谓"牵一发而动全身"。所以旅游企业营销环境具有相当的复杂性。

强调营销环境的复杂性,并不意味着旅游企业对于环境无能为力或束手无策。实际上,旅游企业可以从积极主动的角度出发,能动地去适应营销环境。企业可以采取各种不同的方式增强适应环境的能力,避免来自营销环境的威胁,并将威胁转变为机会;或者说运用自己的经营资源去影响和改变营销环境,为企业创造一个更有利的活动空间,然后再使营销活动更有效地适应营销环境。例如,希尔顿先生正是很好地把握了经济危机周期的不同阶段,在危机和萧条时,低价收购有增值潜力的饭店,用自己的模式加以经营管理,再在景气和高涨阶段以高价出售,把环境威胁转化为环境机会,并通过资本运营做大公司。

二、旅游企业宏观营销环境分析

宏观环境(macro-environment)主要是指政治法律环境、经济环境、社会文化环境、技术环境、自然环境、人口环境等。针对政治环境、经济环境、社会环境、技术环境所进行的分析通常被称为PEST分析(见图2-1)。

(一)政治与法律环境

1. 政治环境

政治环境包括政局的稳定、政府的工作效率和政策措施等。其中,政局稳定是旅游企业顺利开展营销活动的关键因素。旅游活动中,政府通常扮演十分重要的角色,政局稳定、生产发展、人民安居乐业会给旅游活动带来良好的营销基础。第二次世界大战后至20世纪六七十年代,美国和欧洲旅游业的迅速发展与其稳定的政治局势密不可分。20世纪90年代以来,我国国内国际旅游人次和旅游收入的迅速增长,同样得益于中国改革开放以来稳定的政治局势。

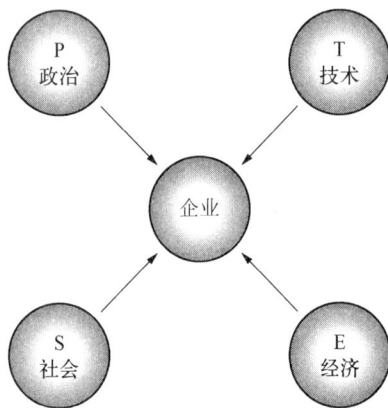

图2-1　PEST分析模型

各国政府的一举一动对当地旅游市场和旅游企业的影响十分巨大,因此旅游企业应当时刻注意政治形势的变化。当旅游企业试图进入一个国家或地区时,首先要考虑的是该国家或地区的政治形势,战争、频繁的政府更替都会给旅游企业带来巨大风险,影响旅游者的旅游意向和旅游企业营销活动的开展。美国"911"恐怖袭击、巴厘岛爆炸案给当地旅游业带来沉重打击,这充分说明政治环境对旅游业的威胁。因此,旅游企业开展旅游营销活动时一定要着重考察目标市场的政治稳定性,种族、民族、宗教和文化的冲突,以及暴力恐怖活动、示威事件的多寡等多方面因素,尽可能求稳、避险、应变。

2. 政府的经济政策

一个重视旅游发展的政府可以为旅游企业提供良好的外部政策环境,从而帮助企业快速适应当地环境,为企业在该地区取得进一步发展打下良好的基础。以国际旅游为例,旅游企业的所属国与目标市场国之间关系的好坏,包括政治、文化、法律等方面都会影响旅游企业的营销活动。本国政府在政策上采用关税减免、信誉担保、减少手续、实行特殊的旅游汇兑等措施,可以给两国的旅游往来创造良好的政策条件,降低游客的出行成本。例如,北美自由贸易区和欧盟内部各成员国之间由于关系稳定,在一系列互惠条例的前提下,公民旅游往来频繁。"一带一路"国际合作高峰论坛的成功召开,对沿线国家的旅游业也带来了广阔的发展前景。

3. 法律规定

任何企业的营销活动总要受到法律规定的规范、强制和约束,旅游企业也不例外。在旅游企业经营过程中,与市场以及营销活动相关的各种法律法规都可以看作是旅游营销的法律环境。

政府的法令条例特别是有关旅游业的经济立法,对旅游市场需求的形成具有不可忽视的调节作用。例如,20世纪80年代以来世界许多国家为促进旅游业的发展纷纷采取国家直接投资、减税、设立旅游发展基金等财税政策,调动旅游投资的积极性。澳大利亚政府对饭店、旅游地、度假地等基建开发项目实行减免25~40年所得税的政策;马来西亚将所有名牌物品豁免进口税,以刺激购物旅游的发展。我国政府禁止公费出游的政策颁布后,国内团队旅游量立刻受到影响。全国铁路客运票价和航空票价对旅游的影响显而易见,旅游娱乐消费税和扣除额的相关规定对旅游者的消费行为也产生重大影响,并直接影响旅游企业的营销活动。2013年10月1日起,《中华人民共和国旅游法》施行,其主要是为保障旅游者和旅游经营者的合法权益、规范旅游市场秩序、保护和合理利用旅游资源、促进旅游业持续健康发展而制定。2015年8月,为推动现代服务业发展,增加就业和居民收入,提升人民生活品质,国务院办公厅印发《关于进一步促进旅游投资和消费的若干意见》,提出通过改革创新促进旅游投资和消费。旅游企业均需要针对相关政策法规的变化来调整营销策略以适应市场变化。

同步阅读

南极旅游开发与环境保护,孰重孰轻?

随着自然资源部发布《赴南极长城站开展旅游活动申请指南(试行)》(以下简称《申请指南》),南极从此不再"难及"。根据《申请指南》,拟申请赴长城站开展旅游的企业,应在每年9月15日至30日期间的工作日,向自然资源部递交访问长城站申请。消息一出,媒体立即大规模报道:"官宣"长城考察站对市场开放旅游。南极旅游迅速成为热点话题。

与高涨的旅游热情同时存在的,则是大家对南极脆弱生态系统环境承载力的担忧。那么,南极旅游到底该不该提倡?对于这片净土,旅游和环保又该如何平衡?

首先,南极旅游是禁止,还是全面放开,都不能搞"一刀切"。

公开数据显示,我国南极旅游从2005年的不到100人次,升至2018年的8 200余人次,占南极全球旅游总人次的16%,中国已成仅次于美国的南极旅游第二大客源国。根据携程旅游2018年发布的年度《中国人极地旅游报告》,我国游客通过各类平台可以选择的南极、北极、极光线路增加到1 000多条,客源群体从北上广一线城市向二三线城市扩展。尽管南极旅游产品价格平均在10万元到20万元,甚至高达30万元,但游客对相关产品和业务的咨询量仍不断增加,南极旅游已成"井喷"态势。可以说,南极旅游已经难以禁止,有越来越多的游客通过各种各样的渠道和方式前往。因此,在当前实际情况面前,南极旅游宜疏不宜堵。

那么,市场前景好,南极旅游就应该全放开吗?当然不能。南极生态系统极为脆弱,一旦遭到人为破坏,就极难甚至无法自行恢复。近年来不断增加的游客涌入,已让南极面临巨大考验。比如,在南极海域海水中已检测出微塑料;外来物种摇蚊出现在南极;游客追逐企鹅等行为致使海洋生物陷入困境,等等。因此,南极旅游应限定在便于管理、确保安全的小范围之内。

其次,针对南极旅游,要有完善的配套制度作为管理保障。

配套制度至少应包括3个方面:活动区域的限定、活动人数的控制、活动行为的约束。比如国际南极旅游组织协会(IAATO)制定了包括看企鹅保持5米距离、上下船要清理鞋子等规定。2018年2月,国家海洋管理部门出台的《南极活动环境保护管理规定》明确,禁止带入非南极本土的动物、植物和微生物;禁止采集和带出陨石、岩石、土壤及化石等。而最新发布的《申请指南》则限定了长城站1号栋这仅0.5平方公里的开放区域,并规定了开放时间、安排专职人员监督检查游客访问活动等。中国是《南极条约》协商国,南极旅游活动事关中国合理利用南极的权益,是中国参与南极全球治理的重要组成部分。因此,中国有义务对本国公民开展的南极旅游活动进行管理,这也是中国对国际社会的庄严承诺。

第三,要对公众加强保护南极的宣传教育,并实施相关培训。

南极旅游开发,必须牢牢守住"生态"和"安全"的底线,必须慎之又慎,严之又严。出台制度、规定仅是规范南极旅游活动的一方面,即使有再多的制度加以约束,仍会有违反规则的事情发生。保护南极不应也不能只是相关部门的责任,任何一名前往南极的人都应带着敬畏和责任。而这份敬畏心与责任心的有无和强弱,更多的来自平时的宣传教育。比如,在南极旅游热度不减的同时,媒体要适当"泼凉水";推广南极垃圾分类,让游客能够正确处理随身垃圾和物品并遵照实行;将专业培训作为南极旅游活动必不可少的一部分,培训合格才能前往南极旅游,等等。总而言之,无论公众、媒体还是有关部门,都要正视南极旅游,既不使其完全封闭,更不过度放开。同时,规范南极旅游并将其限制在生态旅游的管理框架内,合理开放南极旅游,保护南极生态环境,千万不要让南极旅游大热之后,留下的是不可挽回的生态灾难。

(文/郑雅楠)

资料来源:《中国海洋报》2019年9月26日第002版

(二) 经济环境

1. 世界性指标

随着网络时代的到来,全球的一体化水平进一步提高,各经济体之间的联系不断深化,世界性的经济指标反映的是整个世界经济的状态。其中,比较有代表性的是各大主要经济体的经济增长率(如美国、中国、欧盟、日本等的经济增长率)、各大证券市场的指数(如纽约证券交易所的道琼斯指数、伦敦金融时报指数、日经225指数等)。旅游企业受世界经济形势的影响相当明显,可通过关注上述指标评价世界经济景气状况,并相应确定旅游营销活动的投入规模。

2. 国别性指标

国别性指标主要是指国内生产总值(GDP)、人均国内生产总值、消费价格指数(CPI)、货币汇率、人口总量及增长率、人口年龄和性别结构等指标。GDP是指在一定时期内,一个国家或地区最终产品和劳务的总值,反映的是经济活跃的程度。人均GDP代表的是一个国家的发展情况,人均GDP高的国家是发达国家,相反则是欠发达国家。而CPI则是反映一定时期内城乡居民所购买的生活消费品价格和服务项目价格的变动趋势和程度的一种相对数。该指数的上升代表着通货膨胀的程度,通常情况下认为适度的通胀有利于经济增长。如果该指数下降,则说明经济发生衰退。货币汇率反映不同国家不同货币之间的比价,一国外贸收支状况可以通过货币汇率的变动来表现,外汇的获得决定一国的国际收支状况。

具体来说,人均GDP低的国家居民消费主要是生存型,而人均GDP高的国家居民消费逐渐向享受型、发展型转化。旅游企业应结合目标市场的发达程度来制定合适的市场营销策略。根据国际上的经验判断,人均GDP达到1 000美元时,消费者会产生国内旅游动机;人均GDP达到3 000美元时,出国旅游将逐渐迸发。此外,旅游业的经营已经处于全球环境中,货币汇率对国际旅游需求的变化起着重要的作用,对旅游目的地国来说,货币升值会导致旅游人数的减少,货币贬值则会促进旅游人数的增加。

3. 产业性指标

产业性指标主要是指三种产业所占的比重以及三种产业的增长率。通常将产业划分为三种：第一产业为农业，第二产业为工业和建筑业，第三产业为服务业。伴随着经济不断发展，第三产业所占的比重会逐渐上升。产业性指标代表一国或地区的生产要素、生产模式和消费模式的综合情况，也反映一国或地区产业竞争力的情况。在经济发达的国家和地区，第三产业在国民经济中所占的比重较高，如德国、日本、美国、西班牙、奥地利、芬兰、爱尔兰、加拿大、新加坡、英国和荷兰等，这些国家或地区也是重要的旅游目的地和客源地。

从我国的经济发展状况来看，第一产业国内生产总值和就业人口比重呈逐渐下降趋势；第二产业国内生产总值略有上升，就业人口基本保持不变；第三产业国内生产总值和就业人口比重正在逐渐上升。相较农业、工业来说，服务业所需的资源少、附加值高，对于中国这样一个人均资源缺乏的国家来说，大力发展服务业十分必要。这种变化趋势也给旅游业的发展提供了历史性的机会。旅游企业可以根据产业性指标了解一国或地区的经济发展状况和变化趋势，以便做出正确的运营抉择，并制定相应的营销策略和开拓新的市场。

4. 个人性指标

个人性指标主要是指个人可支配收入、储蓄、消费等。

个人可支配收入可用于消费和储蓄，是影响旅游消费者购买力的关键性因素，对旅游企业的营销战略选择有重要的影响。其中，个人可任意支配收入是影响旅游者购买力的最活跃的因素，也是企业开展营销活动时所要考虑的主要对象。因为这部分收入主要用于满足人们基本生活需要之外的开支，一般用于购买高档耐用消费品、旅游、储蓄等。从国际范围来看，收入差距已成为不同国家旅游消费差异的主要原因。人均收入高的国家，其消费水平高，旅游市场的潜力大，高收入旅游者往往比低收入旅游者在旅游过程中平均逗留时间长、花费高。

恩格尔系数常被用来表示收入与消费的关系，恩格尔系数越高，居民消费中食品消费所占的比重越大。随着人们生活水平的提高，恩格尔系数会逐渐降低，即消费的方向从食品朝娱乐、服饰等享受型产品和服务转移。联合国粮农组织提出的标准是：恩格尔系数在 59% 以上为赤贫，50%～59% 为温饱，40%～49% 为小康，40% 以下为富裕，其中 20% 以下为最富裕人群。随着消费升级的到来，我国各地区的恩格尔系数不断下降，人们在衣、食、住、行等各方面增加的消费需求构成巨大的市场潜力。总体来说，恩格尔系数低、消费水平比较高的地区，在市场营销方面，强调产品款式、性能及特色，品质竞争多于价格竞争。而在恩格尔系数高、消费水平低的地区，则较侧重于产品的功能及实用性，价格因素比产品品质更为重要。

旅游营销者要分析不同收入层次的旅游消费者的消费结构，制定不同的营销策略，为不同收入的旅游消费者提供不同的产品和服务。

（三）社会与文化环境

1. 价值观念

价值观念是人们对社会生活中各种事物的态度、评价和看法。不同的文化背景下，人们的价值观念差别很大，而消费者对商品的需求和购买行为深受其价值观念的影响。例如，勤俭节约和铺张浪费是两种截然相反的价值观念，持有勤俭节约观念的人在购买产品与服务时会更加看重产品与服务的实用性，追求高性价比；而持有铺张浪费观念的人则往往追求享受，偏爱功能强大、设计奢华的产品，对于价格等因素不太敏感。长久以来，我国国民一直保持着勤俭节约的良好美德，但这与改善生活带来的消费升级理念并不冲突。我国目前的状况是一方面新时代的年轻人逐步接受来自发达经济体的消费观念,另一方面是国民个人收入稳步提高,两种因素的叠加导致我国旅游市场蕴藏巨大的潜力。此外,全球旅游业目前普遍有可持续发展的要求,要求重视资源环境和生态平衡,在实践中尊重自然,保护环境,维护"人——社会——自然"复合系统的统一和良性循环。这种生态价值观也是旅游企业营销活动中需要考虑的因素。旅游企业应当根据不同的目标客户群所持有的价值观念来设计产品与服务,并采取适当的营销策略。

2. 宗教信仰

不同的宗教信仰有不同的文化倾向和戒律,从而影响人们认识事物的方式和行为准则,影响着人们的消费行为,带来特殊的市场需求。旅游企业在设计产品与服务及后续的营销活动时,应考虑宗教信仰所带来的影响,尤其要尊重宗教传统,不触犯宗教禁忌。例如,麦当劳餐厅在印度就不提供以牛肉为原料的食品,并专门开设了全素餐厅,主要考虑到印度当地人对"神牛"的崇拜和印度教的特点。在以基督教徒为主的旅游市场,同样不合适做其他宗教相关的旅游营销活动,因为基督教教徒不接受其他宗教的信仰和相关活动。这些措施都是基于对宗教的尊重,目的是在当地人心中树立良好的企业形象。

3. 风俗习惯

风俗习惯是指人们根据自己的生活内容、生活方式和自然环境,在一定的社会物质生产条件下长期形成并世代相袭的习惯性行为模式和规范。不同的风俗习惯使人们在婚丧、饮食、服饰、居住、交通、节日、娱乐等方面呈现出不同的生活和消费习惯。例如,中国人有春节辞旧迎新、端午节赛龙舟、中秋节庆团圆等许多具有特色的风俗习惯;世界上不同国家在欢度元旦时的习俗也千差万别,有冷食迎新、爬高迎新、吃蛋糕迎新、沐浴迎新,等等。所有这些习俗都给旅游营销提供了良好的机遇。

旅游营销人员在产品设计、包装广告宣传、公共关系等决策中应充分考虑所在市场居民的风俗习惯。例如,不同的国家、民族对图案、色彩、数字、动植物等都有不同的喜好和不同的使用习惯。在中国市场上红色象征着喜庆的氛围,所以红色包装的产品可能更受欢迎;而在西欧的一些国家,红色就不那么令人喜欢。中国、日本、美国等国家对熊猫特别喜爱,但一些阿拉伯人却对熊猫很反感;墨西哥人视黄花为死亡,红花为晦气,却喜爱白花,认为可驱邪。所以旅游企业在开拓国际市场时,一定要考虑不同民族、不同国家地区的差异,在产品设计及包装颜色的选择上注意不同市场的风俗习惯,进行区别性营销。

(四) 技术环境

1. 新技术应用

技术环境的变化对旅游行业的影响在交通运输上体现最为明显。现代旅游的发展正是得益于现代交通运输条件的改善,大大缩短了通往旅游目的地的时空距离。飞机、高铁、高速公路的发展使旅游运输的效率大大提高,便捷舒适的交通为旅游市场的发展创造了良好的条件。旅游交通工具的发展,还为旅游市场带来了新型游客。以我国的青藏铁路为例,通车以来乘坐列车进出藏的旅游者突破了千万人次,突破了制约西藏旅游业发展的交通瓶颈,对西藏旅游业的辐射带动作用日益增强。同时,青藏铁路自身也成为旅游者青睐的"旅游产品",众多游客专程选择乘坐青藏铁路列车进入西藏,以此体验全球海拔最高的铁路。一些交通工具还丰富了旅游产品,如滑竿、旅游缆车、雪橇等特色旅游交通工具本身就是旅游市场上吸引力很强的旅游项目。

现阶段,随着信息和网络技术的深入运用,旅游消费的在线和移动消费日趋频繁,消费者需求向高档次、多样化方向变化,消费的内容更加纷繁复杂。利用大数据、云计算等现代分析手段对消费者及其需求的资料进行模拟和计算、分析和预测,才能及时、准确地为旅游企业提供相关资料,使企业对旅游消费者的消费需求及动向进行有效的了解,从而使旅游企业产品设计及营销活动更加切合消费者需求的实际情况。目前看来,我国重点培育和发展的战略新兴技术和产业中关于节能环保、新一代信息技术、新材料、新能源汽车等多项应用已在部分智能酒店、智慧景区建设中得到应用。旅游企业如果不关注新技术的发展趋势,不加快引进新技术、新方法,或者进入新产业、新领域,很可能会在激烈的市场竞争中被淘汰。

2. 智慧化营销

营销进化的过程表明技术环境的变化还体现在旅游营销方式的变化和营销效率的提高上。随着互联网技术深入发展,微信营销、微博营销、短视频营销、直播营销等新的营销手段层出不穷。传统旅游营销所达不到的范围和深度,现在通过网络技术能够以较低的成本达到。目前许多在线旅游企业提供网络化电子商务经营,提供在线出售机票、预订酒店、预订旅游线路等商业服务,并借助互联网和银行等金融企业实行网上结算系统。传统旅游行业的"吃、住、行、游、购、娱"六大部分均可通过在线服务和电子商务交易系统安全、便捷地进行电子化交易。各类旅游企业的商品和服务信息可以及时准确地传送到全国乃至世界各地,这将大大克服营销过程中时空的限制,方便旅游企业为顾客的特定需求提供及时和针对性的服务,起到刺激消费、促进销售的作用。

(五)自然环境

1. 景观资源

在自然地理环境中,景观资源是众多旅游资源中最活跃、最富于变化、最能激发游客想象力的重要因素。我国各地的旅游胜地拥有众多绚丽壮观的风景资源,如泰山日出、黄山云海、三峡云雾、峨眉佛光等。气候、空气、阳光等是构成自然条件的主要因素,也是能否吸引游客的重要因素。被誉为世界"旅游王国"的西班牙,其出售的就是"阳光、空气和海滩"。

2. 地理条件

地理条件决定旅游目的地的分布,对旅游区的可进入性、交通路线、网络等有重要影响,并且对旅游客体的形成、特色、分布等都有决定作用。例如,我国西北地区的干旱自然环境,形成了沙漠、戈壁、雅丹地貌等自然旅游景观,以及与之相对应的人文景观,如坎儿井、绿洲农业等;青藏地区高寒的自然环境,形成了高山、雪原、冰川、湿冷植被和高寒动物等;云贵、两广和福建一线,其自然环境特点是气候湿热、多山地、广布可溶性灰岩,因此岩溶景观典型,山水风光秀丽;内蒙古在干旱、半干旱的自然环境条件下,形成了典型的草原和牧场风光。

旅游业与自然环境存在着密切的联系,旅游业的发展必须依托于特定的自然环境。变化万千、差异悬殊的自然环境是旅游活动的基础环境,对当地旅游业生存、发展起着至关重要的承载作用。优越的自然条件给旅游营销提供了得天独厚的机遇。自然条件可以给旅游营销带来良机,环境变化有时又会给旅游营销带来危机。如地震、山崩、火山爆发、洪水袭击、恶劣天气等自然灾害都可能给旅游业造成损失,给旅游营销带来危机。例如,2008年四川遭遇"5·12"汶川大地震,使当年四川的旅游业一落千丈,九寨沟地震后景区长期封闭。可见,自然界的变化会从不同方面影响着旅游营销,需要进行跟踪并展开具体的调查研究,以便做出相应及时的反应。此外,在开展旅游营销活动时也需要加强对旅游者的环保教育,保护好自然环境。

小链接

游客翻栏杆踩甘肃丹霞地貌拍照还不听劝：一脚毁掉 60 年

不论什么样的景点，都不欢迎无知又自私的游客。可惜这些游客自己并不知道。

近日，在甘肃张掖丹霞地质公园里游玩的一名女游客，不顾周边"禁止翻越"警示牌和其他游客提示，一脚翻越栈道护栏，进到内部直接踩在护栏外几十米的保护区地表拍照，就在周围工作人员告知丹霞地貌属不可再生资源，一个脚印地表需要 60 年才可能恢复原貌，并再三要求女游客"出来"的时候，女游客却反驳"你叫什么叫？我又不是耳背听不见"。

张掖丹霞地质公园的丹霞地貌有上亿年历史，形成的历史周期特别长。所以景区也从来不允许游客去到栈道外踩踏。这名女游客的张狂和无知成功引起了广大网友的"注意"，纷纷吐槽："照片里的你并不美，而是记录着你没素质的一刻。"最终，这名女游客在工作人员的批评教育后继续了她的行程。

丹霞地质公园所遭受的破坏远不止这一次。今年 7 月，网络上流传出一段视频，两男一女三个人用木棍在龙洲镇丹霞地貌景区红砂石上刻字，对景区地貌造成了不可逆的破坏。该视频被大量转发，惊动了警察。当日下午，三名违法嫌疑人就被抓获。最终，三人触犯《中华人民共和国治安管理处罚法》第六十三条第一款："故意损坏名胜古迹、著名风景区"的规定。当地公安局对三人进行批评教育，并依法作出罚款 200 元的处罚。尽管这些不文明游客被依法处罚，可是他们对自然景区的伤害却是永远无法挽回的。

资料来源：《北京晚报》北晚新视觉网综合，澎湃新闻（2018 - 08 - 28）http://www.takefoto.cn/viewnews-1555487.html

（六）人口环境

1. 人口规模及其增长率

人口规模是决定市场规模和市场潜力的一个重要因素。因为市场是由那些想购买商品同时又具有购买力的人构成的。一般情况下，收入接近的条件下，人口规模决定着市场容量和消费需求的大小。人口规模增加，各方面的需求都会增加，旅游企业扩大市场空间和创造市场机会也就具备了可能性。但是人口规模过度增长也会影响经济的发展，带来就业压力、资源匮乏、政局不稳等多种问题，从而影响旅游企业的长久发展。例如，非洲的很多国家人口过度增长，但因购买力不强，旅游人数仍然为数不多，占其总人口的比例甚少。近年来，我国随着人口老龄化和生育率的下降，人口红利逐渐减少。旅游企业在进行人口环境分析时，可以关注我国人口政策的新趋势，及早做好应对措施。

2. 人口结构

人口结构是指人口的年龄和性别结构。不同年龄、不同性别的人对旅游产品的需求也不同。家庭规模和结构也会对旅游消费习惯产生重要影响。

我国目前人口年龄结构的显著特点是青少年比重约占总人口的一半，并正出现人口老化现象，而且人口老化速度将大大高于西方发达国家。反映到旅游市场上，就会体现在蜜月旅行需求较为旺盛和老年人的需求逐渐呈现高峰。鉴于此，旅游企业营销可以开展多姿多彩的蜜月旅游活动,并注重老年人市场,推出适合老年人需求的各种旅游服务项目,举办吸引相关客源的旅游营销活动。

另外,家庭是购买消费的基本单位,家庭规模将直接影响到某些旅游产品的设计提供。目前,世界上普遍呈现家庭规模缩小的趋势,越是经济发达地区家庭规模就越小。欧美国家的家庭规模基本上户均3人左右,亚非拉等发展中国家户均5人左右。在我国,"四代同堂"现象已不多见,三口之家的小家庭则很普遍,并逐步由城市向乡镇发展。家庭规模的变化需要旅游企业在酒店房型和旅行车辆提供方面做出相应的调整。

人口的性别不同,其市场需求也有明显的差异。目前来看,旅游市场中女性旅游者迅速增加,原因是近年参加工作的女性增多,要求妇女解放、男女平等、经济自立渐渐成为一种风尚。针对女性旅游人数的增加,旅游市场营销者可根据女性消费的特点,推出一些刺激女性出游的活动,如购物、服装、艺术节之旅等。

3. 人口地理分布

人口地理分布指人口在不同地区的密集程度。从人口地域分布与旅游市场的关系看,在相同目标的前提下,舍远求近是一切旅游市场选择的共同原则,因为随着距离加大,旅游费用和时间逐渐增多。在旅游的格局里,国内旅游流大于国际旅游流,中短程国际旅游流大于远程国际旅游流。针对这种特性,旅游市场营销活动应注重近距离市场的开发。例如,亚洲国家应多吸引日本、韩国等较近的富裕国家的游客。从我国来看,人口主要集中在东南沿海一带,而且人口密度逐渐由东南向西北递减。另外,城市的人口比较集中,尤其是大城市人口密度很大,而农村人口则相对分散。一般而言,城市居民的旅游需求远超乡村,而且比例更高。如何利用人口的地理分布特点去开发旅游市场,这是旅游营销活动必须面对的问题。

三、旅游企业微观营销环境分析

所谓旅游企业微观营销环境是指存在于旅游企业周围并影响其营销活动的各种因素和条件。构成旅游企业微观营销环境的各种制约力量存在于企业周围,与企业形成协作、竞争、服务、监督的关系。旅游营销工作的成功,不仅取决于能否适应宏观环境,适应和影响微观环境也至关重要。旅游企业营销的微观环境具体从企业自身、营销中介、供应商、购买者、竞争者和公众六方面来阐述。美国哈佛工商管理学院迈克尔·波特教授(Michall Porter)曾用五力分析模型来说明各方面的相互影响关系(见图2-2)。

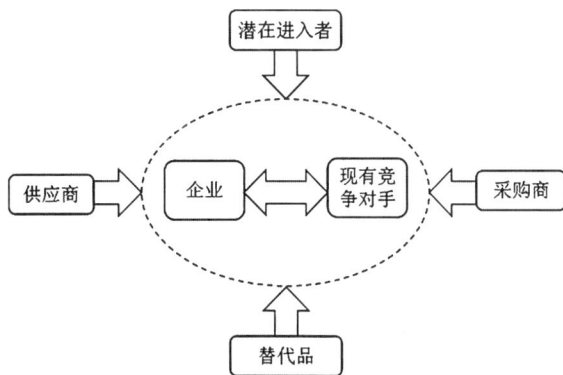

图2-2　五力分析模型

(一) 企业自身

1. 企业的决策层

旅游企业的兴衰成败与其决策层关系密切,尤其与企业最高领导人有千丝万缕的联系。一个良好的企业决策层能够选择正确的企业发展方向、任务、目标、策略和方针政策等。如果他们认为旅游市场营销是企业经营的中心环节,他们会投入大量资源去推动旅游市场营销工作;如果他们认为有其他更重要的工作,旅游市场营销的重要性就会相对降低。营销部门的工作需要企业决策层的支持。

2. 相关职能部门

营销不是在真空中作业,必须与企业的各个部门紧密合作。例如实施营销计划所需要的资金要由财务部筹措和使用,产品开发部负责产品创新以便满足不断变化的市场需要,而人力资源部门的人力支持也是营销工作顺利开展不可或缺的因素。

3. 企业各类资源

企业的各类资源主要指人、土地、财物和时间等资源。人是企业最重要的资源,其数量、结构和素质,决定了旅游企业竞争力的高低。旅游企业的土地、设施、设备、资金是其经营的基础,决定了营销活动的方向和规模。而对时间的掌握,在很大程度上决定了旅游企业营销活动的效率。

小链接

酒店纷纷布局健康养生,有足够的专业人才吗?

当资本与经营管理互相博弈之时,国际酒店管理集团似乎给出新的方向:洲际集团3亿美元收购小众养生休闲品牌"六善",虽然该品牌目前在中国只有四川青城山1家酒店。不约而同的是,凯悦集团在去年10月收购的Two Roads Hospitality,其旗下包括5个品牌,其中就有已经进入中国的"Alila——阿丽拉",该品牌源于印度尼西亚,也是一个小众的休闲养生度假品牌,目前在中国开了3家,一家在安吉,一家在阳朔,一家在乌镇。两大酒店管理集团不约而同地收购小众休闲养生度假品牌,是否给行业指出一个新的业务拓展内容和利润增长点? 这样的布局是否给国际大牌集团在华拓展提供了新的机遇?

近几年,互联网大数据显示,注重健康养生的消费者比其他消费者的支出高出一倍还要多,国内有优质温泉资源的度假酒店平均房价比一般度假酒店高出40%~60%。当然,健康养生概念不仅仅局限于一家酒店是否有SPA水疗设施和专业人员。最近不少城市高端酒店也在新建和更新改造,并花费巨资将传统的"健身房"升级为"健身馆",北京国贸三期的健身中心已经成为这一业态的样板。国内多数度假酒店在产品内容设计时,都会考虑消费者的健康需求,而最为普遍的就是水疗、太极项目和行走步道。

作为有着五千年历史的大国,有关养生的内容是多种多样的。笔者查阅有关书籍发现,养生包括七个方面:一是神养,包括精神心理调养、情趣爱好调养和道德品质调养;二是行为养,包括衣、食、住、行等生活起居习惯的调养;三是气养,主要是医用健身气功等方面的内养;四是形养,主要是体型锻炼,如瑜伽、太极、武术等;五是食养,主要有养生食品的选配和调制、饮食方法与节制等;六是药养,主要指有针对性对养生药剂选配、调制,如古代的"药膳"等;七是术养,包括针灸、按摩、水疗等方式。

　　设想一下,要成为真正的养生度假酒店,酒店目前的人力资源恐怕难以提供如此专业的服务。也许有业内人士马上会想到,"可以采用跨界合作模式呀。"没错,当下酒店行业涌现出不少跨界模式,其实质无非是把一项产品包租出去,由第三方派人来提供服务,酒店方只需提供场地,至于合作方的人员配备、品牌和酒店客源的匹配度以及双方是否联合促销等一系列问题,酒店管理者思考的并不多。因而,这样的跨界合作多为 SPA 水疗项目或是兼职健身、瑜伽教练等,不少小型度假酒店在开业时都会提供 SPA 水疗项目。然而实践证明,几十间客房规模的一家度假酒店,平均出租率在 50% 左右,平均下来,每天只有一两位顾客提出水疗服务要求。而无论有没有顾客,第三方团队都要向酒店支付租金,这样的跨界合作肯定不会产生双赢的结果。

　　而作为高端城市商务酒店,无论是新建还是更新改造,多数都会考虑将原来的健身房升级为健身中心。其中堪称样板的是北京新国贸三期的"奢华健身中心",上下两层,有专职和兼职的各类健身教练,深受周围办公楼白领的欢迎。但是设想一下,若要在度假酒店提供这类"型养"和"术养"的产品服务,是否能招募到有资质的专业人员常驻酒店呢?兼职的因为交通和路途问题,可能性也不大。笔者记得 10 年前,在为客户提供咨询服务时,曾有客户提出引进中国台湾地区养生度假的理念与服务,并为此专门去当地取经。但是,经过和台湾地区同行的交流,客户发现由台湾派出专业人员常驻大陆酒店的可能性并不大。

　　有的同行可能还会设想,"神养"可以请心理咨询师,"行为养"可以请教育学家、美容服饰请专业指导,"气养""药养"可以请老中医和理疗医生,"食养"可以请膳食理疗师。没错,这些专业人士酒店都可以找到,但是,问题是如何让这些专业人员常驻酒店,以便随时给顾客提供专业服务呢?以前也曾有度假酒店引进"体检中心",但是,除了企业组织的体检以外,一般散客和家庭度假客是不会去酒店体检的;有的度假酒店请过老中医,但是,由于缺乏相应的配套设施,"药养"和"药膳"也没能做起来。

　　综上所述,笔者认为,国际酒店管理集团对于养生度假产品的布局,可以视为配合"医、养、游"大项目实施提前做出的准备。他们收购的类似"六善、阿丽拉"这类品牌本身就有小众休闲养生特点,但从已展开的项目而言,由于气候、所在地文化等方面的原因,业绩也并不理想。酒店行业发展至今,面对巨大的消费群体,需要准备的是专业人力资源的储备,养生度假酒店能否吸引食品营养师的加盟、能否吸引医科院校的学生加盟、能否吸引心理学专业学生的加盟等将是一个可以探讨的课题。但是,就目前而言,虽然酒店度假产品是一片蓝海,但由于缺少专业人力资源的加盟而难以真正为目标消费群体提供专业服务。

（文/袁学娅）

资料来源:《中国旅游报》2019 年 2 月 28 日第 06 版

4. 企业文化

　　企业文化是企业内部生产关系的外在表征,包括企业员工共有的信念、期望和价值观,企业法人的形象,企业内部管理的规章制度,领导与员工的关系等方面。企业文化是旅游企业这个有机体的"大脑",它决定或影响企业的组织结构和企业资源的开发利用,有利于形成共同的价值观念、基本信念和行为准则,调动员工积极性、发挥员工主动性、提高企业凝聚力、优化企业形象、约束员工行为,为旅游企业开展市场营销活动创造有利的外部环境。

(二) 营销中介

旅游产品与旅游者之间存在距离,在很多情况下,弥补这个距离需要旅游中介的参与。事实上,大多数旅游产品只有通过一定的渠道和媒介才能被消费者认可和购买,旅游产品才能实现其价值。营销中介是协助旅游企业推广、销售旅游产品给最终消费者的企业或个人,主要包括旅游中间商、营销服务机构、财务中间机构等。随着社会化大生产的深入,社会分工越来越精细,营销中介在营销活动中所具有的专业优势逐渐展示,旅游企业应当与营销中介保持紧密的联系。

1. 中间商

中间商是指处于旅游生产者与旅游者之间、参与产品流通、促成交易达成的组织和个人。例如,某旅行社的外联人员联系旅游者并帮助其最终确定目的地后,此旅行社就会与目的地某一旅行社进行联系,由当地那家旅行社提供地陪,全权负责当地游览。在这个过程中这家旅行社就充当了中间商的身份。

以是否拥有商品所有权为标准,中间商可分为两类:代理中间商和买卖中间商。代理中间商有代理商和经纪人,他们专门介绍顾客与旅游企业联系,并从中撮合交易来赚取佣金,但并不拥有商品所有权。买卖中间商又称经销中间商,主要有批发商、零售商和其他再售商。他们购买商品,拥有商品所有权,再售商品。中间商由于与目标顾客直接打交道,因而它的销售效率、服务质量直接影响到旅游企业的产品销售。

2. 营销服务机构

营销服务机构是帮助旅游企业选择最恰当的市场并协助企业向选定市场推销产品的企业,主要包括广告公司、传播媒介公司、市场调研公司和营销咨询公司等。旅游生产企业可以依靠市场调查公司进行市场信息的收集、整理和分析,向营销咨询公司征求营销活动的意见、建议和指导,依靠广告公司制作旅游产品广告,通过传播媒介公司传递信息。在企业决定委托营销服务机构来处理这些业务时需要谨慎选择,仔细考察每个不同的专业公司所提供的服务质量、服务内容、服务特色及其价格水平,对它们做出恰当的判断和评价。

3. 财务中间机构

财务中间机构主要是指协助旅游企业进行融资活动、为旅游产品购买与销售提供资金保障服务的各种公司,如银行、信贷公司、保险公司等。旅游企业和财务中间机构的联系是非常密切和频繁的,旅游企业的财产需要通过保险公司进行保险,企业间的业务往来要通过银行账户进行结算,因此银行的存贷款利率、保险公司的保费水平都会对旅游企业的经营产生较大影响。

对营销中介的控制实际上是对渠道的控制和渗透。在经济全球化、电子分销技术发展日新月异的今天,营销中介的种类不断丰富和完善,怎样通过营销中介达到旅游企业自身的经营目标、旅游企业与营销中介的利益如何分配等诸多问题,决定了营销中介管理的重要性和复杂性。

小链接

携程发布旅游行业首个"全球玩乐平台"

2018 年 5 月 31 日,携程旅游集团在北京召开"玩转当地"主题发布会,发布旅游行业首个

"全球玩乐平台"。其定位是顺应旅行全球化、本地化、碎片化的趋势,在携程大交通、住宿之外,为全世界旅客提供优质的目的地玩乐服务,"让中国旅游者玩转全球目的地"。这是继推出"自由行"、"玩乐"等创新旅游概念后,携程在出境游市场上的又一重大战略布局。

"全球玩乐平台"以携程海外玩乐事业部为依托而搭建,与3000多家国内外供应商、资源方、服务商等合作,覆盖近50个产品品类,拥有超过35000种玩乐产品,产品和服务遍布100多个国家超过1000个城市和目的地,是全球最大的玩乐产品平台之一。产品类型包括门票、一日游、包车游、城市通票、演出、伴手礼、公共交通卡、游船观光、体育赛事、展览票、骑行、热气球、丛林飞跃、潜水、跳伞、攀岩、蹦极、直升机、滑翔伞等。目前,旅游者可以通过携程App的景点玩乐等多个入口、线下7000多家门店选择玩乐产品。

2018年1季度,携程海外玩乐已为超过500万用户提供了服务,比2017年同期增长超过150%。海外玩乐主要受到中国年轻一代旅游者的追捧,18到39岁的占比高达73.5%。用户最喜欢购买的产品类型包括:门票、一日游、WiFi、导游讲解、演出、城市通票等。

携程旅游事业部COO、海外玩乐CEO喻晓江表示,随着"全球玩乐平台"上线,将进一步从优化商品布局、丰富商品供应渠道、加强资源整合三方面,充分激发平台的聚合优势,为用户提供更丰富、价格更好、品质更优的产品。此前中国旅游者选择海外玩乐产品,缺乏针对中国市场的一站式服务平台,面临的困境和痛点主要是非标品化程度高,既缺乏统一的产品品质标准,又没有比较统一的服务标准。依托携程在产品、供应链、技术、一站式服务四大方面的优势,全球玩乐平台进一步提升丰富度的同时,正在不断优化海外玩乐商品的供应渠道,开拓海外市场。在最大程度上控制商品质量的同时,降低商品成本,让用户享受到实惠的价格。为了保障产品和服务的品质,平台制定了非常全面的产品监督机制。严格排查虚假交易,保证用户能在真实销量最好的优质商家下单,促进商家的良性竞争,也保证了客人的消费权益。同时实施24小时全球响应机制,及时处理用户的问题。还通过"先行赔付"和"六重旅游保障",消除旅游者的后顾之忧。

携程海外玩乐深耕中国游客去得最多的传统热门目的地,把日韩、东南亚、港澳台、欧洲、美国等列入重点开发区域。很多小众目的地正在迅速兴起,平台采取利好策略鼓励相应目的地的商家和合作伙伴入驻。

资料来源:旅界快讯(2018-05-31)https://wemedia.ifeng.com/63022462/wemedia.shtml

(三)供应商

供应商是那些为旅游企业生产产品和服务提供所需资源的企业或个人。例如,旅行社的供应商有旅游风景管理区、交通部门、宾馆饭店和娱乐场所等;旅游饭店的供应商有定点旅游用品商店、水电气公司和果蔬市场等。

供应商对旅游企业营销活动的影响主要表现在以下几方面。

(1)供货的稳定性、及时性和准确性。供应商及时、稳定、准确地提供旅游企业需要的物质资源和信息是旅游企业营销活动顺利进行的前提。

(2)供货的价格变动。很显然,供货的价格直接影响旅游企业的成本,如果供应商提高了所提供物质资源和信息的价格水平,旅游企业也要在相应的程度上提高其旅游产品的价格。因此,旅游企业应该对价格的变化趋势有一个充分的认识和把握,这样才能从容地应对突如其来的市场变化。

（3）供货的质量。供应商提供的各种物质资料的好坏将直接关系到旅游产品和服务质量的差异。

（四）购买者

旅游企业的营销活动是以旅游购买者的需要为中心而展开的,旅游购买者是影响旅游企业营销活动最基本、最直接的环境因素,购买者的数量和需求制约着企业营销决策的制定和服务能力的形成。旅游购买者可分为个体购买者和公司购买者两大类。

1. 个体购买者

个体购买者就是终端的旅游消费者,其主要是为了满足个人或家庭物质需要和精神需要而购买旅游产品,如观光旅游者、度假旅游者、商务旅游者、会议旅游者、体育旅游者等。这类购买者购买旅游产品是用于自己消费,无牟利动机,一般具有以下特征。

（1）人多面广。个体购买者多以个人或家庭为基本消费单位,来自各阶层,更多地受到消费者个人因素影响,对旅游产品的价格需求弹性较大。

（2）需求差异大。个体购买者因性别、年龄、习惯的不同,对旅游的需求存在较大的差异。

（3）多属小型购买。个体购买者多以个人或家庭为单位,购买的数量较小。

（4）购买频率较高。个体购买者多以个人或家庭为单位,个体购买者的购买量虽小但品种多样、频率较高。

（5）个体购买者大多缺乏旅游产品的专门知识。大多数个体购买者对旅游产品缺乏专门知识,对旅游产品的购买是一种非专家购买。

（6）购买流动性较大。个体购买者的购买能力及用于消费旅游产品的时间都有一定限度,而且旅游产品之间具有较强的可替代性,使得个体购买者在购买旅游产品时有较大的选择性。

同步阅读

搜索巨头和行业巨擘围攻之下,旅游营销还有无胜利可能?

对于那些希望在 2019 年更好地吸引客户、获得更多收入的旅游品牌来说,行业营销环境常常感觉像是一场不公平的竞争。这是因为像谷歌、Booking Holdings 和 Expedia 这样的行业巨头往往凭借庞大的营销预算和大量的客户习惯数据垄断了与客户的对话。

这体现在行业表现上。Skift Research 在 2018 年 6 月的一份报告中发现,在过去 12 个月中,Booking Holdings 公司在广告上花费了超过 45 亿美元,而 Expedia 的广告花费超过 33 亿美元,这使得任何其他旅游品牌都难以仅凭美元支出来争夺话语权。当谈到旅行者首选的旅行计划资源时,情况也是如此。Skift Research 2018 年的额外数据发现,消费者用来计划旅行的前三大来源中有两个要么是旅游评论网站(如 TripAdvisor),要么是搜索引擎结果。这也使得旅游营销人员的工作变得更加困难,削弱了他们为与顾客建立牢固关系而付出努力。

在这样的环境下,一个独立的旅游品牌怎么能与客户建立良好的关系呢? 更重要的是,在考虑到当今市场营销策略日益复杂的情况下,如何才能做到这一点? 答案是,通过更智能地了解客户拥有的数据,以新的方式利用这些数据来改善营销体验,并为买家提供更个性化、相关性更强、更及时的内容,从而超越行业巨擘。由于 Tinyclues 等公司提供的深度学习技术的出现，这种方法现在触手可及。

深度学习是最先进、最强大的人工智能技术，现在可以在营销数据库上用来识别隐藏的联系和模式。Tinyclues 创始人兼首席执行官 David Bessis 解释道：“这就为人们提供了强有力的新信息，使人们能够知道谁可能会去买东西，什么时候去买，买什么东西。这可以帮助他们建立相关的信息，吸引以前从未有过的客户，同时也有助于建立更忠诚的、重复的业务。与传统的机器学习和基于人工智能的技术不同，深度学习能够无缝处理一个品牌的全部客户数据，自动识别未来的买家，并将活动表现和客户体验提升到一个新的水平。”

这个新策略在实践中是什么样的？下面我们来看两个例子，看看法航和 Club Med 的营销人员如何利用这种基于深度学习的营销解决方案技术，来改进他们自己的营销，从而更容易“反击”像谷歌、Booking Holdings 和 Expedia 等这样的旅游市场巨头。

法航：增加预订收入，提高信息相关性

对于法航这样的全球航空品牌来说，市场营销是一项具有挑战性的工作。这家著名的航空公司不断地向客户推广错综复杂且不断变化的航线、目的地、品牌和产品组合。

除此之外，法航需要确保能够实现这些目标，同时满足各种内部团队和品牌经理的营销需求。它还需要以确保其信息保持相关性和及时性的方式来完成整个过程。为了实现这一目标，法航还必须依靠其广泛的客户数据库来更好地优化其营销工作，在单个客户层面对其进行个性化营销，并确保相关营销信息能够快速、及时地部署到市场中。

但是随着客户数据的重要性和数量的增加，单靠人工完成这个过程变得越来越困难。这就是为什么法航与 Tinyclues 合作，部署了一个深度学习型解决方案，以帮助其营销工作。该公司的解决方案帮助运营商在现有客户数据库中为每个目的地确定未来的买家和预订窗口。法航的高管们能够提高客户定位，防止受众过度饱和不相关的信息，并能更快地向市场部署新的营销活动。

例如，法航在最近的一个项目中就利用了这一能力，以促进购买飞往上海的航班。该航空公司正在寻找能在非常具体、有限的时间窗口内预订飞往中国城市的航班的旅客。过去，使用传统营销很难瞄准这类旅行者，因为这需要对顾客意图和预订习惯有深刻的理解。但是，深度学习技术让法航能够快速识别未来的买家，然后展开一场活动来接触这一特殊人群，从而显著提高了转化率，并使其上海航线的预订率提高了 17%。

Club Med：优化营销支出和客户体验

就像法航一样，包罗万象的度假品牌 Club Med 也面临着类似的营销挑战。作为一家在竞争激烈的市场中争夺客户的优质旅游服务提供商，它必须不断寻找与营销活动相关且及时的方法。与此同时，这些消息还需要避免达到客户退出的饱和点。此外，鉴于其营销预算，它需要决定包括电子邮件、直接邮件、出站电话等在内的哪些渠道最有效。

为了应对其中的一些挑战，Club Med 转向深度学习解决方案，以帮助其重新思考营销策略。该公司列出的目标包括提高以前 Club Med 买家的“回购率”，增加营销活动收入，优化营销活动计划，以帮助公司最大限度地利用有限的资源。

利用微小的线索，Club Med 实现了许多好处。最重要的是，它对市场营销活动的深度学习，使其能够更好地为该品牌的广泛产品选择（滑雪度假、海滩旅行、蜜月、活动等）创造非常相关的促销活动，并在合适的预订窗口将它们与未来的买家相匹配。过去，许多营销活动都是“大众市场”（所有产品都发送给所有潜在客户），这意味着要投入大量的时间和金钱，而深度

学习的模式识别能力帮助 Club Med 预测每个目的地的受众人数以及不同目的地、季节性和度假类型的产品，从而进一步提供个性化和相关的营销活动。

这种相关性和效率的提高体现在公司的业绩中。Club Med 的电子邮件活动表现更好，以深度学习技术为目标的电子邮件活动的平均购买量增加了45%，每发送一封电子邮件产生的收入增加了88%。该公司在直邮和外呼业务方面也出现了类似的增长。此外，深度学习不仅能让 Club Med 轻松找到早到或晚到的预订者，还能优化活动计划，减轻营销疲劳。

结语

旅游业的分销和营销环境比以往任何时候都更加复杂，也更具挑战性。随着旅游业的不断整合，一些大公司已经开始主导分销、营销和旅行计划，这使得旅游供应商比以往任何时候都更难以吸引客户并展开有意义的对话。但由于深度学习的力量，业内最大的玩家不再能主导对话。相反，旅游营销人员可以使用这种革命性的方法来释放他们的第一方数据的潜力，优化和发展他们的营销方法，创造更及时、相关个性化的营销信息。

（文／林阳　编译自 skift）

资料来源：旅游圈.（2019-2-18）.https://mp.weixin.qq.com/s/tsvd1CguRf4wg5MPgPp_MA

2. 公司购买者

公司购买者是指各种企业或组织为开展业务而购买旅游产品的购买者，如到酒店举行会议或展销会的企业和协会等购买者。公司购买者具有以下几方面的特点。

（1）公司购买者数量较少，但购买规模较大。此类购买者大多是企业单位，购买者的数目很少，但由于公司是为举办会议等用途购买旅游产品，通常购买规模较大。

（2）公司购买属于派生需求。公司购买者购买旅游产品的最终目的并不是追求旅游产品所带来的身心享受，而是为了通过旅游产品给人带来的享受达到开展业务活动的最终目的，其购买费用是属于生产性费用。

（3）公司购买需求弹性较小。公司购买者对旅游产品的需求不容易受到价格变动的影响。因为公司是为开展业务而购买，费用由公司支出。

（4）专业人员购买。公司购买者在公司内部一般都有专门从事旅游产品购买的部门和专业人员，其购买行为是一种专家购买。

（五）竞争者

旅游企业要想在市场竞争中获得成功，就必须能比竞争者更有效地满足消费者的需要与欲望。因此，旅游企业所要做的并非仅仅迎合目标顾客的需要，而是要通过有效的产品定位，使得企业产品与竞争者产品在顾客心目中形成明显差异，从而取得竞争优势。

当前旅游市场的竞争日益激烈。作为旅游市场营销部门，必须深入了解竞争者。首先是对竞争者基本情况的研究，如竞争对手的数量和分布，他们在市场上的活动、规模、资金力量，其中哪些对自己的威胁特别大等。其次是对主要竞争对手的研究，要分析其对本企业构成威胁的主要原因，是市场开发力量雄厚、资金多、规模大，还是其他原因。通过分析帮助企业制定相应的竞争策略。旅游企业还需要注意对潜在竞争对手的研究，新的进入者所带来的主要是行业竞争强度的增加。一般来说，进入的门槛越低，那么进入者就越多，行业的竞争结构就更加恶化。

（六）公众

公众是旅游企业营销微观环境的重要影响因素。公众环境可对旅游环境产生现实的或潜在的影响。一个旅游企业所面对的公众主要有金融公众、媒介公众、政府公众、公民行动公众、地方公众、一般公众、内部公众等。公众可能有增强旅游企业实现其目标的能力,也可能会产生妨碍旅游企业实现其目标的能力。所以,旅游企业必须采取积极适当的措施,主动处理好同公众的关系,树立旅游企业的良好形象,促进市场营销活动的顺利开展。旅游公共关系的宗旨是创造成功的人际关系、和谐的人事气氛、完美的社会舆论,以赢得社会公众的了解、好感、信赖、支持与合作。例如,媒介公众对某旅游企业优质服务的报道,就能使这一企业提高信誉,扩大销售;反之,一篇损害旅游者的报道,就能使这一旅游企业形象大大受损,并影响产品销售。

小链接

中国最美雪乡,被揭露宰客后人气惨淡,如今道歉仍无人相信

随着全国气温的逐步降低,很多地方的人已经渐渐穿上羽绒服了,这也代表中国大部分地区开始进入了冬季。而一到冬天,你最想干什么呢?估计大部分人最想也最爱的事情莫过于玩雪、打雪仗了。在北方雪很常见,但在南方却很难见到一次,因此一到冬季很多南方人纷纷前往北方观赏雪景。

由此,很多地方瞄准了这个商机,纷纷开发出独属于自己冬季的旅游资源,而其中 IP 最强、冬季生意最旺、最火爆的莫过于雪乡了吧。雪乡位于黑龙江省雪乡景区内。因为此地气候的独特性,每年从 10 月份到次年的 5 月份都会下雪,积雪期可以长达 7 月之久,并且雪的质量也非常不错,厚度可以达到 2 米,不管是滑雪还是堆雪人都十分便利(见图 2-3)。

图 2-3　雪乡的雪景

因为当地有如此得天独厚的旅游资源,由此雪乡作为旅游服务区便建立起来,并且经过许多人不懈地努力和建设,雪乡的这个名声在中国逐渐打响。一到冬季,很多人就纷纷前往雪乡旅游游玩,物美价廉的服务与美丽的雪景令人流连忘返,很多人去过一次后次年都会再去体验一次。

有幸的是,在 2012 年小编也去游玩过一次,那时候当地民风特别淳朴,价格也十分便宜与

合理,睡一晚土坑才 10 元,吃一顿肉也不过几块钱,并且当地村民还会免费送酒来给你喝,大家坐在一起一会聊人生意义,一会聊美丽雪景,一顿饭下来大家都会感到特别满足。

不过现在的雪乡还是变了。

自 2013 年《爸爸去哪儿》综艺节目播出后,雪乡的美景彻底在中国火了,很多没听过雪乡的游客都纷纷前往雪乡旅游,以前一天最多接待几百游客的雪乡,一下子能在一天里接待上万游客。我们似乎应该为雪乡人感到高兴,毕竟人多了生意也会好,钱也能多赚一点。不过钱多却变味了,当地雪依旧是白的,但人心却黑了。

2018 年 1 月,一篇名为《雪乡的雪再白也掩盖不掉纯黑的人心!别再去雪乡了》的文章瞬间刷爆了网络,很多人才了解到雪乡并不是只有美丽的雪景,还有不一般的人,几百元一张的动物园门票、1 000 元一晚的土坑等,都揭露了雪乡的某些人把游客当"羊宰"的手段,其中坐地起价、"一木行"更是让人厌恶。

如今,又到了 11 月份,雪乡再次迎来最佳旅游时间月份(每年的 11、12 月和次年的 1、2、3月),雪乡将全天开放迎客。不过今年的冬季对于雪乡来说,似乎过于寒冷,当地十分安静,游客也十分稀少,游走在雪路上的人大多是本地人,他们眉头拧成一圈,似乎在为没有游客来而发愁。当地有的居民还在自家门前竖立着一块牌匾,上面写着"绝不宰客",不过却并没有人看到。今年的雪乡格外的安静,正如白雪一样,也许当地是需要一场沉默的愤怒来洗刷掉自己肮脏的内心吧。

资料来源:搜狐.(2018 - 11 - 23). https://www.sohu.com/a/277395838_828967

同步阅读

旅游营销环境常用分析工具

在制定旅游企业营销战略前,对旅游营销环境进行全面分析的常用工具是 SWOT 分析法,它是一种经典的企业竞争态势分析,是营销的基础分析方法之一。SW 是指旅游企业内部的优势和劣势(Strengths and Weaknesses),OT 是指旅游企业外部的机会与威胁(Opportunity and Threat)。对环境机会的分析一般从潜在吸引力(即获利的能力)和成功的可能性两个方面进行评估;对环境威胁的分析一般从潜在威胁的严重性和发生的可能性,即威胁成为事实的可能性两个方面评估。表 2 - 1 所示为 SWOT 分析。

表 2 - 1 SWOT 分析

外部环境＼内部能力	优势(S)	劣势(W)
机会(O)	SO(发展型战略)	WO(由稳定型向发展型)
威胁(T)	ST(多元化战略)	WT(紧缩型战略)

当我们把企业内部优劣势和企业外部面临的机会和威胁综合考虑时,企业会处在不同区域中,其可以采用的营销战略是不同的。

表 2 - 1 中的 SO,表明外部有许多机会,内部又具有强大优势,宜采用迅速扩张的发展型战略;

表 2-1 中的 WO,表明企业外部机会较多,而企业内部条件不佳,宜采取先稳定后发展的调整战略,采取各种措施将企业内部劣势转化为优势后再图谋发展。

表 2-1 中的 WT,表明企业外部有威胁,内部状况又不佳,企业应设法避开威胁,消除劣势,可采用紧缩战略。

表 2-1 中的 ST,表明企业拥有内部优势但外部存在威胁,宜采用多元化战略分散风险,寻求新的机会。

项目任务二　了解旅游者购买行为

一、旅游者购买行为概述

(一)旅游者购买行为的概念

旅游者购买行为是旅游者受到外界刺激之后,在旅游动机的支配下,为满足较高层次的心理需要而选择购买旅游产品的活动。前文所述的诸如政治法律环境、经济环境、社会环境、技术环境等外部因素决定了一个国家或地区的旅游消费总量和消费类型,而旅游者购买行为则表现为个体内在的、心理上的动态决策过程,它决定了旅游者最终将如何选择何种旅游产品。

小链接

中国旅游消费大数据报告 2018:旅游逐渐成刚需　消费进一步升级

2019 年 1 月 29 日,中国旅游研究院(文化和旅游部数据中心)、银联商务股份有限公司旅游消费大数据联合实验室在沪发布《中国旅游经济蓝皮书 No.11》及《中国旅游消费大数据报告 2018》(下称《报告》)。

本次发布的《报告》,依托旅游消费大数据联合实验室的研究模型,以旅游消费大数据为切入点,以《"十三五"旅游业发展规划》提出的旅游消费快速释放的观点为背景,总结 2018 年中国旅游消费市场运行情况,并分析近年来旅游消费发展趋势,全面量化旅游消费与经济发展、城市化进程、居民生活之间的联系。报告的核心观点和主要数据如下。

一、国内居民出游力近三年持续增长,旅游逐渐成刚需

《报告》显示,2018 年国内居民出游力指数再创新高,达到 17.8%,旅游消费大众化已成为趋势。

1. 中西部地区出游力指数与东部地区差距有所缩小

从区域分布来看,出游力指数仍呈现东南沿海地区较高、西北地区较低的局面,但中西部地区出游力指数与东部地区差距有所缩小。2018 年全国城市居民出游力指数排名前十位的城市依次是上海、北京、南京、武汉、杭州、苏州、广州、成都、深圳、郑州。(城市出游力指数是指该城市居民旅游消费支出占该城市居民消费总支出的比重)

2. 80 后男性旅游消费贡献最高,年轻游客更偏好省内出游

报告显示,旅游消费人群中,买单男性多于女性,70 后及 80 后人群为主力消费人群,90 后人群数量快速增长。从旅游消费金额来看,80 后男性旅游消费贡献最高,占比超 25%(见图 2-4)。

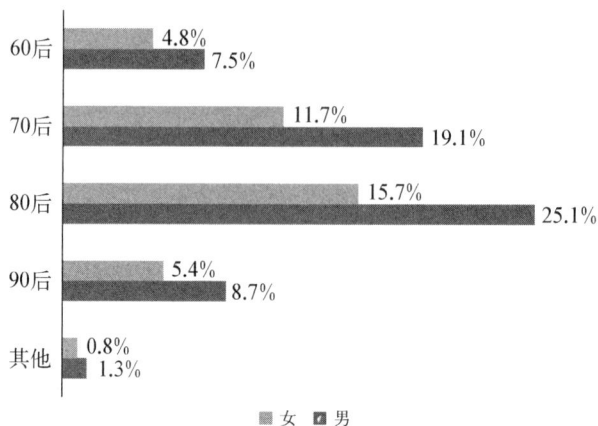

图 2-4　不同人群旅游消费金额占比

从旅游消费目的地来看,90 后游客省内游占比较 60 后高出 5.4 个百分点,带薪休假天数较短、收入水平有限促使年轻游客更偏好短距离出游(见图 2-5)。

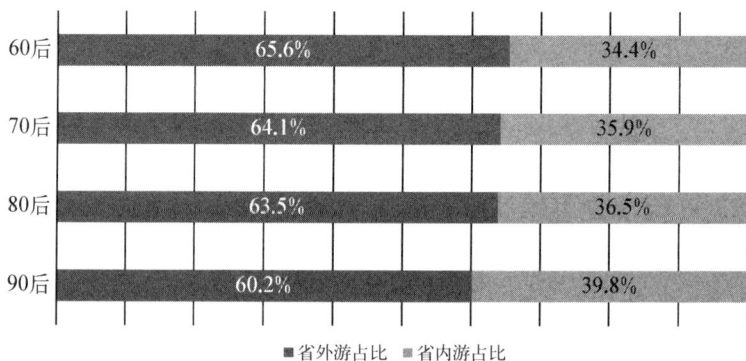

图 2-5　2018 年不同年龄层人群省内外出游比例

3. 上海为旅游消费贡献最多客源地,重庆为旅游消费最热门城市

从客源城市来看,上海居民旅游消费总金额最高;从目的地城市来看,重庆当地旅游消费最热。

二、旅游消费趋势:旅游消费进一步升级

1. 都市休闲客群快速崛起,旅游消费市场潜力巨大

数据显示,从 2016 年至 2018 年,都市休闲客群旅游人数增长迅速(见图 2-6),预计至 2020 年占比将达到 36.9%;高净值客群数量也有提升,预计至 2020 年占比将达到 10.4%。从三类客群对消费总金额的贡献看,大众消费客群贡献近 50%的旅游消费金额;都市休闲客群随人数快速增长,旅游消费金额贡献度增长较慢,旅游消费潜力待进一步挖掘。

2. 消费升级,为"美食、美宿"出游日渐平常

随着都市休闲客群快速崛起,旅游消费进一步升级。报告显示,近三年来,游客在目的地"舌尖美食"的消费笔数年增长率超 20%,在度假别墅的消费笔数年增长率超 30%(见图 2-7,图 2-8)。

2016年不同客群旅游消费金额占比　2017年不同客群旅游消费金额占比　2018年不同客群旅游消费金额占比

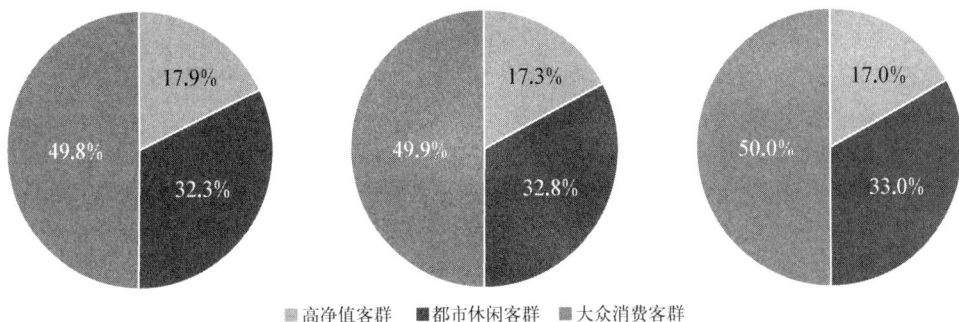

■高净值客群 ■都市休闲客群 ■大众消费客群

图2-6 不同客群旅游消费金额占比

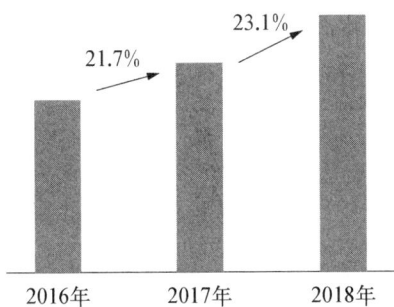

图2-7 特色美食消费笔数增长情况

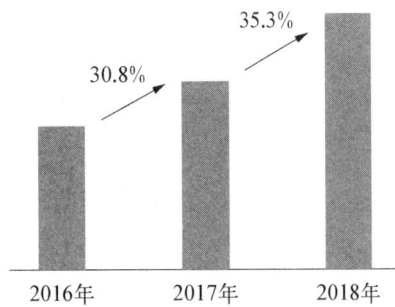

图2-8 度假别墅消费笔数增长情况

3. 假日旅游消费需求旺盛,文化游成热点

数据显示,假日旅游日均消费金额及消费人次均超过平日的2倍以上。随着国家对文化旅游的大力推进,假日期间丰富多彩的各类文化展览吸引大量游客参与。2018年国庆期间,重点博物馆消费人次同比增长达28.1%(见图2-9,图2-10)。

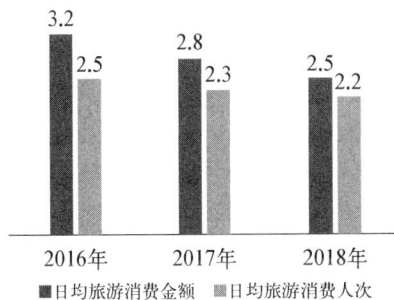

■日均旅游消费金额 ■日均旅游消费人次

图2-9 假日日均消费较平日增长情况

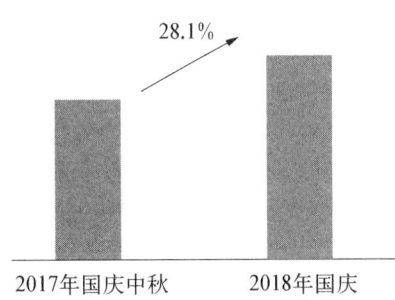

图2-10 重点博物馆旅游消费人次增幅

4. 中西北部地区居民出游意愿及旅游收入增长明显,区域均衡化趋势显现

从旅游客源地来看,近年来,中西北部地区居民旅游消费金额占全国旅游消费总金额的比例均不断提升,东部地区占比有所收缩,中西北部地区居民旅游消费意愿明显增强。从旅游目的地来看,近年来,中西北部地区旅游消费人次占比均不断提高,东部地区主导地位有所削弱,

区域旅游呈现均衡化发展态势。

资料来源：中国旅游研究院

转引自智慧旅行 2019/1/30https：//mp.weixin.qq.com/s/XifBaLBffUQ8a6S3YEamkg

（二）旅游者购买行为的类型

旅游者在现实的购买活动中，受各种因素的影响，呈现出复杂多样的购买行为。按照不同的标准可以将旅游者购买行为划分出多种类型，以下列举其中主要的三种分类。

1. 按旅游购买决策单位划分

（1）旅游者购买行为。旅游者购买行为指购买旅游产品是供个人、家庭或结伴消费群体的最终消费，而不是为了转让赚取利润或供法人单位旅游消费的购买行为，分为个人购买和群体购买两类。时下的旅游市场由单个旅游者组成的"团购"行为日渐增多，一些旅游企业已注意到这一现象，通过给予一定优惠来吸引团购者。

（2）组织机构购买行为。组织机构购买行为是指购买旅游产品是为了营利目的而进行转卖或供法人单位消费的购买行为，分为旅游中间商的购买和团体消费购买两类。这两类客户都是旅游市场的庞大客户，其中团体消费购买包括各类企事业单位、政府机构、社会团体等的购买，针对旅游中间商的营销策略与团体消费购买有较大的差别。一些旅游企业开发团体消费市场时，通过组织由法人单位秘书参加的秘书俱乐部使旅游购买者组织化，授予法人代表签单权以方便购买等，以此来开发团体消费客户。还有一些企业开发旅游中间商时，通过联合广告、联合营业推广、价格优惠等吸引中间商经营或代理本企业产品。

2. 按旅游购买能力划分

（1）经济型购买行为。经济型购买行为是指旅游购买者由于受经济能力制约或因为图实惠讲求实用价值，倾向于购买较为廉价的旅游产品。经济型旅游购买者数量众多，旅游企业如果能抓住这一市场，面向工薪阶层、面向社区适时推出餐饮、娱乐等大众化旅游产品，走经济型经营道路，有望取得良好的经济效益。部分旅游企业经营者不切实际地把眼光向"高"处看，仅仅盯着利润较高的高中档消费市场，其结果并不一定理想。

（2）标准型购买行为。标准型购买行为指购买能力一般的旅游购买行为。购买者多属于中等收入阶层，如果是旅游团一般称为标准团。随着我国经济的发展，目前这一市场在整个旅游市场中正逐渐壮大，所占比重不断提高。

（3）豪华型购买行为。豪华型购买行为指购买能力强的旅游购买行为。这类旅游购买者追求个性化需求的满足、上档次的产品和服务及较有知名度的品牌，对产品及服务比较挑剔，但相对其他市场消费能力更强，给旅游企业带来的收益较为可观。

3. 按旅游购买方式划分

（1）单项旅游产品购买行为。单项旅游产品购买行为是指只购买某单项旅游产品的旅游购买行为。例如，北京旅游者驾自备车去八达岭长城，只要购买登长城的门票即可。旅游企业根据这类购买行为，把旅游产品"拆零"销售大有可为。例如绝大多数酒店都把餐饮、康乐、客房、用车、洗衣等旅游产品以"拆零"方式供旅游者选择消费。

（2）包价旅游购买行为。包价旅游购买行为是指购买者购买包价旅游产品的购买行为，分为全包价购买行为、半包价购买行为、小包价购买行为和自助旅游购买行为四类。

其一,全包价旅游购买行为:指购买整个包价旅游产品的旅游购买行为。为满足旅游过程中的食、住、行、游的需要,旅游购买者所需支付的费用包括综合服务费、房费、交通费、专项附加费等。

其二,半包价旅游购买行为:指不含部分餐饮项目或游览项目的包价旅游产品购买行为。

其三,小包价旅游购买行为:指购买者可从包价旅游产品中进行选择性购买行为,如顾客购买旅游期间的客房使用权、交通工具使用权等,其他项目自理。

其四,自助购买行为:指自助旅游,一般仅需旅游公司提供订房服务和交通票务服务,旅游者付给订房服务费、订票服务费,旅游过程中的食、购、娱等所有费用全部自理。

(三) 旅游者购买行为的模式

消费者每天都在制定购买决策,在此过程中产生的消费者行为是回答消费者买什么、在哪里买、如何买、何时买、买多少以及为什么买等问题的答案,值得营销者仔细研究。什么影响了消费者的购买决策? 消费者对企业采取的营销策略如何反应? 常见的消费者行为模型可以给旅游营销若干启示。

1. "需求—动机—行为"模式

旅游消费者的需要、动机以及购买行为构成了旅游购买活动的行为链条。旅游者的需求受社会因素、文化因素、经济因素以及旅游者个人因素的影响。另外,社会文化和经济因素都对个人因素产生影响,从而间接地从更深层次上对旅游者的旅游需求产生影响。当旅游者产生旅游需要而未得到满足时,就会引起一定程度的心理紧张,当出现满足需要的目标时,旅游者的这种需要就会转换为内在的动机,动机驱使旅游者产生具体的旅游消费行为。从旅游动机到最终付诸旅游消费行为的过程中,旅游者会主动地搜寻相关信息,并同时接受来自旅游营销者的信息,以便形成消费决策。同时旅游者自身的心理活动也会影响搜寻和接受外界信息的效果,最终影响到旅游消费行为。当旅游者的具体需要通过旅游活动得到满足时,内在的心理紧张感就会消失。如果出现了新的需要,就开始下一个循环,如此反复就形成了旅游"需求—动机—行为"模式。

2. "刺激—反应"模式

行为主义心理学家认为,人的消费行为是外部刺激作用的结果。行为刺激的反应,当行为的结果能满足人们的需要时,人们就会重复该行为,反之则放弃该行为。而人的内部心理活动则是不可掌握的,就像一个看不透的"黑箱",由此提出了旅游者购买行为的"刺激—反应"模式(见图 2 - 11)。

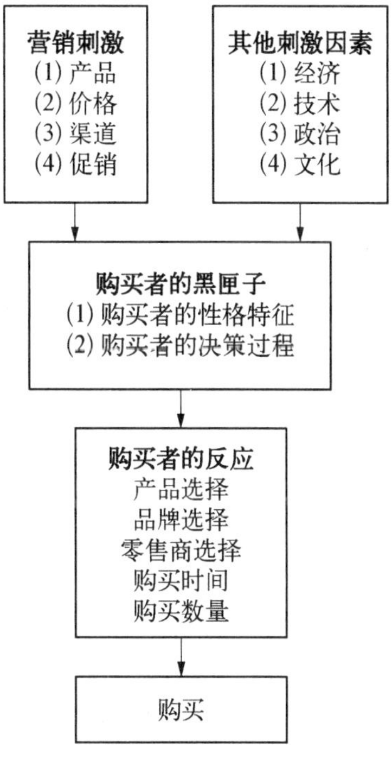

按照这一原理分析,从营销者角度出发,企业的许多市场营销活动都可以视作对买者行为的刺激,这些刺激称为"市场营销刺激",包括 4P(产品、价格、渠道和促销)是企业有意安排的对购买者的外部环境刺激。此外,购买者还会受到其他方面的外部刺激,包括购买者所处环境中的重要力量和事件,比如经济、技术、政治和文化等方面。所谓消费者"黑箱"又称购买者黑箱,是指消费者在受到外部刺激后所产生的心理活动过程。由于它对企业来说是一种看不见、摸不

图 2 - 11　旅游者购买行为"刺激—反应"模式

着、不透明的东西,故称为消费者黑箱。从营销角度来看,对消费者黑箱,营销人员无法了解,但是可以通过采取多种刺激手段(如广告、人员推销等)来促使他们做出相应的反应,然后根据他们的反应来推断出其心理活动(黑箱)是如何变化的,从而更好地采取有针对性的营销活动。

3. 互联网时代的消费者 AISAS 模型

1898 年,美国广告学家 E.S.刘易斯提出了 AIDMA 模型,总结了消费者在购买商品前的心理过程,即由最开始的引起注意(attention),产生兴趣(interest),培养欲望(desire),形成记忆(memory),到促成最终购买行动(action)。AIDMA 模型适用于传统的大众传播环境。在这一环境中,人们往往从报纸、杂志、广播、电视等媒介获取相应的产品信息,被广告吸引,产生兴趣和认同感,当消费欲望被激发后,就会记住产品信息,最终购买产品。

针对互联网时代消费者生活形态的变化,日本电通公司在 AIDMA 模型基础上创造了 AISAS 模型。由互联网及移动电话的普及所导致的消费者行为变化而构建的 AISAS 模型同样具有五个环节:广告首先仍然要吸引消费者的注意(attention),触发消费者的兴趣(interest),消费者被吸引后就会通过网络搜索(search)信息为购买决策提供依据,在行动(action)之后,消费者会在各种网络平台上发表自己的使用感受,分享(share)自己的消费经验与产品信息(见图 2-12)。

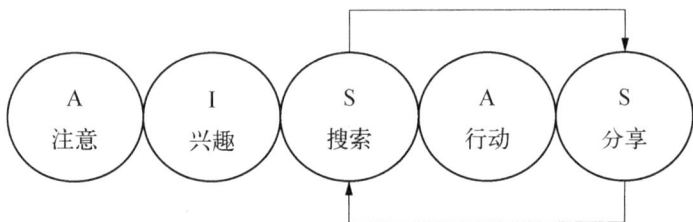

图 2-12 互联网时代的消费者 AISAS 模型

基于网络特质的 AISAS 模型告诉我们旅游营销不仅要引起消费者的注意使其产生兴趣,更重要的是能够让消费者主动参与旅游消费的全过程,并在旅游消费后自发向周围传播信息。AISAS 模型的营销法则中,两个具有网络特质的"S",即 search(搜索)和 share(分享),这两个网络特质的出现展现了互联网时代下搜索和分享的重要性,传统单向的灌输已经过时,互联网对人们的生活方式和消费行为产生了巨大的影响。在移动互联网背景下,"消费者"不再是彼此隔离的孤岛,而是通过网络社区等技术手段彼此联结、相互影响。目前中国领先的旅游网络分享社区马蜂窝和穷游网正是基于消费者搜索和分享所产生的一种旅游企业形态,一群有共同兴趣爱好的旅游者聚集在一起,企业的使命就是与旅游者共建文化"部落",并成为这个文化部落的产品与服务的提供者,产品的价值更多体现为互动价值。

二、影响旅游者购买行为的因素

影响旅游者购买行为的影响因素大体上可归纳为三类,分别是旅游者个人方面的内在驱动因素、外在影响因素和购买情境因素(见表 2-2)。

(一) 内在驱动因素

根据已有的相关研究,在影响旅游者购买行为的诸多因素中,属于旅游者个人方面的内在驱动因素主要包括动机、学习、信念与态度、知觉以及人格等心理因素。

表 2 - 2　影响旅游者购买行为的因素

类　　别	说　　明
内在驱动因素	旅游者个人方面的动机、学习、信念与态度、知觉、人格等心理因素
外在影响因素	文化、年龄与性别、社会阶层、生活方式、人生生活周期的阶段、微社会群体
购买情境因素	该项购买的性质、参与者在整个购买过程中的角色扮演

1. 动机

动机(motivation)是心理学中的一个概念,通常的解释是,"动机是引发一个人为满足自己的某种生理需要或心理意愿,而去做某件事情的内在驱动力"(Fridgen,1991)。针对消遣型旅游者的出游动机而言,国际旅游学术界普遍认为,人们外出旅游的动机产生从根本上讲是出于逃避紧张或摆脱压力的需要。造成紧张和身心压力的原因要么是日常工作和生活中的过度刺激,要么是对日常的工作和生活感到乏味无聊。由前一种情况所造成的紧张,会驱使人们去寻求在自己日常生活环境中无法获得的平静与安宁;由后一种情况所造成的紧张,则会驱使人们去寻求在自己日常生活环境中所无法获得的兴奋和刺激。由此可以推知,虽然消遣性旅游动机的产生从总体上讲是出于摆脱紧张的需要,实际上却是出于由此而派生出来的两种需要:一种是为了逃避过度紧张或刺激,从而获得解脱和放松的需要;另一种是为了摆脱惯常生活中的乏味无聊,从而寻求猎奇和刺激的需要。以商务旅行者为代表的差旅型外出访问活动的行为动机,人们一般认为主要与满足个人追求地位与声望的需要有关。

由于人们需要的复杂性和目标的多样性,不同研究者对导致旅游消费行为的动机进行了不同的分类。日本的田中喜一认为,旅游者的旅游动机产生于个人的兴趣,按需要和目标把旅游动机分为四类:心情的动机、身体的动机、精神的动机和经济的动机;美国的麦金托什按照心理和身体的需求把人的基本旅游动机也分为四类:身体健康的动机、文化动机、交际动机和地位与声望的动机;美国的奥德曼在此基础上进一步把旅游动机分为八个方面:健康、好奇、体育、寻找乐趣、精神寄托和宗教信仰、专业或商业、探亲访友、自我尊重;托马斯倾向于以社会化需求划分为四大类共 18 种主要的旅游动机;刘纯的旅游动机多源说则把产生旅游动机的需要归纳为六个方面。这些学者的研究从不同角度阐述了旅游行为的产生原因,部分地揭示了旅游者内在和外在的需求,对旅游营销工作具有一定的指导作用。

2. 学习

学习(learning)是人的一种基本能力,在心理学研究中,通常是指人们"基于经验而产生的行为更改或行为变化"(Albert Harrison,1961)。人类的大多数行为都是通过学习得来的。一个人的学习是通过驱动力、刺激、暗示、反应和强化的交互影响而产生的。作为旅游者行为的内在驱动因素之一,学习这一概念指的是旅游者借以接收和领悟刺激因素的一种方式,简单地讲,也就是指旅游者获取有关旅游经验的一种途径。这方面的经验获得,既包括来自自己外出旅游过程中的亲身经历,也包括来自他人对有关旅游经历的介绍。在这一学习过程中,人们会建立起自己对有关旅游目的地或有关旅游产品的看法,并且这些看法会形成基本的习得标准,供自己日后计划外出旅游时,用作挑选出游目的地或挑选旅游产品的依据。

3. 信念与态度

信念与态度这两个概念相似,但严格地讲,其中的信念(belief)是指人们在生活中对某一事物所持有的认识或想象（thoughts）。信念可能基于实践经验、观点和信仰，也可能包含情感因素。以旅游领域中的情况为例，消费者对于某一旅游企业、某一旅游目的地，或者某一旅游产品，往往都会持有自己的某种认识或想法，既有可能是正面的认识（例如认为某家饭店企业值得信赖），也有可能是负面的认识（例如认为深夜时乘坐公共交通工具不安全）。

态度（attitudes）是指一个人因受其所处的成长环境及社会文化的长期熏陶，在谈及某人或某一事物时，在思想情感上所持有的反应。简单地讲，态度就是一个人对某人或某一事物所持有的根深蒂固的看法。态度使人们喜欢或讨厌、亲近或疏远某一事物。在有些情况下，这一看法可能符合该人或该事物的真实情况。但在另外一些情况下，这一看法也有可能会成为对该人或该事物的偏见（stereotype）。以对待外出旅游的态度为例，由于受个人成长环境和所处社会文化的长期熏陶与影响，有些国家的民众一直认为外出旅游度假是一种奢侈，是不必要的浪费；然而在另外一些国家中，外出旅游度假则被人们视作现代社会中的一种生活必需。

信念与态度对旅游消费行为的限制主要表现为对旅游决策的影响。心理学研究表明，个体信念与态度一旦形成，就会导致某种偏爱或某种方式的行为倾向，并进一步影响旅游决策。对于旅游营销者来说，应当看到，信念与态度的形成是一个漫长的过程，一旦形成其转变需要经历一个很长的过程。

4. 知觉

知觉（perception），有时亦称感知，指的是一个人将感官所受刺激（例如见闻）转化为有意义的信息这样一个认知过程。换言之，知觉是一个人通过对自己所接触到的信息进行筛选，相同的刺激可以形成不同的感知，从而形成对某人或某一事物的看法的认知过程。由于知觉具有主动性的特点，因此难免会受个人偏爱（bias）和曲解（distortion）等因素的影响。此外，一个人对信息（刺激因素）的接收一般都会有选择性。具体地讲，面对为数众多的信息，一个人在对其中的某些信息给予关注的同时，对另外一些信息则会视而不见或听而不闻。

5. 人格

人格（personality）是一个人内心自我的反映，指的是会对其个人行为产生影响的个性心理特点，通常表现为一个人的性格会决定其个人偏好，从而会影响到他的行为。与人格相关联的另一个概念是自我肖像或自我形象（self image），指的是一个人对自己人格的主观认识，而非客观评价。人们一般认为，一个人的旅游行为与其自我肖像往往是一致的。例如，不少旅游研究人员都认为，但凡选择高尔夫度假或游艇度假的旅游者，往往是那些有阳刚之气、充满自信的人格类型的人。

在对旅游消费者行为的研究中，人们对上述各种内在驱动因素进行分析的主要目的，往往是借以对旅游消费者进行类型划分，其中最著名的例子当属当今世界上享有"旅游目的地专治医师"之雅号的著名旅游咨询专家斯坦利·帕洛格（Stanley Plog）对旅游消费者所作的分类（Plog，2003）。其依据不同旅游消费者在所属心理类型上的差别，将旅游消费者划分为若干不同的类型，其中最基本的三种类型分别是：依赖型旅游者、冒险型旅游者和中间型旅游者。帕洛格该项研究的主要特点在于结合对消费者心理类型的分析，研究旅游消费者的类型划分，它使得旅游营销者能够根据旅游消费者的行为特点进行市场细分。

（二）外在影响因素

除了内在驱动因素，旅游者个人方面的一些外在因素也会对其购买行为产生影响，因此，旅游营销者也需要对这些外在影响因素有所了解和认识。这些外在影响因素主要包括：文化、年龄与性别、社会阶层、生活方式、人生生活周期和微社会群体。

1. 文化

文化(culture)是指人类在社会发展过程中所创造的物质财富和精神财富的总和,主要指精神文化,包括思想、道德、哲学、艺术、宗教、价值观、审美观、信仰、风俗习惯等方面的内容。每一个文化下都包含更小的亚文化,即一群以共同的生活经历和状态为基础的价值系统的人。亚文化包括国籍、宗教、种族和地理区域。许多亚文化都构成了重要的细分市场。在市场营销研究的意义上,文化是在信念、价值观、态度习惯和行为方式等方面为一个社会中的全体成员所共识并信守的社会规范。

文化对旅游者行为具有影响作用是显而易见的。文化是一个人需要和行为的最基本的动因。每个群体或社会都有自己的本土文化,而且文化对购买行为的影响在国家之间可能存在着巨大的差异,甚至在社区之间也有很大不同。无论是在追求自我形象方面,还是在消除身心紧张方面,大多数人都会注意以符合群体规范的方式去满足自己的个人意愿。对于那些有悖群体社会道德的活动内容,人们则普遍会抱以鄙视的态度。对于旅游营销者来说,对文化影响情况的了解非常重要。

2. 年龄与性别

年龄(age)是一项为人们所常用的市场细分依据。随着年龄的增长,处于不同年龄段的人往往会有不同的需要,并且抱有不同的价值准则。例如,很多调查结果显示,在55岁以上的旅游者群体中,人们会大大减少那些体能消耗大的旅游活动,转而倾向于参加活动量较小的旅游活动。

性别(gender)同样也是一项为人们所常用的市场细分依据。在市场营销的意义上,性别的重要性主要表现在不同的社会中,人们对男性和女性所应扮演角色可能会有不同的认识。例如,有些调研分析认为,有些国家(如奥地利、德国、日本等)属于男性主导的社会;与之相比,北欧国家则多为女性主导的社会(Hofstede,1985)。这种一般性的结论虽然不一定完全准确,但确实可为促销活动的策划与开展提供具有实用意义的参考。

3. 社会阶层

社会阶层(social class)是指"其成员的价值观、利益和行为都基本相同的社会人群"(Kotler et al.,1996)。社会阶层是一个社会中相对稳定且有序的分层,不是由单个因素(如收入)决定的,而是由包括职业、收入、教育、财富状况和其他变量的一系列因素决定的。在划定一个人属于哪一个社会阶层时,所使用的依据主要涉及两项因素,一是其所从事的职业,二是其收入水平。一般来说,在一个社会中,高收入者往往同时也是接受过高等教育的人。而作为普遍的规律,一个人或一个家庭的可支配收入越高,就越有可能会参加外出旅游活动。所以,在市场营销实务中,社会阶层一直都是营销者用于划分消费者人群的基本依据之一。这主要是因为,处在同一社会阶层的人在价值观念、生活习性、消费行为等方面都有着较大的相似性。

4. 生活方式

生活方式(lifestyle)是一个人的生活模式,可以通过衡量消费者的主要活动(工作、爱好、购物、运动和社交)、兴趣(食物、时尚、家庭和娱乐)以及观点(自我、社会实践、商业和产品)来体现。生活方式可以捕捉到除了人的社会地位和个性以外的更多内容,它描绘了一个人在这个世界上活动和交流的全貌。研究生活方式对旅游者购买动机的影响,实际上就是国外有些专家所称的心理类型分析(psychographic analysis),通过了解不同人群的生活方式,旅游营销者有可能预知这些人群外出旅游的动机。

在这一研究领域,最著名的成果是由美国加利福尼亚州的 SRI 国际调研公司提出的"价值观与生活方式"(VALS)分类框架(Mitchell,1979)。该项研究依据人们所追求的自我形象、愿望、价值标准以及所选用的产品,将美国人口划分为九种类型的生活方式群体,分别是:① 勉强生存者(survivors);② 暂时忍受者(sustainers);③ 社会归属者(belongers);④ 渴求上进者(emulators);⑤ 事业成功者(achievers);⑥ 我行我素者(i-sm-me);⑦ 追求阅历者(experiential);⑧ 胸怀社会者(societally conscious);⑨ 心理完善者(integrated)。

随着时间的推移,一个人的生活方式也会随之发生变化,因而会在不同的时期从属于不同的生活方式群体。因此,在市场营销实践中,旅游营销者在依据生活方式对消费者市场进行细分时,必须开展消费者调研,以便对上述这类价值观和生活方式的信息进行补充。

5. 家庭生命周期

家庭生命周期(life cycle)的基本观点是:随着人的成长和家庭的建立,一个人的生活方式也会发生变化。

人们在其一生中的不同阶段购买不同的产品和服务,很多针对旅游者开展的调查和分析结果都显示,一个人的旅游需求尤其是对旅游活动类型的选择,往往与该人的家庭年龄(domestic age)有着密切的关系。这里所称的家庭年龄,是指一个人所处的家庭生命周期阶段。随着所处生命周期阶段的演进,一个人的旅游需求以及参加出游活动的次数也会随之发生变化。因此,人们常常使用家庭年龄这一概念去辨析人生不同的生命周期阶段与旅游需求之间的关系。一般将人生所经历的生命周期大体上划分为五个阶段,分别为:童年期、少年/青年期、已婚期、空巢期和老年期(见表 2－3)。

表 2－3 家庭生命周期模型

生命周期阶段	主 要 特 点	旅 游 行 为
童年期	完全依赖父母或监护人,但可影响家庭旅游决策。	喜欢有儿童娱乐设施的旅游目的地。
少年/青年期	随同父母生活,但开始追求独立、社交和自我形象,无事务束缚,有自由时间和好奇心,财力有限。	出游率高,倾向廉价旅游,使用自助式旅游设施,喜欢有夜生活的度假地,喜欢冒险和活动体验。
已婚期	家庭负担出现,关注点开始转向家庭建设和长远性投资,时间和财力制约增大,旅游需求受到抑制。	家庭旅游,无子女时出游率高。有子女后,旅游需求受到抑制,多参加短期度假和探亲旅游。
空巢期	子女离家独立,自由度和财力增加。	旅游需求重新增大,高消费的旅游度假(出国旅游、海上巡游)次数增多。
老年期	已经退休,有固定收入和自由时间。	继续追求高品质的旅游活动,随着年龄的增长,转向休养式度假。年龄不再是外出旅游度假的障碍。

说明:此为一般情况,其中未涉及独身家庭、单亲家庭等特殊家庭。
资料来源:李天元,曲颖.旅游市场营销[M].北京:中国人民大学出版社,2013.

总之,一个人的旅游需求之所以会因所处生命周期阶段的不同而呈现差异,原因是多方面的。其中主要的原因有三:第一,在不同的生活周期阶段,一个人的当务之急(preoccupation),

即需要优先关注的事务会有差异;第二,在不同的生命周期阶段,一个人的兴趣倾向会发生变化;第三,在不同的生命周期阶段,一个人处事的行为方式也会发生调整。例如,在青少年时期,一个人优先关注的是自己的社交和对独立自主的追求。然而到了成年婚后时期,家庭建设、买保险以及储蓄则会成为优先关注和考虑的重点。随着生命周期阶段的推进,这些因素的自身情况以及这些因素的整合情况都将随之发生变化。

在某些"危机"点上,这些因素原有的整合状态可能会完全解体,因而需要彻底重组。例如,一个人的生活中一旦有了子女,先前影响其旅游决策的各项因素都有可能会发生变化。此时,旅游度假由于已成为家庭活动而变得有组织、有计划,因而不再是过去那种随心所欲、自己想怎样就怎样的个人行为。

应用家庭生命周期理论去分析旅游需求是一种很有效的方法。这一方法不仅可用于分析某些人群(例如空巢市场、老龄市场等)的旅游需求特点,从而有助于进一步研究如何改进旅游供给,而且已被世界上很多旅游企业特别是旅行社用作市场细分的基础和依据。

6. 微社会群体

微社会群体(micro-society)亦称相关群体(reference groups)或社交群体。相关群体在形成人的行为态度方面起着直接(面对面)或间接的比较和参考作用。这类群体通常包括一个人在日常生活和工作中经常接触的家人、亲友、邻居、同学、同事等。另一种形式的微社会群体是通过互联网媒体实现的,形式包括博客、微信朋友圈、社区网站等。对个体而言,与这类群体交往的过程实际上是一种学习过程,因而也会对个体的行为产生影响,对个体旅游行为的影响当然也不例外。旅游营销必须通过相关群体的意见领袖(在一个群体内,由于具有特殊的技能、知识、个性或者其他特征而能够对其他个体施加社会影响的那些人)来传播对产品和服务的信息。

总之,旅游者的购买行为会受到内在因素和外在因素的综合影响。由于这两类因素都是属于旅游消费者个人方面的因素,因此可统称为旅游消费者购买行为的"推力"因素。

(三) 购买情境因素

除了各种推力因素,旅游者的购买行为还会在一定程度上受到某些"拉力"因素的影响。这些拉力因素主要包括旅游者所处的购买情境(buying situation),以及旅游企业或旅游目的地营销组织的促销宣传活动。本部分主要讨论旅游者所处的购买情境。

旅游者所处购买情境的划分,主要涉及两个方面:一是该项购买的性质;二是该消费者在参与整个旅游活动过程中所扮演的角色。

1. 购买性质

购买性质一般分为三种情况,具体如下。

(1) 高风险性购买。这种情况是指该项购买所涉及的费用很高,并且风险大。例如,与购买路程较近的一日游产品相比,远程旅游产品的购买有很大的不同。后者不仅开支很大,而且风险程度很高,因而购买者需付出较大的精力去收集尽可能多的信息,并且需要在可供选择的同类旅游目的地之间进行认真的比较。

(2) 低风险性购买。这种情况是指消费者对自己所打算购买的旅游产品已有相当程度的了解,甚至曾有过亲身体验,因而觉得该项购买基本上不存在风险。在这种情况下,购买之前的信息收集工作会简化很多。例如,人们在打算去自己所喜欢的某一旅游目的地故地重游时,往往会出现这种情况。

（3）习惯性购买。这种情况是指对于自己经常购买并且开支不大的某些产品或服务,消费者往往会凭借习惯而不假思索地作出购买决策。在购买旅游产品方面,这种情况多会在消费者重复购买自己所熟悉的某一短期度假产品或一日游产品时发生。换言之,旅游消费者在购买这类旅游产品时,不需要花费心思去进行评价,购买决策的做出主要是基于自己对该产品的了解,或者是基于自己过去使用该产品之后的满意度。

2. 消费者角色

就消费者在同全家人一起外出旅游的整个过程中所承担的角色而言,一般涉及五种情况。

（1）提议者。所承担的角色是,提议全家进行该次外出旅游,并负责收集有关的信息。换言之,这一角色的扮演者是全家成员中率先意识到有必要去满足某一出游意愿的那个人。

（2）影响者。所承担的角色是,在选择出游目的地方面提供推荐意见,并帮助收集有关信息。这一角色扮演者的意见对该项购买决策会有一定的影响。

（3）决策者。所承担的角色是,负责拍板决定该项购买。这一角色的扮演者往往是该家庭中的权威人物,并握有该家庭的财权。这一角色很有可能是由该家庭中的女主人担当。

（4）购买者。所承担的角色是,负责出面购买该旅游产品。例如,负责与有关的旅游企业进行联络和预订。

（5）使用者。所承担的角色为该项旅游产品的消费者,即参加该次外出旅游或度假的人。

在全家人一起外出旅游或度假的情况下,整个购买决策工作很少由某一个家庭成员孤立地进行,通常都会有其他成员的参与。也正是由于这一原因,往往会使原本看上去简单的事情变得复杂化。此外,不论是整个购买过程中所经由的各个阶段,还是人们在这一过程中所承担的各种角色,实际上也都并非完全彼此割裂。也就是说,不仅购买过程中的某些阶段往往会有重叠,而且人们所承担或扮演的角色也会随着购买阶段的不同而出现变化。

三、旅游者购买决策过程

旅游者对旅游产品和服务的购买决策活动,是通过一定的消费行为过程来实现的。旅游购买过程早在实际购买行动发生之前就已经开始,而且在购买后还会延续很长时间,一般分为五个阶段(见图2-13)。旅游营销需要关注整个购买过程,而不只是单一的购买决策阶段。

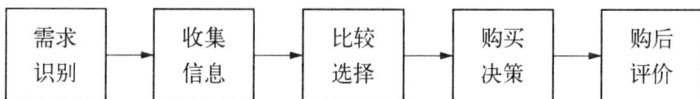

图2-13　旅游者购买决策过程

（一）需求识别

购买决策首先从认识需求开始,即人们认识到自己对旅游服务产品的需求。对于旅游营销人员而言,他们必须一方面了解自己的产品能够满足旅游者哪些内在需求,另一方面通过哪些外在刺激能引发人们对旅游服务产品的需求。一项旅游活动能够满足旅游者的需求越多,就越有可能受到旅游者的欢迎。在这一阶段,旅游营销人员要了解旅游者有什么需要,努力唤起和强化消费者的需求,并协助他们确认需要,创造需求。比如有工作和家务双重负担的女性想独自外出度假,但考虑到家人的反应、时间限制、在陌生环境中的人身安全问题等,她可能会极力压抑去旅游的愿望,这个时候,旅游营销人员便可以设法唤醒她的需求,解除她的顾虑,使其产生外出游玩的动机。

（二）信息收集

搜集信息是购买决策的调研阶段,人们认识到自己对某项旅游产品的需求后,就会有意识地去搜集相关信息,来加深认识。一般而言,旅游者的信息来源于四个方面。

（1）个人来源：通过朋友、家庭、同事等获取信息。

（2）商业来源：通过广告、人员推销、展销会等获取信息。

（3）公共来源：通过大众媒体和消费者评价机构等获取信息。

（4）经验来源：通过旅游经验、联想、判断获取旅游信息。

旅游营销人员应该了解旅游者的各种信息来源及每种信息来源对旅游者购买决策的影响程度。一般来看,对某种特定的产品和服务,旅游者接触最多的信息来源于旅游企业的营销宣传活动,而对旅游者决策起关键作用的却是个人信息来源、公众信息来源以及自己的消费经验,即旅游者更相信来自人际传播渠道的意见和建议。

（三）比较选择

比较选择是指旅游者搜集各方面相关旅游服务产品的信息,并对其进行分析、整理、评估,以形成自己的观念和倾向。旅游者在评估选择的过程中,有几方面应引起旅游营销人员的注意：第一,旅游服务产品的属性;第二,旅游服务产品对不同旅游者的重要性程度;第三,旅游者对品牌的信念和旅游者评估程序。如果旅游企业能搞清楚旅游者对诸因素的想法,通过营销手段强化旅游者看重的因素,弱化次要因素和消极因素,就可以获得旅游者的青睐。

（四）购买决策

在对信息、资料、可选方案进行比较评估后,旅游者会初步产生购买意图,如果没有其他相左意见或信息的干扰,购买决策过程即可完成。购买意图和购买决策包括品牌、经销商（或代理商）、购买时间、购买数量和支付方式决策。

旅游者的购买意图经常会受到来自他人的意见、突发因素的干扰。他人的意见对购买决策的影响取决于他人对购买决策的否定程度以及他人对购买者的影响力。突发因素可分为与产品和服务有关和无关的因素,前者如旅游目的地、社会政治环境突发变化,使得前往该地区的不安全因素增加;后者如个人的经济条件、社会地位、心理状况等因素的变化,也会影响购买决策。旅游营销人员要充分认识到旅游者的购买意图并不一定会有最终的购买决策,要尽量将与旅游产品和服务相关的不利因素减小到最低程度。

（五）购后评价

购后评价是购买旅游产品之后的行为,它既是一次旅游消费活动的结束,同时也可能是下次购买或不购买的开端。当旅游者认为购买到理想的旅游服务产品时,就会获得满足并认可接受该产品,这将鼓励他今后重复购买或向别人推荐该产品。如果不满意,旅游者会有许多不同的做法,可能要求退款、赔偿,可能诉诸法律,可能弃之不用,也可能四处抱怨以发泄心中的不满。显然,不满意的旅游者对企业的影响要比满意的旅游者的影响要大。如果处理得不好,企业将会遭受损失。为此,重视顾客满意度的旅游企业往往建立起专门受理顾客投诉的机构与相应的制度。

旅游者购后的评价取决于心中对产品的期望与实际产品绩效之间的对比。如果实际效果能够达到期望,旅游者的评价就会满意,反之则会不满意。因此,旅游企业在产品营销推广中,对旅游产品的广告宣传应实事求是,不要夸大其词,此外,还要采取积极的步骤（如赠送纪念品、面对面或电话沟通等），促使旅游者消除不满意感，使他们相信自己的选择是正确的。

同步阅读

中国旅游者在马尔代夫免税店的消费行为分析

一、中国旅游者在马尔代夫免税店消费基本情况分析

1. 购买商品种类

来自中国的旅游者在马尔代夫免税店主要购买的商品多是名牌护肤品和化妆品，例如海蓝之谜、La Prairie、迪奥等，其次是当地的特产，如珊瑚贝母制品，雕漆制品、手工皂、椰子油等。考虑到与国内对比的价格优势，名牌包（如 MCM、万宝龙）和烟酒类品（马尔代夫免税店对烟酒的购买没有数量上的限制）也是很多中国旅游者的选择。

2. 购买商品原因

经调查了解，选择在马尔代夫的免税店购买商品的主要原因是价格相对国内要便宜。此外，马尔代夫的免税店位于游客登机必经之地，在回国前临上飞机购买非常方便。而且每个牌子的产品都是原产地生产的，在产品质量上可以充分保证是正品。马尔代夫机场与其他机场相比较，有个很显著的优势就是不用单独退税，大大简化了顾客的购物过程。

3. 选购商品渠道

在调查时发现大多数旅游者都是凭借自己的经验和喜好购买，在问卷调查中，有 75 人选择此项，与样本中以年轻旅游者为主，对选购商品上可以多渠道获得相关知识有关系，他们在选择上也更具有自主权。

4. 购买商品费用

调查中发现，中国旅游者在购物上的花费控制在 500~1 000 美元的占到 44.19%，约为人民币的 3 500~6 500 元。

5. 购买商品问题

在对购买商品遇到的问题的调查发现，有 40 人提出遇到了语言方面的障碍。虽然马尔代夫免税店招聘了不少中国员工，但是主要集中在 P&C（perfume 香水和 cosmetics 化妆品区），少部分在烟酒区，以至于在包区、表区等区域没有中文导购，给在这些区域消费的顾客带来了不便。

二、中国旅游者在马尔代夫免税店消费行为影响因素分析

1. 中国旅游者在马尔代夫免税店对商品因素的重要性分析

从调查结果可以获知，在马尔代夫免税店的商品因素中，中国旅游者认为商品的质量最为重要，占到了 68.6%。其次是商品的品牌，占 48.84%。可以分析随着对商品知识的掌握，中国旅游者更加追求商品本身的价值。认为商品特色非常重要的占 38.37%；认为商品包装非常重要的占 36.04%；认为商品重量和体积非常重要的占 34.88%。

2. 中国旅游者在马尔代夫免税店对价格因素的重要性分析

在调查样本中显示，中国旅游者认为马尔代夫免税店的商品价格是最为重要的占 46.51%，认为商品折扣非常重要的占 43.02%。对于是否提供赠品的问题上，仅占 31.4%认为非常重要，在支付方式上有 38.37%认为非常重要。马尔代夫机场免税店的主要支付方式是现金（美金、欧元和当地货币卢飞亚 Rufiyaa）、刷卡（银联卡、visa 卡和 master 卡），2018 年年底，马尔代

夫机场引入支付宝,支付宝的引进大大方便了中国游客支付。

3. 中国旅游者在马尔代夫免税店对渠道因素的重要性分析

通过中国旅游者购物行为对渠道因素的重要性分析显示,中国旅游者最看重商店的环境(受马尔代夫陆地面积的限制,所有的建筑体积都不是很大,包括机场、机场免税店,并且由于年代久远,建筑都比较陈旧,环境并没有任何优势),认为商店环境非常重要的占32.56%(马累机场免税店是马尔代夫境内唯一一个国际性机场免税店,连接马尔代夫与外界,有一定名气,但并不占优势),认为商店地点非常重要的占68.6%(机场免税店位于登机口必经之地,大大提高了顾客的购物体验)。

4. 中国旅游者在马尔代夫免税店对促销因素的重要性分析

从样本调查中可以看出,中国旅游者在马尔代夫免税店消费中最大的问题是语言沟通,认为语言沟通项非常重要的占48.84%,成为仅次于商品质量的选项。认为商品广告非常重要的占24.42%,认为商品广告不重要的占12.8%。

三、马尔代夫免税店针对中国旅游者应采取的策略

1. 产品策略

从调查结果我们可以知道,中国旅游者在马尔代夫免税店对商品因素上最看重的是商品质量,有超过68%的游客在购买商品时首先考虑质量问题。商品品牌对中国旅游者在马尔代夫免税店决定是否购买商品也有较大影响。马尔代夫免税店的商家,要把中国旅游者视为目标市场,对于产品,最重要的考虑应当是商品质量和商品品牌。因为中国旅游者来马尔代夫免税店购买商品的目的大多数是自己使用和作为礼物赠送亲朋好友。由于马尔代夫免税店销售的商品大部分都是国际名牌商品,而且中国旅游者在马尔代夫免税店大部分是购买化妆品,所以中国旅游者会考虑商品的质量和品牌。

2. 价格策略

马尔代夫免税店的商品大部分都是国际知名品牌,虽然是免税商品,但是有些商品的价格比较高,因此,企业给商品定价时也需要考虑客户的购买能力。中国旅游者在马尔代夫免税店的总花费大多数在3 500~6 500元。一般购买商品是为了自己使用和赠送亲友。价格因素中,中国旅游者购买商品的最大影响因素是商品折扣,因为一般的市场都可以讨价还价,这也是中国人的购买行为特点之一。另外,支付方式也非常重要,由于有些旅游者购买的商品较多,价格较高,但是手上的现金不够,如果卖方没有多样的支付方式给旅游者选择,就会失去很多机会。从调查结果来看,中国旅游者在马尔代夫免税店购物是因为他们认为马尔代夫免税店的商品价格比较合理。因此,马尔代夫免税店的价格策略应该是:定价要在保证产品成本的基础上符合游客的购买能力,包括提供多种付款方式。因为现在很多国家都引进了支付宝和微信支付方式,但是马尔代夫却并没有完全跟上这种科技潮流,2018年底,马累机场免税店才刚刚引进支付宝,微信支付方式还没有引进,这给中国顾客造成了一定不便。丰富完善便捷的网络支付方式,全方位的机场WiFi覆盖,也是非常重要的。

3. 渠道策略

旅游点要把产品销售好,必须知道谁是我们的目标客户,有着怎样的购买行为。良好的定位将在后续销售中产生影响。在店面销售方面应该发展更多的购物方式,例如:为旅行者提供商品清单,对没有时间到商店的顾客,可以将顾客选中的货物直接送到机场或者在网络销售,为商店开拓更多的目标市场。因此,马尔代夫免税店的渠道策略应该是:开发更多的购物

方式,给顾客有更多的渠道选择购买商品。同时,商店也会有更多的目标市场,给商店带来更多的顾客。

4.促销策略

基于中国游客在马尔代夫免税店的调查结果显示,卖家和买家之间存在语言沟通问题,大多数的中国旅游者认为在购买商品时语言沟通非常重要。这一点会影响购买商品的决策。此外,商品性能介绍也很重要,因为有很多新产品或专用产品需要卖家推荐和介绍,卖家可以用各种方法表达自己的意思。因此,马尔代夫免税店的促销策略应该是:如果有些商店针对的是中国游客,那么商店的商品就应该有中文标签和中文使用说明书。在推销人员方面也要让会中文的推销人员来推销商店的商品或者给推销人员培训中文。

以上4个方面的策略,即产品策略、价格策略、渠道策略、促销策略,组合起来被称为市场营销组合策略。"从制定产品策略开始着手,同时需要制定价格、促销及分销渠道的策略,组合成策略总体,来达到以合适的商品、合适的价格和促销方式,把产品送到合适地点"是市场营销策略的基本思想。企业经营的成功或者失败,在很大程度上取决于你选择了哪些组合策略,这些组合策略的综合运用效果如何。

资料来源:王兆杰,庄小妍.中国旅游者在马尔代夫免税店的消费行为分析[J].旅游管理研究,2019,301(8):58-60.

四、组织机构购买过程

组织机构购买作为区别于普通旅游者的特殊市场,在购买行为上有一定的差异。组织机构购买通常要面对比消费者购买更为复杂的购买决策。这种购买往往数额大,专业性强,参与决策的人员多,还要有经济上的考虑以及与组织机构内部各层次的人进行沟通等问题。其过程可以划分为以下五个步骤(见图2-14)。

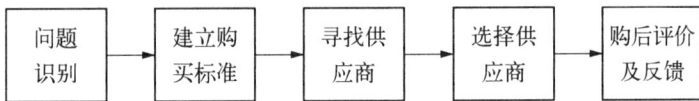

图2-14　组织机构购买决策过程

(一)问题识别

当公司中有人意识到可以通过对旅游产品的购买和消费来解决某种需要时,组织机构的旅游产品购买过程就开始了。这种需要被继而反映给组织机构的高层管理者及专门的购买组织或成员。需要一经提出,购买者就将确定对旅游产品的各种要求,并对需要做出总体上的描述,这将作为建立购买标准的前提。营销人员可以通过制作广告和给潜在的顾客打电话的途径来激发对问题的识别。

(二)建立购买标准

当组织机构明确了旅游产品购买需要和问题后,就会为购买确定各种标准,主要包括:旅游产品类型、购买的数量、购买的时间、活动项目安排、初步预算等等。购买标准经过上级主管人员批准后,就可据此寻找旅游企业。旅游营销人员必须时刻准备回答组织机构提出的各种有关旅游产品能否满足其特殊产品需要的问题。

（三）寻找供应商

旅游需求和购买标准确定后,组织机构将通过各种方法寻找并确定旅游企业。他们可以寻找旅游企业名录,利用互联网查询,请有关咨询机构推荐,或跟熟悉的旅游企业直接沟通联络。在此基础上,组织机构会选择若干家旅游企业,以电话、传真和信函等方式通知供应商提供详尽的产品介绍,对于重大购买可能把购买标准拟定为投标书,寄送给各个代理商,并请他们提出各自的建议书或招标书,以此作为选择的依据之一。对于供应商而言,如果能收到征询报价的信息,就有中选的希望,因此要慎重地制定报价。除价格以外,要尽可能全面地展示本企业产品的内容、质量、服务、付款等方面的信息和政策。同时,为了使本企业的报价更有竞争力,对采购单位的需要和竞争者的情况要深入地了解,使报价更有针对性和竞争性。

（四）选择供应商

在这个阶段,组织机构的决策人员依据各个旅游企业所提供的产品介绍、招标书或建议书来决定旅游企业的取舍。在选择中,组织机构成员会考虑旅游企业各方面的情况,大致包括以下几个方面。

（1）产品：内容、质量、服务项目、价格等。

（2）履约能力：技术能力、人员情况、财务状况、组织与管理能力等。

（3）信誉：履约的情况、用户的口碑等。

（4）服务：是否提供咨询、培训、后续服务等。

（5）方便性：地理位置、支付便利性等。

通常,组织机构要列出旅游企业应具备的各种条件,并给出这些条件的相对重要性排名。广告、宣传品等均对组织机构购买人员的决策产生重大影响。购买人员会根据他们感知到的每一个旅游企业的属性和提供利益能力的不同进行综合权衡,找出最具有吸引力的供应商。比较简单的旅游产品的选择主要凭经验和直觉。复杂的采购任务有时要建立专门的采购委员会并请专家参加,采用更为严密的评选方法。

（五）购后评价及反馈

旅游产品的消费结束后,组织机构购买人员要对产品进行购买后的综合评价,确定旅游产品是否满足自己所提出的各种要求,将来还会不会再从该企业购买产品。购后评价及反馈一般会在购买人员与旅游企业营销人员中进行。但在较重大的旅游产品购买发生后,购买人员一般都会向产品和服务的最终使用者征求意见,了解他们对产品和服务的满意程度。

在实际购买中,每个组织都有自己的购买方式、流程,不同的购买情形往往有独特的要求,所以情况通常更为复杂。旅游营销人员应注重购买人员和最终使用者对自己产品和服务的反应,及时向其提供购买后的服务并及时根据其意见建议更新产品,提高服务质量。

项目任务三　掌握旅游市场调研方法

一、市场调研的相关知识

市场调研作为营销手段对于许多旅游企业来说已成为一种基本工具。市场调研在旅游企业制定营销规划、确定企业发展方向、制定企业的市场营销组合策略等方面有着极其重要的作用。在营销决策执行过程中,旅游营销同样需要基于消费者行为和市场反应来进行检验与矫正,市场调研为调整营销计划、改进和评估各种营销策略提供了有效依据。

(一)市场调研的概念

市场调研(market research)是针对旅游企业特定的营销问题,采用科学的研究方法,系统地设计、收集、整理、分析、解释和报告与企业有关的数据和研究结果,为营销管理者制定、评估和改进营销决策提供依据。

常见的市场调研活动包括市场特性的确定、潜在市场的开发、市场占有率分析、销售分析、竞争等。市场调研可能涉及营销活动过程的各个方面,如产品调研、消费者调研、销售调研、促销调研等。

1. 产品调研

产品调研包括对新产品进行设计、开发和试销,对现有产品进行改良,对目标顾客在产品款式、性能、质量、包装等方面的偏好进行预测。

2. 消费者调研

消费者调研,即对消费者心理、消费者行为的特征进行调查分析。例如,消费者购买能力、个人可任意支配收入、消费水平及消费结构调研,消费者对本企业产品的忠诚程度调研,旅游消费者的欲望与购买动机调研,消费者受教育程度和文化水平调研,旅游消费者的购买习惯、季节、逗留时间调研,旅游消费者的宗教民族、种族、风俗习惯调研,消费者家庭人口结构和家庭生命周期调研。

3. 销售调研

销售调研包括对企业销售活动的审查、产品的市场潜量与销售潜量以及市场占有率的变化情况等。

4. 促销调研

促销调研主要是对旅游企业在产品或服务的促销活动中所采用的各种促销方法的有效性进行测试和评价,如广告效果测试等。

常见的市场营销调研技术包括定性和定量研究两大类。定量研究一般是为了对特定研究对象的总体得出统计结果而进行的。定性研究则具有探索性、诊断性和预测性等特点,并不追求精确的结论,而只是了解问题之所在,摸清情况,得出感性认识。

(二)旅游市场调研的类型

根据调研目的的不同,旅游市场调研一般分为探测性调研、描述性调研和因果性调研(见表2-4)。

表2-4 三种调研类型的比较

	探测性调研	描述性调研	因果性调研
目的	• 了解并界定问题 • 追踪和寻找市场机会	• 描述特征、功能、属性	• 研究因果关系
适用	• 无法确定某一问题 • 实现问卷的精确、细化	• 对问题有较多了解 • 对所需信息有清晰的定义	• 存在某种内在联系 • 试图寻找解决问题的途径

（续表）

	探测性调研	描述性调研	因果性调研
特征	• 小样本调研 • 不具备推断总体的作用 • 定性分析 • 处于大规模调查之前	• 大样本调研 • 定量分析 • 结论供决策参考	• 研究变量间的相关关系 • 定量分析
方法	• 专家咨询法 • 座谈会法 • 个人访谈	• 询问法 • 文案法 • 观察法	• 实验法 • 统计模型法

1. 探测性调研

探测性调研用于探询旅游企业所要研究的问题的性质，指旅游营销人员对所需研究的问题或范围还不很清楚，为明确进一步调研的内容和重点，需进行的试探性调研。探测性调研通常在正式调查中初步调研或明确问题阶段所采用，至于问题的解决则有待进一步的研究。例如，营销部门发现某旅游产品销量一直在稳步上升，但市场占有率却似乎在下降。通过探测性调研，营销人员确定了该产品市场占有率确实在下降，原因可能有以下几种：产品质量下降；竞争对手推出了具有明显优势的新产品；消费者的兴趣发生转移；原有的经销商推销不力。后续就可以通过进一步的调研找到市场占有率下降的明确原因。

通常，当人们无法确定某一问题时，往往借助此法来界定问题；或在大规模调查之前，凭借此法使问卷更加精确、细化。常用方法有专家咨询法、座谈会法、个人访谈等。

2. 描述性调研

描述性调研是在已经明确所要研究的问题与重点的基础上，以描述研究对象的特征、功能、属性等为目的进行的调研。描述性调研是通过详细的调查和分析，对市场营销活动的某个方面进行客观的描述，回答诸如消费者要买什么、什么时间买、在哪儿买、怎样买之类的问题。大多数的市场营销调研都属于描述性调研。与探测性调研相比，描述性调研的目的更加明确，研究的问题更加具体。

描述性调研注重对实际资料的记录，因此多采用询问法、观察法、文案法。

3. 因果性调研

因果性调研是指为了通过对多种因素的研究来确定问题产生的原因所进行的调研。因果性调研的目的是找出关联现象或变量之间的因果关系。描述性调研可以说明某些现象或变量之间相互关系，但要说明某个变量是否引起或决定着其他变量的变化，就用到因果性调研。如果说描述性调研是要对问题"知其然"，那么因果性调研就是要对问题"知其所以然"。例如，食品公司进行调研，了解产品口味的改变是否会引起销售量的改变。

因果性调研常用方法有实验法、统计模型法等。

（三）旅游市场调研的步骤

旅游市场调研没有一个固定的程序可循，一般来说，根据营销调研活动中各项工作的自然顺序和逻辑关系可以分为三个阶段共七个步骤：准备阶段（包括确定问题和研究目标），设计阶段（包括设计调研方案、选择调研方法、选择抽样方法三个步骤），实施阶段（包括收集信息、分析信息、提出结论三个步骤）（见图 2-15）。

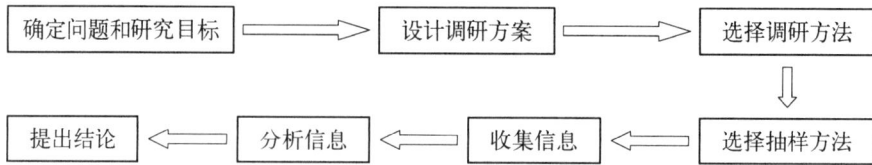

图 2-15 旅游市场调研的步骤

其中,市场调研的最后一个步骤是陈述调研的发现。调研报告是调研活动的结论性意见,将调研的结果、结论、建议等重要信息传递给客户,为客户提供决策基础。调研报告通常包括三种形式:数据型报告(提供调查所得数据)、分析型报告(提供数据并进行分析)、咨询型报告(不仅提供数据、分析结果,而且在此基础上提供咨询方案)。调研报告是调研的最终产品,必须花足够的时间和精力认真准备。调研报告的一般模板如表 2-5 所示。

表 2-5 市场调研报告的内容

前言
◆封面 ◇标题 ◇委托单位 ◇调研机构 ◇日期
◆授权书 ◇调研范围 ◇付款条件、预算、人员配备与期限 ◇临时性报告及最终报告的要求
◆目录 ◇章节标题/副标题及页码 ◇图表与数字清单标题及页码 ◇附录标题及页码
◆执行性摘要 ◇简述调研目标、调研方法 ◇简述调研结果 ◇简述结论及建议 ◇简述其他有关信息
主体
◆引言 ◇简述调研背景 ◇介绍参与调研人员 ◇致谢
◆分析与结果 ◇背景、原因、利弊、预测等分析(配合文字、表格、图形) ◇陈述分析结果

（续表）

◆结论及建议 ◇调研结论 ◇建议
◆调研方法 ◇研究类型及目的 ◇总体及样本的界定 ◇资料收集方法（文案法、访谈法、问卷法等）
◆局限性 ◇样本界定误差 ◇随机误差 ◇时间、预算、资源等限制条件
附录
◆调查问卷及说明 ◆数据统计图表及详细计算与说明 ◆参考文献及资料来源索引 ◆其他支持性材料

二、市场调研的方法

要想更好地实现调研目的，必须根据调研具体任务和被调查对象的特点选择合适的市场调研方法。只有调研手段恰当，调研方法科学，搜集的信息和最后的结论才能准确和全面。常见的市场调查方法有观察法、实验法、访问法、文案法和网络调查法，统计模型法专业性较强，在本书中不过多赘述。

（一）观察法

观察法（observation method）是由调研人员利用眼睛、耳朵等感官以观察的方式对调查研究对象进行考察并搜集资料的一种定性调研方法，是市场调研的最基本方法。

1. 观察法的种类

（1）直接观察和间接观察。直接观察是指观察被研究者正在发生的行为。例如，旅游购物商店想知道顾客是怎样挑选旅游纪念品的，就可以观察顾客是怎样选择购买纪念品的。又如调研人员在酒店餐厅中秘密观察、记录、跟踪顾客的行为和举止，并将观察记录的结果汇总，总结出顾客的消费行为、偏好、心理特征等。

为了观察一些并不明显甚至是隐蔽的行为，需要用到间接观察法。通过间接观察法，调研人员研究被观察对象的行为所产生的效果和结果，而不是他们的行为本身。间接观察法可通过档案记录和实物追踪来实现。例如，根据销售电话记录和最终成交记录可以了解销售人员电话访谈的频率对成交量的影响，根据收银机的扫描数据可以了解价格变化、促销活动以及产品包装变化对市场的影响等。

（2）隐蔽观察和非隐蔽观察。隐蔽观察是一种被调查者并不知道自己被调查的调研方法。例如，调研人员装扮成普通顾客进入酒店之中，搜集有关酒店、雇员与顾客的信息资料，这样能够客观、真实地反映被调查者的行为。

在有些情况下,想让被观察者毫无知觉是不可能的,这时就需要使用非隐蔽观察。这种观察方法比较常见,例如在面试中,面试官会通过许多环节如无领导小组、案例分析等观察面试者的神情举止、表达能力等,判断其是否符合岗位的要求。

（3）结构化观察和非结构化观察。结构化观察是指调研人员事先设定将要观察和记录的行为内容,而对其他行为不予关注的观察法。通常调研人员会事先准备一个有具体条目的表格,集中观察某些特定行为。这种方法可以减少观察者的工作量。

非结构化观察是指调研人员没有任何限制地去观察所有行为的一种方法,调研人员必须聚焦关注研究的主题。该方法经常应用于探索性调研。

（4）人工观察和机械观察。人工观察就是指调研人员自己或者雇用别人来担任观察员,这是一种比较常见的方法。机械观察是指使用机器代替人进行观察。在人工观察成本高昂时,随着科技的发展,很多先进的智能设备被用于机械观察中。例如,交通流量计数器是最为流行和普及的机械观察设备之一,它可以用来测量特定路段的人流量和车流量,户外广告设计者可以根据交通流量计数器来确定每天经过某一特定广告牌的人数,酒店和餐饮零售商可以使用这些信息进行店面选址的决策。此外,阅读器、收视计数器、条码扫描器可以用于观察顾客的行为,摄像头、录像机及其他一些监听、监视设备可以记录消费者的行为。

2. 观察法的优缺点

观察法的优缺点见表 2 - 6。

表 2 - 6　观察法的优缺点

优　　点	缺　　点
• 能够客观、真实地反映被调查者的行为 • 不存在被拒绝或不配合的现象 • 有利于排除语言或问题理解等方面的误差 • 简便、易行、灵活 • 不干扰顾客	• 调查耗时长、费用高 • 只能反映客观事实,难以获得深层次信息 • 对调查人员的素质及业务水平要求高 • 观察到的事物可能存在某种假象

3. 观察法的适用情况

（1）消费者偏好的调查。观察法适用于观察消费者购买时对产品的类型、品种、价格、服务等的偏好。

（2）销售门店经营环境调查。观察法适用于对销售点的商品陈列、货架摆放、橱窗布置、气氛、客流量等方面进行观察。

（3）品牌调查。观察法适用于调查消费者对某种品牌的喜好、忠诚程度,以及同类产品品牌的替代程度。

（二）实验法

实验法（experimental method）是指调查人员根据调查的要求,有目的地控制一个或几个市场因素的变化,以研究某市场现象在这些因素影响下的变动情况的调查方法。用实验的方式使调查对象处于特定的环境条件下,控制对象可以是产品的价格、品质,包装等,在可控制的条件下观察市场现象,揭示在自然条件下不易发生的市场规律,这种方法主要用于市场销售实验和消费者使用实验。

实验的意思就是,调查人员改变一些因素（这些因素称为解释变量、自变量或实验变量,如销售人员付酬方式、价格、广告的数量、产品特点的变化),观察这些因素的变化对其他因素,即因变量(经常是衡量销售的一些指标,例如总销售量、市场份额等)有什么影响。假设一个餐饮企业就促销海报的摆放位置(自变量)对销售量(因变量)的影响做实验,记录按某一位置摆放时一定时间的销售额,然后将海报放在另一位置并再次记录销售额。假设销售额增加,那么是否意味着摆放位置的变化会导致销售额增加呢?是否还有其他的外生变量会影响销售额呢?很明显,根据经验,天气、节假日、广告等都会影响销量,所有这些都可以看作外生变量。由于它们会对因变量产生影响,所以在进行实验时需要控制这些外生变量。

1. 实验法的优缺点

实验法的优缺点具体见表 2-7。

表 2-7 实验法的优缺点

优　　　点	缺　　　点
<ul><li>较科学、实用</li><li>实验结果具有较强说服力、价值高</li><li>能够排除人们的主观偏差</li><li>可探索不明确的因果关系</li></ul>	<ul><li>耗时长、成本高</li><li>保密性差,易暴露营销计划的关键部分</li><li>样本或实验区域的选择较困难</li><li>在操作、管理、控制等方面较困难</li></ul>

2. 实验法的适用情况

(1)检验因果关系。实验法主要用于检验某些市场因素之间的因果关系,研究其对总体市场的影响程度。

(2)新产品的区域试销。在某一产品大规模进入所有目标市场之前,有必要在一个有代表性的区域内试销产品,以观察市场反应程度。

(三)访问法

访问法(access method)又称询问法,是指调查人员以访问为主要手段,从被调查者的回答中获取信息资料的方法,是一种最常用的实地调研方法。访问法包括以下几种方法:

1. 面谈访问法

面谈访问法是指调查人员面对面地向被调查者询问有关问题,以获取相关信息资料。包括个人访谈、小组访谈等多种形式。其中,个人访谈包括入户访问、拦截访问及经理访谈等;小组访谈包括焦点小组访谈、深层访谈、德尔菲法访谈及头脑风暴法访谈等。探测性调研中常用的专家咨询法、座谈会法等均属于此类。其优点在于简单、灵活,可随机提问;调查人员可边询问边观察,有助于提高调研质量;提问的弹性大(就某问题深入详细地交谈),被调查者可充分发表意见,有助于获取有价值的信息;所提问题的回答率高。缺点是费用高、时间长,只适合小规模的调研;对调查人员素质要求较高;调研效果在很大程度上取决于被调查者的配合情况,被调查者易受调研人员主观意识的影响,使信息失真。

2. 邮寄询问法

邮寄询问法又称通讯询问法,它是将事先设计好的问卷或调查表通过邮件的形式寄给被调查对象,他们填好以后在规定的时间内寄回来。其优点在于高效、便捷、费用低、样本量大、调查范围广,减少了对调研人员的监督,被调查者思考的时间充裕,尤其适用于较敏感或涉及隐私的问题。缺点是问卷或调查表的回收率低,信息反馈时间长、时效性差,对被调查者素质要求较高,对调查内容要求较高(问卷设计清晰无歧义,能够引起被调查者的兴趣)。

3. 电话询问法

电话询问法是指调查人员根据抽样的要求,在样本范围内,通过电话询问的形式向被调查对象询问事先拟定的内容来获得信息资料。其优点在于经济、快速、易于控制,访问对象样本大、范围广,受调研人员影响小,交谈自由,能畅所欲言,对调研人员的管理方便,尤其适合热点问题或突发问题的快速调查。缺点是无法进行产品的有形展示,不适合较长时间的访问,不适合深度访谈或开放式问题的访谈,容易遭到拒绝,被调查者易产生抗拒心理。

(四)文案法

文案法(copy method)又称二手资料调研法、间接调研法或文献调研法,是指通过查找或阅读图书、统计资料或研究成果等资料,获得所需信息的过程。它具有成本较低、资料较易查找、搜寻耗时较短等优点;同时具有针对性弱、实效性差、可信度低等缺点。

文案调研的资料来源有两个方面:内部资料和外部资料:

- 内部资料:指企业生产经营活动的各种记录,包括物资采购供应资料、销售资料、统计资料、财务资料、市场环境资料等。
- 外部资料:指已出版的资料。具体来源包括:国际组织、国家统计机关及各级政府主管部门公布的有关统计资料;各种专业调研机构、经济信息中心、信息咨询机构、行业协会和联合会等提供的市场信息和有关行业情报,国内外行业文献,各企业的年度报告、财务报告等;互联网提供的各种信息;国内外相关书籍、文献、杂志、咨询报告等所提供的资料;各种国际组织、使馆、商会和国内外博览会、展览会、交易会、订货会以及专业性、学术性经验交流会提供的信息等。

(五)网络调查法

受互联网以及通信技术的深刻影响,传统调查方法正在发生改变,网络调查法是一种新兴的调查方法,它的出现是对传统调查方法的创新和补充,目前正成为市场营销调研的利器之一。网络调查法(web survey)是指旅游企业利用互联网了解和掌握市场信息的方式,包括网上问卷调查法、网上讨论法、网上实验法、网上观察法四种方法。

1. 网上问卷调查法

网上问卷调查法是在网上发布问卷,被调查对象通过网络填写问卷,完成调查。

常用的有两种方式。一种是将问卷放在网络站点(如常用的问卷调查网站问卷星等),由访问者自愿填写、提交问卷,经调查者统计分析后再在网上获取结果。这种方式的优点是答题者自愿,且传播途径广,目前被广泛应用;缺点是难以选择和控制被调查对象,调查人员无法预期谁将是调查网络的访问者,也无法确定调查对象的样本,可能出现样本重复、数据不真实等情况。

另一种方式是通过微信推送、电子邮件群发的方式将问卷发送给答题者,答题者直接通过点击问卷链接的方式答题。这种方式的优点是可以有针对性地选择答题者,使用简便,投递迅速,问卷易于保存;缺点是回收率低,容易遭到答题者的反感,有侵犯个人隐私之嫌。

2. 网上讨论法

网上讨论法不需要面对面的交流,而是借助互联网平台实现交流。它有多种途径,如微信群、网络会议等,从本质上讲就是互联网集体访谈法,如被广泛应用的企业间网络会议、网络投票、网上焦点小组访谈等。

3. 网上实验法

网上实验法是指实验者利用网站或 E-mail 等途径,向网民或受测者发出有实验内容的问卷或信件,网民或受测者做出回答后反馈给测验者,实验者对反馈信息进行统计分析,并得出结论。比如,旅游企业可以通过在不同的网页或不同时间提供不同的价格、标题或某种产品属性,来比较自己的营销变量效果。

4. 网上观察法

网上观察法是指观察者进入聊天室观察聊天的情况,或利用网络技术对网站接受访问的情况以及网民的网上行为、言论,按事先设计的项目、要求做观察、记录或自动监测,然后进行定量分析研究,并得出结论。与线下的观察法类似但又有所不同,网上观察法不能直接观察被观察者的神情姿态,但可以对呈现在网络上的行为进行观测,不受空间限制,节省人力成本。比如,公司可以通过跟踪点击率了解网上顾客的行为,包括他们如何访问网站,如何跳转到其他网站等。

同步阅读

大数据在旅游业中的应用

随着互联网和物联网技术的大规模应用,人类收集、处理数据的能力不断提高,我们已经悄悄地进入大数据时代。各行各业基于海量数据挖掘潜在价值,让数据说话,大数据已经成为非常重要的资产,让数据来创造价值。

那么,大数据对于旅游业意味着什么? 大数据可以准确预测客流动向,进而采取合理措施疏导客流;大数据可以了解游客喜好,进而开发适销对路的产品;大数据可以明晰游客的公共服务需求,进而改进旅游公共服务等。可以说,大数据的发展带动了旅游行业的全面升级。大数据应用最核心的价值,在于从巨量、复杂的数据中挖掘其蕴藏的、能够帮助企业创造商业价值的内容。那么,对于旅游业来说,又该如何应用大数据、如何用好大数据呢?

通过对旅游行业大数据的挖掘,再结合传统统计数据进行科学研究,从宏观层面上全面了解旅游投资和经营活动,从而进行监督管理和宏观决策,是推动旅游业科学发展、建设现代旅游产业的必要手段。例如,研究旅游业在总量、结构、空间、时间、质量上的供给和需求平衡状态;分析游客的来源地、人口学特征分布、旅游消费情况;计算旅游对于国民经济贡献度;探索居民的出行规律;评价游客旅游满意度等。

旅游企业通过获取行业大数据统计和分析,可以深入洞察市场、预测需求,进行智能化决策,从而制定行之有效的战略。企业在旅游项目开发、收益管理、营销、市场定位、线路设计、日常管理(游客饱和度、设施的安全、机器人导游、个性化服务等)诸方面,均可以让大数据发挥作用。企业想开拓某一区域旅游行业市场,首先要进行项目评估和可行性分析,才能最终决定开拓这块市场的必要性。这个区域的客流量怎样? 游客的消费习惯怎样? 市场对旅游产品的认知度怎样? 当前的市场又如何? 通过项目评估报告,收集旅游行业市场调研的大数据,对大数据的分析就是市场定位过程。只有定位准确,才能构建出满足市场需求的旅游产品,使旅游品牌在竞争中立于不败之地。

旅游企业通过积累和挖掘旅游行业消费者数据,可以深入分析游客的消费行为,有利于挖掘和引导更多潜在目标游客。例如,可以基于游客的位置信息,掌握每一位游客所在的位置,以及他在各个景点驻留的时间长度,甚至还可以掌握游客所住酒店,以及他到过哪些消费场所等,通过相关数据的统计和分析来掌握消费者的消费行为、兴趣偏好等,再根据分析结果,制定有针对性的营销方案和营销战略,投消费者所好。

　　旅游业大数据包括数据采集、数据计算、数据储存、数据分析、数据应用场景、数据传输六个环节。在各个环节,旅游大数据离不开技术手段和分析方法。例如在信息采集阶段,利用景区摄像头通讯基站收集人员数量和信息,上传至统计人员网络平台,进而实现对景区的统计。又如,应用网络爬虫技术,可以对于景区进行评价。爬虫技术按照应用对象的差异而分为传统爬虫技术应用和移动设备 App 爬虫技术应用。在传统技术方面,可以通过 R 语言实现。例如微博、微信、点评网、评论版上成千上亿的网络评论形成了交互性大数据,其中蕴藏了巨大的旅游行业需求的开发价值。按照目前手机 App 的普及率,移动设备 App 爬虫技术应用前景广阔、大有作为。在分析方法方面,最主要的是统计学、预测学、云计算技术等方法。当然,旅游大数据和其他大数据一样,不能解决一切问题,应该避免“大数据”概念的神秘化。正确的做法是,大数据结合政府统计、抽样调查方法获得的统计数据等综合开发利用,才更为全面、更为有效。

（文/王琪延）

资料来源:数据杂志.(2018－08－22).http://www.bbtnews.com.cn/2018/0822/261085.shtml

三、市场调研的问卷设计

　　问卷法(questionnaire survey)是指通过设计调查问卷,让被调查者填写调查表来获得调查对象的信息的方法。作为访问法的一种形式,在一般的实地调查和网络调查中,问卷法应用最广泛,是收集一手资料最常用的方法之一。因此,营销人员对问卷设计的相关内容,必须有良好的把握,才能保证问卷调查的有效性。

(一) 问卷设计的原则

1. 围绕主题

　　设计调查表要注意使每一个问题设计都尽量与调查主题密切相关,重点突出,避免可有可无的问题;每个问题的设计应该是你需要的,而不应该是你喜欢的。一个专业化的问卷调查会在被访问者心目中树立积极正面的印象,简洁扼要的问卷往往会有更高的回复率。

2. 易于回答

　　调查表中的每一个问题都要让被调查者容易接受和理解,避免出现被调查者不愿回答或令被调查者难堪的问题,否则得到的回收数据很可能产生严重偏差。必要时,问卷的每一部分可加入简要指示文字,告诉被调查者如何完成和如何标记要选的选项。问题表述要简明,尽量使用简单、直接、无偏见的词汇,每个问题都应设计成使所有被访者对这个问题都有同样的理解,保证被调查者能在较短的时间内准确地完成调查表。此外,一次只问一个问题,避免问“双刃问题”使被调查者感到困惑,例如“你喜欢网球或是高尔夫球?”就不是个好的问题设计。问卷设计如非必要,应尽量避免在选项中使用“其他”,因为一些被调查者可能会忽略他应选的选项,图方便而选择“其他”。

3. 合理安排问题顺序

　　调查表中的问题次序要条理清楚,顺理成章,符合逻辑顺序。一般可遵循的顺序为:容易回答的问题放在前面,较难回答的问题放在中间,敏感性问题放在最后;封闭式问题在前,开放式问题在后;重要的问题放在前面,次要的问题放后面,因为问卷越到后面被调查者越疲倦,可能仓促作答;正面和负面的问题交替设计,这样被调查者会对每个问题做评估,而不会对所有的选项做出一致的同意或不同意的回答;人口统计学方面的问题放在最后面,以便在问卷的前面已经收集到必要的与调研目的相关的信息。

4. 谨慎使用开放式问题

一般来说,问卷设计应尽量减少开放式问题的使用。除非开放式问题对问卷调查的分析有确定的附加价值,否则不要使用开放式问题。在问卷调查结束之前可使用开放式问题,给被调查者一个对整个问卷调查和综合主题提出意见或建议的机会。

(二) 问卷设计的结构

调查问卷的设计一般包括三个主要组成部分:

1. 说明部分

首先是标题,主要突出问卷的调查主题及目的,使被调查者对所要回答问题的主要方向一目了然。其次是填表说明,一般以问候语开始,介绍被访者参加问卷调查的原因、参加问卷调查所需时间、参加问卷调查可得到的好处、他们的回答将被如何使用以及保密约定等,语气应亲切、诚恳、有礼貌,内容交代清楚,使被调查者消除疑虑并愿意参与调研。说明部分旨在规范并帮助被调查者回答问题,一般集中放在正文前面,也可分散到相关问题中,可视具体情况而定。

2. 问题部分

基于问卷调查的不同目标,问卷设计者应明确什么样类型的问题能给出所需要的信息。问卷设计中常见的不同类型的问题见表 2 - 8。

表 2 - 8　问卷设计中常见的不同类型的问题

问 题 类 型	含　　　义
单项选择题	被调查者针对一个问题选择一个答案。
多项选择题	被调查者针对一个问题选择多个答案。
文字题	根据题干中的提问,回答问题。
等级型选择题	选项是对题干中提及的事物的评价,回答问题时,一般从选项中选择一项。
排序题	在确定好的名单中按重要性排序。
填充题	题干中有一部分由答卷人填写。
单项选择题+其他	可以垂直/水平选择一个答案,或手动填写答案。
多项选择题+其他	可以针对一个问题选择多个答案,也可以手动填写答案。

3. 结束部分

在调查问卷的结束部分,一般需要添加致谢语用来表达对被调查者所付出的时间和工作的感谢,还可以使用文字介绍等形式添加调研人员的姓名、实施调研的时间地点、相关信息及问卷编号等,以便于日后的查询、核实、奖励及明确责任等。

(三) 问卷设计的程序

设计调查问卷的程序见图 2 - 16。

第一步,明确调研目的及信息来源。首先,明确待研究问题,一个清晰量化的问卷调查目标可以帮助确定问卷调查的范围和调查完成后的评估工作;其次,参照调研主题对问题进行筛

图 2-16　设计调查问卷的程序

选,排除不必要的问题;最后,确定调查主体和调查内容。

第二步,确定问卷类型及抽样方式。首先,根据被调查群体的属性及特征确定采用何种问卷类型;然后,确定抽样方式,即随机抽样或非随机抽样。

第三步,明确所需信息。首先,根据调研的目的及主题列出所要调研的信息;其次,集思广益,使问卷尽量包括所有相关问题;最后,考虑信息获得的渠道及可行性。

第四步,设计问题及答案。首先,确定问题的类型(开放式或封闭式);其次,设计问句,要求用词准确,避免误导或诱导性词句,切忌一个句子中出现两个问题;最后,问题选项应尽量包含所有可能性,如不能包含可增添"其他"选项。

第五步,将问题排序。首先,运用过滤性问题将不合格应答者剔除;其次,将易答问题放在前面,复杂敏感的问题放在后面;最后,按照正常的逻辑顺序进行排序或将问题分组,以免产生思维来回跳跃的现象。

第六步,修改并完善问卷。首先,对问卷的措辞反复推敲,使问题能够获得相关信息;然后,进行小范围的问卷试答,确认每一个问题都能被充分理解与回答;最后根据各方意见完善问卷。

第七步,排版定稿。切忌为节省成本而进行版面压缩,使问题之间空隙太小,不合理的版面设计会影响问题的回答并最终影响调查效果。

复习小结

旅游企业营销环境分为宏观和微观两部分。宏观环境要素即影响企业宏观环境的巨大社会力量,主要是指政治法律环境、经济环境、社会文化环境、技术环境、自然环境、人口环境等,针对政治、经济环境、社会环境、技术环境所进行的宏观环境分析通常被称为 PEST 分析。微观环境要素是指存在于旅游企业周围并影响其营销活动的各种因素和条件,具体可从企业自身、营销中介、供应商、购买者、竞争者和公众六方面来阐述。旅游营销环境是一个涉及多种因素、多层次而且不断变化的综合体,具有动态性、客观性、差异性、不可控性、复杂性等特点。

旅游者购买行为是旅游者受到外界刺激之后,在旅游动机的支配下,为满足较高层次的心理需要而选择购买旅游产品的活动。旅游者购买行为表现为个体内在的、心理上的动态决策过程,它决定了旅游者最终将如何选择何种旅游产品。按照不同的标准可以将旅游者购买行为划分出多种类型,按旅游购买决策单位可划分为旅游者购买行为和组织机构购买行为,按旅游购买能力可划分为经济型购买行为、标准型购买行为及豪华型购买行为,按旅游购买方式可划分单项旅游产品购买行为和包价旅游产品购买行为。

影响旅游者购买行为的影响因素大体上可归纳为三类,分别是旅游者个人方面的内在驱动因素、外在影响因素和购买情境因素。内在驱动因素具体包括旅游消费者个人方面的动机、学习、信念与态度、知觉、人格等心理因素,外在影响因素包括文化、年龄与性别、社会阶层、生活方式、人生生活周期的阶段、微社会群体等,购买情境因素包括该项购买的性质、参与者在整个购买过程中的角色扮演等。

旅游者对旅游产品和服务的购买决策活动一般分为需求识别、信息收集、比较选择、购买决策、购后评价五个阶段。组织机构购买通常要面对比旅游者购买更为复杂的购买决策,其过程可以划分为问题识别、建立购买标准、寻找供应商、选择供应商、购后评价及反馈五个步骤。

旅游市场调研指针对旅游企业特定的营销问题,采用科学的研究方法,系统地设计、收集、整理、分析、解释和报告与企业有关的数据和研究结果,为营销管理者制定、评估和改进营销决策提供依据。根据调研目的的不同,旅游市场调研一般分为探测性调研、描述性调研和因果性调研三种类型。旅游市场调研没有一个固定的程序可循,一般根据营销调研活动中各项工作的自然顺序和逻辑关系可以分为三个阶段:准备阶段(包括确定问题和研究目标),设计阶段(包括设计调研方案、选择调研方法、选择抽样方法三个步骤),实施阶段(包括搜集信息、分析信息、提出结论三个步骤)。

要想更好地实现调研目的,必须根据调研具体任务和被调查对象的特点选择合适的市场调研方法。常见的市场调研方法有观察法、实验法、访问法、文案法和网络调查法。

问卷法作为访问法的一种形式,指通过设计调查问卷并让被调查者填写调查表来获得调查对象的信息的方法。在一般的实地调查和网络调查中,问卷法应用最广泛,是收集一手资料最常用的方法之一。问卷法实施过程中,需要遵循问卷设计的原则:围绕主题、易于回答、合理安排问题顺序、谨慎使用开放式问题。问卷的设计一般包括说明部分、问题部分和结束部分三个主要组成部分。设计调查问卷的程序则包括明确调研目的及信息来源、确定问卷类型及抽样方式、明确所需信息、设计问题及答案、将问题排序、修改并完善问卷、排版定稿等环节。

实践技能训练

移动互联网背景下在校大学生旅游产品购买行为调查

一、实训内容

移动互联网的兴起使传统旅游方式受到了巨大冲击。基于对在校大学生的相关网上调查,了解营销环境的变化对大学生旅游观念及购买方式的影响,并利用调查问卷的数据分析对旅游企业如何在移动互联网背景下设计符合当代大学生需要的旅游产品提供意见建议。

二、实训步骤

(1) 将班级同学按每组6~7人分成若干小组,每组推选一名负责人,以小组为单位完成实训内容。

(2) 每个小组在组长带领下,确定要调查的具体题目及调研方法,并按照所学知识设计总体调查方案并拟定网络问卷相关内容。

(3) 利用问卷星开展调查问卷的实地调查,每个小组完成100份问卷调查。

(4) 对所收集的数据进行综合分析,在此基础上撰写小组调查报告。

(5) 各小组在班级进行调查过程及结论的 PPT 展示,其他小组成员和教师对调查方案进行提问,并提出相应的修改意见。

(6) 教师进行活动总结。

三、考核评价

(1) 按照教师和小组评分各占 50%的标准评选出优秀小组。

(2) 评分标准:调查问卷的内容及合理性(30 分);调查报告的格式及条理性(20 分);课堂汇报的表达能力及临场应变性(20);仪容仪表(10 分);小组合作的协调性(20 分)。

思考与习题

一、名词解释

1. 宏观环境要素　　2. PEST 分析　　3. 微观环境要素　　4. 旅游者购买行为

5. 旅游市场调研　　6. 问卷法

二、单项选择题

1. 不同的企业受不同环境的影响,而且同样一种环境因素的变化对不同企业的影响也不相同,这体现了旅游市场营销环境的(　　)。

　　A. 动态性　　　　　B. 差异性　　　　　C. 客观性　　　　　D. 复杂性

2. IT 技术的发展深深影响了人们的生活方式,有观点认为人类社会已进入了数字化时代,这既为旅游企业的发展提供了机会,同时又是一个挑战,这属于(　　)。

　　A. 社会文化环境的影响　　　　　　　B. 经济环境的影响

　　C. 技术环境的影响　　　　　　　　　D. 自然环境的影响

3. 旅游产品购买者在识别需求和收集旅游产品信息的基础上,比较选择、购买、消费和评估旅游产品过程称为(　　)。

　　A. 旅游购买行为　　　　　　　　　　B. 旅游购买动机

　　C. 旅游购买需要　　　　　　　　　　D. 旅游购买决策

4. 正确地表示出消费者购买决策过程的是(　　)

　　A. 收集信息——确认需要——评价方案——决定购买——购后行为

　　B. 确认需要——收集信息——评价方案——决定购买——购后行为

　　C. 评价方案——收集信息——确认需要——决定购买——购后行为

　　D. 确认需要——评价方案——收集信息——决定购买——购后行为

5. 王某听说自己的好朋友近期去了欧洲旅游,于是向其进行了多方面的咨询,最终也购买了相同的旅游产品。王某获取信息的途径属于(　　)。

　　A. 个人来源　　　　B. 商业来源　　　　C. 公共来源　　　　D. 经验来源

6. (　　)用于探询旅游企业所要研究的问题的性质,指旅游营销人员对所需研究的问题或范围还不很清楚,为明确进一步调研的内容和重点需进行的调研。

　　A. 探测性调研　　　B. 描述性调研　　　C. 因果性调研　　　D. 访谈性调研

7. (　　)是指调研人员没有任何限制地去观察所有行为的一种方法,调研人员必须聚焦关注研究的主题。

　　A. 人工观察　　　　B. 非结构化观察　　C. 间接观察　　　　D. 隐蔽观察

8. (　　) 主要用于检验某些市场因素之间的因果关系和新产品的区域试销。

A. 观察法　　　　　B. 访问法　　　　　C. 实验法　　　　　D. 文案法

9. 在市场调研中,调查表中的问题次序要条理清楚,顺理成章,符合逻辑顺序,一般敏感性问题(　　)。

A. 放在前面　　　　B. 放在中间　　　　C. 放在最后　　　　D. 交替设计

10. 一般来说,问卷设计应(　　)开放式问题。

A. 交替设计　　　　B. 不得使用　　　　C. 适当使用　　　　D. 尽量减少

三、多项选择题

1. 旅游企业的宏观环境分析往往包括以下(　　)方面。

A. 政治法律　　　　B. 经济　　　　C. 社会文化　　　　D. 技术

2. 在讨论旅游企业宏观环境时,经济环境可从以下(　　)几类指标进行分析。

A. 世界性指标　　　B. 国别性指标　　　C. 产业性指标　　　D. 个人性指标

3. 以下属于影响旅游者购买行为的内在驱动因素的是(　　)。

A. 动机　　　　　　B. 生活方式　　　　C. 态度　　　　　　D. 文化

4. 旅游者购买行为按购买能力划分可分为(　　)。

A. 经济型购买行为　　　　　　　　B. 标准型购买行为

C. 豪华型购买行为　　　　　　　　D. 团购型购买行为

5. 调查问卷的说明部分设计一般包括(　　)。

A. 调查主题　　　　　　　　　　　B. 调查目的

C. 填表说明　　　　　　　　　　　D. 实施调研的时间地点

四、简答题

1. 影响旅游者购买行为的影响因素有哪几类? 请简要列举。

2. 设计调查问卷的程序一般包括哪些步骤?

五、论述题

比较旅游市场调研的三种不同类型。

六、讨论题

假设你是一家旅游公司的负责人,你所在的公司需要在中国农历春节期间接待来自全球的顾客。讨论你将会为顾客提供什么样的早、午、晚餐并准备一天的菜单。每个大洲(除南极洲)至少选择一个国家,基于文化差异讨论消费者可能的餐饮购买行为,并给出相应的思考过程和理由。

模块三　旅游营销战略制定

学习目标

☆知识目标　1. 掌握旅游市场细分、目标市场、市场定位的概念。
　　　　　　2. 了解旅游市场细分的原则和一般方法。
　　　　　　3. 理解旅游企业选择目标市场的考虑因素及目标市场选择的几种形式。
　　　　　　4. 掌握旅游企业选择目标市场的三种基本策略。
　　　　　　5. 了解旅游市场定位的一般过程和具体策略。

☆技能目标　1. 能针对特定旅游企业的消费者群体开展市场细分,并进行特定产品目标市场的选择。
　　　　　　2. 能针对特定旅游企业的实际情况开展市场定位的尝试。

引例　假日旅游需求旺盛 产品供给要细分市场

假日旅游产品供给者必须细分适合不同年龄层的旅游产品,实现在假日休闲场景下的亲子互动、老有所乐以及康体休闲需求。

随着老龄化社会的到来,越来越多的老年人突破年龄对于旅游消费的限制,时尚老年游产品设计匮乏问题日益突出,相关机构应对此加以关注。另外,以亲子旅游市场来说,传统的两个大人加一个小孩超过半数,但一个大人加一个小孩以及两个大人加两个小孩的家庭出游增长迅速,在亲子游预订行为中旅游产品如何满足出行的现状,显得非常重要。

市场细分与定位对于假日旅游市场的拓展与游客需要满足无疑是极大的利器。如对于老年游客来说,有数据显示,目前邮轮的游客中60岁以上的老年人已经超过25%,节假日乘邮轮出行是一个很好的选择。邮轮产品的目标市场战略有待调整,使其成为这类群体跨境旅游、休闲购物以及高性价比的旅游产品。而房车露营作为亲子游的一种产品新形式,正日益受到小孩家长的青睐。如何发挥房车露营在假日旅游中的作用,发挥其寓教于乐、休闲娱乐的作用,还有很多问题需要研究克服。

此外,为避免假日期间热门景点人满为患的现象,乡村旅游无疑具有更广阔的市场潜力。可以预见,以乡村民宿、具有本土色彩的民俗文化、返璞归真的田园风情等为特色的乡村旅游将成为假日旅游新的增长点。

(文/张苗荧)

资料来源:《中国旅游报》2017年10月2日第003版
案例思考:
根据上述导引案例,思考假日旅游市场中产品供给市场细分的意义并讨论市场细分及定位对旅游企业经营带来的影响。

项目任务一　细分旅游市场

一、市场细分的概念

现代市场营销理论中,市场细分(Market Segmentation)、目标市场选择(Market Targeting)、市场定位(Market Positioning)是构成企业营销战略的核心三要素,被称为 STP 营销。旅游企业进行市场细分,并选定经营的目标市场,进行准确的市场定位,目的是制定有效的市场战略和策略,这也是决定旅游企业经营成败的关键。

市场细分的概念最初由美国市场学家温德尔·史密斯于 20 世纪 50 年代中期提出。市场细分是指营销者通过市场调研,依据消费者的需要和欲望、购买行为和购买习惯等方面的差异,把某一产品的市场整体划分为若干消费者群体的市场分类过程。每一个消费者群就是一个细分市场,每个细分市场都是具有类似需求倾向的消费者构成的群体。

具体到旅游市场营销,旅游市场细分就是旅游营销者根据顾客对旅游企业产品和服务需求的差异性,将一个错综复杂的异质市场划分为若干个具有相同需求的亚市场,从而使旅游企业有效地分配和使用有限资源,进行各种经营活动的过程。

由于旅游是一种综合性很强的高层次消费活动,旅游市场具有非常鲜明且仍在发展的异质性特征,同时其异质性特征又表现出明显的集群偏好,这正是旅游市场细分非常明确的客观基础。市场细分以市场需求格局的相似性和差异性为客观基础。同一细分市场不论个人或团体,都有某些共同的特点,需求差别也很小;而不同的细分市场则存在较大差异。通过市场细分,旅游企业可以更好地了解消费者的需求,对每一个细分市场的购买潜力、满足程度、竞争状况等进行分析对比,从而集中人、财、物及资源去争取局部市场上的优势,然后确定自己的服务对象,占领自己的目标市场(target market)。旅游业发展的实践清楚地表明,几乎所有成功发展的旅游企业,无一不是将市场细分作为自己营销工作的基础战略。

二、旅游市场细分的原则

(一)可衡量性

可衡量性原则总的要求是:各细分市场的需求特征、购买行为等要能被明显地区分开来,各细分市场的规模和购买力大小等要能被具体测度。其主要包括两层含义:一是细分旅游市场所选择的标准要能被定量地测定,以便能明确划分各细分市场的界限;二是所划分出来的消费者人群必须具有某些清晰可辨的共同特点,所选择的细分标准要与旅游者的某种或某些旅游购买行为有必然联系,这样才能使各细分市场的购买行为特征被明显地区分开来,为旅游营销者能有效针对不同细分市场制定营销组合提供实际可能。这也是市场细分的根本意义所在。假定某一人群中的所有成员都对某一旅游产品感兴趣,但如果他们对于该旅游产品的兴趣是出自不同的需要或不同的利益追求,则不宜将其划作同一个细分市场。

(二)可实施性

所谓可实施性原则,是指经过细分后的旅游市场是值得旅游企业开发利用的,而且旅游企业也能够依靠现有的人力、财力、物力提供产品并为之服务。包括两层含义:一是细分后的子市场有相当的规模和稳定性,消费者消费潜力大,值得旅游企业为之开发和提供产品;二是细分后的市场消费需求是企业能够用产品和服务去满足的,旅游企业能充分利用现有的生产经营条件按照消费需求特点提供适销对路的产品和服务。

可实施性决定了旅游企业对细分市场的服务可能性。如果细分市场变化太快、太大,会使企业制定的营销组合很快失效,造成营销资源分配重新调整的损失,并形成企业市场营销活动的前后脱节和被动局面。以赛事旅游市场为例,其生命周期很短,选择其为细分市场,很可能旅游企业的项目还处在建设期间,细分市场就已经发生了变化。所以,企业对此类市场的选择应更为慎重,这样才能减少营销风险,取得稳定发展。

(三) 可盈利性

可盈利性原则要求细分出的市场在顾客人数和购买力上足以达到有利可图的程度,即要求细分市场有可开发的经济价值,能够为本企业带来足够大或令人满意的投资回报。在细分市场上所能实现增加的利润必须大于旅游企业为争取该细分市场而投入的资金,即所能实现的收益必须超过所投入的费用。

虽然市场细分有使整体大市场小型化的趋向,但绝不能过分细分到失去规模经济效益的程度。同时通过观察旅游业中的营销实践,我们不难发现,有些消费者人群虽然规模似乎不大,却能够给经营者带来令人满意的经济回报,可以划分出来区别对待,成为特定的细分市场。例如,老年人旅游市场和探险旅游市场,前者绝对规模大,后者支付的费用多,因而各有开发价值。

(四) 可接近性

可接近性原则是指营销者要有与客源市场进行有效信息沟通的可能,同时还要具有通畅可达的销售渠道。这对于具有异地性特征的旅游市场尤为重要。假如你的旅游广告根本无法让细分市场的旅游者看到或理解,而细分市场的旅游者由于种种限制根本不可能到达旅游目的地,这样的细分市场即使开发潜力再大也没有任何价值。旅游营销人员要有吸引细分市场的实际操作能力,否则再有吸引力的细分市场也没有意义。

三、旅游市场细分的方法

(一) 消费者市场细分的标准

要进行市场细分,首先要确定按照什么样的标准来进行细分。就消费者市场而言,主要有四大类,即地理细分、人口细分、心理细分和行为细分。

1. 地理细分

地理细分(geographic segmentation)是指把消费者市场按国家、地区、城市大小、人口密度、气候、地理特征等划分为不同的地理区域。地理细分的主要理论依据是:处在不同地理位置的消费者对产品有不同的需求和偏好,他们对企业采取的营销策略,对企业的产品、价格、分销渠道和广告宣传等会有不同的反应。地理环境因素包括区域、气候、地形、城乡差别等。不同地理环境下的顾客,由于气候、生活习惯、经济水平等不同,对同一类旅游产品往往会有不同的需求和偏好,以至对旅游企业的产品、价格、销售渠道以及广告等营销措施的反应也常常存在差别。如不同地区有不同的口味,有"南甜北咸东辣西酸"之说。图3-1是携程App旅游目的地分类。

2. 人口细分

人口细分(demographic segmentation)是指根据各种人口统计变量把市场分割成相应群体,

如年龄、性别、职业、收入、家庭结构、生命周期、受教育程度、社会阶层、宗教、民族、种族、国籍等。年龄、收入、职业、种族等人口统计因素是市场细分的重要变量,因为人口变量比其他变量更容易测量,同时与消费者的需要、欲望和使用频率密切相关。例如,人们一生中的不同阶段购买不同的产品和服务,对食物、服装、家具和娱乐的品位都是与年龄相关的,旅游购买行为也明显受家庭生命周期的影响。单身青年被称为"单身贵族",在经济上虽不富裕,但喜欢旅游,往往是很有潜力的旅游市场;新婚夫妇尚无孩子,出去旅游的可能性较大,有了孩子而孩子又在婴儿期中旅游的可能性较小;到孩子长到少年期,全家出去旅游的可能性增加;孩子长大离家后即所谓的"空巢期",老年夫妇出去旅游的可能性增加。

图3-1　携程App旅游目的地分类

3. 心理细分

心理细分(psychographic segmentation)是将旅游消费者按照其社会阶层、生活方式和个性特征划分成不同的群体。社会阶层指一个社会中相对稳定且有序的分层,由包括职业、收入、教育、财富状况和其他变量的一系列因素决定,每个层级的成员都具有相似的价值观、兴趣爱好和行为方式。因此,企业可以根据社会阶层细分市场,为不同的阶层设计不同的产品,制定有针对性的营销方案。比如,奢侈品市场通常定位于经济、社会地位较高的人群,刻意营造一种遥不可及的感觉。与之相对的"快时尚"则为经济地位相对较低的人群提供更新频率快、款式众多、价格优惠的产品。生活方式是一个人的生活模式,可以采用AIO模型,即活动(activities)、兴趣(interests)、观点(opinion),通过消费者的主要活动(工作、爱好、购物、运动和社交)、兴趣(食物、时尚、家庭和娱乐)以及观点(社会、政治、经济、产品、文化、教育、环境)表现出来。人们形成的生活方式不同,消费倾向也不同。个性指的是一个人独特的心理特征,这些特征能使一个人对他所处的环境产生相对稳定和持久的反应。个性通常以性格特征的形式反映出来,例如自信、主导性、交际能力、自我约束能力、自我保护能力、适应能力和进取心。个性可用于分析消费者对某些产品或品牌的选择行为。

4. 行为细分

行为细分(behavioral segmentation)是指根据消费者的购买时机、追求的利益、使用状况和使用频率、品牌忠诚度、购买准备阶段等将市场划分为不同的群体。购买时机是指按顾客对产品的需要、购买、使用时机作为市场细分的标准(见表3-1)。例如旅行社每年不同的时间为不同的消费者提供不同的旅游线路、品种及价格,如寒暑假学生游、非节假日老年游等。追求利益是一种重要的细分因素,如追求实用、便宜、求名、求美等。此外,许多产品可以按照消费者对产品的使用频率进行分类,使用情况可以分为"从未使用过""曾经使用过""准备使用""初次使用""经常使用"五种类型。对于不同的使用者情况,企业所采用的策略是不相同的。一般而言,酒店、航空公司等经常采用会员制等保持老顾客,即对于曾经使用过产品的顾客,通过分析竞争者策略和自己营销情况采取有针对性措施留住顾客。而对于从未使用者,旅游企业往往采用有利促销手段吸引第一次试用。

表 3 - 1　消费者市场细分的主要变量

变　　量	典 型 的 细 分 市 场
1. 地理变量 　地区 　城市规模 　气候	国际(欧洲、亚太、美洲、非洲、中东、日韩、东南亚等);国内(华东;华南;西南;西北; 东北;华中) 大、中、小城市、农村 热带、亚热带、温带和寒带旅游市场
2. 人口变量 　年龄 　性别 　家庭人口 　家庭生命周期 　月收入 　职业 　教育 　宗教 　种族 　国籍	6 岁以下;6~11 岁;12~19 岁;20~34 岁;35~49 岁;50~64 岁;65 岁以上 男;女 1~2 人;3~4 人;5 人及以上 年轻、未婚;年轻、已婚、未生育;年轻、已婚、孩子在 6 岁以下;年轻、已婚、孩子在 6 岁 以上;年纪大、已婚,有孩子;年纪大、已婚,孩子在 18 岁以上;孤老;其他 5 000 元以下;5 000~10 000 元;10 000~20 000 元;20 000~50 000 元;50 000 元以上 专业技术人员、经理、职员、业主;办事员、售货员等 小学以下;中学肄业;中学毕业;大学肄业;大学毕业;研究生及以上 佛教、天主教、基督教等 白人、黑人、黄种人 中国、美国、英国、法国、德国、意大利、日本等
3. 心理变量 　社会阶层 　生活方式 　个性	下层;中层;上层 朴素型;时髦型;高雅型 社交型;独裁型等
4. 行为变量 　购买目的 　购买频率	度假、观光、会议商务、奖励、探亲访友、探险 轻度使用;中度使用;重度使用

(二) 产业市场细分的标准

产业市场的细分标准,有些与消费者市场的细分标准相同,如追求利益、使用者情况、地理因素等,但还需要使用一些其他的变量,如行业、企业规模与地理位置变量、经营变量、采购方法与其他因素等,如表 3 - 2 所示。

表 3 - 2　产业市场细分标准

细分标准	细 分 变 量
用户类型	商业购买者(制造业、建筑业、通信业、金融业等)、政府购买者(行政机构、军队、法院等)、 其他购买者(学院、医院、慈善机构等)
购买规模	大量购买者、一般购买者、少量购买等

（续表）

细分标准	细 分 变 量
地理因素	地理位置、资源、环境、气候、交通运输等
购买行为因素	采购标准、采购战略、购买能力、购买目的、购买类型、追求利益、价格要求、购买频次、使用率、交易方式等

（三）互联网市场的细分

互联网市场同样可以通过地理、人口、心理和行为四个变量进行细分，不过在进行细分时要结合互联网的特点，选择合适的细分变量。

随着全球化进程的加快和互联网技术的快速发展，人们足不出户就可以了解到全球动态，企业的一举一动可能会成为全球媒体的关注点，这些信息又可以通过互联网等媒体快速传播到世界各地。因此对网络用户而言，开展网络经营的企业所处的位置并不重要，但对企业而言地理细分变量很重要，因为大多数企业通常根据地理特征来制定多重细分市场策略。

在互联网发展初期，用户的人口细分特征比较明显，网络用户通常具备一些共同的特点：年轻男性、大学毕业、拥有高收入。这一现象在互联网普及率低的国家依然普遍存在。在我国和发达国家，互联网用户已占据社会绝大部分，此类特征已经不明显。

采用行为变量对互联网市场进行细分，通常会考虑两个因素，即追逐的利益和使用习惯。营销人员往往根据消费者希望从产品中获得的利益来划分消费者群体，如为新婚旅游者设计浪漫、舒适、愉快、安静的旅游产品，为商务客人提供优质快捷的旅游服务，为工薪阶层、学生提供质优价廉的旅游产品等。营销人员也可根据消费者对产品使用的多少（少、一般、多）来细分，例如把旅游者分为较少旅游者、多次旅游者和经常旅游者，这种市场细分有利于深入描述不同购买数量特征的旅游群体在人口属性与心理特征、媒介习惯方面差异的深层原因，也反映了旅游者对某一旅游产品的忠诚度。

心理变量是最重要的互联网市场细分变量，最能体现互联网市场的特殊性。旅游企业可以通过用户心理特征对消费者进行细分，包括个性、价值观、生活方式、活动、兴趣以及观念。互联网生态下，消费者不再是彼此隔离的孤岛，而是通过网络社区等技术手段彼此联结、相互影响。消费者行为正在从个人行为转变为群体行为，消费者不再是单独的个人，而是一个有共同兴趣、爱好与价值的群体（部落），部落中的消费者会以联结价值而不是以实用或功能价值为导向选择和评价产品和服务。在这种情况下，企业营销最重要的使命就是与消费者共建文化"部落"，并成为这个文化部落的产品与服务的提供者。

同步阅读

在线旅游为何聚焦细分市场

我国旅游已经发展到大众化旅游中高级阶段，向日常休闲回归，差异化游憩环境逐渐成为休闲的手段。与此同时，在线旅游企业则推出了面向不同游客群体的旅游产品，同程旅游继"百旅会"之后，又陆续启动了同程好妈妈、同程精英会以及同程企福会等社群品牌。阿里巴巴旗下旅游平台飞猪则聚焦年轻客户群体，聚焦出境游体验。就以上在线企业为何会做出这样选择为例,《人民邮电》报记者日前分别采访了同程旅游创始人、同程国际旅行社(集团)总裁吴剑,飞猪有关负责人以及中国未来研究会旅游分会副会长刘思敏博士。

问题一：请问贵企业为何会做出上述选择？专家如何看待这些企业选择发力在线旅游的细分市场？

吴剑：移动互联网的红利消失后,如何面对竞争激烈的市场与对产品和服务越来越"挑剔"的用户,是在线旅游企业需要思考的问题。目前在线旅游行业同质化经营的特色明显,只有提升用户体验、抓住细分市场,在用户需求中寻找机会,才能寻找到新蓝海。同程旅游拥有线上流量和大数据优势,以及全国超过350家的线下直营体验店,为细分用户提供具有针对性、多元化的场景活动和特色服务,是同程旅游聚焦细分市场的初衷。同程旅游要在快增长的同时,以慢经营的心态来经营细分市场,在旅游产业链以及社群的消费升级方面达到生态共赢。

飞猪负责人：聚焦年轻客户群体是因为现在用户趋于年轻化,变革了旅游需求,造成了旅游产品表达和供给的年轻化。互联网时代成长起来的年轻人在为现实奋斗的同时,也敢于追求梦想,享受生活。飞猪平台用户超83%是85后年轻人。与此同时,阿里巴巴集团在2016年"双11"前夕开始实施全球化升级战略,要求打通海内外的买家卖家。在这样的大背景下,飞猪进行品牌更新后把业务发展重心放在出境游上,在2016年服务超过2800万人次的海外游游客,"原产地直供"的国际化策略取得阶段性成果。

刘思敏：在线旅游发展到现在这个阶段,企业选择发力细分市场很正常。一方面,随着携程和去哪儿的合并,在线旅游市场老大的地位短时间内难以撼动,在线旅游企业之间因位次之争而进行的激烈价格战基本告一段落。另一方面,随着旅游行业线上线下日趋融合发展,线上线下之争也不再激烈。因此,现在在线旅游企业开始改变过去追求市场份额的大水漫灌式发展,优质服务和市场细分被顺理成章地提上了日程。

问题二：有观点认为,与面对"全体"游客的在线旅游相比,经营在线旅游细分市场以精细化及增值服务取胜。请问你们认为在经营在线旅游细分市场时,主要依靠什么取胜？

吴剑：在经营在线旅游细分市场方面,只有专注细分市场的耕耘,更加深入研究和熟悉不同用户群体的需求,并通过差异化的产品和服务满足不同层次的需求,让用户觉得不可或缺、不可取代,才最有可能成为细分市场的领先者。作为国内首家聚焦细分市场、打造生态社群矩阵的在线旅游企业,同程旅游在2016年9月就率先成立了中老年旅游服务品牌"百旅会",以期满足中老年用户在旅游、休闲、社交等方面的需求。数据显示,"百旅会"成立至今,已经在全国30个省份相继成立了超过200个分会,会员月环比增长达到300%,累计举行了近两万场活动,"百旅会"的整体好评率高达99.88%。

飞猪负责人：飞猪2016年在国际化布局上动作频频,先后与美国、新加坡、韩国以及欧洲等国家和地区的旅游机构进行了战略合作,吸引了法国航空、新西兰航空等20余家国际航空公司的入驻。喜达屋、洲际等国际酒店集团已在飞猪开设旗舰店。飞猪与这些全球旅游资源方的合作,均采用开设店铺的平台直销模式,这缩短了消费者与商家的距离,剥去层层代理,让"原产地直供、原汁原味"的第一手旅游商品呈现在消费者面前,成为追求自由也看重品质的年轻消费群首选。全年的出境游客服务人次能够超过2800万,也得益于"组件式购买"旅行消费新特征的形成。随着全球旅游信息化的成熟,以及消费者对体验个性化的追求,人们出游越来越多地选择吃穿住行完全由自己决定的自主规划游。

刘思敏：从长远看,做旅游一定要靠服务和品质取胜,不过这并不意味着做细分市场者在短期内能以服务取胜,因为现阶段游客喜欢的还是所谓的"价廉物美"产品。过去的价格战之所以频繁,一方面是因为在线旅游平台之间竞争的需要,另一方面也存在着他们共同迎合游客不成熟的消费心理的原因。在游客消费心理不变的情况下,经营细分市场时也不能不考虑到消费者对价格的敏感。当然,经营细分市场更要懂得该细分领域消费者的诉求,开发出有针对性、符合消费者口味的产品。在此基础上,找到价格和服务之间的平衡点。

问题三:你们认为旅游领域还有哪些尚待开发的细分市场,企业应该怎样去开发?

吴剑:随着消费者对旅游服务品质的要求不断提升,对深度游、品质游需求的不断增加,都刺激着旅游行业消费的快速升级。在整体旅游市场同质化情况下,诸多细分人群还存在着很多痛点,他们的需求还并未得到很好的满足,这就是旅游企业的"新蓝海"。近年来中老年旅游、旅拍、蜜月、游学、亲子游、邮轮旅游等都成为增长较为迅速的细分市场。继全国中老年旅游服务品牌"百旅会"之后,同程旅游还将陆续推出"同程好妈妈会""同程精英会"以及"同程企福会"等社群品牌,立足于精准聚焦、细分用户,进而实现"品质旅游,幸福生活"的专属解决方案。同程旅游在不断完善业务布局并积累了海量用户群之后,开始对会员进行社群化精细运营的提升,也是对"从经营产品到经营用户"战略的持续深化。

飞猪负责人:未来仍会坚持平台模式,赋能商家,依靠阿里巴巴生态势能缩短消费者与商家之间的距离,区别于 OTA 依靠信息不对等及榨取商家利益的商业模式。实际上,我们的用户人群 83% 是 85 后,这是个"后推导的过程",不是为了吸引年轻人而做的产品规划,而是有了年轻人的用户基础后才更针对年轻人去引导商家。而且飞猪始终坚持平台模式,所以互联网赋能给商家是重点,不会像 OTA 那样自营细分领域。

刘思敏:传统的旅行社实行的是工业化的生产方式,就是要通过规模化运作降低成本。现在旅游的人多了,需求呈现日趋个性化的趋势,而针对所有群体的大平台难以满足个性化需求。按照不同的分类标准,旅游行业的细分市场非常多,可以通过做专业市场的供应商,做好小而美的定制化服务等方式更好地满足旅游细分市场中小众游客的个性化需求。

资料来源:作者根据朱筠《人民邮电》2017 年 3 月 24 日第 005 版整理

(四) 市场细分的具体方法

市场细分并没有统一的方法。一般来说,影响消费者需求的一切因素,都可以作为市场细分的依据,企业可以根据行业和自身情况选择适当的因素作为标准来对市场进行细分。

1. 单一变量因素法

单一变量法即根据影响旅游者需求的某一最重要变量因素进行旅游市场细分。此种方法只能作为市场细分的起点,对旅游市场做较粗略的划分。例如,依据性别变量将景区游客分为男性和女性两个细分市场,细分后的市场特征比较鲜明。这种方法一般只适用于产品通用性较强、选择性较弱的市场。

2. 综合变量法

综合变量法即根据影响旅游者消费需求差异的两种及两种以上变量因素对旅游市场进行细分。例如,同时以家庭收入、年龄等变量因素细分度假旅游市场。在变量因素的选择上,要注意选择与一定旅游产品消费需求有关、影响突出且取得有关信息的成本又比较适宜的变量来综合分析。这样细分出的市场比单一变量细分出的数量更多,但此方法并非要运用与消费需求有关的所有变量因素,而是要选择几个对形成消费需求差异影响突出的变量因素。

3. 系列变量因素法

系列变量因素法是根据旅游企业经营的特点并按照影响旅游消费者需求的诸多因素,由粗到细地实行市场细分。这种方法可使目标市场更加明确和具体,有利于旅游企业更好地制定相应的市场营销策略。例如旅游企业可按地理位置(国际、国内),性别(男、女)、年龄(儿童、青年、中年、中老年)、收入(高、中、低)、职业(工人、学生、职员)、购买动机(观光、探亲、朝拜、康体等)等变量因素依次细分市场。

4. 完全细分法

完全细分法是一种极端形式的市场细分,即根据每一位旅游者消费需求的差异,最终将每位旅游者分割为一个特定的细分市场。采取这种细分方法的最终目的,就是要针对每位旅游者的不同需求,为他们"定制"满足其特殊需求的产品和服务,即实施"定制"营销。显然,由于"定制"营销的成本太高,完全细分法在绝大多数情况下都不可能被企业所采用。但在某些特殊市场上,此法仍不失其有效性。例如,对于旅游业的某些具有很高个人消费水准的市场,尤其是某些高级别的商务旅游者市场,就完全可以采用此类细分。

四、旅游市场细分的注意事项

在开展市场细分工作时,旅游营销者需要注意以下三个方面的问题。

(1) 在市场细分工作中,可用于对客源市场进行细分的依据或标准有很多。这些依据或标准只有得当与否之别,并无优劣之分。因此,对于不同的旅游企业来说,应注意根据本企业的具体情况选择使用对自己真正具有实际意义的市场细分依据或标准,而不宜机械地照搬他人的经验。

(2) 有效的市场细分很少单独使用某一项市场细分依据,往往是将多项依据结合起来使用。以旅游景区景点为例,营销者往往先以空间距离为依据,将国内旅游客源市场划分为若干地域市场,然后以人口统计因素或其他适用的变量为依据,对各个地域市场内的潜在旅游消费者进行人群细分,最后从中选择并确定自己的目标市场组合。再以住宿企业为例,传统上住宿企业一般先按客人的出行目的或来访目的对客源市场进行划分,然后往往以地理因素为依据,更精细地锁定自己的目标市场。当然某些住宿企业在对客源市场进行细分时也可能涉及为数更多的细分依据。有必要说明的是,虽然我们在此强调多项细分依据的合并使用,但这并不意味着不可使用单一依据。

(3) 随着时间的推移和社会环境的变化,适用于对市场进行细分的依据标准有可能也会发展和变化。此外,即便是同一项标准,在不同的时空条件下,对旅游消费者购买行为的影响程度也会不尽相同。因此,对于所选用的市场细分依据,旅游营销者有必要根据时空变化的具体情况,适时做出修订。

项目任务二　选择目标市场

一、评价目标市场

(一)目标市场的概念

所谓目标市场,就是旅游企业在市场细分的基础上,所选定并决定为其服务的一部分消费者群。换言之,旅游目标市场就是旅游企业的营销对象,旅游企业在对整体旅游市场进行细分后,要进行评估,然后综合分析各细分市场的情况,决定把哪一个或哪几个细分市场作为目标市场。

对市场进行细分是手段或过程,旨在服务于特定客源市场。选定目标市场则是目的或结果,旨在通过有针对性地组织适销对路的旅游产品,去满足目标消费者人群的需要,从而以最有效的方式去实现旅游企业的发展目标。

(二) 选择目标市场的考虑因素

旅游企业在选择要进入的目标市场时,应考虑以下几个条件。

1. 市场规模和增长潜力

只有具备一定规模和潜力的细分市场才能保证旅游企业进入相关市场后获得预期利润。因此,旅游企业评价细分市场是否可作为本企业目标市场时,首先要考虑细分市场是否具备适度规模和增长潜力。这里的“适度规模”是一个相对概念,对于不同规模的企业含义不同。理想的目标市场是具有较大的销售额、高增长率和高利润贡献的市场,但最大的、最快速增长的细分市场不是对任何企业来说都是最有吸引力的,因为其竞争往往也最为激烈。对于企业来说,只要选定的目标市场能够使企业的既有资源充分发挥效用即为适度。

2. 市场结构

旅游企业选择目标市场时,还需要考虑目标市场是否具有长期盈利能力,也就是目标市场应具有较强的结构性吸引力。波特的五力模型指出,一个市场的长期盈利性由五种力量决定:市场中的现有竞争者、潜在进入者、替代者、购买者和供应者。如果市场中存在很多竞争者,旅游企业的产品价格和利润就会受到影响,这个市场就不太适合作为目标市场。如果市场存在低进入壁垒和高退出壁垒,同样也会加剧市场竞争,降低市场的结构吸引力。而替代品的存在不仅限制了市场的价格上限,其发展也可能导致现有市场萎缩,购买者和供应者的能力高低也同样影响旅游企业的利润空间,这些都是旅游企业在选择目标市场时需要面对的因素。

3. 企业的目标和资源

企业自身因素主要是指旅游企业的各种资源,包括企业的人力、物力、财力、信息、技术等方面。某些细分市场虽然市场容量大,很有吸引力,但如果与旅游企业的发展目标不一致,并且旅游企业的现有资源也无法完成其主要经营目标,这样的细分市场仍需要放弃。

同步阅读

微信年度大数据曝光:00 后最爱捂脸哭,80 后最正能量

1 月 9 日,在一年一度的微信公开课 PRO 上,腾讯发布了《2018 微信数据报告》。据统计,截至 2018 年 9 月,微信的月活用户数约为 10.8 亿,其中 55 岁以上月活用户约为 6 300 万。

微信用户画像方面,00 后最爱“捂脸”的微信表情,他们晚睡晚起,睡眠时间最短,并在晚上 10 点后开始活跃。而且 00 后偏爱冷饮和甜品,每个月支付冷饮和甜品的 00 后人数,相比去年增长了 230%。

90 后最爱的微信表情是“哭笑”,他们起床最晚,公共交通出行最频繁,平均每个月 25 次。阅读内容也从三年前的爱看娱乐八卦转向生活情感。

80 后最爱的微信表情是“大笑”,他们最热爱阅读,日间精力主要用来工作,阅读的内容与

三年前一样,始终关注国家大事。

70后最爱的表情则是"偷笑",他们休闲时刻最爱刷朋友圈,每天在23点30分左右入睡。

而55岁以上的人群最爱的表情是"点赞",他们早睡早起,与太阳同步作息,平时线上娱乐非常丰富,包括刷圈、阅读和购物,晚餐后习惯与子女视频。三年前,他们热爱阅读励志文化,现在则关注养生健康。

在智慧生活方面,每个月使用微信搭公交地铁的乘客比去年增加了4.7倍,每个月使用微信高速出行的人数比去年增加6.3倍,扫码缴费、无感支付正在为高速加速。

此外,每个月使用微信零售消费的买家比去年增加1.5倍;每个月使用微信吃饭买单的食客比去年增加1.7倍。

而吃货最多的城市前三甲分别是北京、广州和深圳,最舍得为吃买单的城市前三甲则是温州、佛山和东莞。

资料来源:《21世纪经济报道》2019年1月9日 https://mp.weixin.qq.com/s/eXvFvy3UDUinaYXd_TH8lQ

二、选择目标市场的形式

对不同细分市场的评价完成之后,旅游企业将决定进入哪几个细分市场。一般而言,旅游企业的目标市场选择形式有以下几种(见图3-2)。

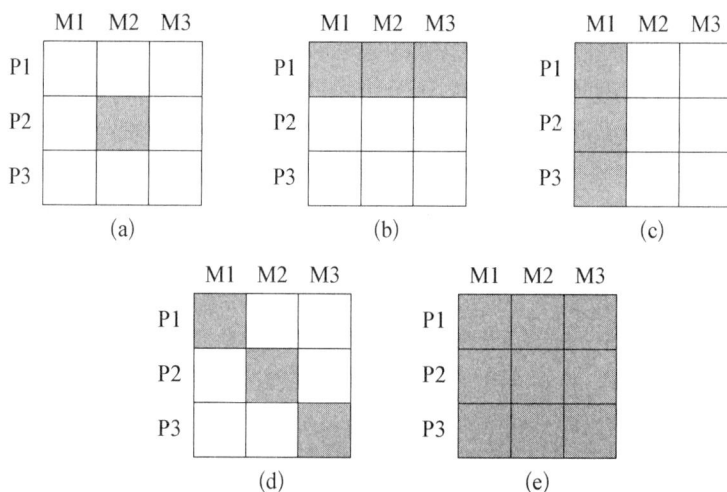

图3-2　旅游企业的目标市场选择形式

（a）单一市场集中　（b）产品专门化　（c）市场专门化　（d）选择专业化　（e）全面进入

（一）单一市场集中化

这是最简单的一种形式。旅游企业只选择一个细分市场推出一种旅游产品集中营销,如只经营老年旅游产品市场。这种形式的优点在于企业可以更清楚地了解细分市场的需求,从而在目标市场上树立良好信誉并巩固市场地位,可以大幅提高经济效益,但这种形式的风险比其他形式更大。中小旅游企业或成立初期的旅游企业经常采用此形式,如图3-2(a)所示。

（二）产品专业化

这是指旅游企业同时向几个细分市场集中推出一种旅游产品,实行专业化经营。通过这种方式,旅游企业可以在特定的产品领域树立良好信誉,但如果新的产品对该领域现有产品产生替代,那么该旅游企业可能面临经营重大滑坡的风险,如图 3 - 2(b)所示。

(三) 市场专业化

这是指旅游企业只针对某一类细分市场,去满足特定顾客群的各种需要而提供各种旅游服务。例如,某企业只经营亲子旅游产品。这种模式能与消费者建立良好的互动关系,树立企业信誉,减少经营风险。但采用这种模式时,旅游企业要密切关注消费者需求的变化,防止出现需求下降而影响企业利润的情况,如图 3 - 2(c)所示。

(四) 选择专业化

这是指旅游企业选择若干个细分市场,哪个细分市场有可能盈利就在哪个市场提供旅游服务,各细分市场之间很少有或者根本没有任何联系,但每个细分市场在客观上都有经营价值,并且符合旅游企业的目标和资源。这一模式的优点在于能够分散旅游企业的风险,即使其中一个细分市场丧失了吸引力,旅游企业在其他细分市场上还可以盈利。缺点是由于所选择的细分市场比较分散,相互之间的关联性不够,旅游企业难以共享自身的某些资源优势,甚至可能造成资源过于分散,不但不能分散风险,反而会加大风险,如图 3 - 2(d)所示。

(五) 全面进入

这是指旅游企业推出多种旅游产品去满足各种不同顾客群体的需要。显而易见,这种形式对旅游企业的实力与能力要求相当高,通常被大企业所采用,如图 3 - 2(e)所示。

三、旅游企业选择目标市场的策略

对目标市场做完选择之后,旅游企业需要决定如何为选定的一个或几个目标市场提供产品和服务,即选定目标市场的营销策略。

(一) 无差异性目标市场营销

无差异性目标市场营销(Undifferentiated marketing)策略又称整体目标市场策略,是指旅游企业将整个旅游市场视为一个目标市场,不进行细分,用一种旅游产品和一套营销组合开拓市场。只考虑消费者在需求上的共性,忽略差异,生产标准化的产品力求满足尽量多的顾客需求。

这种策略适用于需求广泛、市场同质性高并且旅游企业掌握大量旅游资源的情况,其优点是减少产品开发成本,实现产品的经济性,规模效应显著,易于形成名牌旅游产品的声势和地位。其缺点是忽略了旅游者需求的差异性,市场适应能力差,企业的经营风险较大。

(二) 差异性目标市场营销

差异性目标市场营销(Differentiated marketing)策略指旅游企业把整个旅游市场划分为若干个细分市场,并针对不同细分市场的需求特点,提供不同的旅游产品及制定不同的营销组合以满足旅游者不同的需要。

采用差异性目标市场营销策略的优点是:首先,能更好地满足各类旅游消费者的不同需要,有利于扩大旅游企业的销售额和提高旅游企业的竞争力;其次,有利于建立旅游企业及其品牌的知名度和美誉度,塑造良好的企业形象,培养品牌忠诚度;第三,有利于旅游企业抓住更多的市场机会,提高市场占有率,降低经营风险。

采用差异性目标市场营销策略的缺点是:首先,由于旅游企业必须针对不同的细分市场开展独立的营销计划,会增加企业在市场调研、促销和渠道管理等方面的营销成本;其次,可能造成旅游企业顾此失彼,使企业在各个细分市场的竞争力受到影响,最终影响优势发挥和经营效率。

(三) 集中性目标市场营销

集中性目标市场营销(Concentrated marketing)策略指旅游企业集中力量进入一个或少数几个细分市场,实行专业化旅游产品销售和服务。采用这种方式的企业通常是力求在一个或几个子市场中占有较大份额。

这种策略适用于资源较少的小企业,因其实力有限,在整体旅游市场上无法与大企业抗衡,如果集中优势力量在大企业尚未顾及或尚未建立绝对优势的某个或某几个细分市场进行竞争,成功可能性更大。其缺点是由于市场狭小,企业发展受到限制,一旦市场需求变化或消费者爱好偏向转移,旅游企业将会面临较大困难。

同步阅读

女 子 客 房

随着市场上的酒店类型和品牌的多元化,市场细分更趋明显,一些集团开始转型开辟发展空间更大的中高端市场。酒店市场细分的创新显得尤为重要。

自 1984 年 Ian schrager 在美国纽约麦迪逊大街开办了 Morgans 精品女性饭店以来,众多酒店也都开始效仿这一举措。希尔顿饭店开设的女性楼层,在房间提供女性营养食谱,为顾客提供晨练地图,为深夜在停车场停车的女性顾客安排护卫保护顾客安全。卡尔森酒店集团部分房间专门为女性顾客设计,并免费为女性提供化妆品。威汉酒店发行威汉酒店月刊,内容包括威汉女性商务顾客评论、旅游界人士的观点和意见,以及旅游小贴士等。美国温德姆国际酒店集团专门实施了一项"旅途中的女士"计划,邀请女性商务客人对集团所有酒店提供的设施和安全状况提出意见。皇冠假日酒店集团非常重视女性顾客对饭店品牌的忠诚度,不断创新激发女性顾客的兴趣,因此,即使在商务顾客很少的时候,女性楼层也几乎满客。

国内也有专门为女性特意打造的酒店,如厦门艾美酒店的女士楼层中配备专有女性服务员和女性安保人员,酒店还可根据客人要求,安排女陪购员和随从照料。厦门艾美女士楼层包括厦门艾美酒店不同房型的 32 间客房和套房。酒店除了提供低卡路里的健康食谱餐服务、瑜伽垫和内含面膜、棉质粉扑等亲肤洗浴套装,还在此楼层专供柔软舒适的羊毛袜、丝质衣架、各式浴盐等。

酒店市场细分的创新激发了女性主题酒店的开创,然而女性主题酒店的进一步发展还需要酒店管理者对女性市场的了解更加透彻,对女性心理有所研究。英国学者指出,女性对饭店服务比男性更有辨别能力,也更挑剔,因此她们不愿意支付更多的费用。然而,一旦女性感受到专属性的设施服务和可靠的安全感时,她们就会很乐意消费。一般而言,短期商务旅行的女性顾客倾向于小型的女性精品饭店,而长时间旅行的女性顾客则倾向于选择大型连锁饭店的女性楼层,因为会有完善的设施服务可以享受。美国的 Ellen.P.Gabler 认为,女性饭店成功的因素很大程度上在于女性顾客是否对住过的饭店有较高的忠诚度。当女性顾客对饭店服务感到满意,就会继续选择该饭店,保持较高的忠诚度。同时,研究还提出,在集中的一个场所为女性提供专门的服务会使女性感到更舒服。

资料来源:根据相关资料整理。快资讯(2018-01-11).https://www.360kuai.com/pc/9db4855f9fd474767?cota=4&tj_url=so_rec&sign=360_57c3bbd1&refer_scene=so_1

项目任务三　进行市场定位

一、旅游市场定位的定义

旅游市场定位是根据所选定目标市场的竞争状况和自身条件,塑造出旅游企业和产品在目标市场上的鲜明特色、形象和位置的过程。

市场定位,实际上是在已有市场细分和目标市场选择的基础上深一层次的细分和选择,研究的是以怎样的姿态进入目标市场并设法在目标顾客心目中形成一种特殊的偏爱以建立竞争优势,所以又叫产品定位。消费者会将产品、服务和对企业的认识组合起来进行分类以确定其在自己心中的位置。恰当的产品定位使企业的形象、产品、品牌区别于竞争者,实际是企业及其产品对消费者心智的占领。定位过程可以通过产品实体方面体现出来,如类型、构成等;也可以从消费者心理上反映出来,如舒适、精致、豪华、经济等,或者由两个方面共同作用而表现出来,如性价比高、优质、服务好、便利等。

随着旅游消费者主导权的加强,旅游产品的个性化和差异化程度直接影响旅游企业的获利能力,恰当的市场定位已经成为旅游企业有效实施市场营销策略的重要内容之一。

二、市场定位的过程

(一)确定可能的竞争优势

市场竞争必须以竞争优势为基础,旅游企业需要比竞争对手更了解消费者的需求并为消费者提供更多的价值才能获得竞争优势。一般可从以下四个方面构建自身的竞争优势。

1. 产品差异

通过产品差异化,旅游企业可以采用不同的特征或设计使自己的产品与众不同。旅游产品内在特色的许多要素都可以作为市场定位的依据和方法,如价格、风格等。例如北京的友谊宾馆以其恢宏的规模和浓郁的民族特色将宾馆定位为亚洲最大的花园式宾馆,称为“都市中的大自然”。旅游产品给消费者带来的切实体验和收益也可作为定位的依据,例如威海将其定位为“最适合人类居住的城市”。

2. 服务差异

除了在产品方面的差异化,服务差异化也可以成为企业赢得市场竞争的有力武器。旅游企业可以尝试在产品的服务方式上寻求差异化。当旅游产品吃、住、行、游、购、娱六要素不易与竞争产品相区别时,竞争制胜的关键往往取决于服务,可以根据顾客的需求、企业自身特点以及竞争对手策略,来确定服务差异性定位。例如,近年来移动打车软件如雨后春笋般涌现出来,除了低价的吸引力外,网约车优质的服务诸如在指定位置等待、不拒载、司机帮忙开门等都成为相较于传统出租车的优势。

3. 人员差异

产品差异和服务差异都是由人创造的,旅游企业还可以通过人员差异化来获取竞争优势。例如新加坡航空公司之所以享有很好的声誉,在很大程度上得益于其空姐的优雅举止。知名的餐饮企业海底捞同样也是通过人员差异化赢得竞争优势的典范。它通过给员工充分授权,推崇员工成为企业的管理者和“当家人”;管理层努力营造“信任平等、相互支持、榜样示范、宽容犯错"的组织氛围,培育员工乐观的精神;企业定期或不定期地对员工进行培训,增强其韧性,使员工化压力为动力,在自己的工作岗位上积极主动地提升并创新服务。最终,海底捞从名不见经传的小火锅店发展成为一家拥有近2万名员工的大型餐饮公司。

4. 形象差异

旅游消费者在消费时会清楚地感受到不同企业的形象差异,这种差异最终可能会影响消费者的决策,所以企业应当向外界传达其产品独特的利益和定位,树立鲜明、独特的形象。即使产品实体和服务都与竞争企业十分相似,顾客依然可能接受一种企业形象的差异化。例如携程的 Logo 是海豚造型,扬起波浪、向上腾跃、充满动感活力,展现品牌如海豚一般亲切、友好和乐于沟通,是旅客可信赖的朋友,同时也寓意携程蓬勃进取的精神。飞猪品牌的 Logo 轮廓是卡通形象的猪,既是"Fly"首字母"F"的变形,同时又像一张翅膀,结合金黄色的主色,充满朝气与活力,提倡玩遍全球的"飞猪精神",让年轻人的旅程更自由、更舒适,从容惬意地遇见旅行的惊喜,心无旁骛地比梦想走得更远。这些都塑造了鲜明的旅游企业品牌形象。

表 3-3 列出了四种差异化类型的侧重点。

表 3-3 四种差异化类型的侧重点

差异化类型	差异化的侧重点
产品差异化	可以采用以下几种方式实现:通过产品价格差异定位中高低档产品、通过技术差异体现不同用途、通过功能差异增加产品的延伸功能、通过文化差异体现不同价值等。
服务差异化	可以通过将无形服务转化成有形的产品、为顾客提供定制化的服务、定期对服务人员进行培训、提高管理水平等方式实现。
人员差异化	可以通过聘用或者培养比竞争对手更优秀的人员、定期开展专业的知识培训、满足员工对知识的需求等方式来实现。
形象差异化	可以通过设计易于记忆和传播的品牌形象或者品牌宣传语等方式来实现。

(二) 选择适当的竞争优势

旅游企业可能发现了几个潜在的差异点,但并不是每个差异点都能形成竞争优势,需要从中选择可以建立定位战略的差异点,也就是要确定旅游企业决定宣传的差异点。

1. 差异点个数

首先,旅游企业需要考虑宣传一个差异点还是多个差异点,也就是以一种差异还是多种差异作为定位基础。

目前关于差异点的数目选择有两种明显不同的观点:一种观点认为企业应该只向市场宣传一项利益,定位于一种差异,企业应当为每个品牌开发一个独特的卖点,并宣称自己是最好的,其理论根据是消费者趋向于记住"第一位"的品牌;另一种观点认为企业应当向目标市场宣传多种利益,以多种差异作为定位基础,因为如果多家企业采用同一差异,就会使互相之间难以区分,不能影响消费者的购买决策。

在当今大众市场碎片化为众多细分市场的时代,许多企业纷纷扩展自己的定位,以吸引更多的细分市场。但是如何说服消费者相信一个产品能承载多种利益仍比较困难。

2. 差异点选择标准

旅游企业或许会发现许多差异点,但并不是每一个差异点都能形成竞争优势,一种差异在增加顾客利益的同时可能会增加旅游企业成本。旅游企业差异点的选择标准如下。

（1）重要性。对目标顾客而言,该差异非常有价值。比如,当旅游企业推出定制旅游产品时,产品的构成、价格、服务、退改条件等基本功能对于消费者而言都非常重要,这类差异点就属于具有重要性的差异点。

（2）独特性。竞争者不能提供相应的产品,或者旅游企业同竞争对手相比有明显优势。例如,出国旅游时使用的手机卡信号强弱、覆盖地区的多少都属于具有独特性的差异点。

（3）优越性。与为旅游消费者提供相同利益的其他方法相比更加优越。比如,当选择一种出行工具时,火车与飞机同样能让你抵达目的地,但飞机能提供更短的出行时间,这就是飞机的优越性。

（4）可沟通性。旅游企业在选择差异点时还需要考虑该差异点是否易于传递给消费者,容易让旅游消费者了解也是考虑因素之一。例如,旅游租车服务中,车辆的安全性、外观、大小等差异点都比较容易传播,但配置、规格这类差异点就相对不易传播。

（5）专有性。竞争者难以复制该差异点。旅游企业选择的差异点应是不易快速模仿的,如果旅游企业将压缩利润、降低价格作为差异点,就很容易被竞争对手模仿而无法实现差异化。

（6）经济性。在选择差异点时,旅游企业还应当考虑目标受众的购买力,要让消费者有能力支付差异点的溢价。如果一个普通产品只是为了实现差异化而使其定价接近于奢侈品,肯定难以被旅游消费者接受。

（7）盈利性。差异点的选择需要能给旅游企业带来经济利益。旅游企业实现差异化的目的是增加利润,如果实现差异化的成本大于差异化带来的收入,这些差异点就不应考虑。

（三）传递恰当的定位信息

产品的整体定位就是该产品的价值主张,即差异化的基础和定位的利益组合。价值主张（value proposition）告诉旅游消费者为什么要购买旅游企业的产品。旅游企业可以用来传递定位信息的五种价值主张如下:

1. 优质优价

优质优价的定位是指提供高档次的产品和服务,同时收取较高的价格来补偿较高的成本。采用优质优价定位的旅游产品品质上乘,还是地位和高档生活方式的标志。但是优质优价的产品往往会有许多模仿者,其可能号称自己提供同等质量价格却更低的产品,当经济低迷时,优质优价的产品更容易受到攻击。

2. 优质同价

企业可以通过引入质量相同但价格却更低的品牌来与优质优价品牌竞争。例如雷克萨斯是日本丰田集团旗下的豪华汽车品牌,创立之初就针对奔驰和宝马的竞争采用了优质同价的策略。它的第一则广告的标语就是:"人们有史以来第一次认为用72 000美元的汽车同36 000美元的汽车交换是划算的。"丰田通过专业汽车杂志的评论来宣传雷克萨斯与生俱来的优秀品质,并且大量发布和奔驰、宝马汽车进行对比的测试视频。它公布的调查还显示雷克萨斯经销商可以为客户提供更优质的售前售后服务。在这些宣传的影响下,许多奔驰、宝马的潜在购买者转而购买雷克萨斯,并且重复购买率高达60%,是行业平均水平的两倍以上。

3. 同质低价

每个人都喜欢物美价廉,所以同质低价是一种强大的价值主张。比如,沃尔玛从不标榜自己能够提供不同或更好的产品,但凭借卓越的采购能力和低成本的运营可以提供较大的价格优惠。

4. 低质更低价

低质更低价的定位是指以更低的价格满足旅游消费者较低的性能或质量要求。市场上总是存在一些质量不太好但是价格也不太高的产品。在旅游消费者没有能力购买"最好的产品"的情况下,他们愿意放弃一些最佳性能或非必需的特点而获得优惠的价格。例如,一些跟团旅游产品虽然品质一般,但是凭借其低廉的价格仍然吸引了大量的消费者。

5. 优质低价

采用优质低价定位的旅游企业以较低的价格提供优质的产品,但从长期来看,旅游企业很难同时实现优质和低价,当其力图在两方面都做好的时候可能会输给更加专注于其中一个方面的竞争对手。

三、市场定位的具体策略

各个旅游企业经营的产品不同,面对的消费者不同,所处的竞争环境不同,可选择的定位方法也不同。总体来说,市场定位可选择的具体策略有以下几种。

(一)根据具体的产品特色定位

构成产品内在特色的因素有很多,旅游产品的包装、构成、服务等因素都可以作为市场定位可选择的策略。例如,七喜汽水的定位是"非可乐",强调它是不含咖啡因的饮料,与可乐类饮料不同。旅游线路的产品特色也可从豪华、舒适、休闲等方面考虑。

(二)根据特定使用场合及用途定位

为老产品找到一种新用途,是创造新的市场定位的好方法。例如小苏打一度被用作除臭剂和烘焙的配料,后来有公司把它当作除垢剂,有的公司还发现它可以作为冬季流行性感冒患者的饮料。许多日用品在专门的旅游纪念品商店往往被包装定位为礼品。

(三)根据消费者得到的利益定位

产品提供给消费者的利益是消费者最能切实体会到的,也可以作为定位的依据。1975年,美国米勒啤酒公司推出了一种低热量的"Lite"啤酒,将其定位为喝了不会发胖的啤酒,迎合了那些经常饮用啤酒而又担心发胖的人的需要。在旅游行业,因为有全国性的销售网络和服务网络,"便利"就成为春秋旅游公司定位的要点之一。

(四)根据使用者类型定位

企业常常将其产品指向某一类特定的使用者,根据这些顾客的看法塑造恰当的形象。例如美国米勒啤酒公司曾将其一款啤酒定位于"啤酒中的香槟",吸引了许多不常饮用啤酒的高收入女性。后来公司发现,30%的狂饮者大约消费了啤酒销量的80%,于是,米勒在广告中展示石油工人钻井成功后狂欢的镜头,以及年轻人在沙滩上冲刺后开怀畅饮的镜头,在广告中提出"有空就喝米勒",塑造了一个精力充沛的形象,从而成功占领啤酒市场达10年之久。

(五)针对竞争对手定位

根据对竞争对手态度的不同,旅游企业可选择迎头定位与避强定位两种策略。

迎头定位是指旅游企业选择靠近现有竞争者或与现有竞争者重合的市场位置,与竞争对手正面竞争,争夺同样的顾客,彼此在产品、价格、分销及促销等方面差别不大。

避强定位是指旅游企业回避与目标市场上的竞争者直接对抗,将其位置定在市场空白点,开发并销售目前市场上没有的某种特色产品,开拓新的市场领域。

（六）重新定位

重新定位是指旅游企业变动产品特色,改变目标顾客对其原有的印象,使目标顾客对其产品形象有一个重新认识的过程。

旅游企业产品在市场上的定位即使很恰当,在出现下列情况时也需要考虑重新定位:一是竞争者的市场定位与本企业类似,侵占了本企业的部分市场,使本企业的市场占有率有所下降;二是消费者偏好发生变化,例如随着人们生活水平的提高,很多人希望食品中低糖少盐,不少餐馆的宣传广告因此进行了相应调整。

同步阅读

旅游演艺：走出景区之后

提起"主题公园+演艺"的模式,大多数人可能第一时间想到的都是迪士尼主题乐园。迪士尼通过白日游乐项目、夜间表演的结合,将乐园的氛围推向极致,也让游客在情景演绎式的表演中增强对迪士尼这个品牌的认同感和喜爱。

事实上,旅游演艺其实有了更多新业态的发展动向,其空间承载不仅限制在主题公园、景区内,还衍生出了"走出去"的扩张需求。

从文旅产业的大背景下看,旅游演艺以人们喜闻乐见的歌舞表演形式,将文化融入旅游消费之中,兼顾了娱乐性和文化内涵,有着良好的发展势头。但毫无疑问,旅游演艺也面临着文化创意枯竭、同质化严重、商业性与艺术性难以协调的痛点。

在10月9日的2018世界文化旅游大会现场,延安文化产业投资有限公司董事长吕忠诚、山西省文旅集团云游山西股份有限公司副总经理凌懿以及华夏文化旅游集团西安演艺有限公司总经理刘杰,对旅游演艺的传播营销、发展困境及新的趋势进行了讨论。该环节由环球旅讯CEO李超主持。

演艺与景区的关系

开场环节,来自延安文投、云游山西和华夏文旅的嘉宾分别对各自公司主打的演艺项目现经营状况做了介绍。

据吕忠诚介绍,延安文化产业投资有限公司打造的红色主题秀《延安延安》是国家艺术基金项目。从2016年7月首演到现在,上座率从第一年的不足30%,到2018年的平均65%。同时观众总人数也突破了40万。"用创新性的舞台剧目来演艺一个红色的旅游产品,通过杂技、灯光以及舞台美术效果,表达出一段革命传奇和时代使命,这是我认为《延安延安》能够获取成功的原因。"

凌懿也介绍了在国庆期间才开始面向观众的实景融入剧《再回相府》。《再回相府》由山西文旅集团云游山西股份有限公司投资,并且由曾经创造出"印象系列"和"又见系列"表演的核心创作团队打造。凌懿称,虽然上映只有十天,但是《再回相府》获得了良好的口碑和评价,通过采用浸入式、行进式的实景体验观演,让观众能够近距离地体验并且参与到演出中。"演艺毕竟是整个旅游产品中的一个要素,必须和其他的优质的旅游资源、旅游产品打出系列的组合拳,才有生命力。"

华夏文旅目前拥有两大旅游综合体,分别为威海华夏城城市文化旅游综合体和厦门老院子城市文化旅游综合体。2016年10月,华夏文旅更以1.04亿元取得西安沪灞约87.8亩的商业用地,计划开发西安华夏文化旅游综合体,同样也包括景区和演艺。刘杰介绍,现在沪灞生态区已经上线了《驼铃传奇秀》的节目,今年十一期间,共接待游客36.12万人次,演出场次打破了西安的旅游演艺记录。

2016年中国旅游演出市场报告中显示,2016年中国旅游演出票房维持较快增长速度,实际票房收入为43.03亿元,同比增长20%。其中,主题公园类旅游演出票房增长显著。

旅游演艺的需求仍然强劲,"演艺+景区"也成为一种标配产品模式。游客在白天游玩景区的项目,到了夜间旅游演艺就会承接游客的需求。但在不同的景区,演艺节目的角色和分量也不相同。在很多的景区,演艺只担当于乐园的辅助项目,但也有把演艺节目作为景区的主打产品,甚至成为整个景区的驱动力。

吕忠诚认为演艺和景区应该是贯通互融的关系。"当一个游客来到一个城市,其实已经到达了一个大的景区,而购票游览的是一个小景区。演艺项目应该对这座城市的一方山水、一方人情有充分的表达,成为观光游到体验游的一个跳板。一个游客了解城市文化最便捷的方式,就是通过演艺这种综合性的窗口。"

凌懿则强调了演艺和景区相辅相成、互为依托的联动关系。"演艺是景区不可分割的一部分,但景区的发展肯定不能只考虑演艺,还要考虑周边的配套设施的建设。旅游演艺可以把一些不太好理解的历史文化,通过演艺的形式展示给游客,让他更好地接受当地的文化。"

谈营销

景区虽然给演艺剧目带来了一部分流量,但是旅游演艺终需要依靠自己打出品牌名气,在传播和营销过程中与其他竞争对手抢夺市场份额。

关于旅游演艺如何更好传播和营销这个问题,吕忠诚认为受众的特点和观众的需求是营销过程中关注的重点。他用《延安延安》从年轻人视角切入传统革命教育做例子解释道,传统的、僵化的革命教育主题肯定是无法吸引年轻人的,这就要求了解年轻人的需求,采用多维度的、可参与、有互动性的表演方式,观众才会接受。谈到具体的销售渠道,他表示,"目前主要做团队游客市场,和旅行社建立了长期的合作关系;其次因为延安的特殊地域属性,干部的培训旅游也是我们重点挖掘的一块;第三就是要利用线上平台如携程,通过多种渠道把产品传递给潜在的消费者。"

作为景区营销的品牌标杆,长隆马戏的胜利首先来源于对演艺节目中文化创意的把握。长隆曾把大马戏的成功概括出"中国创意、全球采购、世界生产"三个要素。首先,长隆的马戏节目是在世界各大马戏节上所采购的获奖的节目,而且由多个国家的马戏演员共同完成,但能够让每一场的演艺节目都得到观众的欢心,长隆大马戏的制胜诀窍还是在"中国创意"上。在长隆掌门人苏志刚的亲自操刀下,凭借对国人休闲消费心理和社会潮流的捕捉,长隆国际大马戏走过了17年,在马戏艺术上达到了国际一流的水平。2016年,苏志刚也被世界马戏联合会授予"2016马戏艺术大使奖",以此表彰他长期以来对于马戏的贡献。

至于演艺的营销上,据了解,长隆会把营销50%的精力都放在首演的推广上。在推长隆改版的国际大马戏时,长隆选择两个星期内在每家媒体上发10篇稿,话题中心从演出的团队、主创导演到剧情、服装、灯光等方面,从不同的角度包装。而且,每一次对于观众的评价调查和相应的调整出新也是长隆演艺节目能够保持"每隔两、三分钟,就会给观众惊喜与爆点"的原因。此外,为了避免观众的审美疲劳,和歌手、电影IP等的跨界合作也是长隆保持长期吸引力的另一个重要原因。通过娱乐营销打响名声、获得大众知名度,这种营销模式从长隆野生动物世界的走红就能见到效果了,借由《爸爸去哪儿》电影的带货能力,长隆野生动物世界这个电影的实拍地开始有了全国范围内的品牌名气。

旅游演艺"走出景区"之后

景区为旅游演艺提供了一部分"自带流量"和配套服务,但是这也一定程度上预见了旅游演艺节目"走出去"的困境,尤其对于地域文化属性强的演艺项目来说,如何获得更大的生存空间,这是一个值得思考的问题。

吕忠诚认为走出去是旅游演艺扩大之后的自然需求。"一旦成为品牌、有了自己的 IP 后就有了扩张的需求。从景区内走到景区外对于定制版的演艺剧目是一个挺大的挑战,首先你要保证自己的演艺产品有核心竞争力,内容上有独特性,形成自己独立的一个体系,最后反过来也会推进整个景区的提升和发展。"

对于演艺节目"入乡随俗"这一点,刘杰则结合华夏文旅在不同区域的演艺产品做出了罗列。"华夏文旅的集团总部在威海,威海的演艺节目主题就是华夏五千年的传奇历史。2015年我们走到厦门,也推出了《闽南传奇》秀,讲述海上丝绸之路的故事,今年我们来到灞桥生态区,推出的演艺节目就是以陆上丝绸之路为主题的《驼铃传奇秀》。这些都是结合当地的文化风情推出的产品,在地区上做出差异化的打法。"

能够结合当地的风情打造差异化的演艺节目固然很好,但是并非所有的演艺项目都能有充足的资金和优质的资源去做到这一点。不同的演艺项目的扩张难度是不一样,普遍看来,旅游演艺的扩张包括大型团队、物资的转移和消耗,不同地区的推广和传播也是一笔重投入。此外,回到旅游演艺剧目上来看,不仅要有广泛的接受度和普适性,依然要根据演出当地的市场及消费者画像进行调整。

旅游演艺新趋势

2018 年的 1 月 17 日,宋城集团与浙江嘉善县人民政府、嘉善县西塘镇人民政府就合作开发"西塘中国演艺小镇"签约,为旅游演艺在景区之外找到了新的承载空间。

宋城集团计划在西塘搭建 5 000 亩中国演艺小镇,建设一个融主题公园文化、剧院文化、世界水乡文化、休闲商业文化于一体的旅游目的地。

在原来基础的"主题公园+演艺""景区+演艺"的模式上,宋城集团推出了"演艺小镇"的构想,旅游演艺还有哪些可能呢?

对此,吕忠诚提出了旅游演艺的三个发展趋势。"第一个是个性化,只有讲自己的故事,才有自己的 IP 和独特竞争优势;第二个是体验性,如果不能让游客有参与感和互动感,如果不能把我们的观演场所变成一个舞台,演艺剧目就变成了一场说教,这也是游客最反感的地方;最后一个就是可自塑性,这就考验旅游演艺的核心竞争力,能针对不同时期的需求,对产品进行不断的提升和完善,这样才可以成为一个永远发展的命题。"

回顾旅游演艺的发展历程,其实不外乎从镜框式演出、剧院版演出到实景式演出再到现在大家提倡的沉浸式演出的过程。如吕忠诚所言,沉浸式的演出内容强调游客的互动和参与,通过多媒体技术、投影技术包括 VR 等虚拟式场景的利用可以增强体验感,而且让演艺节目的可复制性也变得更加容易。除利用酷炫的技术外,旅游演艺还是要靠产品自身的吸引力说话。好的旅游演艺剧要有把握中国消费市场和中国消费者脉搏的能力,而不只依靠有名气和噱头的创作团队或者重磅的投资规模就能做到。一个旅游演艺节目的可持续运作不仅要满足好看和接地气,而且应该有持续盈利能力。旅游演艺的成功因素总是相似的,但失败的旅游演艺运作却各有各的疏漏。座谈结尾,在场嘉宾也对旅游演艺运营中的痛点分享了自己的看法。

吕忠诚、刘杰都谈到旅游创意的问题,他们均认为简单的拷贝和复制是旅游演艺失败的一个重要原因。凌懿表示,演艺的创意、前期市场调研和创作团队都影响着最终成败。"我觉得要看有没有用心,对这个项目的前期调研、市场摸底付出的努力有多深。另外主创人员要懂得和市场接轨,满足游客的需求。有的演艺季节性差异考虑不足,所打造演艺周边的服务设施和业态不完备,也很难有好的收益。"

（文/黄亚男）

资料来源:《环球旅讯》2018 年 10 月 10 日 https://mp.weixin.qq.com/s/xmkTNevzLzkDrnfnnyWGcg

复习小结

现代市场营销理论中,市场细分、目标市场选择、市场定位是构成企业营销战略的核心三要素,被称为 STP 营销。

市场细分是指营销者通过市场调研,依据消费者的需要和欲望、购买行为和购买习惯等方面的差异,把某一产品的市场整体划分为若干消费者群体的市场分类过程。具体到旅游市场营销,旅游市场细分就是旅游营销者根据顾客对旅游企业产品和服务需求的差异性,将一个错综复杂的异质市场划分为若干个具有相同需求的亚市场,从而使旅游企业有效地分配和使用有限资源,进行各种经营活动的过程。旅游市场细分一般遵循可衡量性、可实施性、可盈利性、可接近性四方面的原则。

要进行市场细分,首先要确定细分标准。就消费者市场而言,主要有四大类:按照地区、城市规模、气候等变量进行的地理细分;按照年龄、性别、家庭人口、家庭生命周期、月收入、职业、教育、宗教、种族、国籍等变量进行的人口细分;按照社会阶层、生活方式、个性等变量进行的心理细分;按照购买目的和购买频率变量进行的行为细分。产业市场的细分标准,有些与消费者市场的细分标准相同,如追求利益、使用者情况、地理因素等,但还需要使用一些其他的变量如行业、企业规模与地理位置变量、经营变量、采购方法与其他因素等。互联网市场同样可以通过地理、人口、心理和行为四个变量进行细分,不过在进行细分时要结合互联网的特点进行变量选择。

在具体操作时,市场细分并没有单一的方法。一般来说,影响消费者需求的一切因素都可以作为市场细分的依据,企业可以根据行业和自身情况采用单一变量因素法、综合变量法、系列变量因素法或完全细分法等方法来对市场进行细分。在市场细分工作中,可用于对客源市场进行细分的依据或标准有很多,这些依据或标准只有得当与否之别,并无优劣之分。有效的市场细分很少单独使用某一项市场细分依据,往往是将多项依据结合起来使用。随着时间的推移和社会环境的变化,适用于对市场进行细分的依据标准有可能也会发展和变化。

对市场进行细分是手段或过程,旨在服务于特定客源市场。选定目标市场则是目的或结果,旨在通过有针对性地组织适销对路的旅游产品,去满足目标消费者人群的需要,从而以最有效的方式去实现旅游企业的发展目标。所谓目标市场,就是旅游企业在市场细分的基础上,所选定并决定为其服务的一部分旅游消费者群。旅游企业在选择要进入的目标市场时,应考虑市场规模和增长潜力、市场结构、企业的目标和资源等条件。旅游企业的目标市场选择形式有以下几种：单一市场集中化、产品专业化、市场专业化、选择专业化、全面进入。

旅游企业选择目标市场的策略主要有三类。无差异性目标市场营销策略又称整体目标市场营销策略，是指旅游企业将整个旅游市场视为一个目标市场，不进行细分，用一种旅游产品和一套营销组合开拓市场。这种策略适用于需求广泛、市场同质性高并且旅游企业掌握大量旅游资源的情况。差异性目标市场营销策略指旅游企业把整个旅游市场划分为若干个细分市场，并针对不同细分市场的需求特点，提供不同的旅游产品及制定不同的营销组合以满足旅游者不同的需要。集中性目标市场营销策略指旅游企业集中力量进入一个或少数几个细分市场，实行专业化旅游产品销售和服务。采用这种方式的旅游企业力求在一个或几个子市场占有较大份额，适用于资源较少的小企业。

旅游市场定位是根据所选定目标市场的竞争状况和自身条件，塑造出旅游企业和产品在目标市场上的鲜明特色、形象和位置的过程。市场定位，实际上是在已有市场细分和目标市场选择的基础上深一层次的细分和选择，研究的是以怎样的姿态进入目标市场并设法在目标顾客心目中形成一种特殊的偏爱以建立竞争优势。

市场定位的过程包括以下步骤：首先，通过产品差异、服务差异、人员差异、形象差异确定可能的竞争优势；其次，通过差异点个数和差异点选择标准的确定选择恰当的竞争优势；第三，在优质优价、优质同价、同质低价、低质更低价、优质低价五种企业可以采用的价值主张中选择其一传递恰当的定位信息。

市场定位可选择的具体策略则包括根据具体的产品特色定位、根据特定使用场合及用途定位、根据消费者得到的利益定位、根据使用者类型定位、针对竞争对手定位、重新定位等。

实践技能训练

针对特定研学旅游产品的 STP 分析

一、实训内容

研学旅游目前方兴未艾。基于 STP 营销相关理论知识，作为某一旅游企业营销人员展开调研，分析某特定研学旅游产品的市场细分方法、目标市场选择和产品定位策略。

二、实训步骤

（1）将班级同学按每组 6~7 人分成若十小组，每组推选一名负责人，以小组为单位完成实训内容。

（2）选定特定研学旅游产品，通过实地访谈和网络搜索等形式收集相关资料。

（3）在对资料进行综合整理的基础上，完成关于特定研学旅游产品的 STP 分析，并对该产品目前面临的总体市场状况进行评价。

（4）每个小组按照分析情况在班级进行陈述，接受师生提问，各小组对陈述进行互评。

（5）教师进行活动总结。

三、考核评价

（1）按照教师和小组评分各占 50% 的标准评选出优秀小组。

（2）评分标准：资料的收集及准备（20 分）；陈述报告的内容及合理性（50 分）；汇报的条理性（10）；仪容仪表（10 分）；小组合作的协调性（10 分）。

思考与习题

一、名词解释

1. STP 营销
2. 市场细分
3. 目标市场
4. 整体目标市场营销策略
5. 差异性目标市场营销策略
6. 集中性目标市场营销策略
7. 旅游市场定位

二、单项选择题

1. 经过细分后的旅游市场是值得旅游企业开发利用的,而且旅游企业也能够依靠现有的人力、财力、物力提供产品并为之服务,这指的是旅游市场细分原则中的(   )。

A. 可衡量性　　　　B. 可盈利性　　　　C. 可接近性　　　　D. 可实施性

2. 由于气候、生活习惯、经济水平等不同,消费者对同一类旅游产品往往会有不同的需求和偏好,因此旅游企业可以以此为标准开展(   )。

A. 地理细分　　　　B. 人口细分　　　　C. 心理细分　　　　D. 行为细分

3. 一般认为,(   )是最重要的互联网市场细分变量,最能体现互联网市场的特殊性。

A. 地理变量　　　　B. 人口变量　　　　C. 心理变量　　　　D. 行为变量

4. 旅游企业只针对某一类细分市场,去满足特定顾客群的各种需要而提供各种旅游服务,这是旅游企业目标市场选择形式中的(   )

A. 单一市场集中　　B. 产品专门化　　　C. 市场专门化　　　D. 选择专业化

5. 早期的麦当劳,生产的主要食品是适合美国人口味和生活节奏的汉堡包,以一种产品和营销组合征服了全世界的消费者,所采取的战略是(   )。

A. 无差异性营销　　B. 差异性营销　　　C. 集中性营销　　　D. 以上都不对

6. 北京的友谊宾馆以其恢宏的规模和浓郁的民族特色将宾馆定位为亚洲最大的花园式宾馆,称为"都市中的大自然",这属于强调(   )的旅游企业市场定位战略。

A. 产品差异　　　　B. 服务差异　　　　C. 人员差异　　　　D. 形象差异

7. 沃尔玛从不标榜自己能够提供不同或更好的产品,但凭借卓越的采购能力和低成本的运营可以提供较大的价格优惠,这属于强调(   )价值主张的定位思路。

A. 优质同价

B. 同质低价

C. 优质低价

D. 低质更低价

8. 有一家饭店在广告中强调自己是一家女性饭店,这属于(   )。

A. 产品特色定位

B. 针对竞争者定位

C. 补缺定位

D. 使用者类型定位

9. 旅游企业选择靠近现有竞争者或与现有竞争者重合的市场位置,与竞争对手正面竞争,争夺同样的顾客,彼此在产品、价格、分销及促销等方面差别不大。这属于针对竞争对手的(   )策略。

A. 避强定位

B. 迎头定位

C. 追随定位

D. 补缺定位

三、多项选择题

1. 对旅游企业市场细分的正确理解是(　　)。

A. 对象是产品而不是消费者群

B. 客观依据是人们对某种旅游产品兴趣的差异性

C. 同一细分市场对旅游产品有共同的需求

D. 细分的目的是选择目标市场

2. 旅游市场细分的原则(　　)。

A. 可衡量性　　　　B. 可盈利性　　　　C. 可接近性　　　　D. 可实施性

3. 理想的目标市场应该具有(　　)。

A. 较大的销售额　　B. 高增长率　　　　C. 高利润贡献　　　D. 高退出壁垒

4. 旅游目标市场营销的战略主要有(　　)。

A. 无差异性营销　　B. 差异性营销　　　C. 集中性营销　　　D. 目标市场营销

5. 市场竞争必须以竞争优势为基础,旅游企业一般可从以下方面构建自身竞争优势:(　　)。

A. 产品差异　　　　B. 服务差异　　　　C. 人员差异　　　　D. 形象差异

四、简答题

1. 旅游企业选择目标市场的考虑因素一般包括哪些?

2. 简要回答旅游企业市场定位时采用不同类型差异化的侧重点。

五、论述题

1. 比较三类旅游企业目标市场选择策略的适用范围及优缺点。

2. 阐述旅游市场定位的一般过程。

模块四　旅游营销策略设计

学习目标

☆知识目标　　1. 掌握旅游产品、营销渠道、旅游促销的基本概念。

2. 掌握旅游产品生命周期不同阶段的特点及营销策略;熟悉新产品的开发过程及应注意的问题。

3. 熟悉影响旅游产品定价的因素;掌握旅游产品定价方法和定价策略。

4. 熟悉旅游中间商及其职能;掌握旅游产品营销渠道策略。

5. 掌握制定旅游促销组合策略的步骤和影响因素;了解旅游促销的主要方式。

☆技能目标　　1. 能根据旅游产品的不同生命周期设计不同的营销策略。

2. 能针对旅游新产品进行开发和定价,并设计不同的渠道及促销策略。

引例　讲好文物故事,让文物"说话"

近日,一则"兵马俑撞脸明星"的短视频引发网友关注。视频中,在参观兵马俑之前,带队讲解的导游向游客展示与兵马俑表情、五官"撞脸"的明星对比图,引得游客笑声不断。视频在社交平台上走红后,被不少网友羡慕地称为"别人家的导游"。

"兵马俑撞脸明星"并非这位"90后"导游的独家发现,他在吸取别人分享的部分对比图片的基础上,又在工作中不断发现其他"明星脸"兵马俑,扩充了对比库,并将这些内容分享给游客,目的是为了增加全程的趣味性,也调动游客参观的积极性。

兵马俑是享誉海内外的文物,每天吸引成千上万国内外游客。秦始皇帝陵博物院也一直致力于为大众提供更新鲜、更具创意的智慧旅游体验,包括鼓励导游用热情与幽默的言语,让游客在了解知识之外获得放松。上述新闻中提到的导游,为了引起游客对西安历史、文化的好奇,保持旅游热情,在讲解过程中夹杂一些风趣幽默的说法,分享"兵马俑撞脸明星"的对比图,就是提高游客参观趣味性的一种有效方式。

事实上,"兵马俑撞脸明星"视频走红并不奇怪。早在2014年1月,中国版超级英雄"兵马俑侠"被搬上荧幕的消息甫出,从猜测"兵马俑侠"身怀何种绝技,到创作各类神奇诡异的剧情,再到搜罗与真实兵马俑"撞脸"明星——姚明、陈道明、王宝强、方文山等榜上有名,引发了网络狂欢。2017年10月,湖南卫视一档"穿越"千年寻找前世秦俑的文化体验节目《我们来了》播出,汪涵、关之琳、蒋欣、唐艺昕等众多明星"撞脸"兵马俑,也引起了网友广泛关注。从这个层面来说,导游给游客分享"兵马俑撞脸明星"对比图并非独创,而是借鉴了这种形式,以丰富游客的体验。

根据考古专家解释,兵马俑都是以真人为模特,细节刻画丰富,栩栩如生。几千具兵马俑中,有"国"字形、"用"字形、"田"字形、"目"字形等八种脸型,说明早在两千多年前中国人的脸型就基本定型,这才导致现代人频繁"撞脸"兵马俑。秦兵马俑被誉为"世界第八奇迹""二十世纪考古史上的伟大发现之一",是世界了解中国的一个窗口。它不仅是中国的,也是全人类宝贵的遗产。让文物"说话",把历史智慧告诉人们——导游分享"兵马俑撞脸明星"就是一种有效的讲解方式。

"兵马俑撞脸明星"视频走红启示我们,文物的生命在于融入大众生活。正如专家所言,让文物"活起来",关键是讲好文物故事。无论是展览、教育活动,还是游戏动画、导览讲解、文创产品,都要把学术性、知识性、教育性和趣味性、观赏性结合起来,让文物故事以大众喜闻乐见的形式深入人心,融入百姓文化生活。

(文/付彪)

资料来源:《中国旅游报》2019 年 10 月 23 日第 003 版

案例思考:

根据上述导引案例,思考旅游产品的概念及构成,并讨论旅游产品组合开发对旅游企业经营的意义。

项目任务一　制定旅游产品策略

一、旅游产品的层次及组合策略

(一) 产品及旅游产品的概念

1. 产品

现代市场营销学认为,产品是指能提供给市场并引起人们注意、获取、使用或消费以满足某种欲望或需要的任何东西。在市场营销领域,产品不仅包括一般意义上具有物质形态和具体用途的有形产品,还包括服务、事件、人员、场所、组织、思想等无形的和特殊的产品。

2. 旅游产品

旅游产品有广义和狭义之分。

狭义的旅游产品仅指旅游商品,其满足旅游消费者外出旅游时旅途生活的需要,特别是体验、纪念等需要,包括旅游者旅游期间购买的生活用品、纪念品等各种实物商品。

广义的旅游产品则是指旅游企业经营者为了满足旅游消费者在旅游活动中的各种需求,向旅游市场提供的各种物质产品、精神产品和旅游服务的组合。其以旅游路线为主体,与各部门各行业结合,以满足旅游者伴随旅游所产生的食、住、行、游、购、娱的六大基本需求。

本书所讨论的旅游产品主要指广义旅游产品。

(二) 旅游产品的整体概念及层次

传统观念对产品概念的理解局限于某种物质的形态和具体的用途上。随着生产力的发展,产品日益丰富,传统的产品概念已不能适应市场营销的需要,于是现代产品概念即产品的整体概念应运而生。一般认为,整体旅游产品由核心产品、形式产品、延伸产品三个层次组成(见图 4-1)。

1. 核心产品

核心产品是指消费者购买产品时所追求的基本效用或利益,即产品的使用价值。它是消

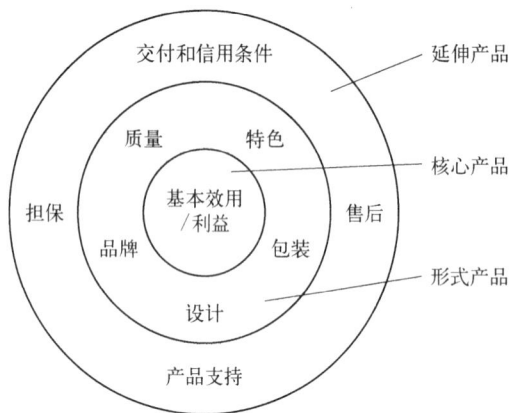

图 4-1　旅游产品层次

费者真正要购买的东西,是产品整体概念中最基本、最主要的部分。在旅游产品中,核心产品是指满足旅游消费者基本旅游需求的产品,通常包含食、住、行、游、购、娱六个方面,它是旅游产品的核心和主干,是旅游消费者购买的中心内容,也是旅游企业提供的核心利益。例如,旅游饭店的消费者购买的是休息和饮食。

2. 形式产品

形式产品又称为有形产品,是核心产品的载体,即核心产品出现在市场上的样貌,主要包括品牌、质量、设计、特色和包装等。形式产品是核心产品借以实现的各种具体产品形式,通过形式产品,产品的核心利益得以展示给消费者。在旅游产品中,形式产品是指满足旅游消费者不同需求和欲望的产品形式,如自然风光、人文景观、民俗风情等。

3. 延伸产品

延伸产品是指旅游消费者购买之前、之中和之后所得到的各种附加服务和利益的总和,即售前咨询、售后服务及销售过程中的其他服务。营销者往往利用附加服务和利益把自身的提供物与竞争对手的提供物区别开来。例如酒店送给旅游消费者的纪念品,它本身不属于旅游产品的构成,但是在核心产品和形式产品相似的情况下,延伸产品就有可能成为旅游消费者选择该项产品的决定性因素。

关于产品整体概念,近年来以菲利普·科特勒为代表的北美学者还有更细致的五层次分类,在三层次的基础上增加了期望产品和潜在产品。期望产品是指购买者购买产品时,通常期望或默认的产品应该具有的一整套属性和条件。潜在产品是指现有产品最终可能实现的全部附加部分和新转换部分。但目前更普遍的还是采用三层次的分类方式。

同步阅读

体育旅游产品的三层次构成

　　体育旅游产品主要由核心产品、形式产品和延伸产品构成。体育休闲旅游产品的核心产品是指体育休闲旅游资源、体育休闲旅游设施和体育休闲旅游服务,它们能够满足体育休闲旅游者从事体育休闲旅游活动的最基本需求,是整个体育休闲旅游产品的基础部分;形式旅游产品是体育休闲旅游产品经营者提供产品、设施、服务的款式及外观,是核心产品得以实现的形式;延伸产品包括体育休闲旅游产品经营者给游客提供的优惠条件、促销形式、付款方式以及售后服务等,是旅游者购买体育休闲旅游产品时所得到的所有附加利益的总和。

　　资料来源:徐眩.岳阳市体育休闲旅游产品开发探析\[J\].国际商贸.2016.(6):99-100.

(三)旅游产品的组合策略

旅游企业为消费者提供的旅游过程,不是简单的一段旅程、一间客房或一个景点,而是多种单项旅游产品的形式和内容的组合。只有完整而优质的旅游产品组合才有可能为旅游消费

者带来一次难忘的假日时光或文化之旅。因此,对旅游产品科学合理的组合是现代旅游经营者决策的重点

1. 旅游产品组合的定义

旅游产品组合(product assortment),是指旅游企业生产或销售的全部产品的结构,也称产品搭配。旅游企业往往希望设计和生产不同规格、不同档次的多种旅游产品与服务,并将其有机组合以实现经济效益最大化。

2. 旅游产品组合的相关概念

为了更好地理解旅游产品组合的概念,需要明确相关的重要概念。

(1)产品线。产品线(product line)是指在使用功能、销售对象、分销渠道等方面类似的一组产品,即产品大类,如餐饮、住宿、运输、娱乐等。同一产品线的产品在某些方面具有相似性,往往具有相同的目标顾客群体,通过同类渠道销售,或者价格同处在一定范围之内。企业的产品组合首先是由一条或几条产品线组成。产品线又由产品项目构成。产品项目是同一产品线中具有不同品种、档次、质量、价格的具体产品。

(2)产品组合的宽度。产品组合的宽度是指旅游企业拥有的产品线的数量,也就是旅游企业生产和经营旅游产品类型的多少。旅游企业的产品线多即为宽产品线;反之,则为窄产品线。宽产品线的组合,可以从多方面满足旅游需求、增加市场份额、提高经济效益,同时也可以充分利用旅游企业的人力、财力、物力,适应竞争状况,减少旅游市场变化带来的风险,提高企业自身的应变能力;窄产品线的产品组合,则可使企业集中力量,提高旅游产品的质量,从而提高专业化水平,设计出差异化的旅游产品。

(3)产品组合的深度。产品组合的深度是指一条产品线中所含产品项目的多少,也就是某一类旅游产品中具体项目的数量。例如,一条旅游路线中旅游活动项目多,游客逗留时间长,则称其产品组合较深。较深的旅游产品组合能在旅游市场细分化的基础上扩大旅游市场,满足不同旅游消费者的需求,提高市场占有率,而且在生产上具备批量少、品种多的特点,有利于旅游企业经济效益的提高;而较浅的旅游产品组合,则有利于旅游企业集中力量发挥专长,降低企业成本,吸引某些特定类型旅游消费者。

(4)产品组合的长度。产品组合的长度指旅游企业全部产品线所包含的产品项目总数,将所有产品线的长度加起来就得到产品组合的长度。

(5)产品组合的相关度。产品组合的相关度是指各个旅游产品线在最终用途、生产条件、分销渠道、消费者群或其他方面的相关程度。各产品线之间如果一致程度高,则产品相关性就大;反之,相关性较小。相关性大,可使企业精于专业,提高旅游企业与产品的市场地位,有利于经营管理水平的提高。一般而言,中小型企业应使产品组合相关性大。产品相关性较小,则使企业具有较强的垄断性,但由此所带来的成本也是十分昂贵的。

3. 旅游产品组合的形式

由于旅游资源及其产品类型的不同,旅游消费者可以在旅游过程中体验不同形式的旅游产品。旅游产品的组合有以下几种常见的形式。

(1)地域组合形式。这种组合形式跨越一定的地理空间,产品内容各异、特色鲜明,主要特点是内容丰富、地理反差明显,如华东五省市游、东南亚游等。这种组合一般分为国际与国内两种形式,国内组合形式分为全国型、区域型或城市型,国际组合形式分为全球型或区域型。

(2)主题组合形式。这种组合形式根据旅游的主题选择其产品,所选定的组成部分不受

地域的限制,一般分为专业型组合和综合型组合,例如中国红色旅游、都市旅游等为同一主题的专业组合产品;而一些具有特殊意义和主题的国别组合形式则称为综合组合形式。

（3）时间组合形式。这种组合形式依据季节的变化组合不同的旅游产品,如哈尔滨冬季的冰雪旅游产品,承德夏季的避暑旅游产品等。

（4）旅游者组合形式。这种组合形式主要是根据旅游者出行的方式来组合旅游产品,主要有团队旅游产品组合和散客旅游产品组合。

4. 旅游产品组合的具体策略

旅游产品组合策略就是根据旅游市场需求状况、竞争程度以及企业的资源禀赋,对产品组合的广度、深度以及相关性进行选择决策以形成最优组合。其基本思路有两点:一是向旅游产品组合的深度发展,二是向旅游产品组合的广度发展。具体可采用以下策略:

（1）扩大产品组合策略。扩大产品组合策略指扩大产品组合的广度,增加旅游产品数量,从而扩大旅游企业经营范围,增加产品组合相关性大的旅游产品品种。例如常见的产品线扩展策略可分为向上产品线扩展和向下产品线扩展。向上产品线扩展指定位低端的旅游企业向高端扩展其产品线,向下产品线扩展指定位高端的旅游企业向低端扩展其产品线,定位中端的旅游企业可以采用向两侧扩展产品线的策略。

扩大旅游产品组合策略的优点:第一,可以充分利用旅游企业的资源优势,分散市场波动带来的风险;第二,可以扩大企业的经营范围,顺势而为地满足游客多样化的需求;第三,有利于增强企业的竞争能力,提高企业的经济效益。

这种策略也有其自身的弱势和不足:第一,会分散旅游企业资源,使企业难以在某一细分市场上形成竞争优势;第二,会削弱企业力量,经营范围的扩大会导致企业经营成本增加。

（2）缩小产品组合策略。缩小产品组合策略是指缩小经营范围,求精、求专,淘汰已经过时的旅游产品,集中力量和资源生产或经营少数几个利润高、前景好的产品,实现旅游生产的专业化。

缩小产品组合策略的优点:第一,有助于企业加强管理,降低经营成本;第二,有助于企业集中力量提高产品质量,在细分市场上形成优势,创造良好的企业声誉。

这种策略的缺点:第一,由于经营范围的限制,利润额会受到影响;第二,产品的集中与有限,会使旅游企业的经营风险增大。

（3）改进现有产品策略。改进现有产品策略是指使原有的产品组合向深度发展,提高产品质量,改变旅游方式,扩大旅游者的参与,使产品以新的形式出现在市场上。这一策略可以从两方面入手:第一是对现有旅游产品在质量、特色等方面进行改造,进行市场扩展与渗透;第二是对现有的旅游产品档次进行提升。

（4）高（低）档产品策略。高档产品策略是指在原有的旅游产品中增加旅游产品的项目,以提高同类旅游产品的知名度和企业形象,增加销售量。相应地,低档产品策略则是指在原有的旅游产品基础上增加低档产品项目,使旅游产品日益大众化,以吸引消费能力有限的低层次旅游消费者。

二、旅游产品生命周期及其营销策略

旅游产品从投放市场开始,到最后被市场所淘汰为止的全部过程所经历的时间,被称作旅游产品的生命周期。一个完整的产品生命周期包括四个阶段:投入期、成长期、成熟期和衰退期。产品生命周期各阶段特征及营销策略如下(见表4-1)。

表 4 - 1　产品生命周期各阶段特征及营销策略

特点及策略	投 入 期	成长期	成 熟 期	衰退期
销售量	低	迅速增长	到达顶峰	下降
成本	高	下降	低	一般
价格	高	逐渐下降	最低	上升
利润	亏损或保本	上升	高	下降
竞争对手	极少	增加	最多	下降
消费者	革新者	早期采用者	随大流者	落伍者
产品质量	一般	不断改进	基本稳定,时好时坏	一般
经营重点	介绍宣传,提高知名度	多品种,多规格	维持老客户,争取新客户	选择时机
策略重点	扩大市场面	增加市场深度	保护市场面	提高效率

（一）导入期

旅游产品生命周期的导入期主要特点是:销售量较低;经营成本高;利润低;竞争者尚未加入。

导入期往往始于新产品首次进入市场。产品导入需要时间,销售量的增长往往比较缓慢。有些产品在进入快速增长阶段之前,会在导入期徘徊数年。在导入期,由于销售量低,分销和促销费用高,因此利润往往很低甚至亏本,一个公司需要有很多资金来吸引分销商并"填满分销渠道"。为了让旅游消费者了解该种新产品并敦促其购买,促销费用也经常会很高。此外,在导入期,竞争者一般很少,企业仅仅需要生产产品的基本类型并集中力量向那些愿意购买、通常属于高收入层的消费者推销,产品价格往往处于较高的水平,因为市场对产品还没有完全接受,成本很难下降。

在此阶段,旅游企业的营销策略应围绕"快"字做文章,具体如下。

（1）加强对产品的介绍和宣传,即加大促销力度,使消费者熟悉、信赖并购买企业所推出的新产品。

（2）利用企业已有的声誉或已有的品牌知名度,提携新产品。

（3）加强渠道建设,选择得力的旅游中间商,制定有吸引力的中间商政策,在产品的推广过程中取得中间商的支持与协助。

（4）施以有效的刺激手段诱使旅游消费者使用,如免费试用、优惠、赠品等。

（二）成长期

旅游产品生命周期的成长期主要特点是:销售量迅速增加;利润迅速增加;成本迅速下降;竞争者开始加入。

如果新产品满足市场的需要,它就会进入成长期,早期购买者会继续购买,而后来者听到该产品的好口碑时会开始紧跟步伐,销售额会迅速攀升,成本随之下降。因受利润机会的诱惑,竞争者开始进入市场,并可能推出产品的新用途,市场因此将会扩大。

在此阶段,旅游企业的营销策略应围绕"好"字做文章,通过以下方式来尽可能长期地维持市场的快速增长。

（1）提高产品质量及服务质量，并进一步改进产品功能、增加旅游产品品种、提供更多适合旅游者需要的服务项目等。

（2）努力进入新的细分市场，积极开拓新市场。

（3）促销宣传的重点应从建立对旅游产品的认知转向建立对旅游产品的信任，努力树立产品形象，宣传产品特色，提高产品及企业知名度，创立名牌，使消费者产生偏爱。

（4）在适当的时候降低价格以吸引更多的购买者。

在成长期，旅游企业需要在高市场份额和当前的高额利润之间作出权衡。通过在产品改良、促销和分销方面的巨额投入，企业可以谋取一种控制地位，但这要牺牲当前利润最大化的目标，这种牺牲只能寄希望于在下一个阶段得到补偿。

（三）成熟期

旅游产品生命周期的成熟期主要特点是：销售增长趋于和缓，销售量和利润达到最高点，经营成本达到最低点，竞争异常激烈。

产品的销售增长在某一点上开始转向缓慢时，该产品便进入了成熟期。这一阶段所持续的时间通常会比前两个阶段长，而且营销往往也面临巨大的挑战。在这个阶段，要想增加销售量，唯一的办法显然是从竞争者那里拉拢顾客。所以，价格战和巨额广告投入通常就成了基本的手段，而二者都会使利润减少。在激烈竞争的情况下，弱小的竞争者逐渐被淘汰出局，产业内最终只剩下那些有实力竞争者盘踞着主要的细分市场，一些小竞争者则固守着某些超细分市场。

在此阶段，旅游企业的营销策略应围绕"长"字做文章，具体做法包括如下几个方面。

（1）改革市场，一般可从深度和广度这两种途径进行。

（2）改革产品和服务，包括服务质量的改革和旅游新产品的研制和开发。

（3）改革市场营销组合，企业可以通过变换市场营销组合中的一个或几个变量来刺激市场的需求。

（四）衰退期

旅游产品生命周期的衰退期主要特点是：销量开始下降；成本费用开始上升；利润明显下降；竞争格局已明朗，胜负已成定局。

大多数旅游产品和品牌的销售量最终都会下降。有些产品的衰退会迟缓一些，如旅游食品和特色餐馆，还有一些产品的衰退可能会迅速一些。销售量的衰退有很多原因，包括技术进步、消费者口味的变化以及竞争的激化。旅游企业必须对其老化产品给予格外的关注，并做出是否维持、选取或舍弃该产品的决策。定期检查每一种产品的销售情况、市场份额、成本和盈利趋势，会有助于发现产品是否处于衰退阶段。

在此阶段，旅游企业的营销策略应围绕"转"字做文章，具体如下。

（1）逐步放弃策略。这是一种比较理想的方式，它允许将产品以一种有序的方式撤出市场。例如菜单上的一种菜品可以在新款菜单当中用新品替代。

（2）立即放弃策略。当产品有可能对顾客产生伤害，或引起顾客反感时，就应选择这种策略。例如菜单上的一种菜品引起大量投诉，最好放弃该菜品，不要继续创造不高兴的顾客。

（3）卖完为止策略。可以用于产品销售量很低、成本超过收益的场合。例如提供蟹肉鸡尾酒的餐馆一周只能卖上一两份，如果餐馆决定剔除该产品，它就可能不再购买原料。

三、旅游新产品开发与品牌打造

由于所有的产品最终都要步入衰退,所以旅游企业必须善于开发和管理新产品才能面对不断变化的顾客品味、技术和竞争。

（一）旅游新产品的概念

市场营销中的"新产品"在内涵上比一般意义上的"新产品"要宽泛。产品整体概念中的某一部分进行有意义的变革或创新都可以称为新产品。旅游新产品则是指同现有产品相比较,在原理、构成、方法、手段等方面有显著改进和提高,并在一定市场和范围内首次投放和使用,能给旅游消费者带来某种新的满足和新的利益的产品。一般分为以下四类。

1. 全新旅游产品

指旅游企业运用科技新成果、新原理、新技术、新工艺和新材料制作的市场上前所未有的产品。

2. 换代新产品

也称为革新产品,是指部分改变市场上已经出现的原有产品结构和性能而形成的产品,它使原有产品的性能得到改善和提高,具有较大的可见价值。

3. 改进新产品

指对现有产品的质量、特点、外观款式或包装加以全面或局部改进的产品。

4. 仿制新产品

指旅游企业仿造国内外市场上已经存在的其他企业产品而生产出来的新产品。

（二）旅游新产品的开发步骤

旅游新产品的开发步骤包括循序渐进的八个阶段,即：创意形成—创意筛选—概念性开发与测试—制定营销战略—业务分析—产品开发—测试性营销—正式上市。

1. 创意形成

新产品开发始于创意形成。寻找新产品创意的过程应注意与企业业务类型的协调。几个好的创意来源主要是：内部来源、顾客、竞争对手、分销商与供应商和其他来源（行业杂志、展览和研讨会）。对于成熟的旅游目的地而言,旅游线路新产品体现在旅游资源的重新整合（可进入性发生变化、浏览景点次序的调整等）、产品定位细化、旅游目的地的销售策略调整、产品附加值的增加等。

2. 创意筛选

创意筛选是指采用适当的评价系统和评价方法对各种创意进行比较分析,选出可行性较高的创意。其目的是尽可能快地抓住好的创意,只留下可以给旅游企业带来盈利的产品创意。筛选的主要依据有三个方面：一是外部环境,即市场竞争激烈程度和消费者需求前景是否具有市场空间;二是企业内部因素,旅游企业的发展目标及人、财、物等资源能力是否具有开发能力;三是经济指标是否可行,获得利润如何。

3. 概念性开发与测试

概念性开发与测试要把留下来的创意发展为具体的旅游产品概念,即旅游企业通过文字、图案、模型等进行详尽的旅游产品创意描述,把产品的用途、性能、式样、价格、卖点等创意具体化,并以某种为旅游消费者所理解的术语加以表述。新产品概念确定以后,还需要进行产品概念测试,进一步了解消费者的意见并完善产品概念,以确定最佳的产品概念。

4. 制定营销战略

第一部分描述目标市场、既定产品的市场定位,以及几年内要达到的销售额、市场份额和利润额目标;第二部分概述产品第一年的计划价格、分销渠道和营销预算;第三部分描述长期的预期销售额、盈利目标和相应的营销组合战略。

5. 业务分析

业务分析涉及对新产品从技术和经济上做出评价分析。技术可行性分析要看新产品质量、流程是否能够满足,经济可行性分析是指对新产品销售量、成本和利润等财务情况进行经济效益分析,判断是否满足企业目标。常见经济分析方法有盈亏平衡分析、投资回收期分析、销售利润率分析、资本利润率分析等。如果符合,产品就能进入开发阶段了。

6. 产品开发

产品开发阶段是产品概念被发展成为实体产品,包括对新产品的设计、试制和鉴定等,需要一定投资,可以看出产品创意到底是否能够被转变为有用的产品。

7. 测试性营销

测试性营销是指将旅游产品投放到有代表性的一定范围市场上进行试销,收集市场情况,决定是否大批量投产。并非所有的新产品都要经过试销,是否进行市场测试,需要考虑新产品上市的成本、失败的风险。如果新产品成本很高,而且成功的可能性又难以确定,那么就应该进行试销。该阶段能使旅游企业在进行大笔投资、全面推广产品之前获得产品营销的实际经验,发现潜在的问题,了解更多的信息。

8. 正式上市

若新产品试销成功就可以批量生产全面推向市场。旅游企业在此阶段应该明确新产品销售的区域、时机、目标市场、市场计划、上市方案等。

(三) 旅游产品的品牌策略

品牌指旅游消费者对产品及产品系列的认知程度。具体实践中,品牌往往是制造商或经销商加在商品上的标志,由名称、名词、符号、象征、设计或它们的组合构成,体现了特定产品的属性、利益、价值、文化、个性、用户。一般包括两个部分:品牌名称和品牌标志。

旅游产品在进行品牌命名与设计时要遵循以下原则。

1. 简短、易记

品牌名称要易于听说读和力求文字简洁、精悍。一个读音响亮、顺口、听起来顺耳的品牌,容易得到传播。

2. 独特新颖、寓意深刻

好的品牌要有独特的风格,独特的品牌便于记忆和识别,随大流、无个性的品牌容易被市场上众多的品牌所淹没,或让人误解为大路货。

3. 具有特色、易于联想

品牌最主要的作用是产品区分与识别,其特色有利于辨认。有特色的品牌容易引起消费者的兴趣和记忆。所以特殊的设计和刺激力是品牌的共同要求。品牌名称应对产品具有提示作用,好的品牌名称需要与产品本身有某种联系,能暗示有关产品的某些优点或易使人产生某种联想。例如,"雪碧"就使人联想到清凉爽洁。

4. 遵守法律、尊重习俗

品牌作为一种语意符号,往往隐藏着许多鲜为人知的秘密,选择不慎,便可能触犯目标市场所在国家或地区的法律,违反当地社会道德标准或风俗习惯,使企业蒙受不必要的损失。例如,我国上海生产的"芳芳"幼儿香粉曾在美国遭到冷遇,原因就在于" fang fang"的发音类似于当地尖牙的意思。可口可乐公司要进入中国市场,为了适应中国文化和信仰也取了一个非常中国化的名字"可口可乐"和原英文商标同时使用,这一中文译名音、形、义俱佳,为可口可乐公司开拓中国市场立下了汗马功劳。

在实施中,旅游企业可采用以下品牌策略。

(1)同一品牌策略:指企业生产的一切产品均使用同一种品牌进入市场。

(2)个别品牌策略:指企业按产品的品种、用途和质量,分别采用不同的品牌。

(3)品牌扩展策略:又称品牌延伸,指旅游企业利用已具有影响力的成功品牌来推出改良产品或新产品。

(4)品牌重新定位策略:当竞争对手的产品侵占了本企业品牌的一部分市场或消费者的需求偏好发生了转移时,旅游企业对原有品牌进行重新定位。

同步阅读

查干湖冬捕为何能成为"冬季到吉林来玩雪"的金字招牌?

2018年9月,习近平总书记来到吉林查干湖视察,肯定了查干湖"生态保护和发展生态旅游相得益彰"的发展道路,让每一个爱湖、守湖的查干湖人心潮澎湃。在习近平新时代中国特色社会主义思想指引下,查干湖以冬捕为核心的冰雪经济发展势头正强。

每年的12月末至次年春节前,是查干湖最欢乐、最受欢迎的季节,一年一度的查干湖冰雪渔猎文化旅游节已经持续了十几届。2018年12月28日,查干湖40斤的头鱼以99万元的历史最高价被某企业收购,将第十七届查干湖冰雪渔猎文化旅游节的现场气氛推向高潮(见图4-2)。

图4-2　查干湖冰雪渔猎

查干湖冬捕作为"冬季到吉林来玩雪"的金字招牌,为吉林从冰雪旅游到冰雪产业的"银色革命"篇章增添了精彩一笔。

开发旅游　渔民游客两欢喜

2018 年 12 月的一天,杭州的陈波一家向家住吉林的亲戚打听旅游事宜,"在电视上看过查干湖冬捕,凌晨时分,'鱼把头'们裹着厚厚的皮袄,戴着皮帽,赶着马车……"陈波神往的语气让见惯了吉林冰雪的亲戚也禁不住跟着赞叹起来。

"从没想过自己还能过上这样的好日子。"说起查干湖的变迁,今年 46 岁的'鱼把头'陈立军感触颇深,过去生活特别艰苦,冬捕有时一个月只挣 80 多,现在一个月能挣 1 万多,旺季时能挣两三万。

近年来,查干湖渔场建成了由关东渔王宾馆、渔猎部落、渔情天地、沙滩浴场、游艇俱乐部组成的查干湖生态渔业园区,和由捺钵广场、捺钵水上欢乐园、契丹岛百花园、野鸭湾湿地公园、渔家乐宾馆等组成的综合渔业园区。

如今,每年盛大的冬捕节都会吸引全国各地游客前去看冬捕、品鲜鱼、赏雪景、享冰趣。很多渔场职工家属因此开起了超市和饭店。"这生意一年比一年好,2017 年冬捕时,我们这儿吃饭基本都满员,房间得提前订。"查干湖渔场职工家属王凤云表示,本届(第十七届)冬捕节有很多订单,"怕不够吃,各家都预备了很多酸菜、大酱等"。

传统冬捕　生产生态两不误

查干湖美景得到越来越多人的喜欢,查干湖冬捕吸引了大量国内外宾客,查干湖经济也进入良性发展快车道。不过它也曾经历困境。20 世纪 70 年代末,查干湖几近干涸,"引松入湖"工程让当地人心中的"圣湖"重现了勃勃生机。可随后的十余年间,湖鱼的品种和产量却因技术瓶颈、洪涝灾害两度遭遇危机。

"不肆意建高楼,不让工业污染大湖。沿用古法捕鱼,实施科学捕捞。"在渔场工作了大半辈子的查干湖渔场党委副书记单君国说,像保护生命一样保护查干湖生态,像爱护生命一样爱护查干湖,已经成为守湖人的共识。

"冬捕用 6 寸的网,网眼可以把不到 5 斤的鱼都漏出去,这是老祖宗传下来的规矩。"56 岁的张文是第 20 代'鱼把头'传承人,没有人比他更了解查干湖里的鱼儿们,"我们每年都要投放 100 多万斤的小鱼苗,科学养、科学捕,而且不是机械作业,不会对湖水造成污染,可以做到生态和生产的平衡。"

吉林省文化和旅游厅厅长杨安娣表示,为大力推动生态旅游发展,查干湖多措并举:在规划设计上,解决查干湖未来整体发展定位、发展路径及措施、资源有序利用等问题,制定生态旅游项目准入目录,确定生态保护红线、标准和原则;在产品打造上,围绕坚持生态保护优先和发展生态旅游的目标定位和原则,把发展重点确定在产品打造和服务管理水平提升方面,做到产品精品化、服务人性化、管理高端化;在精品线路设计上,围绕"吉人吉祥旅游双环线"的总体布局,把查干湖景区作为西部草原生态旅游大环线的重要节点,推出查干湖生态旅游景观、通榆向海、镇赉莫莫格等吉林西部草原湿地风光。同时,还将加强景区质量检查、加强节假日期间应急值守工作、完善旅游投诉快速受理处理工作机制、发布旅游风险提示等,以进一步加强旅游安全和市场监管。

寒地经济　致富发展两促进

第十七届查干湖冰雪渔猎文化旅游节从 2018 年 12 月 28 日持续至 2019 年 2 月 28 日,以"牢记殷殷嘱托守护金字招牌,传承渔猎文化展示冬捕奇观"为主题,分为文艺演出、开幕式、文化旅游娱乐活动 3 个板块。其中,开幕式"祭湖醒网仪式"通过"捕捞头鱼""拍卖头鱼"等形式,传承渔猎文化,体现"古老、神秘、神奇、神圣"的查干湖文化。

查干湖冰雪渔猎文化旅游节仅是吉林冬日冰雪旅游的一个缩影。为深入贯彻习近平总书记"冰天雪地也是金山银山"的重要指示,吉林旅游人紧紧抓住历史性机遇,牢牢把握冰雪产业发展的黄金增长期,扛起建设冰雪产业大省的大旗,坚持高位推动、政策驱动、产业联动、营销促动,培育"白色"产品体系,延伸产业链条,吉林冰雪已从"冷资源"变成了"热产业"。

据统计,2016至2017年雪季,吉林省接待冰雪旅游人数6 199.08万人次,同比增长19.36%;实现旅游总收入1 160.89亿元,同比增长27.12%,占全省旅游总收入的33%。

杨安娣说,从冰雪的产业价值入手,构建冰雪产业体系,谋划发展冰雪全产业链条,发挥冰雪的综合带动作用,从而实现真正意义上的"旅游担当"。

目前在吉林,作为冰雪旅游核心载体的雪场已经发展到36家。在全国700余个滑雪场中,万科、万达、北大壶三大雪场相继领跑。冰雪旅游+全域经济带动、冰雪旅游+乡村振兴、冰雪旅游+林业转型升级、冰雪旅游+康养互融共进……冰雪旅游正带动其他产业携手前行。

吉林正扩大平台维度,深挖文化内涵,强化品牌热度,加快推动"白雪换白银"。吉林将努力建设成为中国冰雪产业大省、冰雪旅游强省和世界级冰雪旅游目的地。

(文/孙莹、赵利)

资料来源:《中国旅游报》2019年1月9日 https://mp.weixin.qq.com/s/DpeRU8HTA2tCyjyfgaeOiA

项目任务二　制定旅游产品价格

一、影响旅游产品定价的因素

价格就是针对某一个产品或服务而收取的货币数量。更广泛一点来说,价格是指消费者为获得、拥有或使用某种产品或服务而支付的价值。价格是营销组合中唯一与收益直接相关的要素,因此旅游企业必须慎重科学地进行旅游产品定价。影响旅游产品定价的因素有很多,以下主要从内部和外部两个方面进行分析。

(一)内部因素

1. 企业整体营销战略与策略

旅游企业在从事市场营销活动过程中,需要考虑整体营销战略与策略组合,各项营销决策之间需要协调配合形成一个有机整体。因此定价目标既要服从市场整体营销战略目标的实现,又要配合旅游产品策略、销售渠道等各项决策的制定与实施。

旅游企业定价目标一般可分为利润目标、销售额目标、市场占有率目标和稳定价格目标。

(1)利润目标。获取利润是旅游企业生存和发展的必要条件,是旅游企业经营的直接动力和最终目的,因此,利润目标为大多数旅游企业所采用。由于旅游企业各自的经营情况不同,这一目标在实践中有两种形式。

一是以追求最大利润为目标。旅游企业追求长期的、全部产品综合的最大利润,这样旅游企业就可以取得较大的市场竞争优势,占领和扩大更多的市场份额,拥有更好的发展前景。当然,对于一些中小型旅游企业和产品生命周期较短的产品,也可以谋求短期最大利润。高额利润有时通过采用低价策略,待占领市场后逐步提价来获得,有时则采用招徕定价,通过对部分产品定低价和赔钱销售带动其他旅游产品的销售,进而谋取最大的整体效益。

二是以获取适度利润为目标。主要指旅游企业在补偿平均成本的基础上,适当地加上一定量的利润作为商品价格,以获取正常情况下合理利润的一种定价目标。采用适度利润目标有各种原因,可以使旅游产品价格不会显得太高从而阻止激烈的市场竞争,也可能是某些旅游企业出于协调投资者和消费者的关系、树立良好企业形象的目的。当经济滑坡、衰退或萧条来时,旅游企业常采用这种目标。旅游企业可减少生产以适应降低的需求或通过降价回收资金。

(2)销售额目标。这种定价目标是在保证一定利润水平的前提下,谋求旅游销售额的最大化。某种旅游产品在一定时期、一定市场状况下的销售额由该产品的销售量和价格共同决定,因此对于需求价格弹性较大的产品宜采用薄利多销策略,若产品的需求价格弹性较小则应该采用高价策略。

采用销售额目标时,应以保证最低利润为原则。

(3)市场占有率目标。市场占有率,又称市场份额,是指企业的销售额占整个行业销售额的百分比,或者是指旅游企业的某产品在某市场上的销量占同类产品在该市场销售总量的比重。很多旅游企业认为市场占有率是旅游企业经营状况和企业产品竞争力的直接反映,市场份额最大的企业最终将具有成本优势、长期会有较高利润,因而往往力争占据最大的市场份额。

以市场占有率作为定价目标,其特征是根据竞争对手的价格水平不断调整价格,以保证足够的竞争优势,防止竞争对手占有自己的市场份额。其方法往往是以较长时间的低价策略来保持和扩大市场占有率,增强旅游企业竞争力,最终获得最优利润。一般要求至少具备三个条件。

其一,旅游企业有雄厚的经济实力,可以承受一段时间的亏损,或者旅游企业本身的生产成本低于竞争对手;

其二,旅游企业对其竞争对手情况有充分了解,有从其手中夺取市场份额的绝对把握;

其三,旅游企业所在地政府未对市场占有率做出政策和法律的限制。

(4)稳定价格目标。稳定价格目标通常情况下由那些拥有较高市场占有率、经营实力较强或较具有竞争力和影响力的领导者先制定一个价格,其他旅游企业的价格与之保持一定的距离或比例关系。其实质是通过本企业产品的定价来左右整个市场价格,避免不必要的价格波动,按这种目标定价,可以使市场价格在一个较长的时期内相对稳定,

2. 成本

产品成本是指旅游产品在生产过程和流通过程中所支出的全部费用,包括生产成本、促销成本和分销成本等。

显然,对旅游企业的定价来说,成本是一个关键因素。产品定价以成本为最低界限,产品价格只有高于成本,旅游企业才能补偿生产和流通过程中的耗费,从而获得一定盈利。但这也不排斥一段时期在个别旅游产品上,价格可能低于成本。市场竞争中,产品成本低的旅游企业对价格制定会有较大的灵活性,在市场竞争中具有优势地位;反之,则会处于被动地位。

(二)外部因素

1. 市场与需求

消费者通常根据所得的利益来判断某种产品或服务的价格。因此,营销必须在制定价格前理解产品价格与消费者需求之间的关系。

所谓需求,是指有购买欲望和购买能力的有效需要。影响需求的因素很多,在其他因素不

变的情况下,价格与需求量之间有一种反向变动的关系:需求量随着价格的上升而下降,随着价格的下降而上升,这就是一般旅游产品的需求规律。

此外,营销还应了解产品的需求价格弹性,即需求对价格变化的反应。如果价格小幅变化未引起需求大幅变化,需求就是缺乏弹性的;反之如果小的价格变化幅度可以引起更大的需求变化幅度,需求则富有弹性。

大多数旅游需求与价格呈负相关,并且大部分旅游产品属于需求富有弹性的产品,在制定价格时需要考虑定价对需求及最终销售额的影响。声望旅游产品的需求曲线有时会向上倾斜。旅游产品很有特色、质量很好、声望很高或排他性很强、很难找到替代品时,购买者就对价格的敏感性低。

2. 竞争因素

市场竞争也是影响价格制定的重要因素。根据竞争的程度不同,企业定价策略会有所不同。按照市场竞争程度,可以分为完全竞争、不完全竞争和完全垄断三类情况。

(1)完全竞争。完全竞争也称自由竞争,一种理想化的极端情况。在完全竞争条件下,买者和卖者都大量存在,产品是同质的,不存在质量与功能上的差异。企业自由地选择产品生产,买卖双方能充分地获得市场情报。在这种情况下,无论是买方还是卖方都不能对产品价格进行影响,所以市场营销、产品开发、定价、广告、促销都无法起作用。

(2)不完全竞争。不完全竞争介于完全竞争与完全垄断之间,是现实中存在的典型的市场竞争状况,买者或卖者对价格和交易数量起着较大的影响作用。买卖各方获得的市场信息不充分,卖方提供的同类产品有差异,可以利用品牌和广告使自己的产品区别于竞争对手。在不完全竞争情况下,企业的定价策略有比较大的回旋余地,它既要考虑竞争对手的价格策略,也要考虑本企业定价策略对竞争态势的影响。这也是大多数旅游产品所属市场的竞争状况。

(3)完全垄断。完全垄断是完全竞争的反面,是指一种产品的供应完全由独家控制,形成独占市场。在完全垄断情况下,交易的数量与价格由垄断者单方面决定。完全垄断在现实中很少见,可能是政府垄断、私有的限制性垄断或非限制性垄断。

不同的竞争条件会导致不同的竞争强度,对旅游企业的价格策略有重要影响。企业需要了解自身产品所在市场的竞争强度和竞争对手的价格策略、竞争对手的实力,在此基础上才能分析本企业在竞争中的地位并做出正确的价格决策。

3. 其他环境因素

企业的定价策略除受外界的需求以及竞争状况影响外,还受到其他多种因素的影响,包括政府或行业组织的干预、消费者习惯和心理、企业或产品的形象等。

(1)政府或行业组织干预。政府为了维护经济秩序,或为了其他目的,可能通过立法或者其他途径对企业的价格策略进行干预。政府的干预包括规定毛利率、规定最高和最低限价、限制价格的浮动幅度或者规定价格变动的审批手续、实行价格补贴等。例如,2016年10月,原国家旅游局曾在全国范围内对"不合理低价"进行专项整治,约谈了阿里旅行、去哪儿网等在线旅游企业,对其经营"不合理低价游"行为发出警告,并责令整改。

(2)消费者心理和习惯。价格的制定和变动在消费者心理上的反映也是价格策略必须考虑的因素。消费者在购买前一般对商品有一定的心理期望值,如果产品价格高于消费者的心理期望值,就很难被消费者接受;反之低于心理期望值,又会使消费者对商品的品质产生误解,甚至拒绝购买。

首先,"便宜无好货,好货不便宜"是消费者最常见的心理。在现实生活中,很多消费者存在"一分钱一分货"的观念。面对不太熟悉的商品,消费者的此类消费心理是企业定价必须考虑的重要因素之一。

其次,"物美价廉"往往使消费者追求所购买的商品利益最大化。当商品的品质难以直观判断时,消费者通常以价格高低来评判商品的品质。

第三,炫耀性消费心理也是企业定价必须要考虑到的因素。在炫耀性消费心理的驱使下,一些消费者为获得精神上的满足而不介意价格的高低,比如很多中国旅游消费者去国外大肆采购奢侈品和"穷家富路"的旅游消费习惯。

因此,营销中的价格决策要求对产品的目标市场有创造性的理解,能了解影响产品定价的多种因素。

同步阅读

旅游经济应"不赚小钱赚大钱"

据悉,为迎接即将到来的"五一"小长假,湖南六大景区将取消门票,三大景区门票将降价,并在"五一"假期前调整到位。此外,湖南长株潭城市群一体化发展联席会议秘书处还发布了长沙、株洲、湘潭已经免费开放的3A级以上旅游景点的汇总清单,并规划设计了长株潭休闲旅游精品线路、红色旅游精品线路、研学旅行精品线路等多条小长假长株潭旅游推荐线路。

总体上看,目前国内部分旅游景区对"门票经济"依赖过度。同时,少数景区正试行"零门票",游客人数和旅游综合收入明显增长,不仅弥补了门票收入缺口,还获得社会良好评价。公开报道显示,如果平均每一个游客都在杭州多留24小时,杭州市的年旅游综合收入便会增加100亿元。而天台县南屏乡南黄古道景点取消门票后,年收入不减反增,去年游客量达50万人次,当地农民通过农家乐经营、农产品售卖,年收入达到上千万元。景区免费开放,表面上看似赔本买卖,其实是放大了旅游经济效应。

长期以来,国内发展旅游产业,主要是建景点、景区、饭店、宾馆,这样有着计划经济色彩的旅游模式在大众旅游时代是否适应,值得深思。事实上,一些旅游景区"零门票",不仅吸引了更多游客,带动周边经济发展,也为景区赢得更好口碑,起到良好的宣传效应。"零门票"给旅游行业带来理念冲击效应,促进景区管理部门的经营思路开始淡化"门票经济"色彩。一些旅游景区借鉴"零门票"模式,使旅游淡季不淡,带动了旅游综合经济的发展。

众所周知,旅游经济由食、住、游、娱、行、购等多要素组成。实行低价门票或免费开放,不仅将大大提升人气,还会带动周边酒店、餐饮、购物、娱乐等产业的发展。在不少地方,发展旅游业已成为地方政府拉动当地经济的"良方"。在全域旅游的背景下,要让旅游和整个城市的发展融合在一起,实现从"门票经济"向产业经济转变,就必须让整个城市及其旅游景区学会"不赚小钱赚大钱"。如果依然抱着"门票经济"的旧思维,只看得见"锅里"的门票收入,完全看不见"锅外"的整个旅游产业,不能实现"景点旅游"向全域旅游转变、从"门票经济"向"产业经济"转变,势必影响景区乃至所在地的长远发展。

资料来源:吴学安.旅游经济应"不赚小钱赚大钱"[N].中国财经报,2019-4-30(007).

二、旅游产品的定价方法

（一）成本导向定价法

在成本的基础上加上一定的利润和税金来制定价格的方法称为成本导向定价法。由于产品形态以及在成本基础上核算利润的方法不同,成本导向定价法可分为以下几种形式。

1. 成本加成定价

成本加成定价法是最简单的定价方法,即在旅游产品成本的基础上加上预期利润的百分比作为产品的销售价格,售价与成本之间的差额即为利润。由于利润的多少是以几成的形式出现,因此人们习惯上称这种比例为"加成",这种方法就被称为成本加成定价法。目前被广泛应用于制定旅行社产品、饭店食品和饮料等产品的价格。但是采用这种定价方法如果出现产品销售困难,则预期利润率就会很难实现。成本加成定价公式:

$$旅游产品单价 = 单位旅游产品完全成本 \times (1+成本利润率) / (1-税率)。$$

采用成本加成定价法,确定合理的加成率是问题的关键。不同的产品应根据不同的性质、特点、行业状况、市场环境和流通环节等确定不同的加成率。

成本加成定价法的优点是计算简单、简便易行,极大地简化了旅游企业的定价程序,并可以使企业获取预期利润。但其也存在一些缺点:作为卖方导向定价,其忽视了市场需求和竞争状况,缺乏灵活性。

2. 盈亏平衡及目标利润定价

另一种成本导向的定价方法是盈亏平衡定价法,旅游企业设法找到一个使企业盈亏得以平衡的价格水平。还有些企业运用一种盈亏平衡定价的变通方法,根据损益平衡点的总成本及预期利润和估计的销售数量来制定产品价格,称为目标利润定价法,旨在获取一定的投资回报。这种定价方法的计算公式:

$$单位产品价格 = (固定成本+总变动成本+目标利润) / 预期产品数量。$$

这儿的成本并非实际成本,它受预期多种因素的影响,需建立在对价格、成本、销售量和利润进行科学预测的基础上,这样才能使定价与实际相符合,以实现预期利润。

目标利润定价在饭店业应用较为广泛。千分之一法和郝伯特定价法是饭店制定价格经常使用的两种方法。

千分之一法又称客房经验定价法,是指饭店要想获取利润,房价应占建筑总投资的千分之一。因为饭店建筑所需投资通常占其总投资60%至70%,因此饭店的房价与造价之间有着直接的联系。建造成本总额包括饭店开业前的各项支出,如建筑成本、设施设备购置费用、人员招聘等费用。按千分之一法饭店房价的计算公式:

$$每日客房平均价格 = (建造成本总额/客房间数) / 1\,000。$$

郝伯特定价法则是由美国饭店和汽车旅馆协会主席罗伊·郝伯特(Roy Herbert)主持发明的以目标收益率为出发点的定价法,通过预测饭店经营的各项收入和费用来测算客房的平均价格。

（二）需求导向定价法

需求导向定价是指以旅游产品的市场需求状态为主要依据,综合考虑旅游企业的营销成本和市场竞争状态而制定或调整产品、服务的营销价格的方法。由于与市场需求相联系的因素较多,并且旅游企业对这些因素的重视程度不一,具体的定价方法也有所不同。

1. 习惯定价

习惯定价法是旅游企业依照长期以来被消费者接受和承认的已成为习惯的价格来定价。某些旅游产品在长期的购买消费及使用过程中,消费者习惯上已经接受了这种产品的属性和价格水平,因而旅游企业在从事新产品、新品种开发之际,只要产品的基本功能和用途没有改变,经营此类产品的旅游企业不能轻易改变价格,涨价会影响产品的市场销路,降价会引起消费者怀疑产品的质量。例如,一些地方土特名产、名小吃及旅游小工艺品等价格的确定,往往是由消费者习惯认定的。而一些城市的民俗游、郊区游、农家乐等旅游产品,消费者熟悉和习惯的心理价位为每天百元左右,旅游企业往往需要将产品与消费者的心理预期相比进行定价。

2. 认知价值定价

认知价值定价法是旅游企业根据消费者对旅游产品价值的感觉、理解而制定价格的方法。认知价值定价法将购买者对产品价值的认知而不是售卖者的成本作为定价的关键因素。企业利用营销组合中的非价格变量如广告宣传、附加产品等因素来建立购买者头脑中的感知价值,并制定出一个与消费者理解和认识相符合的价格。

认知价值定价法成功的关键是通过深入细致的调查研究准确估计买主对产品的认知价值,在此基础上做好产品的市场定位,突出产品的特性,综合运用各种营销手段,提高产品的知名度,使买主感到购买这些产品能够获取更多的相对利益,从而提高他们接受价格的限度。

3. 差别定价

差别定价法是根据旅游消费者的需求程度和对产品价值的认识,将同一旅游产品制定多种价格,以便运用在不同的细分市场上。制定不同价格的依据主要有以下三种情况:

(1)消费者不同。旅游目的不同的消费者类型会给企业带来不同的利益,针对不同的消费者实施不同的价格可以增加企业的营业额。酒店往往针对团体顾客和非团体顾客制定折扣不同的房价。一个无预订的散客进店,酒店给出的是门市价;业务单位介绍来的客人,由于业务单位能给饭店带来持续而稳定的客源,酒店给客人的可以是优惠价或折扣价。

(2)地点不同。旅游热点城市与冷点城市会出现同一产品价格不同的差异,如同一集团的饭店,因其所在的地理位置不同,定价会有所差异。

(3)时间不同。例如,酒店往往在不同季节、不同日期甚至不同钟点实施不同房价。客房旺季价格,旅游企业往往在原房价基础上上浮一定比例,而在淡季会在原房价基础上给予一定折扣。

小链接

印度景点集体涨价,门票价格本国人与外国人差别"巨"大

印度门票价格内外有别是一贯传统。在印度人看来,外国人有钱,不宰外国人宰谁?但是,时隔12年后,印度景点门票又将集体大幅上涨,而且内外差别"巨"大!

印度所有景点几乎无一例外都是历史遗迹,都由印度考古研究所统一管理,统一印制门票、掌管门票收入。此次印度考古研究所决定,对A类遗迹,印度人的参观价格从原来的10卢比涨到30卢比,外国人则从250卢比涨到750卢比。

但是,位于阿格拉著名的"爱情圣殿"泰姬陵与印度其他A类遗迹不同,参观泰姬陵,游

客除了需要支付750卢比的门票外,还要额外支付阿格拉市政征收的"城市建设费",即所谓的"通行税"。对印度人而言,参观泰姬陵除了门票30卢比外,还有10卢比是"通行税",一共要花40卢比(相当于人民币3.8元)。对外国人而言,"通行税"则高达500卢比,加上门票750卢比,参观泰姬陵需要花费1 250卢比(相当于人民币120元)。

资料来源:马蜂窝.(2019-4-16).https://www.mafengwo.cn/travel-news/222962.html

(三)竞争导向定价法

竞争导向定价法是通过研究竞争对手的产品价格和服务质量,以市场上相互竞争的同类产品价格为基准点确定同类产品的价格。这种方法的特点是,竞争是定价考虑的中心,除非市场需求或成本因素的变化引起了竞争者价格的调整,否则不对其做出反应。一般包含以下几种。

1. 率先定价

率先定价指实力雄厚或产品独具特色的旅游企业结合自身的市场定位,率先制定具有竞争性的价格来吸引消费者,占领市场优先权。若价格符合市场供求需要,率先定价的企业就能够在竞争中获取较大收益。

2. 随行就市定价

这种定价方法是指旅游企业根据同一行业的平均价格或其直接竞争对手的平均价格来制定自己的价格。随行就市的定价方法是同质产品市场的惯用定价方法,在竞争态势不明朗、缺乏较强竞争力的情况下可以较好地避免正面的价格竞争,易于帮助旅游企业保持市场份额。在竞争对手众多的旅游同质产品市场,价格稍有出入,消费者可能便会涌向更为廉价的产品。由于平均价格容易被旅游消费者接受,同时保证企业获得与竞争者相一致的利润,因此随行就市定价法有利于旅游企业避开恶性竞争的局面。

同步阅读

雪乡价格之"痛"背后,哪些问题值得思考?

舆论对雪乡定价事件的关注,为业界提供了一个反思的契机,各方进一步思考和讨论,有益于冬季旅游乃至旅游业发展更加理性。

近日,雪乡对景区酒店和部分旅游项目最高限价进行了公示,一些网友对此提出质疑,认为定价过高,有媒体进行了报道,一时间引发广泛关注。雪乡的"明码标价"错了吗?如何更好满足游客的冬季旅游需求?业界专家学者对这些问题怎么看?

定价问题需要客观看待

中国旅游研究院副研究员吴丽云表示,对于雪乡类冬季热门景区,旺季价格走高背后是游客对冬季旅游产品的旺盛需求及市场供给不足之间的矛盾。北方冰雪城市和南方海滨城市的冬季价格高涨由来已久,究其根源是国内冬季旅游供给不足所致。雪乡价格是市场经济下供求规律的直接显现,也是我国冬季旅游产品供给不足的客观显现。

北京联合大学旅游学院教授窦群认为,近几年,有更多消费者关注冬季旅游产品的价格和服务是一件好事,说明我国冬季旅游者的数量正在迅速增长,并形成了一定的刚性消费欲望。"之所以一些消费者感到价格高,是把同样价格的消费和国外的高端产品、服务相提并论。日本的滑雪经常和温泉等度假产品捆绑销售,价格远远高于一般观光旅游的价格。我认为,这种类比需要更加理性,它们本身是不可以互相取代的产品。"

中国社会科学院财经战略研究院副教授魏翔认为,从企业角度看,经营稀缺性资源也是有合同年限的。为在一定期限内收回成本,企业依法定价、明码标价是市场行为,合乎市场规律。具体到雪乡,这个资源是国有的,带有公共属性,企业只是获得经营权,因此其经营行为也要体现公共属性,政府应对其加以引导和调节。

丰富供给提升服务是根本

雪乡问题引发了业界思考,对于如何进一步做好冬季旅游市场,业界人士普遍认为丰富供给、提升服务是根本。

本月初,文化和旅游部发布了关于做好冬季旅游产品供给工作的通知,明确提出要"丰富冬季旅游产品供给,满足人民群众不断增长的冬季旅游需求"。

对此,各地积极响应,推出了一系列冬季旅游产品及优惠措施。如广西制定了 2018"山水暖你壮乡等你——冬游广西"联合促销活动方案,推出四大优惠和两大奖励措施,优惠措施涉及景区门票、旅游航线、自驾游、旅游饭店、旅游包机、旅游专列等多方面;陕、甘、宁、青、新和兵团旅游部门共同签署了《"丝绸之路·神奇西北"2018—2019 冬春季旅游联合推广协议》,将在冬春季旅游产品设计、推广、联动、共享方面全面合作,以最大的优惠措施和丰富多彩的旅游活动吸引游客。

中信建投证券研究所副总裁、旅游行业首席分析师贺燕青认为,雪乡经过多年的开发,旅游项目和服务越来越成熟,规划也在不断完善,当前对于雪乡来说,应吸引更多游客前来游玩,提升旅游体验和服务质量,且顺应国家鼓励冰雪运动和旅游的政策方向,为我国冰雪运动和旅游的普及做出贡献。

科学定价才能长远发展

贺燕青认为,旅游价格是跟老百姓密切相关的问题,雪乡在经过年初的整改后,价格透明度和规范度有所提升,但仍存在部分项目性价比偏低的情况。构建健康和持久的价格体系,是促进冰雪旅游发展和推进全域旅游的重要方面。

北京联合大学旅游学院教授李柏文认为,在我国特定经营场所采取高价策略比较普遍,比如山脚 1 瓶矿泉水与山顶 1 瓶矿泉水的价格差异很大。旅游产品主要以服务为主,明码标价主要是行业指导价,关键看成交价格,如星级酒店的水牌价和实际交易价相差巨大,但如果质价不符,游客会用脚投票,迫使价格向价值回归,这是一个典型的市场调节行为。建议相关管理部门、企业配套一些平价冰雪旅游产品,为游客提供更多的消费选择。

在此次雪乡定价事件中,有网友以雪乡的价格与国外冬季旅游产品价格做对比,国外冬季旅游是如何定价的呢?

东北财经大学旅游与酒店管理学院院长史达曾对加拿大冰雪旅游项目做过调查,他介绍,加拿大的冬季旅游发展较早,较为成熟,以安大略省阿岗昆省立公园为例,每年都有大量的游客前去体验狗拉雪橇、冰钓等特色项目,当地旅游产品采取"套餐形式",各套餐内容在网上都有详细说明;住宿分为高、中、低档,一些高端产品配有户外温泉池等;景区内餐饮价格比其他地方略贵一点,但价差很小,网友评论很少涉及价格问题。

贺燕青指出,出境冰雪旅游产品包含了较高的往返交通费、住宿费等。华美顾问集团首席知识官、高级经济师赵焕焱也印证了这一说法:"我女儿正在北海道游玩,她说,往返北海道机票每人 6 000 元,因此在交通费用方面,国内游的优势还是明显的。住宿费用和滑雪等旅游项目根据不同情况而异。"

舆论对雪乡定价事件的关注,为业界提供了一个反思的契机,各方进一步思考和讨论,有益于冬季旅游乃至旅游业发展更加理性。

(文/李志刚、王洋、沈仲亮)

资料来源:《中国旅游报》2018 年 11 月 26 日. 转载自迈点(2018 - 12 - 03)https://mp.weixin.qq.com/s/pemjiSa4dRLB_YIrMjHhaw

三、旅游产品的定价策略

(一) 新产品价格策略

1. 市场撇脂定价

撇脂定价是指如同把烧热牛奶上的一层油脂精华取走一样,企业在新产品刚进入市场、消费者对价格不敏感时采取高价投放的策略,以求在尽可能短期限内迅速获取高额利润。这种定价策略适用于特色鲜明、垄断性强、其他企业难以仿制或开发的旅游产品。

市场撇脂定价的优点是:① 可以使前期投资迅速收回;② 为后期产品降价创造了条件;③ 有利于提高企业价值,树立企业的良好形象。

市场撇脂定价的缺点也同样明显:① 由于定价过高,有时渠道成员不支持或得不到消费者认可;② 高价厚利会吸引众多的生产者和经营者转向此产品的生产和经营,加速市场竞争白热化。

2. 市场渗透定价

市场渗透定价是指企业在新产品投放市场的初期,将产品价格定得相对较低以便迅速而深入地渗透到市场当中,吸引大量消费者,获得较高的销售量和市场占有率。这种定价策略适用于能尽快大批量生产、特点不突出、易仿制、技术简单的新产品。

市场渗透定价的优点是:① 可以在短期内利用价廉物美的优势迅速占领市场,并通过提高销售量来获得企业利润,也较容易获得销售渠道成员的支持;② 低价低利对阻止竞争对手的介入有很大屏障作用,有利于企业对市场的控制。

市场渗透定价的缺点是:① 较低的定价导致在短期内可能无法获得足够的利润,一旦市场占有率扩展缓慢,收回成本速度也慢;② 低价入市会导致价格变动余地小,不利于新产品后期降价;③ 低价容易使消费者怀疑企业产品的质量,并有可能被认定为不正当竞争,影响企业的形象与发展。

3. 满意定价

满意定价也叫折中定价,是指这个新产品的价格水平适中,同时兼顾企业、购买者和中间商的利益,能较好地得到各方面的接受。这一策略适用于需求价格弹性较小的商品,如生活必需品。满意定价的优点是:对企业和顾客都较为合理公平,由于价格稳定,在正常情况下盈利目标可按期实现。满意定价的缺点则是价格比较保守,不适于竞争激烈或复杂多变的市场环境。

(二) 心理定价策略

心理定价策略是利用旅游消费者对旅游产品的心理反应进行定价,刺激消费者购买产品或服务的策略。

小链接

广告中的价格心理学

如果在推销你的产品时,请不要把人们的注意力往钱这方面引导,而是提及一个比钱更有价值的东西——时间。

曾经有研究人员针对一个柠檬汽水店展开实验。他们用三个招牌,从三个角度来给这个店面打广告。

(1)时间层面:花一点点的时间,来享受 C&D 柠檬汽水吧!

(2)金钱层面:花一点点的钱,来享受 C&D 柠檬汽水吧!

(3)中性:来享受 C&D 柠檬汽水吧!

当参与实验者进入店面,他们得知需要在 1~3 美金之间选择自己愿意出的价格。结果显而易见,那个跟时间挂钩的招牌让人们出的价格更高,是其他两种方式的两倍,吸引前来购买的客户数量也是其他两种方案的两倍。

资料来源:http://www.woshipm.com/chuangye/238936.html

常见的心理定价策略有以下几种。

1. 尾数定价

尾数定价策略是指定价时有意保留产品价格的角分尾数,一般消费者往往认为尾数价格是经过精密计算确定的,并可使消费者产生减少一位数的看法,可以迎合消费者求廉的心理和数字对消费者的心理象征意义,会产生一种真实感、信任感,从而有利于扩大销售,一般来说,尾数定价策略主要适用于相对低值的旅游产品。

2. 整数定价

与尾数定价策略相反,整数定价是旅游企业在消费者购买比较注重心理需要满足的商品时,有意识地将产品价格制定为整数。由于旅游产品丰富多样,对于不太了解的旅游产品,整数定价能够提高产品的身价,树立高档、高价、优质的产品形象,并会使消费者产生"一分钱一分货"的购买意识,从而促进旅游产品的销售。对于一些需求价格弹性不高的商品,采用整数定价可以方便结算和提高工作效率。整数定价常常以偶数,特别是"0"作尾数。例如,饭店客房可以定价为 1 000 元,而不必定为 998 元。

3. 声望定价

声望定价策略是指针对旅游消费者价高质必优的心理,对在消费者心目中有信誉的旅游产品制定较高价格。当消费者对产品不具有专业性的甄别与选择能力时,价格档次往往被作为判别产品质量的重要依据。因此,声望定价的高价与性能优良、独具特色的旅游产品比较协调,更容易显示出产品特色并给消费者留下优质的印象,产生扩大销售的积极效果。当然运用这种价格策略必须慎重,一般性的旅游企业及产品不宜采用,但那些追求豪华和高贵的饭店或餐馆采用这种策略则往往有助于市场定位。

4. 组合定价

组合定价策略指旅游企业为迎合消费者追求廉价的心理,将两种或两种以上有关联的产品合并制定一个价格。具体做法包括将有关联的商品捆绑在一起销售,或者装入一个包装物中共同销售。例如机票加酒店产品作为常见的旅游组合商品常常被捆绑在一起同时销售。

(三)折扣定价策略

折扣定价策略是指在旅游产品的交易过程中,通过对实际价格的调整,把一部分价格转让给购买者,以此鼓励旅游消费者购买自己的产品或服务,促使旅游消费者改变购买时间或购买数量的定价策略。

1. 数量折扣

数量折扣是指旅游企业为了鼓励旅游产品购买者大量购买,根据购买数量或金额总数的差异给予不同的价格折扣。一般来说,消费者购买的数量越多或数额越大,折扣率就越高。例如大多数饭店都会对那些可能大量购买饭店客房的消费者给予特殊的价格。数量折扣鼓励消费者大量购买和频繁购买,是保持顾客忠诚度的一种有效方法,也是企业运用最多的一种价格折扣策略。可分为以下两种。

(1)非累计数量折扣。消费者一次购买的数量或金额达到或超过一定标准时,就给予一定的价格折扣,以此鼓励消费者一次性大量购买;

(2)累计数量折扣。一定时期内,消费者购买的数量可以相加,当购买数量或金额达到一定量后,可以享受一定比例的价格折扣。

在实际运用中,也有一些企业并不给予消费者折扣,而是给予一定数量的免费品。这同样属于数量折扣的范畴。

2. 现金折扣

现金折扣又称付款期限折扣,指旅游企业为了鼓励购买者尽早付清货款,加速资金周转,规定凡提前付款或在约定时间付款的旅游产品或服务购买者可享受一定的价格折扣。例如在交易合同中的付款方式上经常有类似"2/15 净 30 天"的字样,这就表示付款期为 30 天,如买方在 15 天内付款,给予 2%的折扣,目的是鼓励买方提前付款,以尽快收回货款,加速资金周转。旅游业现在常采用的预购折扣也属于付款期限折扣的类型。

3. 季节折扣

季节折扣是指旅游企业根据旅游产品的季节性周期,在淡季时为吸引、鼓励游客或客户购买本企业旅游产品给予的折扣优惠。淡季时,由于客源不足、服务设施和生产设备闲置等情况,为吸引旅游者和增加消费,旅游企业往往会制定低于旺季时的旅游产品或服务价格以刺激旅游者的消费欲望,从而得以在一年中维持相对稳定的需求。例如很多旅游景区的淡季门票只有旺季时的 50%,这就属于季节折扣的一种。

4. 同业折扣

同业折扣也称为功能性折扣,指旅游产品或服务的生产企业根据各类中间商在市场营销中所担负的不同职责,给予不同的价格折扣。其目的在于刺激各类旅游中间商充分发挥各自组织市场营销活动的功能,减少营销费用并省下成本费用,主要适用于必须要借助旅游中间商销售产品的旅游企业。

(四)产品阶段定价策略

产品阶段定价策略是按生命周期不同阶段调整旅游产品价格的定价策略。通常,在导入期,往往对新上市的旅游产品采取较高或较低的价格。进入成长期后,消费者接受产品,销售量增加,一般不贸然降价。但如果旅游产品进入市场时价格较高,市场上又出现了强有力的竞争对手,旅游企业为较快地争取市场占有率,也可以适当降价。成熟期阶段,消费者人数、销售量都达到最高水平并开始出现回落趋势,市场竞争比较激烈,一般宜采取降价销售策略,当然如果竞争者少也可维持原价。进入衰退期,消费者兴趣转移,销售量急剧下降,一般宜采取果断的降价销售策略,甚至销售价格可低于成本。

同步阅读

除了降价,还能什么办法降低酒店空房率?

　　酒店行业的平均出租率是 65%,这意味着每三间客房就有一间空置。如果把出租率高的经济型酒店去掉,光看星级酒店,入住率更低,每两间房就会空一间。到了淡季,不少高星级酒店的出租率甚至会跌到 20% 左右,住一间空五间,晚上从远处看酒店大楼,只有零零星星的几扇窗透出灯光,很是冷清。

　　对于酒店来说,空置的房间就像是服装店积压的库存,空耗成本却没有收益。更糟的是,不像服装店可以把今天卖不掉的衣服放在仓库里,明天接着卖,酒店的库存是房间的使用时间,今天卖不掉就过期作废,没法存着明天再说。从这个意义上说,酒店"清理剩余库存"的需求更紧急和迫切。另一方面,酒店运营固定成本高,边际成本很低——多服务一个客人,并不需要多付地租、多做装修、多请服务生,增加的成本只有水电,一次性洗漱用品,加上床单毛巾洗涤费,不过十几块到几十块钱而已。从这个角度来看,只要售价高于几十块钱,就能增加酒店的总利润,对酒店就是合算的生意。

　　听起来很有道理,可是为什么我们很少真的看到酒店把自己的房间降到几十块钱来卖呢?不要说几十块,很多四五星酒店宁可把房间空着,也不愿意以三五百块的价格把房间放到市场上,这是为什么呢?原因有两方面,一方面,直接降价(例如直接在携程或艺龙上把 800 元/间夜降成 400 元/间夜)是对所有人降价,包括对那些原来付全价的顾客,这样子虽然可能能多卖几间房出去,可是所有房间的价格都下降了,总体收益未必能提高。另一方面,酒店长时间公开以低价售卖房间,会损害酒店的品牌形象,让看到该价格的顾客觉得"这家店就值这么多钱"。直接公开大幅度降价既不一定能拉高销售总额,又对品牌有潜在伤害,所以酒店很少采用这种方式。

　　不能"公开"降价,很多人就把脑筋动到了"不公开"这个点上。美国比较常见的方式是逆向拍卖和神秘酒店模式。逆向拍卖模式里,顾客在网上开出条件(例如酒店星级、区域、日期和可接受价格),一旦系统发现有满足条件的酒店,就自动从顾客信用卡上扣钱,完成交易。这个模式的开创者是 Priceline.com,目前已经成为全球在线旅游行业的领袖,市值超过 250 亿美元。

　　相比之下,神秘酒店要简单一些,顾客可以在网站上看到各个酒店所在区域和简单描述,但是无法得知酒店名称和详情,直到选择好酒店完成支付以后才能知道自己到底定了哪家店。

　　这两个模式共同的特点就是在用户付款前,并不能知道是哪家酒店在提供特价。这样就没有把酒店的特价展示给所有人,一方面可以保护酒店品牌,另一方面可以对顾客区别定价,不会影响到正常生意。这两个模式的缺点也很明显:消费者使用并不方便,而且也并不安心——没有充分了解商品就得付款买单。在信用机制和消费者保护比较完善的美国商业社会里,这两个模式比较容易被广泛接受,对中国来说还需要漫长的一段尝试和发展时间。

除此之外,最近两年最热门的清销库存的模式是团购。各大团购网站都开辟了酒店频道,帮助酒店以一折到七折的价格销售。一般说来,顾客实际购买的是一张在一段时间内有效的兑换券,在有效期内顾客可以致电酒店预订房间,订好之后去酒店前台用兑换券支付房费。

团购的优点是见效快并且效果明显,一次性卖掉几百个间夜是很普遍的情况。另一方面,团购带来的问题也很多:首先,因为不能控制团购顾客兑换房间的具体日期,团购顾客可能在酒店生意良好时来电预订。这时如果允许预订,则很可能会占用全价顾客的房间库存,损害总收益。如果不允许预订,则很容易激怒顾客——因为酒店客房需求比较刚性,落地了一定得有地方住,顾客不能依照计划得到自己已经付款的房间时很难谅解酒店。其次,"团购"一词已经和"廉价"紧密相连,对于品牌酒店来说,参与团购本身也是对品牌的损害。

最新的帮助酒店销售剩余库存、帮助顾客获得高性价比房间的模式叫"最后一分钟特价"。就好像面包房到晚上6点以后会把当天没卖完的面包半价清仓一样,合作的高星级酒店会在晚上6点检查自己的空房数量,如果预计将有房间空置,则挑选一部分库存以2折到4折的价格放到酒店特价平台上售卖。用户打开手机应用或者WAP网站,就能看到哪些酒店在提供"今夜特价",还能根据距离、星级、价格、酒店风格等个人喜好,方便地查找和预订这些特价房间,以接近经济型酒店的低廉价格享受更舒适的一夜。对酒店来说,这个模式方便灵活,每天都可控,只会在自己空房很多时将这部分剩余库存通过渠道低价销售,不会损害其他正常售卖的房间利润。对于消费者来说,只要打开手机,就可以方便高效地找到自己满意的酒店,并且以低于市场价至少50%的价格入住。

综合起来看,酒店需要在五个维度上平衡:用户获得和使用特价房间的方便性,价格对用户的吸引力,酒店总利润,酒店实施清销库存的方便性和品牌的保护。没有任何一个方式是完美的,例如反向拍卖,保护品牌得力,可是顾客使用不便,价格的吸引力也因为酒店名称的隐藏而受到了削弱;又例如晚上6点钟,等到酒店确认自己剩余库存之后才通过手机应用放出特价房,这样虽然使酒店的收益最大化,可又给顾客增加了一点使用难度——白天没法订房。每种方式都有自己的特性,没有哪种方式可以在所有维度上打满分,酒店需要根据自己实际情况来选择剩余库存的清销方法,适合的就是最好的。

资料来源:迈点网.(2019-1-14). https://mp.weixin.qq.com/s/azYlaGq-copLr-MwHw0YYQ

项目任务三　建设旅游营销渠道

旅游企业将其生产或开发出的旅游产品进行合理定价后,需要建立畅通合理的销售渠道将其转移到旅游消费者手中。旅游企业生产的产品或服务只有通过一定的营销渠道,才能在适当的时间、地点提供给消费者,从而满足市场需求,实现企业的营销目标。

一、旅游市场营销渠道的概念及类型

(一)营销渠道的概念

营销渠道(marketing channel)策略,又称分销渠道(distribution channel)策略,是企业营销策略组合中的重要组成部分。科特勒认为营销渠道是为了使产品或服务能被使用或消费而形成的一系列独立组织的集合。可见,营销渠道包括有形或无形产品由企业(生产者)向消费者转移过程中所经过的一系列环节。在这个过程中,企业销售的产品或服务是营销渠道的起点,消费者购买产品是营销渠道的终点。

由于旅游产品与一般实物产品有所区别,具有无形性、不易储存性、生产与消费的同步性等特点,旅游产品的营销渠道转移的多为旅游产品的使用权。因此,旅游营销渠道是指旅游产品在转移使用权过程中所经过的各个环节连接而成的通道,包括所有取得旅游产品的使用权,或协助该使用权转移的组织和个人在内的有组织、多层次的销售系统。

（二）营销渠道的功能

旅游产品借助旅游营销渠道实现旅游产品从生产者到消费者之间的转移,可以克服时间、空间等障碍,实现旅游产品价值的有效让渡。旅游营销渠道的主要功能有:

1. 构建产品销售网络

无论是传统旅行社还是新兴的在线旅游零售商,旅游营销渠道都构建了一个方便而快捷的旅游产品销售网络,满足了旅游消费者对产品的购买需求和欲望。分布广泛和沟通便捷的销售渠道拉近了旅游企业和旅游消费者的空间距离,使消费者可以根据自身的需要选择合适的时间、合适的地点购买到合适的旅游产品。

2. 实现信息传递共享

旅游营销渠道的两个端点连接起旅游企业和旅游消费者,双方的信息快速反馈与准确传递是非常重要的。而旅游营销渠道一方面可以通过内容丰富、设计精美的网页或宣传手册向消费者介绍产品,刺激消费者的购买欲望;另一方面消费者也可以将其需求与建议通过中间商向旅游企业反馈,促进企业不断地改进与完善产品,更好地具备竞争优势。

3. 分散企业经营风险

如果旅游企业只是单一地依赖自身的力量或销售渠道进行产品销售,精力有限、资金有限、客户有限的弊端会使企业经营风险增大。由于旅游中间商可以利用其自身的知识优势与销售优势,增加对旅游产品销售的广度和深度,提高销售量,从而分散销售风险,减轻对旅游企业最终的不良影响。

4. 简化交易程序

旅游营销渠道在旅游企业和旅游消费者之间起到了桥梁纽带作用,一方面可以将形式多样的旅游产品提供给消费者进行选择,为消费者节省时间和精力,另一方面由于中间商的专业性与程序化,为旅游企业的批量生产与处理提供了可能。

（三）营销渠道的类型

与其他产品一样,旅游产品受旅游市场、旅游企业、旅游中间商以及旅游消费者等多种因素的影响,形成了多种多样的销售渠道模式。一般来说,根据不同的分类标准,旅游产品的营销渠道有以下几种类型。

1. 按是否有中间商划分

根据旅游产品在销售过程中是否涉及中间商,划分为直接营销渠道和间接营销渠道,这是营销渠道最基本的划分方式。

（1）直接营销渠道。直接营销渠道是指旅游企业在其市场营销活动中不通过任何中间商,直接把旅游产品销售给消费者,也称为零层次渠道(见图4-3)。

直接营销渠道的优点是节省了佣金,降低了旅游企业的经营成本,使消费者以较低的价格购买到旅游产品。同时,由于企

图4-3　直接营销渠道

业与消费者的直接接触,双方信息共享有利于旅游企业听取消费者意见,提高旅游产品质量。缺点是由于营销渠道结构单一,旅游企业接触到的消费者比较有限,会使产品的销售量受到影响。随着互联网的广泛应用,利用企业网站、微信公众号、直播等形式开展直接营销的旅游企业正在不断增加,也有旅游企业借助大的网络平台开展直接销售。各个旅游企业都在广开思路,通过形式多样的营销方式,提高企业知名度,更大程度地发挥这种营销渠道的优势与竞争力。

(2)间接营销渠道。间接营销渠道是指旅游企业通过旅游中间商向旅游消费者出售旅游产品,也称为多层营销渠道。间接营销渠道的优点是可以扩大旅游企业的市场份额,提高企业的知名度,为企业吸引更多的消费者。缺点是增加了企业的经营成本,旅游企业对产品销售的控制能力和信息反馈的清晰度较差。间接营销渠道是目前主要的旅游产品营销渠道方式。由于市场竞争的激烈和业务分工的细化,旅游企业希望赢得更多的消费者,创造更好的销售额,旅游间接营销渠道的存在为旅游企业这些目标的实现提供了可能性。

间接营销渠道分为三种。

第一种是一级营销渠道(见图4-4)。其具有降低成本、减少开支和提高旅游企业经济效益的优点,一般适用于旅游饭店、度假中心等。

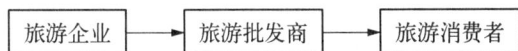

旅游企业 → 旅游批发商 → 旅游消费者

图4-4 一级营销渠道

第二种是二级营销渠道的形式(见图4-5)。其主要优点是销售区域较大,旅游批发商大量购进旅游产品后,利用产品组合策略对产品进行包装设计,再销售给旅游零售商,一般适用于度假地饭店、包机公司等。

旅游企业 → 旅游批发商 → 旅游零售商 → 旅游消费者

图4-5 二级营销渠道

第三种是多级营销渠道的形式(见图4-6)。旅游企业在选择多级营销渠道时,必须注意市场大小及结构的分析,选用一种或若干种营销渠道加以组合使用,同时也要注意调整充实现有的营销渠道,根据自己的需要慎重地选用新的旅游中间商。

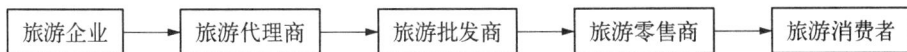

旅游企业 → 旅游代理商 → 旅游批发商 → 旅游零售商 → 旅游消费者

图4-6 多级营销渠道

2. 按照中间商的多少划分

根据旅游产品在销售过程中涉及中间商的多少和长度将营销渠道分为长渠道和短渠道。

长渠道是指旅游企业选择两个或两个以上的多个中间环节来出售产品,这种营销渠道具有覆盖面广的特点,有利于产品的扩大销售。但在长渠道销售中,旅游中间商需要完成大量的营销职能,信息传递慢,流通时间较长,旅游企业对营销渠道的控制较为困难。

短渠道是指旅游企业没有或只经过一个中间商出售产品,这种营销渠道信息传递快,销售及时,有利于旅游企业控制营销渠道。但由于销售规模较小,会影响产品的销售范围和数量。

3. 按照营销渠道的宽度划分

根据每个层次的同类中间商数目多少将营销渠道分为宽渠道和窄渠道。旅游营销渠道的宽度,一般是指一个时期内销售网点的多少、网点分配的合理程度及销售数量的多少。由于宽与窄只是相对而言,旅游企业可以根据实际情况加以选择和确定。

宽渠道是指旅游企业选择两个或两个以上同类中间商进行产品销售。一般化、大众化的旅游产品主要通过宽渠道进行销售,通过多家旅游批发商或代理商批发给更多的零售商去进行销售,从而能大量地接触旅游消费者,大批量销售旅游产品。缺点是由于中间商较多,旅游企业管理难度加大。

窄渠道是指使用的同类中间商较少,旅游产品在市场上的销售面较窄,一般适用于专业性较强的或费用较高的旅游产品的销售,如穿越塔克拉玛干沙漠游、南极旅游等旅游产品。缺点是市场的销售会受到限制。

4. 按照渠道类型的多少划分

根据渠道类型的多少将营销渠道分为单渠道和多渠道。单渠道是指旅游企业所有产品全部由自己直接销售或全部交给中间商经销,一般情况下,旅游企业生产规模较小或经营能力较强,可采用单渠道销售旅游产品。

多渠道是指旅游企业根据不同层次或地区消费者的不同情况而采用不同的营销渠道,大部分旅游企业采用多渠道,以便扩大产品的覆盖面,灵活大量地销售自己的旅游产品。

同步阅读

同里古镇文化旅游品牌营销策略

精准化选择客源群体

品牌营销最本质是市场,旅游市场的定义就是"现有游客和预期(潜在)游客"。旅游营销目标市场细分应该精确到具体的游客受众,其中包括目标游客和潜在游客。文化旅游品牌营销就必须把客源群体说明白,这是文化旅游品牌营销的最基本切入点。不同的客源群体对古镇文化的需求不同。根据调查,同里古镇的游客以江浙沪地区学历层次较高的中青年企业管理人员或个体商人为主,这样的客源群体应是古镇的目标游客。目标游客到同里旅游是为了逃出嘈杂的城市生活和紧张的职场生活。为了吸引目标游客,古镇首先要营造悠闲、平静、自然、富有人情味的环境氛围,以满足游客休闲放松的需求;其次根据游客的文化层次,古镇需打造文化品位和文化含量较高的产品,满足游客对古镇文化体验的需求。从调查的结果看,前往同里的游客,除了中青年之外,还有部分中老年人。随着中国社会的老龄化,老年群体逐步扩大,老年人往往有钱有闲,这应该是同里古镇营销的潜在客源群体。对于老年人,则要适应其怀旧的心理需求,根据其阅历丰富、心境平和、随心所欲、时间宽裕、好静难动等特点,慢节奏地介绍、展示古镇外在的和内在的、古代的和今天的事物,营造"慢生活"的文化氛围,让老人们在茶肆酒馆、戏院书场、街头巷尾、桥上岸边、舟中舆内,慢悠悠浸润,感受古人的悠闲生活、自在心境、中庸文化、天道地理、风俗习惯(蔡家成,2006)。

精深化挖掘古镇文化

古镇旅游重在文化旅游,以文化为主要内涵的深度旅游才能充分展现古镇的独特魅力。实现这一目标的有效途径就是深度挖掘古镇最有特色、最与众不同的文化资源,丰富新的旅游内容,增加对游客的吸引力(鲍蕊,2011)。对于同里古镇文化可以根据文化形态的分类,从物质文化和精神文化两个层面深度挖掘同里古镇文化资源,并在此基础上体现出古镇旅游资源所蕴含的深厚文化底蕴,才能更好地营造出特有的文化氛围,让旅游者为之感染。如对同里的非物质文化遗产"李记阿婆茶"进行全新包装,在同里各主要茶楼定时进行表演,突出其"唱茶"的表演艺术。在"唱茶"表演时,要求表演人身穿水乡服饰,并有笃板、响木等辅助道具,泡茶时配以浓郁的民俗特色青花瓷茶壶、黄桦九子盘、青花瓷茶盅、青花瓷碗、青花瓷碟等茶具,整套茶艺更是体现民间茶道深厚的文化底蕴。这样的文化旅游产品形式可以把古镇深厚的文化底蕴传递给游客,让游客的旅游体验回味无穷。

清晰化定位品牌形象

品牌定位一定要和文化特色、产品优势相结合,和客源市场相结合,文化要活用,要有排他性、垄断性和唯一性。文化旅游品牌的营销定位应当深刻挖掘文化旅游品牌内涵,帮助顾客识别和记住文化旅游品牌的核心利益和个性,获得顾客的好感与认同、喜欢乃至爱戴。根据游客对同里古镇文化旅游品牌形象定位的调查显示,游客对古镇品牌定位形象感知不清晰。古镇旅游应当深度挖掘当地的自然资源优势及历史文化底蕴,找出自己的个性和特色所在,建立清晰的品牌形象定位,形成自身的品牌核心竞争力,营造差异化优势,并且最大限度地向游客传递"品牌特色"的体验。具体来说,可以通过设计主题和口号的方式向游客传递出品牌特色。同里旅游形象广告语的提炼首先应能概括当地独特魅力,深刻体现江南水乡古镇的活态文化和生活方式,打造"宜居"特色,使游客在心理上受到触动,羡慕并向往古镇的文化和生活方式;其次要简短易懂、耳熟能详,让游客立刻记住,并让游客自发地对古镇游产生联想和向往。

精细化设计旅游产品

品牌是个比较宏观的概念,需要微观的、可体验的产品来具象化,而且只有产品才能够产生体验消费。古镇文化旅游品牌需要具体文化旅游产品的支撑。文化旅游品牌的产品设计是将文化寓于旅游产品设计、包装环节中,创造全方位、高品位的文化氛围,以文化点缀和装饰旅游产品,增强旅游产品的亲和力。根据调查,同里古镇的游客对古镇外在的文化景观特色感知强烈,对内在的文化生活气息感知相对微弱,对古镇物质文化方面的感知比较强烈,对古镇的精神文化方面感知微弱。这说明同里古镇游还是以观光游为主。以观光游为主的古镇游无法把古镇深厚的人文内涵、丰富的民风习俗充分展现给游客。随着旅游市场需求日益多元化,旅游者参与体验心理愈加强烈化,外在的、物化的、静态的景观已无法满足游客对古镇文化的深层次体验需求,这就有必要深度挖掘古镇旅游产品的内在属性及文化内涵,精细化设计包装古镇文化旅游产品,以满足游客对内在的、动态的、无形的古镇精神文化的兴趣。

例如,"三桥"是同里的一个主要旅游景观,很多游客欣赏了"三桥"美景,但对"走三桥"的习俗并不了解,除非是在节庆活动时才能观摩到该习俗的表演。古镇可以在"三桥"景区处竖立对"走三桥"习俗进行说明的指示牌,让每位到达"三桥"游览的游客都能清晰了解该习俗。另外可以把"走三桥"和水乡船上婚礼结合起来,提供给游客参与水乡传统婚礼的体验,并使这样的活动常态化。对于同里的历史典故和名人大家,可以将典故和名人的历史编织在一起,推出相应的名人文化旅游,并聘请那些对当地的历史文化、生活风俗有着较深了解、感触和体验,并具有一定文化水平的当地居民为"导游",这样的文化产品设计更容易让游客看到、体味到原汁原味的水乡古镇和当地居民文明和谐的生活,使游客更深刻地感知古镇的精神文化。

精明化善用营销渠道

营销投放,一定要找到目标客源层,细分客源层,深度地了解客源层的爱好、年龄、收入、旅游意向等,以真实的调查结果为导向选择营销渠道。现在的营销投放渠道一是传统媒体,主要是平面媒体和电视媒体;二是旅游电商服务平台;第三是自媒体,也就是常说的线上线下结合的模式。根据调查,传统媒体和旅游电商服务平台在同里古镇文化的营销渠道中还是占据着一定份额,自媒体所占份额甚小。这样的结果说明同里古镇文化营销需要继续维护、运用传统媒体和旅游电商服务平台的营销渠道,加大力气开辟、运用自媒体营销渠道。

古镇的目标客源群体主要是有一定文化层次的中青年和中老年游客,这就决定古镇在选择传统媒体的时候要考虑所选择媒体的受众和目标客源群体二者重合的程度,重合程度越大越值得选择。古镇在旅游电商服务平台建设方面应更突出为旅游者提供个性化服务和多样化服务。旅游者通过旅游电子商务平台可以自由进行交流、自主选择自己所需要产品和服务。例如很多游客对同里的非物质文化遗产—宣卷认知很少,古镇可通过网站对宣卷进行文字介绍和视频表演,提高游客在游前对宣卷的认知度,并可让游客网络预订观看宣卷表演,根据预定人数适时安排宣卷表演。手工艺现场表演、习俗表演、导游讲解等均可让游客通过旅游电子商务平台进行选择。自媒体营销对于一个古镇品牌的知名度和美誉度的影响是潜移默化和深入人心的。自媒体营销尤以利用微信公众账号进行行销为主要标志(王瀚清,2014)。古镇文化旅游品牌的营销可通过微信公众账号的推送,及时介绍景区的各项文化活动,与游客建立互动式的沟通,也可让游客在游玩前通过微信平台索取相关资料作为背景了解,在游玩过程表达自己的意愿和需求,在游后发表自己的游玩感受或对景区不足之处的建议。

立体化构建营销体系

古镇文化旅游品牌营销体系的构建就是利用各种手段和媒介向旅游市场(现实的和潜在的旅游者)传递古镇文化旅游品牌形象信息,从而使他们了解和信赖古镇的文化旅游产品,并在头脑中留下对古镇文化旅游品牌的鲜明印象,最终提高古镇文化旅游的竞争力和扩大客源市场。这是一个立体化的营销体系,也就是全员营销、全过程营销、全方位营销的结合。在同里古镇,每一位景区工作人员甚至每一位景区工商户和住户都是景区的形象代言,对景区文化的内涵都要有一定的了解,对景区的定位清晰,面对游客的咨询能够给予解答,这就是全员营销。全过程营销,是因为旅游产品从规划设计阶段就必须把市场定位、客源定位等都做进产品中,这就要求促销策划在规划之初、设计之初就应该考虑了。据调查同里的地方特色手工艺品的宣传和打造还远远不足,针对这类现象,古镇在规划时,可以在明清街开辟一片区域作为特色手工艺品的体验区,通过文字和图片形式介绍特色手工艺品的历史、制作特色、文化掌故等相关信息,聘请当地民间艺人现场表演并指导游客现场学习制作,体验制作的乐趣。全方位营销,是指除了全员营销和全过程营销外,还要打造全媒体的营销体系,比如平面媒体、立体媒体、声像媒体、网络媒体等整合进一个有机的营销体系中。这个营销体系不停地运转,把古镇的文化内涵和信息传达给游客。

资料来源:王懿,黄震方.基于游客感知的同里古镇文化旅游品牌营销策略研究[J].商业研究,2015(9):179-185.

二、旅游中间商的选择

(一) 旅游中间商的概念

旅游中间商是指介于旅游生产者与消费者之间,协助旅游企业推广和销售旅游产品给最终消费者的中介组织或个人。由于地理距离和空间距离的存在,为了实现生产者与消费者的相互认知与了解,专门从事旅游需求调研和组织旅游市场客源的中间商具有存在的必要性。主要包括:旅游批发商、旅游零售商、旅游经销商以及旅游代理商等。

(二) 旅游中间商的类型

1. 按中间商业务性质划分

(1) 旅游批发商。旅游批发商(Tour Wholesaler)通常指经营包价旅游批发业务的旅行社或旅游公司。旅游批发商在分销渠道中一头联结旅游产品生产者,另一头联结旅游产品零售商。在少数情况下,旅游批发商也对旅游消费者进行直接销售活动。

由于旅游批发商的直接客户是旅游零售商,因此以零售商需求为直接导向,根据零售商需要大量购买旅游生产者的产品如景点观光门票、旅游交通运输工具的一定时间的座位票、旅游饭店的客房、餐饮产品等,并享受批量折扣,然后把它们组合成多种时间和旅游目的地的包价旅游产品,并以一定批量、批发价销售给旅游零售商,再由零售商转卖给最终消费者(游客)。有的旅游批发商很有实力,销售网络遍布世界各地,也有的旅游批发商规模较小,只经营特定旅游市场的专项旅游产品如修学旅游、体育旅游等,网点较少。

(2) 旅游零售商。旅游零售商(Tour Retailer)是指直接面向广大旅游消费者,从事旅游产品零售业务的旅游中间商。在我国,大部分旅行社是比较典型的旅游零售商。

旅游零售商的特征是从旅游产品生产企业或旅游批发商处批量代理销售旅游产品,再以零售价格出售给旅游者,其主要业务范围包括:向旅游者提供广泛和正确的旅游咨询服务;安排旅游者旅游活动中的食宿、交通、观光及晚会、剧场入场券等旅游产品、行李接送等;制订单独旅游、个人陪同旅游、团体旅游等旅游产品;安排各种专项旅游;处理旅游活动中所涉及的一切琐碎事宜并提供有关咨询服务。旅游零售商业务范围的复杂性要求其熟悉多种旅游产品的优劣、价格和日程安排,同时其职责的多变性也要求其具有很好的沟通能力和应变能力,能与各类旅游企业保持良好的联系,并能根据旅游市场及旅游者的需要相应地调整服务。除此之外,旅游零售商还需要具有市场营销活动的基本素质和管理能力,充分掌握和了解旅游者的消费心理,做好旅游产品的生产和开发,制定合理的价格,加强促销与宣传活动等。只有这样,才能为旅游消费者提供适合的旅游产品,实现自身的经济效益和社会效益。

2. 按是否拥有旅游产品所有权划分

(1) 旅游经销商。旅游经销商是指旅游产品买进以后再转卖出去的旅游中间商,其显著特点是旅游产品所有权在买卖双方的转移。经销商通过购买而取得旅游产品所有权,其收入来自旅游产品购进价和销出价之间的差额。旅游经销商由于取得了旅游产品的所有权,因此产品再转卖的所有利益及风险都由其独立享受和承担。

旅游经销商有能力通过批量购买,以巨大折扣从其他委托商或供应商处购买旅游产品和服务,获得规模经济效益。他们在旅游行业发挥了重要作用,因为其允许不同的旅游企业预先出售他们的生产能力,提供了一个有保证的销售量,可以使旅游企业避免花费大量精力向小企业和大量潜在的零售商营销和分销产品,从而专注于旅游产品生产。在运营中,旅游经销商通常批量购买航班座位,从旅游目的地长途客运经销商和出租车公司批量采购航班中转服务,以及批量购买当地所有的娱乐接待与参观旅游景点的机会,并将这些产品在预订阶段或在目的地销售给顾客。

(2)旅游代理商。旅游代理商是指那些只接受旅游产品生产者或供应者的委托,在一定区域内代理销售其产品的旅游中间商。旅游代理商的收入来自被代理企业支付的佣金。随着网上旅行市场的发展及旅游代理商佣金的下降,旅游代理商的数量也有所下降。但由于旅游代理商直接面对大量的旅游消费者,在其所在地区代理旅游批发商或提供行、住、游等旅游服务的旅游企业向旅游消费者销售其旅游产品,旅游代理商特别是传统的线下旅游代理商仍受到许多旅游消费者的认可。

小链接

电子旅游中间商和传统旅游中间商的区刚

与传统旅游中间商一样,电子旅游中间商也是连接旅游供应商和旅游者的桥梁与纽带,同样发挥着帮旅游者进行购买决策、满足需求、降低旅游供需方达成交易的成本费用等作用,但电子旅游中间商和传统旅游中间商存在很大的区别。

1. 存在前提不同

传统旅游中间商的存在是由于供应商和旅游者直接达成交易的成本较高,中间商的存在可以减少两者为达成交易而花的成本。而电子旅游中间商出现的原因是,在网络信息技术发展的条件下,旅游供应商自己开展电子商务直销的成本,比通过电子旅游中间商达成交易的成本高。旅游企业通过电子旅游中间商销售产品,可省去自行建网、网站推广和电子商务系统建设的费用,减少电子商务管理费用。因此,电子旅游中间商是对旅游供应商网络直销的替代,是中间商职能和功效在新领域的发展和延伸。

2. 交易主体不同

传统旅游中间商,特别是旅游批发商,直接参加旅游供应商与旅游者的交易活动,而且是交易的轴心和驱动力,旅游中间商先与旅游供应商或旅游者进行交易,然后再与另一方进行交易,并完成其作为桥梁和纽带的职能。而电子旅游中间商作为一个独立的主体存在,它不直接参与供需双方的交易活动,但它提供一个媒介和平台,同时为供需双方提供大量的产品和服务信息,传递旅游企业的供给信息和旅游者的需求信息,高效地促成具体旅游交易的实现。

3. 交易内容不同

由于传统旅游中间商直接参与交易活动,因此需要承担资金、信息等交换活动及一些旅游组织活动。而电子旅游中间商作为一种交易媒体,它主要提供的是信息交换的场所,而具体的资金交换和旅游组织等活动,则由旅游产品的提供方与旅游者直接进行。

4. 交易沟通形式不同

通过传统旅游中间商进行的旅游交易活动,旅游者和最终提供旅游接待的旅游供应商仍难以直接沟通,而电子旅游中间商提供旅游者与旅游供应商直接沟通的媒介和平台,在传统旅游市场中,旅游供应商—旅游批发商—旅游代理商—旅游者的市场结构,决定着旅游者常常被动地接受产品和服务,而通过电子旅游中间商的桥梁,旅游者拥有了更多主动权,增加了提出需求、参与旅游产品设计的可能性。

资料来源:杨路明,陈昱.电子旅游中间商和传统旅游中间商的区别[J].思想战线,2014(2):152-156.

(三) 选取旅游中间商的原则

旅游企业在选择旅游中间商时,应遵循以下主要原则。

1. 经济原则

追求营销活动的经济效益是旅游企业一切营销决策的基本出发点,对旅游中间商的选择自然也应遵循这一原则。首先,需要将选择旅游中间商所可能引起的销售收入增长同实施这一中间商选择所需要花费的成本作比较,即考虑投入和产出的比例关系;其次,考虑所选择的旅游经销商是否有可靠的偿付能力和履行合同的信誉;第三,考虑中间商的营销能力,如果能力较强,将对旅游企业经营规模及经济效益产生积极的促进作用。因此,旅游企业在选择营销渠道时应将中间商可能引起的销售收入的增长与其需要花费的成本进行比较,综合衡量和选择,以实现旅游企业最佳的经济效益。

2. 控制原则

选择旅游中间商时需要考虑的一个重要的因素是控制权,企业对中间商的控制权要远远小于它对自己拥有的销售人员的控制。旅游中间商是否稳定,对于旅游企业能否维持其市场份额、实现其长远目标至关重要。在营销渠道的各个环节中,由于经济利益的原因,无法控制中间商就有可能损害旅游企业的利益。因此利用旅游中间商来进行市场营销,应当充分考虑所选择的旅游中间商的可控程度,需要考虑双方合作的意愿和诚意,建立一系列稳定而科学的分销机制。除此之外,还需要借助法律的力量约束中间商的行为。

3. 适应原则

旅游中间商对旅游企业而言属于不完全可控的因素,因而旅游企业在选用中间商时应考虑适应性原则。主要包括以下几个方面:一是地区的适应性,即考虑营销渠道所在区域的消费水平、人口分布和市场环境等因素与旅游产品的适应性;二是时间的适应性,即根据旅游产品在市场上不同时期的适销状况,旅游企业采取不同的中间商政策与之适应;三是服务对象的适应性,即旅游中间商的目标顾客与旅游企业的目标市场是否适应。

同步阅读

经济型酒店又遭炮轰 加盟商是杠精吗?

2019年伊始,经济型酒店就遭遇了来自加盟商的炮轰。近日,安徽省某连锁酒店品牌多名加盟商向北京商报记者爆料,原本口头承诺不会近距离开店的品牌方,却在3公里范围内授权新开了多家店面,食言之举不仅损害原有酒店的利益,也引发加盟店"内斗"。

事实上,近两年来,加盟商就因为各种问题找经济型酒店品牌的麻烦,然而,真的是因为加盟商是"杠精",才会有那么多风波吗?

有人说,酒店与加盟商就像一对夫妻,有的是夫妻协力、一起赚钱,有的则是同床异梦、问题重重。我们既要明白加盟商的诉求,也不能单方面指责酒店品牌方。

加盟商想要解决什么?

相较于 2018 年,2017 年加盟商与连锁酒店之间的矛盾冲突更加激烈。有利益的地方就有纠纷,尤其是经济型酒店与加盟商之间,面临着成本提升却还要保持低价、竞争对手林立的市场环境,就存在了更多的矛盾。

图 4-7　酒店 VS 加盟商

从图 4-7 中我们不难看出,国内经济型酒店加盟商的主要诉求在于迫切需要酒店解决"近距离开店""店长管理能力差""霸王条款"等一系列问题。

华美顾问机构首席知识官赵焕焱认为,特许加盟店对于连锁酒店集团来说是获利的重要途径,可以赚取加盟费、管理费等,但同时要控制好加盟门店比例,掌握好供求关系,管理也要跟上。

加盟商不是杠精,只是想找到出路

加盟商的炮轰,不仅仅是自身利益受到损害,也是想要借此提出不满与诉求,让酒店方意识到问题所在。

经济型酒店在 2000—2009 年的黄金时期催生出了一大批酒店品牌和加盟商。但十多年过去,市场环境发生了极大的变化,加盟模式却没有太大改变。据华美酒店顾问机构首席知识官赵焕焱介绍,目前经济型酒店的物业租赁成本和员工工资相比十年前上升了 3 倍。

　　然而,经济型酒店的价格却没有随成本上升而上升。高成本与低廉的房价,压缩了经济型酒店的利润空间。

　　轻资产模式的特点,决定了酒店方"旱涝保收",盈亏均由业主承担。这也就意味着,在利润空间受压缩的情况下,业主将可能面对亏损。有行业专家在三年前就曾预言:"未来经济型酒店将进入低利润期。"

　　早些年三四线城市经济型酒店布局已经完成,竞争力也已经形成,经济型酒店未来的方向来自3.0产品的升级,哪个品牌最早形成产品升级,哪个品牌就更具战斗力。但该负责人也提醒:"未来将会有部分投资人终止经济型酒店投资,这种情况将出现。"

　　的确,越来越多的加盟商选择投资中档酒店,2018年崛起的OYO,也成为加盟商的新目标。老牌的经济型酒店,在渐渐失去利润后,难道还要失去并肩作战的加盟商吗?

酒店与加盟商的艰难平衡

　　一位酒店业专家分析,由于目前国内经济型酒店市场还没有国外市场成熟,各个省份加盟商的水平也存在差异,一旦加盟商利益没有把握好,很可能引发酒店集团和加盟商之间的矛盾。当前经济型酒店已经渗透到四五线城市,而酒店利润又被摊薄,物业成本较高,如果酒店集团在开拓市场时降低门槛,为了赚"快钱"而不顾加盟商利益的话,从长远来看最终将损害酒店自身的品牌,引发加盟商的信任危机。

　　更何况,加盟商目前也面临着一系列问题:

　　首先,租金上涨。酒店租金价格早已不是十几年前刚有连锁模式经营的价格了。

　　其次,运营成本增加。用工、能耗、易耗品等价格都在不断上涨。

　　第三,客源比例降低。现在每个城市基本上都是酒店房间数比住店的客人多,竞争压力增加了。

　　最后,加盟费用。现在各管理公司对于加盟收费都不低,大多不是站在投资业主已赚钱的基础上制定的收费标准。

　　品牌方要有规模优势,才能在市场获得更多的资源。然而规模优势与加盟店的质量有着不可调和的矛盾,大部分品牌还是倾向于优先保证规模优势。

　　从双方的角度来说,加盟商的优先诉求是赚钱,品牌方的优先诉求是酒店品质保障。而在其中找到平衡,本身就是一件完美的艺术。投资者想背靠大树,大树也要利益,没有永恒的敌人亦没有永恒的朋友,只有永恒的利益,在利益的驱动下,迅速扩展也就不难理解了。

　　而加盟业主的盲目投资,连锁酒店集团跑马圈地,造成产品同质化、选址重复、经营不善等问题。酒店方主要的任务是加盟签约数量,根本不会考虑后期是否盈利,经营和能力无法保证酒店的利益。

　　酒店与加盟商的矛盾,归根结底是酒店先做大还是先做强之间的矛盾。华住集团创始人在他的书中表示,酒店应先做大后做强。前期扩张规模,能够提升品牌影响力,同时是品牌价值变现的必要途径,也是资本追逐的利益呈现方式。但是,扩张过速却可能导致运营管理质量下降,进而稀释品牌,导致品牌价值下降。因此,到了平台期,首要任务是做强,当占领好了底盘,就需要赶紧补课,做更多的服务、更深入的了解、更深入的挖掘。

　　经济型酒店跑马圈地的时代已经过去,酒店必须慢下来钻研"工匠精神"——或提升服务、或增加品牌线、或做门店升级……这样才能有更大提升空间。

资料来源:迈点网(2019-1-11).https://mp.weixin.qq.com/s/LswEe1xdjYBvv0GsnIBfEg

三、旅游市场营销渠道的选择与管理

（一）旅游营销渠道模式的选择

1. 旅游营销渠道模式的影响因素

旅游企业对营销渠道模式的选择往往因企业类型和经营规模的不同而多有差异。大型旅游企业往往同时采用多种不同模式的营销渠道。具有普遍意义的影响因素归纳如下。

（1）产品因素。主要涉及两个方面：一是产品的性质或类型，即所要出售的是何种旅游产品；二是产品的档次或等级。

在产品的性质或类型方面，根据对各旅游行业中的经营实践和成功情况的观察，但凡旅游景点、娱乐企业、餐馆、旅游汽车公司、出租汽车公司以及汽车租赁公司等类型的旅游企业，几乎无一例外都是以直接销售作为其产品的销售主渠道。相形之下，旅游批发商、邮轮公司、航空包机公司以及经营国际客运业务的航空公司等类型的旅游企业，则大都是以间接销售作为其产品销售的主渠道。这些情况表明，产品的性质或种类对有关销售渠道模式的适用程度有一定的影响。

产品的档次或等级对选择销售渠道模式的影响主要表现在，但凡高端的旅游产品，都会因其价格昂贵而导致目标市场的人群范围相对较小，并且其消费者多为回头客。由于这一原因，经营高端产品的旅游企业往往主要采用直接预订这一直销模式，即使兼用间接销售，往往也会选择尽可能短的渠道模式。

（2）市场因素。主要包括客源市场的规模、客源地与旅游生产现场之间的空间距离，以及目标客源人群的集中度。

一般来讲，目标客源市场的规模越大，所需设置的销售网点就越多，旅游营销者靠自身力量去全面设置直销网点的难度也就越大。因此，在面向规模庞大的目标市场经营时，旅游产品生产者或供应商有必要开辟间接销售渠道，以借助中间商的力量组织客源和扩大销售。在这方面，只要不违背成本效益原则，所选用的销售渠道再长亦可取。反之，如果目标市场的规模比较小（例如高端市场），则比较适合采用直销渠道，即便有必要增设间接销售，也应选择尽可能短的渠道模式。

客源地的距离远近也会影响对销售模式的选择。例如，如果客源市场所在地距旅游生产现场很远（例如国际客源市场），则有必要考虑选用间接销售渠道。这样做的原因在于：一方面，自设网络预订系统以及在客源地自设销售网点的费用很高，旅游企业通常难以负担；另一方面，更重要的是，中间商对该地客源市场的了解不仅更为深入，而且推销工作中的障碍（例如语言问题、因价值观念和行为习惯不同而有可能导致的误解等）也会比较小。由于这些原因，以国际旅游市场为主要目标客源的旅游企业，一般都会选用长渠道销售模式；反之，若目标客源地距离本企业比较近，则不仅意味着向该客源市场施加影响比较容易，而且该地消费者往往能够比较方便地直接购买或预订本企业的产品，因而采用直销渠道比较适宜。

客源市场集中度这一概念通常用于描述一个旅游企业或一个旅游目的地的客源地域在该国国内或在世界上分布的集中程度。同理，这里所称的客源人群集中度是指对于旅游企业来说，潜在的目标顾客人群在某一特定客源地域中分布的集中程度。在潜在目标顾客密度较高的客源地域，一般适合借助该地旅游零售商的力量去建立单层次销售渠道。反之，如果潜在目标消费者在该客源地域内的分布比较分散,则适合与该地的旅游批发商建立业务关系,由他们去物色和组织该地的旅游零售商面向潜在消费者进行销售。这样做的原因在于该地域内目标客源人群的分布比较分散,因而所需使用的零售网点也相应较多。如果直接借助该地旅游零售商的力量建立销售渠道,势必需要与多家旅游零售商打交道,因而不仅成本会很高,技术上的难度也会比较大。与之相比,如果与该地的某家旅游批发商建立业务合作关系,则不但有可能节约费用,而且只与这一家旅游批发/经营商打交道,技术上的难度也会相应减小很多。

(3)企业自身因素。旅游企业对营销渠道模式的选择也会受到其自身某些因素的影响。这些因素基本上可归结为两个方面:一是本企业的经营规模或接待能力;二是本企业的营销实力。

经验显示,在对营销模式的选择上,小型旅游企业多采用直接销售的做法,大型旅游企业则多将间接销售作为其产品的销售主渠道。这在很大程度上是因为,经营规模决定着一个旅游企业实现盈利所需获得的客源量。小型旅游企业由于经营规模小,所需的客源量相对有限,加之其顾客中有很大一部分是回头客,因此对于小型旅游企业来说,除了在生产地点进行销售,通过增辟其他直销方式(如微信号、电话等)便有可能实现所需的销售量。与之相比,大型旅游企业所需实现的销售量很大,单靠自身力量进行直销通常不足以解决问题,因而往往需要通过开辟间接销售渠道去争取足够的客源。

旅游企业自身的营销实力,主要取决于该企业的营销预算、营销队伍的技术水平以及该企业在营销工作方面的管理经验。如果一个旅游企业在营销预算方面实力雄厚,并且在营销队伍和管理经验方面条件也比较好,则能够依靠自己的力量广设销售网点,或者至少可根据自己的意愿自由地选择自己认为理想的销售渠道模式。反之,如果一个旅游企业营销资源有限,或预算不足,或能力不济,仅靠自身力量不足以揽到足够的客源,不得不设法开辟间接销售渠道,借助中间商的力量实现本企业的销售量目标。即便如此,在开辟间接渠道时,由于自身资源条件的限制,有时也难以争取到那些最理想的中间商与自己合作。

2. 旅游营销渠道的选择策略

(1)渠道长度的选择。销售渠道长度策略所涉及的是营销者选取何种长度的营销渠道进行决策,即是选用直接营销渠道还是选用间接营销渠道,如果选用间接渠道,那么选用何种模式(涉及几个中间层次)的间接渠道为宜。

一般对于旅游企业来说,在营销资源条件允许的情况下,短渠道优于长渠道。原因有以下几个方面。

其一,消费者心理。直接销售意味着旅游企业是以"出厂价"销售其产品,因而会比较便宜,旅游消费者多希望从供应商直接购买或直接预订旅游产品。

其二,旅游产品的流通。通过间接渠道进行销售时旅游代理商要收取佣金,旅游批发商则会在批发价格的基础上对该产品加价出售;代理佣金的支付会减少旅游供应商的收入,旅游批发商若加价过高,则会有碍该产品的顺利销售,从而影响旅游供应商产品的市场占有率。

其三,产品销售过程。由于增加了中间环节,会影响旅游供应商与消费者彼此之间的信息沟通速度,而且有可能会因为中间商原因发生信息误导。

旅游代理商对消费者的影响巨大,如果旅游代理商不优先推荐或不努力推荐某旅游供应商的产品,甚至故意回避该供应商的产品,该供应商在此渠道的销售将很难有效。这也是很多旅游供应商自己努力设立和经营零售网点的原因。当然,对绝大多数旅游企业来说,究竟选用何种长度的销售渠道为宜,需要就不同影响因素开展调研和分析。

（2）渠道宽度的选择。对渠道宽度的选择,即旅游营销者就其产品零售网点的数目及其地域分布尤其是拟选用的中间商数目进行决策。如果使用同种类型的中间商越多,则渠道越宽,反之则越窄。目前旅游企业常见的渠道宽度选择策略有以下几种。

其一,广泛性销售,又叫密集型分销或无限制分销。指旅游企业在自身实力有限的情况下,为扩大产品的销售而广泛选择中间商的经营策略。这一策略的特点是,在使用旅游中间商时不加任何选择,只要对方愿意经销或代销本企业产品并接受双方商定的利益条件,便可成为本企业的中间商。这种策略常为西方国家中的航空公司和租车公司所采用。他们一般都准许各旅游代理商或其他零售机构代理销售其产品。当然,他们往往会根据自身的销售实力以及对有关中间商的重视程度,具体确定付给不同中间商的佣金的多少。此外,饭店企业在借助中间商销售其住宿产品方面,一般也都采取这一策略。不过这仅限于按常规房价进行销售,对于自己提供的包价组合产品或特价优惠产品,则往往都是由本饭店自己进行销售,或通过指定的代理商进行销售。

其二,选择性销售,指旅游供应商根据自己的销售实力和目标市场的地域分布格局,在一定的客源地域范围内挑选少数几家中间商经销或代销自己的产品。这种策略尤其适合用于销售那些价格较高或市场供给量不大的旅游产品,如海上巡游度假产品。

其三,独家销售,指企业在销售其产品时仅仅选用一家信誉卓越、销售能力强的经销商。通过提供独家经销权,生产者在销售方面对中间商可拥有更多的控制权,有利于加强企业产品形象,并可获得较高的利润率。独家销售常出现于旅游特色新产品的销售。

（3）旅游中间商的选择。旅游企业在选择中间商时,可分为事先评价和事后评价两部分。

对于旅游产品生产者或供应商来说,在挑选使用旅游中间商时,如何事先对欲与之建立业务关系的中间商进行质量评估,更具现实意义。由于旅游中间商的类别不一,各方面情况差异较大,在对所拟选用的旅游中间商进行质量评估时,至少应考虑以下因素。

一是目标市场。无论是该经销商自己的目标市场,还是该代理商所能联系的消费者人群,都必须与企业产品的目标市场相一致。例如,大型的度假胜地也许会考虑与批发商结成联盟。

二是经营地点。无论是该经销商自己的零售渠道,还是该代理商的营业地点,均应处于企业产品目标市场人群相对集中的区域或地段。

三是经营规模。旅游中间商的规模大小往往意味着其销售网点的多少。因此,在其他条件相同的情况下,应优先挑选使用那些经营规模较大的旅游中间商。

四是营销实力。评估中间商的营销实力主要包括有关中间商的营销资源、服务质量、销售速度,以及在开展促销和推销工作方面的经验等。在开展评估时,可根据能够得到的第二手资料进行,并根据评估结果,对所拟选用的中间商进行排序。

五是偿付能力和信誉程度。从事零售代理业务的旅游中间商一般不会存在偿债问题,因此,这方面的评估主要是针对身为经销商的旅游中间商而言的。所选用的经销商必须有可靠的偿付能力和履约信用。对于这方面的情况,一般可从有关的金融机构或通过开展特别调查进行了解。

六是维持该渠道所需支付的费用。企业需考虑以下问题:为了建立和维持与该中间商的合作关系,本企业需提供的支持,所涉及的费用及本企业是否能负担或值得负担合作方对佣金率的要求(针对从事零售代理业务的中间商)。

七是合作意愿。旅游供应商与旅游中间商之间的合作实际上是一种双向选择的结果。在旅游供应商对中间商进行选择的同时,旅游中间商也在选择供应商。例如,一些知名饭店付款及时,能够保证预定,他们想获得旅游代理商的支持很容易。旅游供应商在挑选中间商时,所选取的对象必须有合作的诚意。特别是对于那些代理销售多家旅游供应商产品的中间商而言,情况更是如此。否则,该中间商日后是否会积极推荐旅游供应商的产品将会成为潜在问题。

在对中间商考察使用了一定时间之后,还可以进行事后评价。对旅游中间商质量的事后评价主要取决于两项标准:第一,该中间商为本企业实现了多大的产品销量或销售额;第二,本企业为维持这一销售渠道付出了多大的费用。

用于表示后一费用标准的指标有两种。一种是以单位销售量费用来表示,即以能够实现某一理想销售量为前提,评价该中间商每输送一名顾客,本企业所需支付的平均流通费用,用公式表达为:

单位销售量费用=该渠道的维持费用÷通过该渠道实现的产品销售量。

另一种是以单位销售额费用来表示,即以能够实现某一理想销售量为前提,评价每通过该中间商实现增加一单位的销售收入(即每实现增加 1 元、10 元、1 000 元或 10 000 元的销售收入),本企业所平均付出的渠道费用,用公式表达为:

单位销售额费用=该渠道的维持费用÷通过该渠道实现的销售额。

这种事后评价的意义在于,旅游供应商可根据这些终极标准的评价结果,巩固和发展同那些效率高的中间商的合作关系,并淘汰那些效率不理想的中间商。

(二)旅游营销渠道的管理

一旦营销渠道被确定,重点就转移到渠道的管理上来。具体包括如何调动中间商的合作积极性,以及如何调整与中间商的合作关系。

在渠道管理工作中,旅游生产者或供应商首先需要对渠道中有关各方的不同需要或利益追求有一个清楚的认识。在旅游营销渠道的各方参与者中,消费者所希望的是产品品种多,从而可更方便地从中挑选自己理想的产品。旅游零售商也希望自己能有多种产品向顾客提供,因为这些产品应能够为自己带来高额佣金。旅游批发商虽然也追求销售量和高利润,但更关心的是能够开发出既对自己没有什么风险、又能让零售商愿意代销的产品。旅游生产者或供应商所需要或追求的则是,该渠道中的其他各参与方都注重销售自己的产品,能扩大自己的产品销量,同时又希望尽量减少该渠道的维持费用。

因此,对于旅游产品生产者或供应商来说,为了促使旅游中间商注重推销自己的产品,需要明确中间商和供应商的责任,并采用多种措施激励中间商,以建立长期良好的合作伙伴关系。通常可考虑采取的措施包括以下几点。

1. 了解中间商的需求

要达到较好的激励效果,需要了解各种中间商的心理状态与行为特征、中间商对产品及供应商促销计划的看法和理念、中间商的工作流程及对各种激励的态度、中间商的实力及问题等。

2. 实行多种激励方式

不同地区、不同产品可以采取不同的激励方法,如较高的毛利、特殊优惠、各种奖金、合作性广告补助、提供培训、陈列津贴及推销竞赛等。通过报酬方式对中间商进行激励,可以提高零售代理商推销本企业产品的积极性。通过培训等方式对中间商进行激励,则可以加深旅游中间商对本企业产品的了解。

3. 建立伙伴关系

在处理与中间商关系时,常依据不同情况采取三种方式:合作、合伙或分销计划。供应商有选择地与中间商结成伙伴关系,有利于建立更高水准的合作关系,例如采用邀请前来考察访问的办法等。

当然,采取上述措施的基础是,本企业必须保证自己产品的质量以及提供服务的可靠性。否则,即便采取了上述措施,也将难以奏效。

此外,在渠道的运转过程中,旅游供应商需要本着高效率和低成本的原则,注意定期检查和评价中间商的质量变化,以便及时调整与有关中间商的合作关系。对于长时间违背上述原则的销售渠道,应予以放弃,并终止与有关中间商的合作关系。对于所用渠道中的经销商和代理商,旅游供应商没有必要了解和检查每一方的合作态度、宣传本企业产品的程度、其包价旅游产品的价格是否合理等情况,只有发展趋势表明某中间商销售本企业产品的业绩很难好转,从而会违背销售渠道的效率与经济原则,才应终止同该中间商的合作关系。换言之,即使该中间商的合作态度再好,对本企业产品的推销再卖力,但只要它为本企业带来的销售利润十分有限,甚至难以支付该渠道的维持费用,这样的中间商就不能长期使用下去。

旅游市场状况的变化还要求旅游供应商需对营销渠道进行及时调整。例如,随着散客旅游比重的增大,很多旅游目的地的旅游供应商都在努力发展直接预订渠道,并且努力扩大与客源地旅游零售商的直接合作关系。而在那些团体包价旅游需求仍占上风的市场地域,旅游批发商仍将是旅游目的地供应商面向旅游消费者销售产品的最重要途径。

项目任务四　　实施旅游促销

现代营销环境中,旅游企业仅有一流的产品、合理的价格、畅通的营销渠道是远远不够的,还必须有一流的促销。旅游市场竞争是产品的竞争、价格的竞争,更是促销的竞争。旅游企业的营销能力尤其体现在企业的促销能力方面。

一、了解旅游促销与促销组合

(一) 旅游促销的概念

旅游促销,是指在旅游产品、价格、渠道确定以后,旅游企业向消费者传递有关本企业及产品的各种信息,说服或吸引旅游消费者购买其产品,以达到扩大销售量的目的。

事实上,旅游促销是一种沟通活动,即旅游企业作为信息提供者或发送者,发布刺激消费的各种信息,把信息传到一个或更多的目标对象(即信息接受者,如听众、观众、读者,消费者或用户等),帮助其认识产品或服务所带来的利益,从而引起其购买兴趣,激发起购买欲望及购买行为。

小链接

信息沟通的过程

一、确定目标受众

通过具体调研,将消费者细分为更加具体的群体。

二、确定预期反应

消费者准备的六个阶段:知晓、了解、喜爱、偏好、信赖、购买。

三、选择信息

1. AIDA 模式

信息应该能够唤起注意、引发兴趣、激发欲望和促成行动。

2. 营销沟通

营销沟通人员必须解决的三个问题,具体如下。

(1)信息的内容(表达什么)主要有三种诉求:① 理性的诉求(与接受者的自身利益相关,表达出产品将产生预想的效用);② 情感诉求(试图通过情感共鸣来激发购买行为);③ 道义诉求(直视接受者对是非的评价)。

(2)信息的结构(怎样表达):① 是在信息中给出结论还是让接受者自己得出结论;② 是摆出单方面的观点还是列举出双方的观点;③ 最有力的表述是在最前还是在最后。

(3)信息的形式(如何形象化地表达):① 视觉广告:新奇的东西,对比鲜明、有突出视觉效果的图片和标题,独特的形式、信息尺寸、位置、色彩、形状和动作;② 声音广告:使用的词语、声调和力度;③ 信息源:由吸引力强的信息源来传递信息可以产生较高的注意力和回忆率,如引用名言。

四、选择发送信息所用的媒介

1. 人员沟通渠道

人员沟通渠道主要用于贵重和复杂的产品。它能领导发展观念来影响其他人。

2. 非人员沟通渠道

非人员沟通渠道包括媒介(印刷品、广播和展示媒介)、氛围和事件。

五、衡量沟通效果

评价信息对目标受众的效果。

(二)旅游促销的作用

旅游促销的根本目标是达成旅游企业与旅游者之间的有效沟通。一方面,旅游企业难以完全明了旅游者的需求,比如他们需要什么旅游产品、何时何地需要,他们对什么样的价格较为敏感等。另一方面,旅游者不清楚可选的旅游产品有哪些,也不清楚这些旅游产品可以从什么地方找到,由谁提供,什么时候提供,可选的价格区间等。可以说,旅游企业和旅游者之间存在着信息沟通的鸿沟。旅游企业不能指望旅游者单独承受并克服信息鸿沟的压力,而应以积极的姿态主动承担并且以合适的方式弥补鸿沟的影响。促销就是通过沟通活动,利用广告、人员推销等促销手段力图解决此问题。旅游产品促销的主要作用包括以下几个方面。

1. 传递旅游产品信息,拉近供需距离

旅游产品促销可以通过信息沟通,让旅游者了解旅游产品的有效信息,包括旅游目的地的信息、旅游企业的信息、旅游产品本身的信息、相关条件的信息和其他旅游企业或产品的比较信息等。通过这种旅游产品信息的传递,才能引起消费者的注意,激发潜在的市场需求,培养旅游产品的忠实客户群。

2. 提供选择余地,强化优势认知

在产品竞争激烈的旅游市场上,由于产品繁多,彼此之间有一定相似性,旅游消费者的辨认和选择就会困难。旅游企业通过适当的促销活动,可以突出宣传本旅游企业及产品区别于同类竞争产品的特点,在比较中强化差别、突出特色、淡化相似或平常之处,一方面增加旅游消费者对本企业产品的了解和信任,让本企业的旅游产品进入选择范围,另一方面帮助旅游消费者合理分类旅游产品,满足旅游消费者对旅游产品的求新、求特、求奇需求,可使潜在旅游者认识到何种旅游产品更可能带给自己所需的特殊效用和利益,由此对不同旅游产品形成购买偏好。

3. 打造强势品牌,占据市场高地

在企业的无形资产构成中,品牌因素越来越重要。通过有效的促销活动,旅游企业可以建立起企业和产品的良好形象,使旅游消费者产生偏爱,提高市场占有率。旅游产品消费表现出的无形性和同步性,使得旅游产品对品牌的需求更为强烈。一旦有了强势品牌,旅游企业就更有可能在市场竞争中占据优势地位。

4. 引导消费需求,开拓潜在市场

旅游产品消费更多的是心理体验。人们对山水的向往、对文化的诉求、对交往的需要都有可能成为旅游的动机。旅游企业在敏锐地察觉这些要求的基础上,促成旅游产品的形成并且传递这些产品的信息,可以使得潜在市场成长为现实的旅游产品市场。旅游产品促销,在条件满足的情况下可以创造和引导消费需求。

(三) 旅游促销的基本手段及组合

常用的促销手段有广告、销售促进、人员推销、公共关系等(见表4-2)。旅游企业可根据实际情况及市场、产品等因素选择一种或多种促销手段的组合。

表4-2　四种主要促销手段比较

促销手段	优　点	缺　点
广　告	宣传面广,传递信息快,节省人力,形象生动	• 与消费者单向信息传递,效果不立即体现 • 有些媒体促销投入较高
人员推销	与消费者直接面对,有利于了解消费者需要,互动性强,有利于形成长期的关系	• 人员编制大,推销力量不易改变,费用高
销售促进	容易吸引注意力,作用快速,刺激性强	• 效果通常是短期的 • 适用于短期促销行为
公共关系	对消费者来说真实、可信,容易接受,有利于树立企业形象	• 活动牵涉面广 • 并非企业可自行控制

1. 促销手段及特点

（1）广告。旅游广告是指旅游目的地国家、地区、旅游组织或企业以付费的形式，通过非人员媒介向目标市场的公众传播产品或服务的有关信息，以扩大影响，提高知名度，树立自身形象，最终达到促进销售目的的一种宣传形式。

旅游广告是单向的非人员沟通，其作用是长期和潜移默化的，可以传播信息并塑造企业的长期形象，也可以宣传产品和刺激消费者的快速购买，但其公众性要求广告宣传必须符合国家法律法规的相关规定。

（2）人员推销。人员推销是指旅游企业通过派出销售人员与一个或一个以上可能成为购买者的人面对面促销，帮助和说服购买者选择旅游企业，购买某种旅游产品。一般促销手段为交谈或做口头陈述。

人员推销的主要特点是非常人性化，针对性强。这种方法有利于推销复杂的旅游产品，通过人员推销，可以加速交易进程，往往可在推销后立即成交，也可直接从消费者得到及时有效的信息反馈，发现并解决旅游产品在消费时及售后出现的问题。但是，人员推销需要建立人际关系及发展与消费者间的人员互动，通过关注消费者兴趣以建立长期关系，费时费钱，成本高，在几种促销手段中往往单位成交代价最高。

（3）销售促进。销售促进（也称营业推广）是指旅游企业在某一特定时期与空间范围内，通过各种短期刺激和鼓励，促使旅游消费者尽快购买或大量购买旅游产品及服务而采取的一系列促销措施和手段。销售促进分为两种，一种面向消费者，另一种面向中间商。面向旅游消费者的营销推广方式包括赠送促销、折价券和抽奖促销等；面向旅游中间商的包括批发回扣、批发津贴等。一般而言，销售促进通常是短期或临时的，往往比广告更能促进销售的增长。

销售促进有一整套工具，如优惠券、竞赛、象征性优惠、奖励等。它能够吸引旅游消费者的注意力，提供信息。旅游企业用销售促进的方法能够得到迅速而强烈的反应。销售促进可以使旅游产品销售更富戏剧性，可以用来扩大对降价产品的销售。

（4）公共关系。公共关系是指旅游地和旅游企业为了获得旅游消费者和社会公众的信任与好感，通过非付费方式以大众传播媒介为主要手段，树立、改善或改变旅游企业与旅游产品在公众心目中的形象，维护和发展与旅游消费者和社会公众之间的良好关系，营造有利的经营环境所进行的一系列宣传活动和措施，如赞助、新闻报道、公益活动等。

公共关系的主要特点是情感性强，提倡以真实为基础的双向沟通，可接受度强，可信度高。同时影响广泛、影响时段较长，能够接触到预期的购买者，有利于形成旅游企业或旅游产品的良好印象。但是，公共关系的建立受限因素较多，设计难度较大。

2. 旅游促销组合

旅游促销组合是指旅游企业根据促销的需要，对广告、销售促进、公共关系与人员推销等各种促销手段进行的适当选择与配合。

旅游促销组合的核心是奉行整体营销观念。旅游企业全部促销组合的运用应当是一种整体行为，目标和衡量标准是整体促销活动的高效率和低成本。旅游企业的促销活动包含内外部环境的所有重要行为者，其中包括供应商、分销商、最终消费者、员工、财务公司、政府、同盟者、竞争者、媒体和一般大众，所有人和所有行为都与旅游促销密切相关。当促销活动的总体效果最好而费用较少时，促销组合就达到了最佳状态。

在设计和管理促销组合时,需要了解影响促销组合的主要因素。

（1）促销目标。目标不同,所需的促销手段也就不同。因为不同的促销手段有各自的适用条件和成本属性,旅游企业必须根据具体的促销目标选择合适的旅游促销组合。

（2）市场状况。不同的文化、风俗习惯、经济政治环境对旅游促销组合的选择有重大影响。在旅游产品受众较多、特征较为一致的情况下,可以选择广告的促销形式,扩大影响面,吸引顾客。而当旅游企业主要通过中介机构接触旅游消费者时,可以考虑采取人员推销,提升促销的效果,加快交易进程。事实上,市场状况往往影响旅游企业"推—拉"的选择,推动策略要求更多使用销售队伍和贸易促销,通过销售渠道推出产品,而拉引策略则要求在广告和消费者促销方面投入较多,以建立消费者的需求欲望。

小链接

"推式"和"拉式"策略

1. "推式"策略

"推式"策略是企业把产品推销给批发商,批发商再把产品推销给零售商,最后零售商把产品推销给消费者。这种方式中,促销信息以及产品流向是同方向的。人员推销和营业推广可以认为是"推"的方式。采用"推"的方式的企业,要针对不同的产品、不同的对象用不同的方法。

2. "拉式"策略

"拉式"策略是指企业直接向广大顾客做广告,刺激消费者的消费欲望。待刺激到足够的强度,顾客就会主动找零售商购买这些产品。购买这些产品的顾客多了,零售商就会主动联系批发商。批发商觉得有利可图,就会找生产商订货。广告和公共关系是"拉式"策略的主要促销形式。采用"拉"的方式,促销信息流向和产品流向是反向的。其优点就是能够直接得到顾客的支持,不需要讨好中间商,在与中间商的关系中占有主动。但采用"拉"的方式需要注意中间商（主要是零售商）是否有足够的库存能力和良好的信誉及经营能力。

3. "推""拉"组合

"推式"策略和"拉式"策略都包含了企业与消费者双方的能动作用。前者的重心在推动,着重强调了企业的能动性,表明消费需求是可以通过企业的积极促销而被激发和创造的;后者的重心在拉引,着重强调了消费者的能动性,表明消费需求是决定生产的基本原因。企业的促销活动必须顺乎消费需求,符合购买指向,才能取得事半功倍的效果。许多企业在促销实践中,都结合具体情况采取"推""拉"组合的方式,既各有侧重,又相互配合。

资料来源：李进恩,王似保. 市场营销学[M].北京：国家行政学院出版社,2018.

（3）旅游产品生命周期。旅游产品一般会经历导入期、成长期、成熟期和衰退期这四个阶段。旅游企业应该根据阶段的不同,选择不同的促销组合：在导入期,投入较大的资金用于广告和公共宣传能产生较高的知名度,同时销售促进可以扩大产品知名度和鼓励旅游消费者尝试新产品;成长期应该保持稳定的广告力度,同时逐渐加强公共关系的资源投入,树立旅游企

业和相关旅游产品的正面形象,销售促进和人员推销都可以适当减少;在成熟期,可以适当缩减广告的资源占用,增强销售促进活动,同时稳定公共关系方面的投入;衰退期,所有促销活动都应该大幅缩减,仅仅保持少量的提醒性广告。

除以上因素外,旅游促销组合还受其他因素的影响。例如,受到促销经费预算的限制,如果经费不足,相应的促销活动也就无法开展,此外,人力资源、管理技巧等也都是影响旅游促销组合的重要因素。

二、策划旅游广告

广告是促销组合中受到普遍重视和广泛运用的方式,随着市场经济的发展和市场范围的扩大,广告在传播信息、促进销售、开拓市场方面发挥着极其重要的作用。"商品如果不做广告,就好像一个少女在黑暗中向你暗送秋波。"这句一度流行的名言充分体现了广告在营销中的独特地位。

(一) 旅游广告的分类

旅游广告可以按照不同标准进行分类,常见的有以下几种。

1. 按照使用的广告媒介分类

(1) 印刷广告,也称平面媒体广告,即刊登于报纸、杂志、招贴、海报、宣传单、包装等媒介上的广告。

(2) 视听广告,如广播、电视、电影广告。

(3) 户外广告,利用路牌、交通工具、霓虹灯等户外媒介所做的广告。

(4) 售点广告,又称POP广告(Point of Purchase),在商场或展销会等场所通过实物展示、演示等方式所做的广告,具体有橱窗展示、商品陈列、模特表演、彩旗、条幅、展板等形式。

(5) 直邮广告。通过邮寄将传单、商品目录、订购单、产品信息等形式的广告直接传递给特定的组织或个人。

(6) 互联网广告。利用互联网作为传播载体的广告形式。

(7) 其他媒介广告。利用新闻发布会、体育活动、年历、各种文娱活动等形式而开展的广告。

2. 按照广告诉求方式分类

(1) 理性诉求广告。通常采用摆事实、讲道理的方式,通过向旅游广告受众提供信息,展示或介绍有关旅游产品或服务的优点和特点,并有理有据地论证旅游产品或服务能带来的好处。

(2) 感性诉求广告。采用感性的表现形式,对受众诉之以理、动之以情,建立旅游消费者与品牌之间的情感基础,引起消费者的情感共鸣,从而移情于旅游广告商品或服务,并对其产生好感,最终激起旅游消费欲望并产生购买行为。

3. 按照广告目的分类

(1) 产品广告。通过向目标受众介绍有关旅游产品信息,突出旅游产品的特性,以引起目标受众和潜在旅游消费者的关注,从而促进产品销售,提高市场占有率。

(2) 旅游企业广告。以树立旅游企业形象、宣传企业理念、提高旅游企业知名度为直接目的的广告,一般着眼于长远的营销目标和效果,侧重于传播旅游企业的信念、宗旨或是企业的历史、发展状况、经营情况等信息,以改善和促进旅游企业与公众的关系,增进旅游企业的知名度和美誉度。

(二) 旅游广告的实施步骤

旅游广告活动的实施过程一般包括五个重要的步骤,简称"5M"。

1. 确定广告目标(Mission)

广告策划的第一步是确定该广告的目标。广告目标是旅游企业通过广告活动所要达到的目的,其取决于企业的整个营销目标。根据广告的作用和信息传递目标的不同,一般可以把广告目标大致分为以下三类。

(1)告知。告知主要用于旅游产品的引入阶段。告知广告的内容必须是说明性的,通过向旅游消费者或用户介绍旅游产品及其内容、价格、服务项目、给旅游消费者带来的利益等,在受众的头脑中注入旅游产品的信息,促进旅游者对旅游产品产生初始需求。其目的在于树立品牌,推出新产品。例如,就某一创新型的包价旅游产品而言,该产品的目标市场人群很可能主要是那些探险型的旅游消费者,其人群规模相对较小,此时需要推出告知型广告让目标市场了解这一旅游新产品的存在。

(2)提醒。提醒广告在于提醒旅游消费者某项旅游产品的存在及其优势,保持旅游产品的知名度和吸引力。其目的是保持目标市场对广告所宣传的旅游产品的良好印象,提醒人们在淡季时不忘记该产品和在面对众多旅游新产品时不忘记该产品,刺激人们及时购买或重复购买等。提醒促销在旅游产品生命周期的成熟和衰退阶段以及购后评价的采纳中最为有效。

(3)说服。在经过导入期的传播后,旅游企业的某类旅游产品开始越来越多地被受众接受和认识,此时其他竞争品牌开始疯狂涌现。这个阶段采用说服促销可以帮助旅游消费者在竞争性的旅游产品与服务中作出选择,并实际进行购买。比较、现身说法、权威证明等广告形式大都属于这一类,主要目标是促使旅游消费者对本企业的产品产生"偏好",具体内容包括劝说消费者购买自己的产品、鼓励竞争对手的顾客转向自己、改变旅游消费者对产品属性的认识、使消费者有心理准备乐于接受人员推销等。说服性促销在旅游产品生命周期的成长期和成熟期以及购买过程的可替代性评价中会发挥最好的功效。

2. 确定广告预算(Money)

广告目标确定后,旅游企业必须确定广告预算。

确定广告预算时需要考虑的因素包括以下五个方面。

一是旅游产品所处的生命周期阶段。产品在投放期和成长期前期的广告预算一般较高,在成熟期和衰退期的广告预算一般较低。

二是市场份额。市场占有率越高,广告预算的绝对额越高,但面向旅游消费者的产品人均广告费用却较低,而市场占有率越低的旅游产品,广告预算的绝对额往往较低,但人均广告费并不低。

三是竞争激烈程度。广告预算的多少与竞争激烈程度的强弱成正比。

四是广告频率。广告频率的高低与广告预算的多少成正比。

五是产品差异性。高度同质性的旅游产品广告效果并不明显,一般广告预算比较低。差异性很大的产品往往具有一定的垄断性,不做广告也会取得较好的销售效果。而具有一定差异性但又未达到垄断地位的产品,因为市场竞争激烈,广告预算反而应更多。

确定广告预算的方法主要有以下几种。

(1)量入为出法,即旅游企业为自身设定一个他们认为能支付得起的广告预算。旅游广告预算内容包括市场研发费、广告创意设计费、广告制作费、广告媒体租金、广告办公费及人员工资、广告公司代理费等项目。其中媒体租金占据广告预算的主要部分,一般占 70%~90% 左右。

量入为出法较为简便,是根据旅游企业目前的财力,能支付多少广告费用,就拨款多少。此方法的缺点比较明显,即广告费用的支出与广告目标脱节,与目标市场的变化以及产品生命周期的变化也无法相吻合。

(2)销售比例法,即旅游企业把广告预算设定为目前销售额或预期销售额的一定百分比,或是将其设定为销售价的百分比。这种方法的优点是广告费用相对有保障,同时可以促使旅游营销人员关注广告成本和销售额之间的有机联系。但在实际操作中,这种基于既往数据与未来预测的方法存在不确定因素,可能无法正常发挥旅游广告的效用。

销售比例法是根据销售额或盈余额的一定比例来确定广告支出费用的一种方法。以销售额为标准时,根据上年度或过去数年度的平均销售总额,以及次年度的预测销售总额进行计算;以盈余额为标准时,根据上年度或过去数年度的平均毛利额,以及次年度一年间的预测毛利额计算。

(3)竞争均势法指旅游企业让自身的广告费用与竞争对手保持相当,参照对手的广告费来确定能与之抗衡的广告费用。也就是选择某个提供类似旅游产品的竞争企业作为标杆,比照其广告费绝对额和相关比例,得出自身的广告预算。这种方式比较多地考虑了竞争的需求,更加贴近市场。但在使用时应当考虑旅游企业自身的实力以及与竞争者之间的差别,不能盲目攀比。

(4)目标任务法是以实现旅游广告目标为目的而进行广告预算的方法,即旅游企业通过以下的方式来制定预算:明确特定目标,明确为实现这一目标所必须完成的任务,估算完成任务的成本,这些成本的总和就是预期的促销预算。

目标任务法在具体操作中较为复杂,但其在实际工作中比较理性和富有成效。

3. 确定广告信息(Message)

广告的效果关键在于广告的主题和创意。广告主题决定广告表现的内容,广告创意决定广告表现的形式和风格。根据既定的广告目标去构思和设计该广告所要传递的信息是广告实施过程中最具创造性的工作,一般包括以下步骤:

(1)确定广告主题。任何一家旅游企业、任何一个旅游目的地、任何一项旅游产品,可能都会有很多方面的信息值得进行推介和宣传。然而,一则广告只宜强调一个主题。在设计广告信息时,所选定的信息主题通常应是目标市场人群最感兴趣的那个产品特色或者说最为看重的那个购买利益,可从有关的旅游中间商、旅游咨询专家,甚至竞争对手那里获得某些有益的见解和启示。表 4-3 列举了三个成功的广告主题词设计案例。

表 4-3　成功的广告主题词设计案例

广 告 的 主 题 信 息	创意性主题词表述
汉堡王快餐公司: 与众多其他快餐公司相比,本公司提供多种不同夹馅的汉堡快餐品种,可任由消费者随意挑选	You are the boss (一切听从您的吩咐)

（续表）

广 告 的 主 题 信 息	创意性主题词表述
安飞士汽车租赁公司(Avis)： 虽然经营汽车租赁业务的商家很多，而且在经营规模上，本公司也不是其中的佼佼者，但是，在心系顾客、一切为顾客着想方面，本公司会比其他同行更加尽心竭力	We try harder （我们会更加尽心竭力）
英国旅游促进局(BTA，现名 Visit Britain)： 与欧洲其他的旅游目的地国家相比，英国与众不同的地方在于，它对美国游客来说是一个没有任何文化障碍的旅游目的地	We speak your language （我们都讲同样的语言）

在构思和设计广告主题词时，应注意遵循两个基本原则。

一是广告主题词的设计需要有创意(must be creative)。所设计的主题词只有具备创意，才容易引起受众的注意。不过需要注意的是，广告创意的价值最终在于能够刺激销售，而不是为了创意而追求创意。

二是广告主题词的设计应便于记忆(must be memorable)。作为广告主题词，只有做到语句简短，言简意赅，才容易给目标受众留下印象，从而便于受众记忆。

（2）评估和选择广告信息。在对旅游广告信息进行评价时，一般应遵循三项标准。

一是广告信息的主题明确而务实，在反映本企业/本旅游目的地旅游产品所提供的利益方面，符合目标市场人群的兴趣和追求。

二是广告信息内容的重点或特色突出，能反映本旅游产品与其他竞争产品的区别。

三是广告信息的内容真实可信，能够在旅游者前来消费时得到验证。

对于广告需要传递哪些信息，必须由旅游企业自己去选定和设计。至于以何种形式去表现广告信息，则并非一定由旅游企业完成，可委托有经验的广告代理商去执行。

4. 选择广告媒体(Media)

广告表现的结果就是广告作品，旅游广告作品只有通过适当的广告媒体投放才能实现广告传播的目标。

在选择旅游广告媒体时，应注意遵循两个基本原则。

（1）选择与目标市场人群密切程度最高的媒体。具体应注意考虑以下因素。

一是媒体的广告覆盖面。这里所称的广告覆盖面，指的是该旅游广告的目标受众在该媒体的受众人口中所占比重，用公式表达，即广告覆盖面＝该广告的目标受众规模÷该媒体的受众规模。

二是目标市场人群的媒体习惯。这里所称的媒体习惯，不仅指该旅游广告的目标受众人群所习惯选择的媒体类型（例如是习惯于选择纸质阅读，还是习惯于选择电子阅读等），而且涉及在媒体性质（如娱乐性媒体、商务性媒体或专业性媒体）方面的选择偏好，以及媒体选择时段方面的偏好。

三是所要推介的旅游产品的性质或类型。例如，根据国际上旅游业界的一般经验，对于度假村或度假饭店的度假产品来说，选择使用彩色图片在杂志中做广告，宣传效果通常最为理想；对于以少年儿童为目标市场的快餐产品来说，选择在电视上做广告通常效果最佳；在推介包价旅游产品方面，由于这类产品广告中涉及的内容细节较多，因而选择在杂志上刊载一般会更有效。

同步阅读

这个旅游局,把 120 个人的朋友圈照片变成广告!

对于很多人来说,不能拍美照发朋友圈的旅游毫无意义!奥美孟买就以旅游拍照为灵感,将人们的朋友圈、ins 的生活搬到了荧幕上,构成了一支创意满满的视频广告。

观众在欢乐轻快、节奏感十足,又充满地域特色的音乐中,用围观朋友圈照片的形式将印度中央邦的各个景点游览了一遍。广告里的不同人的"游客照"在同一个景点或小吃的位置严丝合缝地对齐,别出心裁地用接龙的形式串成一份刷屏社交网的创意营销。

正如印度旅游局在全球喊出的"不可思议的印度(INCREDIBLE INDIA)"宣传语,人们对于印度旅游的向往多是复杂矛盾的。怎么打消游客的疑虑?印度中央邦旅游局用真实的游客故事来说事儿。在线旅游成为新风尚的今天,刷个朋友圈和微博的功夫也能"种草"新的目的地。印度干脆直接从在线发布的游客照片里搬运素材,一口气看完视频,还让观众分分钟"get"了许多著名景点的拍照姿势,就像两分钟刷完朋友圈,完美契合了现代人获取信息的习惯。加上素材全都来自真实粉丝的无私推荐,用游客视角代替官方视角,简直模拟出周围亲戚朋友全方位无死角给你安利的大型现场。这样富有"人味儿"和趣味性的营销策略,在社交媒体中引起转发的同时,也悄悄在人们心中埋下了旅游的种子。

资料来源:https://new.qq.com/omn/20191106/20191106A0KHUQ00.html

(2)注意考虑成本效益。各广告媒体不仅收费标准不同,而且其受众的质量往往也有差异。因此,在选择旅游广告媒体时,需注意在成本费用与传播效果之间求取平衡,需要注意以下几个方面。

一是成本费用与受众质量之间的平衡。例如,就高档饭店的产品广告而言,如果选择在商务杂志上刊登,虽然成本费用比较高,但宣传价值或传播效果一般也会比较好。反之,如果选择在一般的通俗杂志上刊登,虽然成本费用较低,但宣传价值或传播效果并不理想。

二是媒体受众对广告的注意程度。例如,很多经验都显示,旅行杂志的读者对旅游广告的注意程度一般会高于文学杂志的读者。

三是所选择媒体的社会公信度。这主要是因为不同媒体在社会上的声望和公信度差异较大,对最终广告传播效果会造成很大影响。

另外,在选择广告媒体时,所使用的评价依据或衡量尺度一般还包括以下指标:① 总成本(total cost):即刊登或播发该广告所需支付的媒体费用总额;② 人均成本(cost per contact):即该广告传达至目标受众的人均费用;③ 目标市场人群的选择性(market selectivity);④ 目标地域的选择性(geographic selectivity);⑤ 作为信息源的可信度(source credibility);⑥ 视觉质量(visual quality);⑦ 噪声干扰度(noise leve):即目标受众在阅读/收看/收听广告时的注意力受周围因素干扰的程度;⑧ 信息的寿命(life span);⑨ 传阅率(pass-along rate);⑩ 刊载/播发时间的灵活度(timing flexibility)等。

小链接

如何安排旅游广告的推出时间和模式

在安排广告的推出时间方面,并不存在绝对的固定法则。一般来讲,对于以消遣型旅游者为主要目标市场的旅游目的地、度假饭店以及组团旅行社来说,对广告推出时间的安排取决于营销者对以下两方面情况的了解:一个方面的情况是目标客源地居民出游季节的时间分布;另一个方面的情况是这些旅游消费者通常会提前多长时间进行购买或预订。

以我国"十一"黄金周期间的国内旅游为例。假定市场调研结果显示,在打算于"十一"黄金周期间外出旅游的国内旅游者中,大多数人在8月中旬至9月中旬这一期间进行预订旅游产品和服务。那么,有关"十一"黄金周旅游产品的宣传广告则可以安排在7月推出为宜。原因在于,如果该广告的推出时间过早,那么消费者中由该广告所激发出来的购买热情有可能会随着时间的流逝而逐渐淡化;反之,倘若该广告的推出时间过迟,例如到了9月中旬才开始推出,则大多数打算在"十一"黄金周期间出游的消费者很可能早已经预订完毕,尚未进行预订的消费者可能已经寥寥无几。

当然,在安排旅游广告的推出时间方面,虽然说旅游营销者需要考虑目标客源市场的出游季节,但这并不意味着旅游目的地和旅游企业不宜在旅游淡季做广告。事实上,很多旅游供应商都会根据自己目标市场的特点,有意识地采取顺季节变化而动、逆季节变化而动或维持全年不变的广告策略。

在安排广告的播出/刊发模式方面,旅游营销者一般有两种选择:

(1)持续式播出/刊发,即在某一特定时期内均衡地安排该广告的播出/刊发时间。

(2)密集式播出/刊发,即在某一特定时期内分几段时间将该广告进行密集播出/刊发。

例如,假定某旅游企业计划通过电视媒体将其某一产品广告在全年中播出52次。如果是按持续式播出模式进行安排,则意味着每个星期播出一次;倘若是按照密集式播出模式进行安排,则意味着将这52次广告分作几段时间(如分为在3~4月份、7~9月份、12月份这三段时间)集中播完。

资料来源:根据相关资料整理。

5. 评价广告效果(Measurement)

在评价广告效果方面,一般可通过两种途径进行。

(1)测量广告的销售效果。对于旅游经营者来说,推出广告活动的最终目的在于刺激销售。虽然有些广告活动的开展目的未必是直接刺激销售,但其价值最终都将与由此带来的销售效果相联系。在这个意义上,依据在做广告之前以及广告推出之后有关产品销量的变化情况来测量和评价广告的效果,应当是一种简单而理想的选择。

不过,如果以这一途径去评价广告的效果,在多数情况下,具体实施起来往往比较困难。原因在于,除了广告,很多其他因素的出现或变化也都有可能对产品的销量产生影响。在这种情况下,人们往往难以有效地将广告在其中所发挥的影响作用分离出来,从而很难有把握地评价该场广告活动对产品销量变化的作用程度。例如,随着青藏铁路的建成和通车,西藏地区的游客接待量突然间有了大幅度的增长,尽管此期间西藏旅游局为刺激国内外游客来访可能做了不少广告,然而除非该时期内所有其他因素都没有出现明显的变化,否则很少有人会将西藏地区这一期间游客来访量的猛增完全归功于这些广告的作用。

(2)测量广告的传播效果。人们在评价广告的效果时,更为普遍的做法是测量和评价该广告的传播效果。这方面的具体做法一般有两种。

其一,事前测试,指在正式推出该广告之前,对其未来的可能性传播效果进行预先估测。

常用方法有两种。第一种为"直接评分法",调研人员向参与测试的若干目标消费者出示几种不同设计的广告方案,要求他们对这些广告方案分别进行品评和打分,然后根据评分的结果,判断和比较各项广告方案的吸引力及其对目标消费者市场的影响程度。如果目标消费者对其中某一广告方案评价很好,则通常预示该广告方案的潜在效果也会比较好。第二种为"组合测试法",调研人员首先让参与测试的目标消费者观看或聆听一组不同设计的广告,然后要求他们对各项广告及其内容进行回忆,回忆的开展既可以在调研人员的帮助下进行,也可完全由参与测试的消费者独立完成,具体回忆情况的结果则可分别说明各项广告能够被理解和识记的程度。

其二,事后测量,指在正式推出该广告之后,对其实际的传播效果进行测量。

较为常用的方法也有两种。第一种方法是"回忆测试法",调研人员选择曾经接触过该广告的消费者作为调查对象,要求他们对其中有关该广告及其所宣传的产品信息尽量加以回忆,调研人员通过对调查对象的回忆情况(包括其中有多少人能够记起该广告,对有关产品信息的记忆程度)进行记录和分析,从而得知该广告为人们所注意的程度以及容易记忆的程度。第二种方法是"识别测试法",调研人员将某一特定媒体的受众作为调查对象,通过了解和统计曾在该媒体上注意到该广告的人数在其中所占的百分比,以及在不同程度上能记得该广告信息内容的人数在其中所占的百分比,去分析和评价该广告在目标市场人群中的影响度。

三、进行人员推销和营业推广

(一)旅游人员推销

人员推销(Personal selling)是指旅游企业通过派出销售人员与一个或一个以上可能成为购买者的人面对面或以电子方式交流来进行产品促销,帮助和说服购买者选择旅游企业并购买某种旅游产品的行为。销售人员通过耐心沟通与消费者建立长久的合作关系,管理消费者相关信息,并负责产品的销售。一般的人员推销包含沟通、销售、建立顾客关系和信息管理四个基本的销售活动。

1. 人员推销的基本过程

人员推销包括一系列步骤,如图4-8所示。

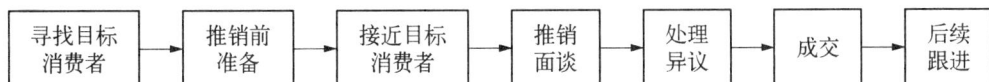

图4-8　人员推销的步骤

(1)寻找目标消费者。寻找和确定目标消费者是人员推销的首要工作,也是最为关键的工作。目标消费者包括现有的和潜在的旅游消费者。可以通过企业线索、熟人推荐、供应商网络、工商企业名录等渠道获得相应信息,也可应用现有的消费者挖潜法、停购消费者启动法、同类消费者推移法、连锁介绍法、广告开拓法等方法,拟定潜在消费者名单。然后通过电话、微信、邮件及其他调查方式,了解潜在消费者的需求、支付能力和购买权力,做出购买资格评价,也就是核查消费者。此工作的目的是过滤差的潜在消费者,选出有接近价值和接近可能的目标消费者,以便集中精力进行推销,提高成交比例和推销效率。

（2）推销前准备。旅游推销人员在推销之前,必须进行充分的准备。包括通过企业网站、熟人、社交媒体等方式尽可能地了解目标消费者的情况和要求,确立具体的工作目标,选择接近的方式,拟定推销时间和线路安排,预测推销中可能产生的一切问题,准备好推销材料,如景区景点及设施的图片、照片、模型、说明材料、价目表、旅游产品介绍材料等。

（3）接近目标消费者。经过充分准备和预约后,在此阶段旅游推销人员需要了解如何接近目标消费者。正式接近目标消费者是推销面谈的必要前提,没有接近消费者,就不可能面谈,也就无所谓推销。这一步涉及销售人员的仪表、开场白以及随后的谈话,目的是与目标消费者进行接洽,使彼此的关系有个良好的开端。开场白应该积极,力求在关系的开始阶段建立好感,随后可以接着询问几个关键问题以了解消费者需求。推销人员要依靠自己的才智,根据掌握的消费者材料和接近时的实际情况,运用各种接近技巧,如介绍接近、产品接近、利益接近、好奇接近、问题接近、搭讪接近等方法,引起消费者对所推销旅游产品的注意,引发和维持他们对访问的兴趣,并引导消费者进入面谈,达到接近消费者的最终目的。

（4）推销面谈。面谈需要接近,接近为了面谈。接近与面谈是同旅游消费者接触过程中的不同阶段,两者之间没有明显的界线,两者的本质区别在于谈话的主题不同。接近阶段多侧重于让旅游消费者了解自己,有利于沟通双方感情和创造良好的推销气氛,而面谈阶段往往集中在推销旅游产品,建立和发展双方的业务关系,促使消费者产生购买欲望。在向消费者展示产品和服务时,应该表现出良好的倾听和问题解决技巧,展现旅游企业产品和服务如何满足消费者需求的相关信息,而不是进行吹嘘。一般来说,推销面谈需要推销人员利用各种面谈方法和技巧,展示消费者利益,消除消费者疑虑,强化购买欲望,让消费者认识并喜欢所推销的旅游产品,进而产生强烈的购买欲望。

（5）处理异议。面谈过程中,消费者往往会提出各种各样的购买异议,如需求异议、价格异议、产品异议、服务异议、购买时间异议、竞争者异议、对推销人员及其所代表的企业的异议等。这些异议都是消费者的必然反应,它贯穿于整个推销过程之中。销售人员应该采取积极的态度,倾听和鼓励消费者陈述他们的异议,并把这些异议作为提供更多信息的机会,最终把这些异议变成购买的理由。只有针对不同类型的消费者异议,采用不同的策略、方法和技巧,有效地加以处理和转化,才能最终说服消费者,促成交易。

（6）成交。在处理完消费者异议后,销售人员应该设法达成交易。成交是面谈的继续,也是整个推销工作的最终目标。一个优秀的推销员,要密切注意成交信号,尝试从消费者的肢体语言中找到相应的暗示,例如消费者不断点头赞许或者在座位时身体前倾等。销售人员也可以通过各种技巧促成交易,例如提议重新商议双方协议的要点,帮助消费者填写有关交易的表格,或者提供一些有利于成交的优惠条件等。只有善于培养正确的成交态度,消除成交的心理障碍,谨慎对待消费者的否定回答,才能把握最后的成交机会,帮助消费者做出最后选择,完成成交手续。

（7）后续跟进。推销工作的最后一步是消费者跟进和维持。要让旅游消费者满意,并使他们继续购买,后续工作是必不可少的。达成交易后,销售人员就应着手履约各项具体工作,如付款时间、售后条款等细节问题。在旅游服务完成后,销售人员还应尽可能安排一次跟进拜访,后续拜访往往能让旅游消费者感受到销售人员对自己的关心,也有利于销售人员发现旅游消费者的新需求,促使他们连续、重复购买,并利用旅游消费者的间接宣传和辐射性传导,争取更多的新消费者。

2. 旅游人员推销具体模式

(1) 派员推销,指旅游企业指派专职推销人员携带旅游产品或服务的说明书、宣传材料及相关材料走访客户进行推销的方式。这是一种最古老和传统的人员推销形式,特别适用于推销员在不太熟悉或完全不熟悉推销对象的情况下,即时开展推销工作。这种方式的特点主要体现在,推销人员主动向旅游消费者靠拢,重点在于建立推销员同旅游消费者之间的感情联系。这种形式要求推销人员既要有百折不挠的毅力,还要掌握寻找推销对象、把握恰当的推销时机、学会交谈艺术等推销技巧。

(2) 营业推销,指旅游产品或服务的各个环节的从业人员接待每位旅游消费者,销售自身产品的推销方式。从广义上讲,在食、住、行、游、购、娱六个方面从事接待服务的所有人员都是推销员,他们在与旅游消费者直接接触的过程中,可以以谈话方式及行为方式向消费者介绍和展示产品与服务,回答询问,完成交易,因此,他们担负着同专职推销人员一样的职能,只不过在形式上,营业推销是旅游消费者主动向推销员靠拢,推销人员依靠良好的销售环境和接待技巧,完成推销,满足旅游消费者需求。

(3) 会议推销,指旅游企业利用各种会议介绍和宣传本企业旅游产品或服务,开展推销活动的方式,例如各种订货会、交易会、洽谈会、交流会、展览会、推销会、新闻发布会等。会议推销也是较为常见的人员推销形式。这种方式的突出特点是群体集中,接触面广,省时省钱,成交量大,而且推销员不必以推销员的身份出现在旅游消费者面前,消费者的心理负担小,推销阻力也相应减弱,但对旅游消费者产生的影响力却很大。

除以上介绍的三种基本推销形式外,还有小组推销、电话推销、书面推销、导购推销等多种人员推销模式。

(二) 旅游销售促进

销售促进(Sales promotion)也叫营业推广,是指旅游企业在某一特定时期与空间范围内,通过各种短期刺激和鼓励,促使旅游者尽快购买或大量购买旅游产品及服务而采取的一系列促销措施和手段。在消费者市场,其往往用来增加短期购买或品牌参与;在中间商市场,其目标往往是让零售商接受新产品和增加库存及购买。

1. 销售促进的实施流程

旅游销售促进一般流程是策划相关方案、实施和控制相关方案,最后评估实施效果。

(1) 策划旅游销售促进方案。首先要确定旅游销售促进目标,基本要素是确定"市场目标"和"促进内容"。在"市场目标"方面,需要分析不同的市场需求,例如新旅游者、有经验的旅游者以及各种旅游中间商的需求存在很大差别。针对不同的需求,在"市场目标"方面,可以采取不同的促进内容,如鼓励老顾客经常和重复购买旅游产品、吸引新顾客试用等,而对旅游中间商则可能是激励其成为经营特定旅游产品和服务的忠诚商家,提高购买数量和增加短期销售等。

(2) 选择旅游销售促进工具。旅游销售促进的工具选择丰富多样,没有一定之规。同时,旅游销售促进工具能够达到的目标是不规则的,有可能是一个,也可能是多个。通常旅游销售促进工具包括赠送促销、折价券、抽奖促销、联合推广、参与促销、会议促销等。

（3）制定旅游销售促进具体方案。制定方案时，需要考虑促进推广对象、促进推广媒介、促进推广时机、刺激强度和规模以及与之相适应的预算。

（4）旅游销售促进的执行和控制。在方案的执行过程中，其具体内容和操作模式需要根据实际情况的变化而有所调整，这需要有良好的监控和成熟的预案准备。

（5）旅游销售促进效果评估。销售促进完成后，需要对其效果进行评估。要全面收集销售促进开展后一定时间内的信息，对照目标评估其实现程度、碰到的困难以及解决措施的有效性、未来的改进措施等。事实上，对效果的评估还涉及时期的选择，即短期效益和长期效益的取舍和平衡。

2. 销售促进的具体方式

（1）面向旅游者的销售促进方式。针对旅游者的销售促进方式有很多种，最常用的有以下几种。

一是赠送促销。包括向旅游者赠送旅游门票、酒店住宿、机票、相关旅游产品或纪念品等。赠送是介绍旅游新产品最有效的方法，旅游者也最乐于接受。在销售促进的各种方法中，免费赠送活动的刺激和吸引强度最大，但缺点是费用过高。

二是折价券。在购买某种旅游产品时，持券可以免付一定金额。多数消费者非常喜欢折价券。在智能手机普及的今天，很多旅游企业通过手机网络发放折价券，例如携程和飞猪提供的代金券和各类优惠券等。

三是现金返还或抽奖促销。旅游者购买一定的旅游产品之后可获得一定金额的现金返还或者抽奖券，可直接获得现金返还或凭券进行抽奖，获得奖品或奖金。例如携程、缤客、美团等旅游企业都经常提供消费后返现。

四是联合推广。部分旅游企业会与相关商家联合促销，将一些能显示企业优势和特征的旅游产品集中推出，边展销边销售。

五是事件营销。旅游企业通过赞助某些活动或制造自己的品牌营销事件进行促销。例如举办鼓励旅游者参与的旅游知识竞赛、游记大赛等活动，旅游消费者在参与过程中按照企业规定的条件宣传企业产品及品牌可以获得企业的相关奖励。

六是会议促销。各类展销会、博览会、业务洽谈会期间的各种现场产品介绍、推广和销售。

（2）面向中间商的旅游销售促进方式，常用的有以下几种。

一是批发回扣。旅游企业为争取中间商多购进自己的产品，在某一时期内给经销本企业旅游产品的中间商加大回扣比例。

二是推广津贴。旅游企业为促使中间商购进企业产品并帮助企业推销产品，可以支付给中间商一定的推广津贴。

三是销售竞赛。根据各个中间商销售本企业产品的业绩，分别给优胜者以不同的奖励，如现金奖、实物奖、免费旅游、度假奖等，以起到激励的作用。

四是扶持销售渠道。对旅游销售商的装潢予以资助，提供 POP 广告，以强化销售网络，促使销售额增加。也可派遣旅游企业信息员或代为培训销售人员，目的是提高中间商推销本企业产品的积极性和能力。

五是培训促销。主要针对旅游企业内部的销售人员，鼓励他们热情推销产品或处理某些老产品，或促使他们积极开拓新市场，一般可采用的方法有销售竞赛、免费提供人员培训、技术指导等形式。

（3）组合型销售促进方式。组合型销售促进方式是一种综合的促销手段,包括旅游企业或相关企业的联合促销,往往与广告、公关、事件等配合促销,是免费、优惠、竞赛、抽奖等各类促销工具的综合应用与组合搭配,主要有如下形式。

一是联合推广。包括政府与企业、企业与企业、国内与国外的联合促销。

二是增值服务推广。例如通过售前服务、订购服务、代办服务、客询服务、售后跟踪服务等多种服务形式,提高旅游企业的声誉,增加旅游产品的知名度和信任度,促成旅游企业市场渗透的顺利实现和更好地完善、更新旅游产品。

三是包价旅游。作为最有效的旅游特殊促销方法,是各类营业推广工具的集成使用,常用的有会议组合包价旅游、商务组合包价旅游、周末组合包价旅游、节假日组合包价旅游、目的地组合包价旅游、特别主题组合包价旅游等。

同步阅读

酒店推集赞吃免费大餐后反悔,遇上
数百位政法大学生,结果……

近日,有网友在微博爆料称,中南财经政法大学旁一酒店发布集赞送免费自助餐的活动,商家在发布该内容的文章下,回复"没有名额限制"。

当天,许多同学在朋友圈转发该文章求赞。然而,该商家突然通知"名额已满"。随后,许多学生前往酒店维权。

数百政法学子现场维权

15日下午1时许,记者在武汉民族大道金谷国际酒店内看到,近百名大学生正排成两队,等待领取自助餐券。一名学生表示,现在酒店没有工作人员发券,他们不知道能否领到餐券。

一名王姓同学说,14日她通过同学得知金谷国际酒店的官方微信发出一篇活动推广文章,文章称只要集齐80个点赞就可以免费领取酒店价值168元的西餐自助晚餐券一张,且没有名额限制,时间截至11月16日中午12时。当日上午她和很多同学集齐80个点赞后到金谷国际酒店来领取自助餐券时被告知,该活动是针对曾在酒店消费过的客人,不针对学生。

还有人称,服务员现场有恃无恐:"有本事你举报我啊,你们又没消费。"

酒店的说法引发现场学子的愤怒,大伙围住酒店工作人员欲讨个说法。学生报警后,警察叔叔也及时赶到,并组织学生有秩序地登记相关情况。

在警方和消协部门的协调下,酒店方最终向所有集齐80个点赞的一千多名学生发放了自助餐券。

视频曝光,维权被网友怒赞

这次事件本就这样过去了,但是当网上曝出政法学子现场维权视频时,又引发了新一波的关注。

有网友评价该视频"内容引起强烈舒适"。

对于为什么要维权,中南财经政法大学的学生是这样说的:"金谷酒店在微信公众号里发起活动,说集满80个赞,就可以免费获得168元的自助餐券一张。然后我们学校的很多学生都集赞了。酒店今天早上的时候突然一下子不承认这个活动了,说名额已经满了。我们在那个推文下面,已经明确地问过他们,是否有名额限制这一条,他们回复了两次,是没有名额限制的。他们那边相当于给我们发出了一个要约,而我们这边也承诺了,那按照合同法,我们就应该有这样一份 168 元的晚餐。"

是不是有理有利有节,让人心服口服?

当天,该视频还登上微博、知乎等平台热搜,@人民日报 19 时发布了相关内容的微博:学以致用!酒店举办"集赞免费吃"又反悔,400 名政法大学生维权 15 日@中南财经政法大学旁一酒店发布集赞换代金券免费吃大餐活动,约 400 位学生前来兑换时,酒店却不予兑换。现场很多都是中南财大法学院的学生,积极维权。经警方和消协调解,酒店答应按承诺给券。

@中南财经政法大学还转发人民日报微博称:"就地'证'法"。

对于维权,网友也提出了非常正确的观点:维权过程中要保持良好的秩序,只用事实和法律讲话。同时,不影响酒店的其他客人,不影响警察执法,依法维权。

资料来源:中国经济网.(2018 - 11 - 19).https://mp.weixin.qq.com/s/i1ENNyQVxvXvr0w3c3NRWw

四、建立公共关系

公共关系(Public relations)是指旅游地和旅游企业为了获得旅游者和社会公众的信任与好感,通过非付费方式以大众传播媒介为主要手段,树立、改善或改变旅游企业与旅游产品在公众心目中的形象,维护和发展与旅游消费者和社会公众之间的良好关系,营造有利的经营环境所进行的一系列宣传活动和措施。

与其他促销手段相比,公共关系作为营销传播的一种工具,能够以比广告低得多的成本对公众的认知产生强烈影响,而且具备长期的口碑效应,比广告更容易获得公众的信任。因此,旅游企业在经营中必须注意处理好公共关系,为自己创造良好的内外部环境。

(一)旅游公共关系的任务

1. 识别内外部利益相关者

利益相关者是指在机构活动中拥有既得利益的个人或团体,包括内部和外部利益相关者。公共关系旨在与企业面对的相关公众建立良好关系,因此,公共关系部门首先要关注和识别企业内部和外部利益相关者。内部利益相关者一般包括员工、股东等,这部分人群由于能够与企业直接接触,了解企业的相关信息,所以他们传播的信息具有更高的可信度。这些人员的口碑传播甚至是随口一说,都可能影响购买决策和投资决策。外部利益相关者包括媒体、社区、金融界、政府等。旅游企业没有办法控制它们所传播的信息或者它们解读的公司信息,只能努力向其传播正面的企业信息,塑造企业形象。

2. 评估企业声誉

企业声誉是使企业行为得到社会认可,从而取得资源、机会和支持,进而完成价值创造的能力的总和。旅游企业声誉作为企业和内外部公众联系的第一印象,是公共关系必须重视的内容。良好的声誉是旅游企业所拥有的独特资源,能在旅游企业经营的各个方面提升企业的竞争力,并影响旅游消费者的消费决策和人们的投资决策以及应聘决策。

3. 审计企业社会责任

企业社会责任是指企业要讲道德、有责任心并且对社会的需求做出回应。旅游公共关系最重要的内容就是传递旅游企业的相关信息,而旅游企业在社会责任方面的努力能够加强企业在内外部公众心目中的良好形象,因此,旅游企业需要审计自己的社会责任,发现不足之处,解决相应问题。

4. 传播正面的形象塑造活动

在企业塑造正面形象时,最常用的方式是公益营销和绿色营销。旅游企业通过这些活动可以赢得公众积极正面的关注,让企业成为一个致力于社会责任的、可靠的企业公民。公共关系作为旅游企业信息的传播方式,可以及时将这些正面的形象塑造活动传播出去,塑造旅游企业形象。

5. 减少形象损害

公共关系最重要的任务是对形象损害的控制,即对由于旅游企业过错、消费者不满或者负面夸张的报道而引发的消极事件的相关回应。常见的方式有主动预防和反应型控制。主动预防包括企业的冠名行为和强化行为。冠名行为指旅游企业通过对正面活动的冠名加强企业的正面形象。强化行为指采取一些看起来渺小但对公众而言很重要的措施来树立旅游企业声誉,如旅游企业对游客安全的保障。反应型控制包括网络干预、危机项目管理、致歉策略以及印象管理。网络干预指通过网页新闻或者聊天室、博客以及社交网络,抑制负面消息的传播。危机项目管理指在旅游企业出现危机时制定的相关策略。致歉策略指旅游企业出现差错时,需要做出足够有诚意的道歉。印象管理指旅游企业尝试控制在社会交往中所建立的形象。

同步阅读

当游客在法国遭遇突发状况……

"团队出境游遭遇突发事件,应急预案做得好不好,危机决策与执行力行不行,直接影响游客的满意度,对此我们深有体会"。提起前不久接到的来自游客的感谢电话,安徽省中国旅行社上海分社总经理劳逸颇为感慨。

法国时间 2018 年 11 月 18 日下午,在塞舌尔机场,安徽省中旅上海分社领队戴美霞带领 18 名上海老年游客团正准备乘机飞往下一站留尼旺。突然,她接到留尼旺地接社的预警电话,"'黄马甲'示威活动昨天已经蔓延到法国海外省的留尼旺,当地交通被阻断,接机大巴被阻在半路过不来,只能改用小车绕道来接"。闻讯后,游客有些紧张,小戴一边安抚游客,一边向上海总部报告。

"接到前方紧急报告后,我们立即启动紧急预案,由董事长郑群荣、总经理劳逸和计调、销售、票务、后勤保障共计 6 人组成应急小组,与前方保持 24 小时热线联系"。劳逸说。

第二天,趁大家进早餐时,戴美霞到酒店门口查看情况,发现马路上有人设置了路障,地接社也明确表示原定游览行程无法进行。怎么办? 有的团员情绪开始波动。

"有困难,找领馆"。来自上海的指令非常清晰。戴美霞随即与中国驻圣但尼总领事馆联系。接到电话后,总领事馆立即行动。排查后得知当地只有这一个团队,总领事馆抽调力量全力处置。

"首先,总领事馆工作人员在电话中直接告诉团员,非常时期不要走出酒店,确保安全第一。同时,总领事馆还跟酒店打好招呼,希望特别照顾好这个团组。来自祖国总领事馆的电话,很大程度上稳住了团员的情绪。大家知道,眼下遇到了不可抗力,人身安全才是第一位的"。戴美霞回忆说。

令她感慨的是，这个主要来自上海文化单位的老年团，团员们非常体谅旅行社的难处。"还有团员建议，把观光旅游变为度假旅游，因为这家法式五星级酒店地处海边，环境优美，游泳池等娱乐设施齐全，大家在酒店里度假别有情趣"。

第三天了，"不能老让游客待在酒店里呀，公司决定贴钱让游客搭乘酒店的直升机去火山景点上空游览"。劳逸说。安徽省中旅作为国企，不仅要对企业声誉负责，更要让游客满意。

"旅游无非是住好、吃好、玩好，现在玩好有点问题，前面两个更要保证。"应急小组这样指示前方领队。"这家酒店总经理也非常配合，不仅给团员们上了法式大餐，看到谁胃口好，还主动再追加一份，让团员们非常开心"。戴美霞回忆说。

11 月 21 日，是离开留尼旺前往旅途最后一站马达加斯加的日子。让应急小组感到棘手的是，白天交通被封锁，晚上又有宵禁，如何让团队顺利登机？"这时候，总领事馆建议我们，凌晨三点赴机场，领馆负责疏通机场相关部门，并让地接社负责寻找有宵禁特别通行证的旅游大巴"。戴美霞说。

凌晨三点，全体团员准时集合上车。让老年团友们感动的是，行李只需放在房间门口，有酒店员工负责搬上大巴。酒店还提供了大塑料袋，以便让中国游客在机场可以席地休息。

清晨七点，总领事馆副总领事杨青一行带着矿泉水和食物赶到机场看望大家。"团员们开心得流下热泪，祖国在我们身后，政府在关心我们，身为中国人真的很自豪"。戴美霞说。

据了解，当天，留尼旺机场只起飞了这一架载有中国游客的飞机，飞机冲上蓝天不久，机场就关闭了。"要不是总领事馆全力协助，团组如果继续滞留留尼旺，真不知道我们还要熬过多少个不眠之夜"。劳逸说。这位在旅行社工作超过 20 个年头的老旅游人，今天提起这事还是心有余悸。他说，这个老年团能够安全脱困，总结起来有三条经验：第一，海外遇险，第一时间联系当地中国使领馆寻求帮助；第二，组团社的应急预案要到位，并且执行有力；第三，引导游客文明出游要到位。

（文/丁宁）

资料来源：《中国旅游报》2019 年 1 月 16 日.https://mp.weixin.qq.com/s/flWJbXmd5JkPBBBRP0368A

（二）旅游公共关系的行动模式

1. 宣传型公共关系

指利用各种传播媒体和手段，向社会公众宣传展示自己的发展成就与公益形象，以形成有利本企业发展的社会印象与环境的公共关系活动。这类旅游公共关系活动能够及时通过媒体进行正面宣传，主导性、时效性强，影响面宽，在推广旅游目的地、旅游企业及其旅游产品的形象时可以取得较好的效果。常见的就是旅游企业主动向新闻界提供信息，让新闻媒体报道有新闻价值的企业信息，吸引公众对旅游企业及其产品和服务的注意。

2. 交际型公共关系

指通过人与人之间的直接交往接触，进行联络感情、协调关系和化解矛盾的公共关系活动，以达到为本企业建立良好人际关系的目的。这类公共关系活动非常有助于加强包括旅游消费者在内的相关公众对本旅游企业的了解和信赖，对于增强旅游消费者的购买决心和扩大旅游企业的业务尤其有显著作用。据统计，旅游业中有一半以上的消费者是通过朋友、熟人介绍而来，由此决定了加强这类公关活动对旅游促销的重要意义。

3. 服务型公共关系

指通过为公众提供热情、周到和方便的服务，以赢得公众的好感为目的，从而提高旅游企业形象的一系列公关活动。在为旅游消费者服务中充分为消费者着想，由此既能在不显示商业痕迹的直接服务中起到即时刺激旅游消费的作用，又能在先期旅游消费者的口碑效应中达到扩大旅游销售的目的。

4. 社会型公共关系

指旅游企业利用举办各种具有社会性、文化性的赞助或公益活动来开展公共关系。这种活动的目的是塑造旅游企业的文化形象、社区公民形象，提高旅游企业的社会知名度和信誉度。对于旅游公共活动来说，参与和旅游有关的文化与体育活动效果更好。

5. 征询型公共关系

指通过采集信息、舆论调查、民意测验等方式，为旅游企业的经营管理决策提供客观依据，不断完善企业形象的公关活动。例如通过收集消费者的好评和不满，以及了解影响潜在旅游消费者购买的障碍性因素，然后加以利用和改进，可以间接利于旅游促销。也可以就公共话题、企业定位及形象等问题向旅游企业管理层提出建议。

（三）公共关系的常用工具

公共关系最常用的工具包括新闻和特殊事件。公关人员通常会找出或创造对旅游企业及其产品和服务有利的新闻，这些新闻既有自然发生的，也有公关人员策划的事件或活动，包括新闻稿、独家报道、采访等。另一种常见的工具是特殊事件，包括新闻发布会、展示会、赞助、社区参与等。此外网络媒体以及社交网站等也给旅游公共关系提供了新的工具。

主要的旅游公共关系工具如下所示。

1. 新闻稿

指旅游企业通过各种渠道发布有新闻价值的企业消息。新闻媒体是最重要的公众之一。信息要想被媒体采用，就必须实事求是、真实可靠并且符合媒体和受众的兴趣。旅游企业可主动邀请电视台、旅游报刊等新闻媒体相关人员前来参观，并提供与本企业或旅游目的地有关的新闻稿件及参考资料（如文字材料、照片、光盘、录像等），以方便新闻媒体的信息发布。

2. 独家报道

指旅游企业授予某一特定媒体独家报道的权利。尽管大多数公共关系活动都会寻求多种信息发送渠道，但是企业也可以选择独家报道的策略来提高媒体接受信息的可能性。

3. 采访

指对代表旅游企业的个人进行的采访。很多时候公众会在网络或者电视上看到对某些旅游企业人员的特定专访，这种公关方式能够以对话的形式传播旅游企业的相关信息。

4. 新闻发布会

指旅游企业正式向新闻界公布企业相关信息的活动。旅游企业主要通过新闻发布会来处理一些重要问题或发布一些重要信息，例如举办本企业或旅游目的地最新发展情况的新闻发布会，一般在旅游企业危机公关活动中的使用更为多见。

5. 旅游展示/交易会

旅游企业可以通过参加各类旅游展示/交易会让前来参展的社会公众了解企业的相关信息。

6. 赞助

赞助也称为捐赠或资助，即旅游企业无偿提供人力、物力、财力资助某一项事业。赞助有利于树立旅游企业良好的形象、扩大社会影响、赢得公众支持,是一种效果更佳的"悄悄的广告"。常见的有公益活动赞助、文艺节目赞助和体育赛事及球队赞助。

7. 社区参与

许多旅游企业通过参与当地的社区事务来提高他们的公众形象。这种形式的活动包括捐款或直接参与等。

8. 互联网

旅游企业可通过建立自己的网站、微博、微信公众号发布产品或服务的相关信息,或者通过网站发布企业的新闻稿等。也可以通过注册社交网站或博客,参与利益相关者的生活圈,并通过社交网站或博客发布自己的一些信息。

复习小结

旅游企业为了满足目标市场的需要,可以有计划地综合运用企业可以控制的 4P 营销策略(产品策略、价格策略、分销渠道策略、促销策略),并对其进行最佳的组合,以实现旅游企业预期目标。

旅游产品是指旅游企业经营者为了满足旅游消费者在旅游活动中的各种需求,向旅游市场提供的各种物质产品、精神产品和旅游服务的组合。一般认为,整体旅游产品由核心产品、形式产品、延伸产品三个层次组成。

核心产品是指消费者购买产品时所追求的基本效用或利益,即产品的使用价值。在旅游产品中,核心产品是指满足旅游消费者基本旅游需求的产品,通常包含食、住、行、游、购、娱六个方面,是旅游消费者购买的中心内容,也是旅游企业提供的核心利益。形式产品又称为有形产品,是核心产品的载体,即核心产品出现在市场上的样貌,主要包括品牌、质量、设计、特色和包装等。通过形式产品,产品的核心利益得以展示给消费者。在旅游产品中,形式产品是指满足旅游消费者不同需求和欲望的产品形式,如自然风光、人文景观、民俗风情等。延伸产品是指旅游消费者购买之前、之中和之后所得到的各种附加服务和利益的总和,即售前咨询、售后服务及销售过程中的其他服务,营销者往往利用附加服务和利益把自身的提供物与竞争对手的提供物区别开来。

旅游产品组合是指旅游企业生产或销售的全部产品的结构,也称产品搭配,涉及产品线、产品组合的宽度及深度、长度等概念。旅游产品的组合有地域组合形式、主题组合形式、时间组合形式、旅游者组合形式几种常见的形式。旅游产品组合策略具体可采用扩大产品组合策略、缩小产品组合策略、改进现有产品策略、高(低)档产品策略等。

旅游产品从投放市场开始,到最后被市场所淘汰为止的全部过程所经历的时间,叫旅游产品的生命周期。一个完整的产品生命周期包括四个阶段:导入期、成长期、成熟期和衰退期。旅游产品生命周期的导入期往往始于新产品首次进入市场,主要特点是:销售量较低;经营成本高;利润低;竞争者尚未加入。在此阶段,旅游企业的营销策略应围绕"快"字做文章。旅游产品生命周期的成长期主要特点是:销售量迅速增加;利润迅速增加;成本迅速下降;竞争者开始加入。在此阶段,旅游企业的营销策略应尽可能长期地维持市场的快速增长,围绕"好"字做文章。旅游产品的销售增长在某一点上开始转向缓慢时,该产品便进入了成熟期,该阶段的主要特点是:销售增长趋于和缓;销售量和利润达到最高点;经营成本达到最低点;竞争异常激烈。在此阶段,旅游企业的营销策略应围绕"长"字做文章。旅游产品生命周期的衰退期主要特点则是：销量开始下降;成本费用开始上升;利润明显下降;竞争格局已明朗,胜负已成定局。在此阶段,旅游企业的营销策略应围绕"转"字做文章。

旅游新产品是指同现有产品相比较,在原理、构成、方法、手段等方面有显著改进和提高,并在一定市场和范围内首次投放和使用,能给旅游消费者带来某种新的满足和新的利益的产品。一般分为全新旅游产品、换代新产品、改进新产品、仿制新产品四类。旅游新产品的开发步骤包括循序渐进的八个阶段,即：创意形成—创意筛选—概念性开发与测试—制定营销战略—业务分析—产品开发—测试性营销—正式上市。

旅游产品的价格是指旅游消费者为获得、拥有或使用某种旅游产品或服务而支付的价值。价格是营销组合中唯一与收益直接相关的要素,因此旅游企业必须慎重科学地进行产品定价。影响旅游产品定价的因素主要可以从内部和外部两个方面进行分析。内部因素涉及企业整体营销战略与策略、成本等,外部因素既涉及外界市场需求以及竞争状况,也受到政府或行业组织的干预、消费者习惯和心理、企业或产品的形象等其他多种因素的影响。

旅游产品的定价方法有三类。在成本的基础上加上一定的利润和税金来制定价格的方法称为成本导向定价法,具体包括成本加成定价、盈亏平衡及目标利润定价等。需求导向定价是指以旅游产品的市场需求状态为主要依据,综合考虑旅游企业的营销成本和市场竞争状态而制定或调整产品、服务的营销价格的方法,习惯定价、认知价值定价、差别定价均属于此类定价方法。竞争导向定价法是通过研究竞争对手的产品价格和服务质量,以市场上相互竞争的同类产品价格为基准点确定同类产品的价格。这种方法的特点竞争是定价考虑的中心,除非市场需求或成本因素的变化引起了竞争者价格的调整,否则不对其做出反应,包含率先定价、随行就市定价等。

旅游产品的定价策略包括新产品价格策略、心理价格策略、折扣定价策略、产品阶段定价策略等。

市场撇脂定价是高价投放的新产品价格策略,目的是在尽可能短期限内迅速获取高额利润。这种定价策略适用于特色鲜明、垄断性强、其他企业难以仿制或开发的旅游新产品。市场渗透定价是指企业在新产品投放市场的初期,将产品价格定得相对较低以便迅速而深入地渗透到市场当中,吸引大量消费者,获得较高的销售量和市场占有率。这种定价策略适用于能尽快大批量生产、特点不突出、易仿制、技术简单的新产品。满意定价也叫折中定价,是指这个新产品的价格水平适中,同时兼顾企业、购买者和中间商的利益,能较好地被各方面所接受。这一策略适用于需求价格弹性较小的商品。

心理价格策略是利用旅游消费者对旅游产品的心理反应进行定价,刺激消费者购买产品或服务的策略。具体包括尾数定价、整数定价、声望定价、组合定价等。

折扣定价策略是指在旅游产品的交易过程中,通过对实际价格的调整,把一部分价格转让给购买者,以此鼓励旅游消费者购买自己的产品或服务,促使旅游消费者改变购买时间或购买数量的定价策略。常见的包括数量折扣、现金折扣、季节折扣、同业折扣等。

产品阶段定价策略则是按生命周期不同阶段调整旅游产品价格的定价策略。

旅游企业将其生产或开发出的旅游产品进行合理定价后,需要建立畅通合理的销售渠道将其转移到旅游消费者手中。旅游营销渠道是指旅游产品在转移使用权过程中所经过的各个环节连接而成的通道,包括所有取得旅游产品的使用权,或协助该使用权转移的组织和个人在内的有组织、多层次的销售系统。

一般说来,根据不同的分类标准,旅游产品的营销渠道有以下几种类型:根据旅游产品在销售过程中是否涉及中间商,划分为直接营销渠道和间接营销渠道;根据旅游产品在销售过程中涉及中间商的多少和长度划分为长渠道和短渠道;根据每个层次的同类中间商数目多少划分为宽渠道和窄渠道;根据渠道类型的多少划分为单渠道和多渠道。

旅游中间商是指介于旅游生产者与消费者之间,协助旅游企业推广和销售旅游产品给最终消费者的中介组织或个人。一种分类是按中间商业务性质可划分为旅游批发商和旅游零售商两大类。旅游批发商通常指经营包价旅游批发业务的旅行社或旅游公司。旅游零售商是指直接面向广大旅游消费者,从事旅游产品零售业务的旅游中间商。在我国,大部分旅行社是比较典型的旅游零售商。旅游中间商的另一种分类是按是否拥有旅游产品所有权划分为旅游经销商和旅游代理商。旅游经销商是指旅游产品买进以后再转卖出去的旅游中间商,其显著特点是旅游产品所有权在买卖双方的转移。旅游代理商是指那些只接受旅游产品生产者或供应者的委托,在一定区域内代理销售其产品的旅游中间商。旅游代理商的收入来自被代理企业支付的佣金。旅游企业在选择旅游中间商时,一般应遵循经济原则、控制原则、适应原则,并可进行事先评价和事后评价。

旅游企业对销售渠道模式的选择往往因企业类型和经营规模的不同而多有差异。大型旅游企业往往同时采用多种不同模式的销售渠道。具有普遍意义的影响因素归纳如下:首先是产品因素,主要涉及产品的性质或类型、产品的档次或等级两个方面;其次是市场因素,主要包括客源市场的规模、客源地与旅游生产现场之间的空间距离,以及目标客源人群的集中度;第三是企业自身因素,基本上可归结为本企业的经营规模或接待能力、本企业的营销实力两个方面。目前旅游企业常见的渠道宽度选择策略有广泛性销售、选择性销售、独家销售几种。此外,对于一般旅游企业来说,在营销资源条件允许的情况下,短渠道优于长渠道。一旦渠道成员被确定,重点就转移到渠道的管理上来。具体包括如何调动中间商的合作积极性,以及如何调整与中间商的合作关系。

旅游促销是指在旅游产品、价格、渠道确定以后,旅游企业向消费者传递有关本企业及产品的各种信息,说服或吸引旅游消费者购买其产品,以达到扩大销售量的目的。常用的促销手段有广告、销售促进、人员推销、公共关系等。旅游企业可根据实际情况及市场、产品等因素选择一种或多种促销手段的组合。

旅游广告是指旅游目的地国家、地区、旅游组织或企业以付费的形式,通过非人员媒介向目标市场的公众传播产品或服务的有关信息,以扩大影响,提高知名度,树立自身形象,最终达到促进销售目的的一种宣传形式。广告是促销组合中受到普遍重视和广泛运用的方式,现代广告可以按照使用的广告媒介、广告诉求方式、广告目的等不同标准进行分类。广告活动的实施过程一般包括五个重要的步骤,简称"5M":确定广告目标(Mission)、确定广告预算(Money)、确定广告信息(Message)、选择广告媒体(Media)、评价广告效果(Measurement)。根据广告的作用和信息传递目标的不同,广告目标分为告知、提醒、说服三类。确定广告预算的方法则主要有量入为出法、销售比例法、竞争均势法、目标任务法四种。在选择广告媒体时,应注意遵循选择与目标市场人群密切程度最高的媒体、考虑成本效益两个基本原则。广告效果的评价则一般包括销售效果的测量和传播效果的测量两类。

人员推销是指旅游企业通过派出销售人员与一个或一个以上可能成为购买者的人面对面

或以电子方式交流来进行产品促销,帮助和说服购买者选择旅游企业并购买某种旅游产品的行为。一般的人员推销包含寻找目标消费者、推销前准备、接近目标消费者、推销面谈、处理异议、成交、后续跟进等步骤。旅游人员推销具体模式除派员推销、营业推销、会议推销三种基本推销形式外,还有小组推销、电话推销、书面推销、导购推销等多种人员推销模式。

销售促进是指旅游企业在某一特定时期与空间范围内,通过各种短期刺激和鼓励,促使旅游者尽快购买或大量购买旅游产品及服务而采取的一系列促销措施和手段。销售促进的具体方式有三类:首先是面向旅游者的销售促进方式,最常用的有赠送促销、折价券、现金返还或抽奖促销、联合推广、事件营销、会议促销等;其次是面向中间商的旅游销售促进方式,包括批发回扣、推广津贴、销售竞赛、扶持销售渠道、培训促销等;此外,还有组合型的销售促进方式,包括旅游企业或相关企业的联合促销,往往与广告、公关、事件等配合促销,具体形式有联合推广、增值服务推广、包价旅游等。

公共关系是指旅游地和旅游企业为了获得旅游者和社会公众的信任与好感,通过非付费方式以大众传播媒介为主要手段,树立、改善或改变旅游企业与旅游产品在公众心目中的形象,维护和发展与旅游消费者和社会公众之间的良好关系,营造有利的经营环境所进行的一系列宣传活动和措施。

实践技能训练

针对特定旅游企业的 4P 营销组合策略分析

一、实训内容

开展对某一特定旅游企业的调研,利用课堂所学 4P 营销组合策略分析该企业现有产品基本情况、定价情况、销售渠道及所开展的旅游促销活动等,并对该企业的营销组合策略给出综合评价和建议。

二、实训步骤

(1) 将班级同学按每组 6~7 人分成若干小组,每组推选一名负责人,以小组为单位完成实训内容。

(2) 选定将要调查的旅游企业,做好市场调研,通过互联网和访谈等形式收集该企业相关资料。

(3) 在对资料进行综合分析的基础上,撰写包含该企业现有产品和定价的基本情况、营销渠道选择、促销活动开展等内容的分析报告。

(4) 每个小组按照各自完成情况在班级进行陈述,接受师生提问,各小组对陈述进行互评。

(5) 教师进行活动总结。

三、考核评价

(1) 按照教师和小组评分各占 50% 的标准评选出优秀小组。

(2) 评分标准: 任务完成的全面性(20 分);陈述报告的格式及内容(50 分);汇报的条理性(10);仪容仪表(10 分);小组合作的协调性(10 分)

思考与习题

一、名词解释

1. 旅游产品　　　　　2. 旅游产品组合　　　　3. 旅游产品的生命周期

4. 旅游新产品　　　　5. 市场撇脂定价　　　　6. 市场渗透定价

7. 旅游营销渠道　　　8. 旅游中间商　　　　　9. 旅游经销商

10. 旅游代理商　　　　11. 旅游促销　　　　　12. 旅游广告

13. 人员推销　　　　　14. 销售促进　　　　　15. 公共关系

二、单项选择题

1. 以下不属于 4P 策略的组合因素是(　　)。

A. 产品　　　　　　B. 价格　　　　　　C. 渠道　　　　　　D. 权力

2. 酒店饭菜能解除旅客的饥饿,旅馆的床位能解除旅客的疲劳。该种旅游产品从产品的层次上来讲,属于(　　)。

A. 核心产品　　　　B. 形式产品　　　　C. 延伸产品　　　　D. 其他

3. 各种优惠条件、免费接送服务、购物打折、旅游信息咨询等属于旅游企业为消费者提供的(　　)。

A. 核心产品　　　　B. 形式产品　　　　C. 延伸产品　　　　D. 其他

4. 一家饭店向客人提供住宿、餐饮、购物、健身、娱乐服务,下面叙述正确的是(　　)。

A. 产品线的深度等于 5　　　　　　　B. 产品线的长度等于 5

C. 产品线的宽度等于 5　　　　　　　D. 产品线的关联度等于 5

5. 新的旅游产品逐渐定型并形成一定特色,因而日渐被消费者所接受,拥有一定的知名度,产品销售量迅速提升,广告费用降低,销售成本下降,利润飙升,这应该属于旅游产品生命周期的(　　)阶段。

A. 投入期　　　　　B. 成长期　　　　　C. 成熟期　　　　　D. 衰退期

6. 在旅游产品的(　　)期,旅游产品的销售量和利润都达到最高值。

A. 投放期　　　　　B. 成长期　　　　　C. 成熟期　　　　　D. 衰退期

7. 市场上从未生产和销售过的新产品属于(　　)。

A. 全新产品　　　　B. 换代新产品　　　C. 改进新产品　　　D. 仿制新产品

8. 新产品开发始于(　　)。

A. 创意形成　　　　B. 创意筛选　　　　C. 概念测试　　　　D. 业务分析

9. 邻近风景区的旅馆把客房价格定得较高,这是采用(　　)。

A. 理解价值定价法　　　　　　　　　B. 地点差别定价法

C. 竞争导向定价法　　　　　　　　　D. 成本导向定价法

10. 新产品上市初期,价格定的高,以便在较短的时间内获得最大利润。属于新产品定价策略中的(　　)。

A. 撇脂定价策略　　　　　　　　　　B. 渗透定价策略

C. 满意定价策略　　　　　　　　　　D. 心理定价策略

11. 旅游产品或服务的生产企业根据各类中间商在市场营销中所担负的不同职责,给予不同的价格折扣,这属于折扣定价策略中的(　　)。

A. 数量折扣　　　　B. 同业折扣　　　　C. 付款期限折扣　　D. 组合折扣

12. 通过(　　)进行销售,可以大量地接触旅游者,大批量销售旅游产品。

A. 单渠道　　　　　B. 长渠道　　　　　C. 宽渠道　　　　　D. 窄渠道

13. 一般对于旅游企业来说,在营销资源条件允许的情况下(　　)。

A. 短渠道优于长渠道　　　　　　B. 长渠道优于短渠道

C. 宽渠道优于窄渠道　　　　　　D. 窄渠道优于宽渠道

14. 酒店向顾客赠送小礼品属于何种促销方式(　　)。

A. 广告　　　　　　B. 人员推销　　　　C. 公共关系　　　　D. 营业推广

15. 在几种促销手段中单位成交代价最高的往往是(　　)。

A. 广告　　　　　　B. 人员推销　　　　C. 公共关系　　　　D. 营业推广

16. 就某一创新型的包价旅游产品而言,其目标人群规模相对较小,此时需要推出(　　)让目标市场了解这一新产品的存在。

A. 告知广告　　　　B. 提醒广告　　　　C. 说服广告　　　　D. 诉求广告

三、多项选择题

1. 在市场营销领域,产品不仅包括一般意义上具有物质形态和具体用途的有形产品,还包括(　　)等无形和特殊的产品。

A. 服务　　　　　　B. 思想　　　　　　C. 事件　　　　　　D. 人员

2. 旅游产品组合的常见形式包括(　　)。

A. 地域组合形式　　　　　　　　B. 主题组合形式

C. 时间组合形式　　　　　　　　D. 旅游者组合形式

3. 旅游产品衰退期的营销策略有(　　)。

A. 逐步放弃策略　　　　　　　　B. 立即放弃策略

C. 卖完为止策略　　　　　　　　D. 努力维持策略

4. 在实际实施中,旅游企业可采用的品牌策略有(　　)。

A. 同一品牌策略　　　　　　　　B. 个别品牌策略

C. 品牌扩展策略　　　　　　　　D. 品牌重新定位策略

5. 影响旅游产品的定价因素有许多,既有旅游企业的内部因素,又有企业的外部因素。主要因素可归纳为(　　)。

A. 企业整体营销战略与策略　　　B. 成本因素

C. 市场与需求　　　　　　　　　D. 竞争因素

6. 以下定价方法中属于成本导向定价的是(　　)。

A. 成本加成定价　　B. 目标利润定价　　C. 认知价值定价　　D. 差别定价

7. 旅游企业在选择旅游中间商时,应遵循以下(　　)原则。

A. 经济性　　　　　B. 控制性　　　　　C. 方便性　　　　　D. 适应性

8. 确定广告预算的方法主要有(　　)。

A. 量入为出法　　　B. 销售比例法　　　C. 竞争均势法　　　D. 目标任务法

9.下列属于针对旅游中间商的营业推广方式有（　　　）。

A. 推广津贴　　　　　B. 批发回扣　　　　　C. 销售竞赛　　　　　D. 培训促销

四、简答题

1. 请简要回答整体旅游产品三个层次的构成及含义。

2. 旅游产品的定价方法有哪几类？请简要介绍。

3. 旅游经销商和旅游代理商的区别是什么？

4. 影响旅游企业销售渠道模式选择的因素有哪些？

5. 销售促进的具体方式包括哪些种类？

五、论述题

1. 请简要论述旅游产品生命周期不同阶段的特点及相应的营销策略。

2. 如何实施旅游广告？请分步骤阐述。

模块五　旅游市场营销实战

学习目标

☆知识目标　1. 掌握软文、微信营销、微博营销、定制化营销的基本概念。

2. 理解软文的营销特点、撰写技巧和发布方法。

3. 理解微信营销、微博营销的特点和运营方式及运作策略。

4. 了解短视频营销、直播营销、VR营销的模式。

5. 熟悉旅游定制化营销、主题旅游产品策划及旅游线路设计的实施过程。

☆技能目标　1. 能针对特定旅游产品开展软文营销、微信及微博营销的策划活动。

2. 能根据旅游消费者的需求开展相应的定制化旅游产品服务营销活动。

3. 能为旅游企业开展主题旅游产品策划及旅游线路的设计活动。

引例　华住集团为旗下桔子水晶酒店低俗营销推送道歉

妇女节前夜,桔子水晶酒店微信公众号标题为《这届妇女不行,太浪了……》的推送,被指低俗营销、侮辱女性,引发广泛热议。有消费者认为,无论文章的内容如何,仅从标题来看,这样的文字存在拿女性开涮的嫌疑,且噱头式的语言,明显违背社会公序良俗。

3月8日晚间,桔子酒店官方微博发表声明,对于桔子水晶酒店微信公众号推文标题引起的网友不适一事道歉。3月10日,华住集团公众号发布致歉信称,该推文为营销目的,在标题上博眼球,哗众取宠,伤害了社会大众的感情,违背了公序良俗,造成了比较严重的负面影响,也受到了媒体和消费者的严厉批评。华住集团表示,意识到所犯错误的严重性,深感自责,痛心反省,向社会大众真诚道歉。

华住集团称,已于第一时间开展了全面严格的内部自查,主动删除可能会引起消费者不适的文章;将处理和教育当事人员和相关管理者,并要求整个集团以此事为戒;将立即重新制定自媒体管理制度,提出更严格更细致的监管标准,杜绝此类事件的再度发生。

资料来源:新浪科技(2019-03-10)http://m.caijing.com.cn/api/show? contentid=4568854

案例思考:

根据上述导引案例,思考旅游企业开展微信及微博营销策划活动对企业的可能影响并讨论旅游企业在开展相关活动时可采取的策略及注意事项。

项目任务一　学习旅游新媒体营销

一、软文营销

(一) 软文的含义及特点

软文,是指企业通过策划,在报纸、杂志或网络等媒体上刊登的可以提升企业品牌形象和知名度、促进企业营销的一系列宣传性、阐释性文章,包括特定的新闻报道、深度文章、付费短文广告、案例分析等。有的电视节目会以访谈、座谈方式进行宣传,这也被看作软文,"软文"因此又被称为"广告文学"。

软文营销具有以下几个方面的特点。

1. 营销目的隐蔽

软文在内容上没有明显的营销目的,而是将要宣传的信息嵌入文字,从侧面进行描述,属于渗透性传播。软文的本质是商业广告,但以新闻资讯、评论、管理思想、企业文化等文字形式出现,让受众在潜移默化中受到感染,这是软文的首要特征。

2. 内容丰富,形式多样,受众面广

软文由于文字资料的丰富性,传播的信息极其完整,并且不拘泥于文体,表现形式多样,从论坛发帖到博客文章、网络新闻,从娱乐专栏到人物专访,从电影到游戏……几乎遍布网络的每个角落,因此,大部分的网络用户都是其潜在消费者。

3. 吸引力强,可接受度高

软文的宗旨是制造信任,它弱化或者规避了广告行为本来的强制性和灌输性,一般由专业的软文写作人员在分析产品目标消费群的消费心理、生活情趣的基础上,投其所好,用极具吸引力的标题或话题来吸引网络用户,然后用细腻、具有亲和力或者诙谐幽默的文字以故事等方式打动消费者,而且文字内容以用户感受为中心,使读者易于接受,尤其是新闻类软文,从第三者的角度报道,消费者从关注新闻的角度去阅读,信任度高。

4. 低成本,高效益

电视广告、平面媒体和户外媒体的广告让很多中小企业望尘莫及,而软文营销有很多免费的平台,即使在需要付费的主流平面媒体和网络媒体上,费用也相对低廉。如果调研、策划、创意、撰写都到位,很有可能用免费的方式获得"硬广告"们付费都达不到的效果,高性价比优势较为明显。

5. 影响周期长,有可能实现二次或多次传播

传统的硬广告受到版面限制,传播信息有限,投入风险大,成本较高。相比之下,软文营销信息量大,可以在网站上永久存在。此外,软文有非常好的搜索引擎效果,企业可以把相关信息同时发布到互联网上的大型门户网站以及地方性门户、行业网站的相关频道进行二次或多次传播。

(二) 软文的分类

从面向的读者对象看,常见的软文主要有新闻稿软文、行业类软文和用户类软文三大类型。

1. 新闻稿软文

新闻稿软文是指企业向媒体主动提供的具有一定新闻价值的软文稿件,它具有新闻内容

及时性、独家性的特点,面向一般公众。此类软文的新闻主要来源于具有新闻性的社会事件或企业重要事件,如行业特色事件、危机公关信息、慈善活动、体育营销事件、新产品上市等新闻。下文案例就是马蜂窝旅游网在更名时发布于报纸等媒体上的新闻软文。

同步阅读

减少歧义　蚂蜂窝更名马蜂窝

2 月 6 日,蚂蜂窝旅行网通过官方微信发布声明,"蚂蜂窝旅行网"正式更名为"马蜂窝旅游网"。同时,公司 LOGO 及网站、App、微信、微博等产品名称及官方账号也同步更新。业内人士表示,马蜂窝此次更名,实际瞄准的是一个更广阔的市场。

马蜂窝在给用户的公开信中表示,将"蚂"变更为"马",主要着眼于更清晰的认知、更少的歧义和更长远的未来。马蜂窝联合创始人、COO 吕刚表示,作为品牌升级中的重要一环,"马蜂窝"将以新的品牌形象迎接广大消费者。

对于此次更名,多数网友表示支持。有人直言:"输入法默认的就是'马蜂窝',以后再也不会打错字了",但也有网友表示了对原名字的不舍之情。马蜂窝旅游网官方表示,更名后,公司将继续深耕以"90 后"为主力军的新旅游市场,打造中国旅行者的全球旅游消费指南。

马蜂窝近两年快速发展,注册用户已超过 1.3 亿,提供覆盖全球 6 万多个目的地的旅游攻略及产品预订服务,并探索出独有的"内容+交易"商业模式,2017 年整体成交总额近百亿元。

(文/关子辰,王莹莹)

资料来源:《北京商报》2018 年 02 月 07 日. http://news.sina.com.cn/c/2018-02-07/doc-ifyreuzn4188149.shtml

2. 行业类软文

行业类软文指面对某个行业内人群的软文,此类文章的通常目的是扩大行业声誉、打造行业品牌。行业类软文包括经验分享、观点交流和第三方评论等。下文穷游网"负责任的旅行"案例就是此类软文的典型,对企业保护野生动植物和塑造有社会责任的企业形象起到了广泛的宣传作用。

同步阅读

科技守护野生动植物　　穷游网将"负责任的旅行"进行到底

3 月 6 日,穷游网受邀出席由中国野生动物保护协会、世界自然基金会(WWF)、IFAW 共同举办"打击网络野生动植物非法贸易互联网企业联盟成立一周年活动",与阿里巴巴、百度、Facebook 等 20 多家全球领先的互联网企业代表共同探讨新时代如何运用科技更好地守护野生动植物(见图 5-1)。

该联盟通过联合全球领先的互联网公司,致力于利用互联网的形式打击野生动植物贸易。这一宗旨与穷游网推出的"负责任的旅行"项目相契合。穷游网海外事业部负责人林毅表示,"打击野生动植物贸易,穷游网作为旅游互联网企业义不容辞。我们希望能发挥穷游网多年来深耕旅游行业的优势,结合互联网平台的传播优势,与其他联盟企业更好地合作,共同利用互联网的力量打击野生动植物贸易。同时,我们也呼吁更多企业能加入'负责任的旅行'中

图 5-1　科技守护野生动植物

来。"作为全球旅行生活分享平台,穷游网一直致力于推广"负责任的旅行",引导旅行者进行"可持续性"和"负责任"的旅行,其中"动植物保护"作为项目重要组成部分。

基于此,穷游网持续进行多个"动植物保护"相关实践。如穷游网与世界动物保护协会共同签署"大象友好型"旅游承诺,推出动物友好型产品,受到众多游客的支持。越来越多游客选择动物友好型产品替代之前的动物表演型产品。"泰国部分地区的象营也因为游客的转变调整供需关系,主动转型成大象友好型,不再使用残忍的方式训练大象。"林毅表示。

同时,穷游网联合各方力量举办多场以"动植物保护"为主题的线下活动,如"拒绝非法野生物制品、践行负责任旅行"主题宣讲会、"深爱海洋野生动物"主题沙龙等,吸引超千名参与者来到现场,12余万人通过在线直播参与活动。

"负责任的旅行"项目也受到行业专业认可,荣获 2018 人民企业社会责任"年度案例奖"。未来,穷游网将继续发挥平台优势,响应联盟号召,联合更多企业将"负责任的旅行"进行到底。

据悉,"打击网络野生动物非法贸易联盟"成立于 2018 年 3 月 7 日,由 Traffic、WWF、IFAW 携手阿里巴巴、百度、穷游网等中国领先的互联网企业以及谷歌、微软、eBay 等其他来自北美、欧洲和非洲的 21 家领先的电子商务、科技和社交媒体公司共同组成。

资料来源:消费日报网(2019-03-07).http://news.163.com/19/0307/14/E9M2DJMA000189DG.html

3. 用户类软文

用户类软文是我们最常见的网络推广手段,面向目标消费者,包括信息分享类、娱乐搞笑类、经验类、爆料类、争议类、情感类、悬念类与故事类等。下文就是重庆"奥陶纪"景区 2019 年五一节前发布的旅游信息。

同步阅读

洪崖洞奥陶纪李子坝,加强版五一长假重庆旅游新攻略来了

超级大片《复仇者联盟 4》在五一节前全球首映,肯定是为了给加强版的五一黄金周让路。去年五一黄金周,缘于迥异的立体城市形态,全国最火的网红打卡城市便是重庆,今年的重庆又冒出了更多网红打卡地,在这个不一样的四天小长假,怎样安排才能在重庆玩出个不一样,

霸屏朋友圈和抖音？

　　小编肉身亲测,为你精心梳理出了加强版五一黄金周重庆高逼格打卡攻略,让你的四天假期都不浪费,留下和其他城市旅游完全不一样的记忆。

DAY1：魔幻山城

　　你应该是4月30号晚上就赶到重庆了,第一天,当然要体验一番重庆城最大的特色立体山城,不然你会搞不懂为啥大家都爱到重庆玩。

　　立体山城,小编建议你5月1号一大早就去长江索道,最好是网上先订票,从上新街一侧上索道,体验长江上绝无仅有的当做交通工具的索道。你要争取站在靠窗位置,索道离开站台,和在江心之上两车交会的时候,就是最适合用视频记录的时候,全程无尿点哦!

　　来到了新华路,不要忙去洪崖洞,先到解放碑打个卡,然后去中兴路,踏上山城步道。这条步道不会很拥挤,也没有被商业化,却是了解重庆城爬坡上坎一次精彩的体验,青石板路、老城墙、黄桷树,你还能俯瞰长江,远眺南岸,沿途的民国建筑厚庐、仁爱堂,让你仿佛回到80年前。最后你来到的通远门,是重庆城九开八闭老城门中最重要的陆路通道,城门是老东西了,你可以在这里回到700年前。

　　这时已经下午两点左右了,你也饿了,在七星岗纯阳小酒馆简单吃点碗碗菜,然后去两路口的亚洲最长电梯,感受重庆的"上半城下半城",导航在这里都会飘忽不定。

　　李子坝轻轨穿楼就在附近两公里处,必须要去啊,重庆最离奇的交通景观,最佳拍摄角度是车站下面的观景台,最近流行顺便错位拍个"吞列车"。

　　然后就坐轨道二号线回到临江门,沿江风光适合拍摄VUE,下车后赶紧整顿火锅,等着去看重庆美术馆和洪崖洞的夜景,尤其是重庆第一网红洪崖洞,长在悬崖边的"千与千寻",完美呈现重庆的江城山城特色,你的时间一定要留够,天快要黑尽的时候才是最美的时候。

DAY2：悬崖重庆

　　把重庆的山形演绎到极致的,是万盛奥陶纪景区,你在路过解放碑那些旅行社门店的时候,都能听到"重庆一日游,奥陶纪一日游"的广播,奥陶纪值得你第二天去玩一整天,其他城市都没有这种玩法。

　　奥陶纪景区是全球九大高空项目景区之一,以惊险刺激著称,离重庆主城两小时车程,任何一个旅行社都有组织奥陶纪一日游,线上平台也能报名,前往打卡并不难。

　　奥陶纪景区的标志性建筑是全球最长的悬挑玻璃走廊,伸出悬崖69.6米的长度,呈一个"A"字型,走到端头,脚下玻璃有些抖,一览众山小,运气好还能看到茫茫云海,心情一下就开阔了。

　　奥陶纪景区最大的特色是大量的项目都建在悬崖边,比如悬崖秋千,你就等着听尖叫声吧,拍个观众随便发条抖音都能火。

　　极限飞跃也是奥陶纪的超级网红项目,相当于在悬崖外玩"真人跳一跳",据说每个月都会有不小心踏空的人,当然,拴在背后的双层保护,能让你就算是掉下也会有惊无险。

　　奥陶纪还有360度大摆锤、跳崖机、高空飞翔等惊险的项目,高空速滑也有5条线。过节期间,建议早点出发,一早先去排极限飞跃或者悬崖秋千,过节期间景区八点不到就会开门。

　　另外,奥陶纪也是亲子游的好地方,高德地图排名全国前三的亲子游目的地,就包括奥陶纪,小朋友可以在这里练习丛林飞跃,也能体验4D影院,很多儿童游乐设备与山形地势结合,小朋友还能顺便学到地理知识。

从奥陶纪回到主城一般都是晚上八点左右了,要是还有力气,可以去江北九街,感受时尚潮人的夜生活。

DAY3: 文艺之旅

第三天,我们开启一段不一样的文艺之旅,找寻重庆这座城市的人文内涵。

早起之后,找一家重庆人打堆的小面吃,你的第一站要选在杨家坪的钟书阁(去晚了要排长队),这里像极了哈利·波特里面的魔法教室,书足足有两层楼高,你可以在"书山"里上上下下,感受绝无仅有的"山地书店",你的朋友圈绝不落俗套。

钟书阁出来,两站路,你就来到了黄桷坪,这是四川美术学院老校区所在,沿街建筑的外墙,都是涂鸦,艺术气息弥漫在街边,你的路人照同样很有范儿。

黄桷坪的交通茶馆,走进去,时光仿佛倒流了20年,茶馆里面喝茶的、下棋的、掏耳朵的、盖碗茶里的人生故事永远摆不完。这里适合来九张黑白照,斑驳的日光像电筒一样穿透了屋顶,时间在这里慢下来。

黄桷坪的梯坎豆花和胡蹄花,都是重庆人爱去的苍蝇馆子。黄桷坪的三角道,现在很多人去打卡,这里有一条每天仅有一班货运列车的铁路,运气好你能守得到那班开得极慢的列车,然后又可以在军哥书屋里面安静一会儿了。

这个五一再不去,明年五一,黄桷坪大桥开建,这些地方都无法再去打卡了。

下午,你可以去鹅岭的二厂文创区,这里是电影《从你的全世界路过》的取景地,老旧的印刷厂,被改造成为小清新的打卡地,还能在这里感悟山城江、山、城的融合,秒秒钟拍出美美哒照片。

傍晚,你可以去弹子石老街,这是在去年五一没有完全成型的地方,爬坡上坎的弹子石广场是遥望渝中半岛的最佳观景台,重庆夜景的精华也在于此。时间允许的话,一定要坐轨道环线去海棠溪站,那里有一个全新的"漫画风"拍照角度,拍摄点位百度一下吧。

DAY4: 古镇穿越

最后一天,你只有大半天时间了,把行李寄存在前台,开启千年古镇磁器口之旅吧。

磁器口是重庆主城最近的古镇,一条石板路,沿街的川东民居,热闹的市井氛围,各种手艺人的集合,龙隐门外,一片开阔的河滩,那些文艺范儿的小店,都在这条老街共融着,你记录着古镇的时光,古镇也记录着你的脚步。

磁器口古镇可以吃毛血旺、千张、鸡杂,还可以去听一段川剧,买两包排长队的陈麻花,这是你能带回去的最佳手信。

如果你是晚上的飞机,下午你可以去龙兴的两江影视城,那里将重庆陪都时代的建筑进行了"复原",很多穿着民国服装的人在这里玩穿越,整条街已经能拍民国时期的电影了。

不要误了飞机!重庆四天的行程就这样愉快结束了,小编能保证你的这趟旅程,和你的朋友们在其他城市的旅程照片完全不是一个风格,而且和去年五一到重庆来玩的人也不一样,你就是朋友圈摄影大赛和抖音短视频大赛的大赢家。

资料来源:http://news.gaotie.cn/lvyou/2019-04-28/499968.html

(三) 软文的写作策略

1. 标题的选择方式

具有吸引力的标题是软文营销成功的基础。软文写作首先应设计一个有吸引力的标题,一般来说,常见标题的选择方式有以下几种。

(1)悬念式。也可以叫设问式。其核心是提出问题制造悬念,使读者由于惊讶、猜想而读正文。此类标题应具趣味性、启发性的特点,并能引发正文作答,然后围绕这个问题自问自答。例如,标题为"还没开始用手工皂? 你太 OUT 了"软文,通过反问和热门词"OUT"的组合,以这新颖的标题获得了大量的转载。类似的软文标题还有"人类可以长生不老?""什么使她重获新生?"等等。通过设问引起话题和关注是这种方式的优势,但是必须掌握分寸,首先提出的问题要有吸引力,答案要符合常识。

(2)故事式。作家莫言在诺贝尔文学奖获奖演说中说:"我是一个讲故事的人,因为讲故事我获得了诺贝尔文学奖。"曲折、精彩的故事往往有着强大的吸引力,而故事型标题也更容易感动人,吸引人阅读。通过一个故事性的标题带出产品,使产品的"光环效应"和"神秘性"给旅游消费者心理造成强烈暗示,有利于促进产品的销售。例如"那些年,我们一起看过的风景""印第安人的秘密"等。讲故事不是目的,故事背后的产品线索是软文营销的关键。故事的知识性、趣味性、合理性是此类软文成功的关键。

(3)情感式。人都是有感情的动物,可以借助这个特性,在软文标题中抓住一个"情"字,用"情"来感动读者,包括亲情、友情、爱情等,使读者产生强烈的共鸣,从而增强软文的可读性和说服力,例如"陪心爱的她去吹吹风""对世界上瘾"等标题从情感入手,容易打动和走进旅游消费者的内心。

(4)恐吓式。恐吓式标题最早见于保健品软文中,属于反情感式诉求,情感诉说美好,恐吓直击软肋,例如"高血脂,瘫痪的前兆!""天啊,骨质增生害死人!"等。实际上恐吓形成的效果要比赞美和爱更具备记忆力,但是也往往会遭人诟病,所以一定要把握好度,不要过火。

(5)促销式。与其他类型文章不同,软文一般都是商家发布的宣传产品、品牌的文章,所以可以在标题中就直接指明利益点。例如"这些小众品牌的护肤品,只用一次就上瘾",以直白的标题形式将文章的主要信息直接传递给消费者,反而可以吸引精准的目标用户。类似的还有用"秒杀……""……卖疯了"等软文标题直接配合促销,通过"以利诱人""攀比心理""影响力效应"等多种因素来促使旅游消费者产生购买欲望。

(6)新闻式

所谓新闻式,就是采用新闻报道的宣传手法,运用新闻惯用的一些词汇来设计标题。人们总是对新鲜的人、新鲜的事物感兴趣,这是人之常情。把握住这个特征,制造出具有新闻价值的软文标题,往往会引发巨大的传播效应,容易获得更多的转载。常用的标题词语包括"惊现""首度""首次""领先""创新""终于""风生水起""暗流涌动"等。例如某轿车软文标题为"终于,多功能车开始用安全诠释豪华"。当然,这样的标题设计一定要结合企业的自身条件,不能胡乱编造,以免造成负面影响。

(7)趣味式。一个好的软文标题,读者阅读后往往会过目不忘,这个就得益于软文创作所使用的语言。生动、幽默、诙谐的语言,可以将标题变得活泼俏皮,恰当地运用谐音等修辞手法,可以令读者读后回味无穷,甚至乐意进行口碑传播。例如某化妆品软文标题为"赶快下'斑',不许'痘'留",读完让人会心一笑,容易留下深刻印象。

(8)热点式。抓住社会上的热门事件、热门新闻,以此为软文标题创作源头,通过大众对社会热点的关注,来引导读者对软文的关注,提高软文的点击率和转载率,也是十分常见的标题设计方式。软文撰写者可以借助百度和微博的搜索来关注最近热门事件,借"热点"造势。

2. 正文的写作技巧

文章有了好的标题,只能算成功了一半。想要达到软文营销的目的,写好软文的内容才是关键,也就是以何种结构方式,增强文章的吸引力,达到最好的传播效果。

(1) 找准文章切入点。所谓文章切入点是指文章撰写角度,或者说文章的主题。通常软文主要围绕旅游产品和旅游消费者进行创作,不同产品针对的目标用户不同,即使是同款产品按照不同属性也可以划分出许多维度。因此在软文写作过程中,无论从产品角度还是从用户角度,必须先找准文章切入点,集中主题。一篇软文,只能有一个主题,切忌杂乱无章,横生枝节。

(2) 淡化广告色彩。广告信息要自然地融合在正文中,尽量把企业名称、品牌名称、产品名称和联系方式等信息巧妙地安排在文章中,使读者在不知不觉中很自然地获得这些重要信息,这是企业追求的最佳软文营销方式。当软文进行大量直白的产品和服务的介绍,带有明显的广告色彩时,会导致其可读性差,将会使企业最终的营销效果大打折扣。

(3) 讲究写作艺术。软文内容要有可读性,能够给读者带来帮助和实用的价值,不能过于晦涩和咬文嚼字,不能篇幅过长。由于网络中信息过多,大部分网民们习惯了跳跃式的阅读方式,对很长的软文通常没有耐心看完,因此,文章应以短小精悍为主。同时,文字尽量要做到活泼、别致和形象,使之富有人情味,使读者觉得亲切,乐于阅读,从而加强记忆和联想。在具体方式上,软文创作可以借鉴报道、散文、记叙、论述和戏剧等诸多文学形式。

(4) 增强可信度。撰写和发布软文,最终的目的是通过告知产品或企业信息,使产品或企业在消费者心中树立良好的形象,激发其购买行为。因此,软文首先不能夸大其词,欺骗消费者,而应以高质量的产品、优秀的企业文化等为基础保障来获得感召力,逻辑严谨、风格写实的软文更能从理性和感性两个方面说服消费者。但要获得消费者信赖还可以采用各种方法来加强效果。例如在软文中,可以通过社会名人推荐、普通消费者采访、权威部门认证等方式加以证实,运用通讯报道的方式记录现场的热闹气氛、用户体验感受等,这样更易于引导消费者付诸行动。

(5) 注重排版。文章的排版不可马虎,需要做到最基本的上下连贯。最好在每一段话题上标注小标题,从而突出文章的每个要点。还要注意导语以及结尾等段落是否缺失、段落是否有层次、逻辑是否分明等。错别字和语法错误是软文写作首先应该避免的错误,否则会严重影响企业在消费者、投资者心目中的形象。同时,在适当的情况下配备相关图片,图文并茂,这样既做到了版式美观,又增加了文章的说服力。

(四) 网络软文的优化

网络软文和传统媒体软文不同之处在于,网络软文能够最大限度地利用网络的特性,为企业和产品进行广泛的宣传。网络软文的总浏览量分为主动浏览量和被动浏览量。当软文发布到各网站中后,直接通过那些网站看到软文的宣传就是主动浏览,这和传统的媒体没有区别;而同时,软文还有可能通过关键字被百度等搜索引擎搜索到,通过搜索获得的浏览量就是被动浏览量。

软文搜索引擎优化(Search English Optimization,SEO)是提升软文被动浏览量的一门技术。它通过优化软文关键字来提高其在百度、360等搜索引擎的搜索结果中的排名,从而增加浏览的人数,获得额外高质量的流量。

对于那些有自己网站的企业,软文发布还可以增加网站的外链,文章发布在PR值越高的网站,外链价值越高,同时也能快速提升网站的关键字排名,增加网站精准流量。

对软文进行SEO优化,可从以下几个方面入手。

1. 标题关键字

发布的软文标题一定要完整,需要将所要营销的关键字或多个关键字组合成一个短语,体现在标题中,且尽量将重要关键字放在其中靠前的位置。而标题关键词应该选择相对热门的词汇或词组,同时使标题的关键字成为整篇文章的关键字。

同时,也可以通过"借力"来获得更多流量。例如,在标题中融合进大公司或者新近发生的大事件,这样关注者在搜索的时候,就更容易看到该软文。因此,软文作者可以通过一些热榜来了解时事热点以及热门搜索关键字。

2. 信息摘要

在发布软文的时候,有时会需要填写一个"信息摘要"。信息摘要的要求是结合标题与正文的内容来描述,也可使用文章的第一段,精炼并突出关键词。

3. 正文 SEO

正文的第一段很重要,一般应该是对整篇文章的一个概括。在这里需要尽量使用关键字,一般 2~3 个为宜。在正文语句通顺的前提下,可以适当多次重复体现关键字。重点关键字应该加粗或者更改颜色,以区别于文章中的其他文字,让搜索引擎能够识别出这篇软文中的重点关键字。在结尾对文章中心思想进行总结的时候,也应加上重点关键字。

PR 全称为 Page rank,网页排名,是搜索排名算法中的一个组成部分,PR 值越高说明该网页在搜索排名中的地位越重要。

4. 做好关键字链接

在可以使用超链接的网站中发布软文的时候,尽量在第一段做一个重点关键字的链接。

在软文正文的前半部分可以出现 2~3 次关键字链接,搜索引擎对文章前几段的搜索权重较高。整篇文章的关键字链接数量应该尽量控制在 3 个以内。

发布软文的网站 PR 值越高,那么软文关键字的搜索排名也会越高。因此,需要尽量把文章发布在那些高质量的大网站上,而不是一些垃圾网站。当然,这些网站的审核也会比较严格,大的网站还会需要支付一定的宣传费用。

做好软文 SEO 是软文营销中非常重要的一个课题,通过搜索引擎获得的浏览量都是比较精准的流量,也就是说,对你的企业或者产品比较感兴趣的人才会搜索你的关键字,这样就可以为网站提供一种生态式的自我营销解决方案。

(五) 软文的发布形式

1. 软文的付费发布形式

常见的付费发布形式有如下几种。

(1) 报纸杂志。现在谈起软文,大家一般想到的都是网络,其实软文最早产生于报纸,当然也可以在平面媒体上发布,报纸杂志是最常见的形式。但是,平面媒体由于版面受限,软文发布费用一般高于网络。

(2) 网络新闻。网络新闻是网络软文最常见的形式,其发表途径一般有以下几个。

首先,举办新闻发布会。对于大型企业,有重大事件可举办新闻发布会,邀请媒体记者到场,由企业方的新闻发言人对外公开发布企业重大消息。这种方式对企业来讲,资金花费较大。而且是有一定社会知名度的大型企业才有这样的号召力和媒体关注度。

其次,与公关服务机构合作。企业与公关服务机构合作,从企业角度来讲可以省去很多事情。公关公司在公关传播服务方面比较专业,而且媒体资源广,操作流程娴熟。公关公司通过挖掘企业的新闻点,编撰成新闻稿,然后通过公司的媒体资源发布到全国各大媒体。

再次,通过企业自主建立媒体关系。大型企业一般都有自己的公关团队处理媒介关系,如果企业有重要新闻,可以通过这些媒体关系发布企业新闻。这种方式的优点是比较直接、快速、花费小;缺点是工作难度大,媒体范围小,发稿数量受限制,稿件发布率低。

(3)名博挂文和博客推荐。软文可以写成博客文章的风格,发布到行业知名博客或者专业博客上,通过公关操作推荐到博客频道首页。根据网站和博客量级的不同,其收费标准也不同。借助知名博客的影响力和广泛的订阅量,可以提升软文的权威性和阅读率。

(4)论坛置顶。软文可以写成论坛帖子的形式,做成置顶帖或精华帖。

2. 软文的免费发布形式

常见的免费软文发布形式有如下几种。

(1)网站投稿。网络新闻发布一般是需要投入费用的,但是有些网站是接受用户投稿的。稿件文章质量好,对读者有用,网站的管理员会转成新闻发布出来,如艾瑞网、速途网等。

(2)博客发布。在企业博客或个人博客上发布,这个是完全免费的,只是流量不会太大。此外包括 QQ 日志等类博客互联网形态也可免费发布。

(3)论坛发帖。大家对于论坛应该比较熟悉,可以将软文作为普通帖子发布到相关版块。

(4)文件共享。文件共享就是把软文文档上传到百度文库、豆丁网和道客巴巴等文件共享平台。

(5)知识问答。软文稍加修改,便可以作为百科名词底稿,也可以改写成问答形式,在互动百科、百度百科等知识问答类网络空间创建名词,完成软文的变相发布。

(6)微博。微博虽然只能发布 140 字,但软文可长可短,有的可以提炼软文的中心思想作为微博发布,如果觉得实在不够明了,还可以将文章的链接附上。

(7)其他。其他发布的形式还有很多,如新闻评论、视频评论、博客评论、商铺公告、邮件等。

同步阅读

10 万+爆文和"没人看"之间,隔着 5 个问题!

为什么有人能写出 10 万+的爆文,而你写的文字没人看没人打赏?差距在于这两个词:专业+执行。

专业新媒体写作 5 个步骤

文字是产品,作者就是策划人。写作从来不是拿起笔就写,而是要采取科学的步骤去写。

第一,选题是写作的第一步。

选择骑自行车,即便你尽最大努力,也很难达到 50 公里/小时;如果你选择乘汽车或者飞机,那么你会更快地到达目的地。如果你想要更多读者阅读你的作品,选择那些读者最关心的内容,能更好实现你的目标。每个人的能力有限,不可能面面俱到,所以你需要在自己擅长的和读者感兴趣的交叉点中找到共同点。写作是在作者和读者的共同点上搭一座桥。

专业的新媒体写作,首先要判断一个主题是否值得写,接着选择结合最近的热点事件,然后结合自己的特长确定一个写作的主题,从初稿到二稿、三稿直至发布终稿。选题非常重要,在选择一个好选题之前,首先要考虑你的选题是否触犯法律,违反共识,带来某种负面影响。

想要在新媒体时代取得胜利,首先要做到不败,不要带来负面影响。然后再思考用户基数是否够大,能否引起他们的共鸣,能否帮他们塑造某种形象。

第二：找到支撑主题的素材。

围绕着中心思想和观点,寻找正面和反面的故事、案例、数据等。

第三：勾勒出行文的提纲。

李笑来老师在写《新生——七年就是一辈子》的时候,里面所有的文章都采用了一模一样的提纲和逻辑。

(1) 我要说的是什么概念？

(2) 这个概念为什么重要？

(3) 这个概念被如何误解？

(4) 这个概念实际上是怎么回事？

(5) 这个概念有什么意义？

(6) 如何正确使用这个概念？

(7) 错误使用这个概念有什么可怕之处？

(8) 这个概念与其他重要的概念有什么重要的联系？

列出自己行文的逻辑,这样才能知道怎么行文。

可以是总分总,可以是场景化痛点写作,也可以是故事化写作。

第四：白纸黑字写出第一稿。

千里之行,始于足下。只有写出来,才有一句话,才有一段话,才有一个观点,才有核心的思想。

第五：取出标题,不断打磨和修改。

海明威说：任何一篇初稿都是臭狗屎。意思是说好文章是改出来的,而不是写出来的。写完文章后,通读全文,尝试读给你身边的朋友听,遇到任何不顺畅的地方,记录下来,修改修改再修改,直到自己满意。

搜索文章的关键词"我",删掉之后读一遍,然后尝试替换成"我们"。

修改词语,替换掉不准确、表达拖沓冗余的词语。

修改句子,增加画面感,增加细节,增加具体的数据。

修改段落,删掉前后冲突的句子,调整段落,突出核心观点。

修改文章时注意3个词：主题、情绪和价值,看看有没有表达到位。

修改完毕之后,选择一个目标读者最方便的时间发布内容。如果你的读者是一线城市的上班族,早上7点到8点半、下午6点到7点半是一个不错的选择。

如果不确定什么时间发最合适,你可以从下面3个方向思考。

第一,参考同类号什么时间发送。

第二,直接问读者什么时候有空看。

第三,根据阅读数据判断发布时间。

动笔之前先问5个问题

要想让读者看完并且做出改变,你需要从下面5个方面进行思考。

第一：读者是谁？

到底是谁在听你说话？是男是女？年龄多大？有什么习惯和偏好？如果你的读者是自己,那么你写的是日记,而不是给别人看的文章。

第二：他们内心有什么痛苦?

他们有什么痛苦? 有什么难题? 有什么烦恼的事情? 写作不是像祥林嫂一样自说自话,而是要把读者当作朋友,把自己踩过的坑、受过的苦分享给读者,让他们不要再受同样的苦。

第三：你提供了什么价值?

价值可以解决他们内心中的一种痛苦,可以解决他们工作或者生活中的一个困惑,也可以给他们提供一种新的思考和方法。价值可以给读者带去欢笑和愉悦,可以带去身份认同和尊重,也可以带去情感上的共鸣。

第四：读者读完这篇文章会有什么感受?

美国作家玛雅·安吉洛说,人们会忘记你说过的话,你做过的事,但永远不会忘记你给他们带来的感受。预测文字给读者带去的感受,是暗喜、惊讶还是欢笑。

第五：你要表达的核心观点是什么?

一篇文章必须要有一个中心思想、一个核心观点。围绕着价值和感受,去展开中心思想和核心观点。从读者的角度来考虑,当他看完一篇几千字的文章之后,应该清楚地知道这篇文章表达的是什么,而不会产生疑惑。从作者的角度来讲,先明确要表达的中心思想和核心观点,心中有数,行文才不会跑偏。

测试写作水平的 3 个问题

第一个问题：你写的文字有多少人看?

当读者阅读报纸时,他在判断此刻看的是娱乐版还是经济版;当读者阅读杂志时,他在判断看的是人物专访还是特别报道;当读者在看手机时,他在判断此刻是阅读屏幕的这一条信息还是下一条信息。报纸、杂志、手机媒体,不同的阅读媒介,采用不同的呈现形式,但是大家都面临同一个问题——如何吸引对方的注意力来阅读自己写的内容。

最直观的检查方法是看阅读数,或者看对方阅读之后留下的痕迹(点赞)。

第二个问题：你写的文字有多少人看完?

看,不等于看完。让人开始阅读只是从 0 到 0.1。让读者从第一句话开始,不断说"是",不断和你产生共鸣,直到最后一句话,这才是完成了从 0 到 1 的过程。第一句话的目的是让人读第二句话,第二句话的目的是让人读第三句话,以此类推,直到让人读完最后一句话。在这个过程中,要不断加入悬念,设置冲突,运用对比吸引读者一步一步阅读下去。检验对方有没有看完,最直观的方式是看他能不能问出和主题相关的问题。

第三个问题：看完你写的文字有多少人会行动?

一篇文章如果能打动人心,发人深省,揭示社会真相,洞察人性善恶,改变一个人的命运,那是最好不过。如果做不到那么深刻,至少它要抚慰人的情绪或者改变读者的行为。

青年作家李尚龙说,写作不在于你写多少,而在于你能够走入多少人的内心。

看完一篇文章,读者的心情从恐惧到平静,从迷茫到坚定,从无聊到愉悦,甚至能让人开始从平静陷入沉思,那么这就是一篇好文章。看完一篇文章,读者愿意花钱购买推荐的产品,转发这篇文章给他的朋友,甚至动手点赞或者留言,那么这也是一篇好文章。

从结果出发,预测读者看完一篇文章之后的情绪和行为。最糟糕的作者从来不换位思考,全然不顾读者的感受,完全沉浸在自己的世界里。

3 个问题由浅入深代表不同的写作水平：

有人愿意看——有很多人愿意看,代表作者能够吸引人的注意力。

有人愿意看完——有很多人愿意看完,代表作者写作技巧娴熟。

有人愿意行动——有很多人愿意行动,代表作者能通过文字影响他人。

资料来源:《报刊文摘》2018 年 12 月 01 日.https://mp.weixin.qq.com/s/62Y8Fegghgj0aSs3kuVaIg

二、微信营销

(一) 微信营销概念

微信营销是指基于微信平台进行的各种营销活动,其营销主体可以是企业或个人,主要起着产品展示宣传和推广销售的作用。

作为一种新兴的营销手段,微信营销凭借其独特的优势深受企业和个人青睐。特别是微信公众平台的开放,让微信营销形成体系,成为整个移动互联网的集成入口。除了公众平台,从微信界面上来看,朋友圈、微信群、小程序、"扫一扫""看一看"等多方面功能也满足了微信营销的多种应用。通过微信,用户可以进行即时通信、社交分享、资讯订阅、生活服务、电子商务和自媒体运营等;企业可以与客户沟通交流,塑造品牌形象,推广品牌、产品及服务,获取针对性客户群。微信一直不断地成长和变化,微信营销方式也日益丰富。

(二) 微信营销的特点

微信营销具有以下几个方面的特点。

1. 平台适用性强

对于作为营销主体的企业或者个人来说,微信营销具有适用性强的优势,具体表现为经济上的可行性以及技术上的可行性。首先,微信营销成本低,大部分功能均可供用户免费使用,使用过程中仅产生流量费。其次,微信操作简单,技术成熟,服务强大,例如公众平台可以提供对用户数据的深度挖掘,还可以帮助企业从头到尾解决营销过程中所涉及的流程,如产品宣传、产品咨询、产品销售和产品售后等。

2. 用户主导性强

区别于其他营销平台,微信在"增加粉丝"方面完全尊重粉丝自己的个人意思,是以消费者为主导的"许可式"营销手段。以公众号为例,用户可通过扫描二维码或搜索公众号进行关注,公众号却不能主动添加用户。用户主动订阅自己所需信息,公众号提供用户所需信息的同时进行营销推广。如果用户不满意公众号提供的信息或者信息过于泛滥,用户可以自行对公众号信息进行屏蔽,或者直接取消关注。

3. 互动针对性强

在微信,无论是用户与用户,还是企业与用户之间都是一对一交流与互动的,其他人无法参与会话,这种强关系沟通有效提高了用户在浏览信息时的专注程度。同时,借助移动终端、天然社交和位置定位等优势,信息可以实现精准推送,让每个用户都能了解和接收到指定信息。企业还可以参照自身经营情况与消费者特性,有针对性地设置相关资讯与信息,以固定频率进行定期推送。用户随时可以给予反馈,根据反馈可以进行点对点的沟通,提供定制化、个性化的服务。

4. 展示全面,到达率高

微信不仅可用文字来诠释品牌、产品或服务,还可以通过图片、视频、语音、表情等多种形式去吸引用户的注意力,更直观全面地展示品牌或产品的特性与优势。微信点对点、一对一的消息推送模式,可以准确无误地将信息发送到受众的移动终端,到达率高。并且微信用户是属于主动积极选择的个体,他们关注公众号的核心目标就是为了获取信息和服务,信息可以得到有效传达。

5. 形式灵活多样

微信具备丰富多样的功能,例如信息推送可推送语音、文本、图片、视频、链接及定位,让推送信息更加灵活和人性化。同时,"看一看、搜一搜"、扫二维码、订阅号、支付、朋友圈广告、小程序等功能也为企业提供了营销渠道和传播途径。微信的开放性,例如允许其他 App 通过开放接口进入微信等功能,也使企业可以进行跨平台合作,让营销有了更多的可能。

(三) 微信营销的模式

1. F2F 营销模式

F2F 是英文 Face to Face 的缩写,中文意思为面对面营销,是指通过与目标群体的面对面沟通来了解需求,为其提供个性化的营销服务。面对面营销的价值在于实现有效的沟通,从沟通中对顾客及顾客需求作精准化处理。在产品同质化的今天,与消费者建立起有效的沟通机制及拥有顾客关系管理的能力和系统成为企业的核心竞争力。微信公众平台可以让企业实现与消费者的点对点、面对面互动交流,成为 F2F 营销的最佳平台。

目前,微信公众平台分为服务号、订阅号、小程序和企业微信四大类,其功能对比如表 5-1 所示。

表 5-1 微信公众号类型功能对比

类 型	信息推送	功 能 介 绍	适 用 对 象
服务号	4 条/月	为企业提供强大的服务和管理功能,如微支付、微店、微推广等,从而成为企业公众号拓展的服务平台	媒体、企业、政府或其他组织
订阅号	1 条/天	为个人和媒体提供信息传播的方式,建立与读者个人沟通和互动的管理模式	个人、媒体、企业、政府或其他组织
小程序	—	一种新的开放能力,开发者可以快速地开发一个小程序,并在微信内被便捷地获取和传播,同时具有出色的使用体验	个人、媒体、企业、政府或其他组织
企业微信	—	为企业提供移动应用入口,简化管理流程,提高组织协同办公与沟通效率	媒体、企业、事业单位或其他组织

面对消费者进行营销活动的主要是服务号和订阅号以及小程序,可以为 F2F 营销服务的功能如下。

(1) 群发推送,即企业通过公众平台的"群发消息"功能向关注公众号的用户推送活动宣传、产品信息及实用性知识等内容;

(2) 自动回复,即企业设置自动回复,用户自主发送关键词获取常规信息;

(3) 一对一交流,即用户可通过公众平台与企业进行私密的互动交流,然后企业根据用户的特殊需求或者个性特征提供针对性服务。

同时,微信公众平台还提供用户分析、图文分析、消息分析等用户数据分析功能,为精准营销提供依据与支持。

除此之外,微信公众平台还有九大免费高级接口,分别是语音识别、客服接口、网页授权接口、生成带参数的二维码、获取用户地理位置、获取用户基本信息、用户分组接口和下载与上传多媒体文件(具体功能介绍见表5－2)。同时,第三方平台接口的开放与兴起,也可以让企业通过"自定义菜单"去申请创新出个性化的营销方式,甚至接入其他 App。微信公众号的 F2F 营销因此更加丰富,可以为用户提供更优良的互动体验,有效增加用户黏性与品牌吸引力。

表5－2　微信公众号九大免费高级接口功能介绍

功 能 接 口	功 能 介 绍
语音识别	对用户的语音给出识别文本
客服接口	公众号可以在客户发送消息的 12 小时内回复信息
网页授权接口	公众号可以请求用户授权
生成带参数的二维码	公众号可以获得一系列携带不同参数的二维码
获取用户地理位置	获得客户进入公众号对话时的地理位置(需要用户同意)
获取用户基本信息	公众号可以根据用户加密后的 Open ID,获取基本信息,如头像、昵称、性别、地区等
用户分组接口	公众号可以在后台为用户移动分组、创建、修改分组
下载与上传多媒体文件	公众号可以在需要时在微信服务器上传下载多媒体文件

2. O2O 营销模式

O2O 是 Online to Offline 的缩写,中文意思为线上对线下进行交易,具体是指线上营销、线上购买或预订(预约)带动线下经营和线下消费。

在微信中,O2O 营销模式主要通过"扫一扫"功能实现。商家二维码的图案上可承载文字、声音、图片甚至视频等各项信息,信息容量大,编码范围广,保密与可靠程度高。用户只需要用手机打开微信"扫一扫"功能区扫描商家的二推码,便可享受商家提供的线上会员折扣或服务等,从而带动线下消费。升级后的微信 5.0 版本"扫一扫"功能,除了能够扫出二维码信息外,还增添了扫描条码、封面、街景、翻译等功能,大大丰富了微信营销的方式。同时,微信支付平台的建立与完善,让微信 O2O 营销更加完善,可以完全实现线上享受线下的流量、线下享受线上的服务,成为最便捷、最全面的 O2O 营销平台。

除"扫一扫"功能,微信"摇一摇"、LBS 位置定位服务、自定义菜单等功能也可以有效打通本地化的 O2O 营销闭环。例如,企业可以通过在微信上开发"抢红包""集点赞"、小游戏等趣味性参与方式,向用户发放优惠券、入场券等,为即将举办的线下活动预热造势。或者在活动进行当中设置用微信"摇一摇"摇出奖励等形式。同时,还能在微信上进行文字、图片、语音、视频并茂的实时现场直播活动展示,整合线上、线下的全方位传播。

3. SOLOMO 营销模式

SOLOMO 营销模式,是由 Social(社交)+Local(本地化)+ Mobile(移动)整合而成,也叫所罗门模式,是综合社交化、本地化和移动化的新型市场营销模式。

在 SOLOMO 模式中,社交化主要是基于社会化互动媒体实现,本地化基于 LBS 地理位置的服务实现,移动化基于手机等智能移动化终端实现。进行 SOLOMO 营销的媒体必须具备连接移动互联网和应用 LBS 技术的能力,同时能够建立基于位置信息的社会化网络,即用于分享位置信息的社会化网络和由某一特定位置展开的社会化网络。

（1）社交化营销。在微信,社交化营销主要通过"朋友圈"功能来实现。"朋友"集QQ好友、手机通信录和"附近的人"三种渠道为一体,以强连接为主、弱连接为辅,使虚拟社交与现实社交圈相融合。在朋友圈里,用户可以用文字、图片、视频等表达自己的心情,可以看好友的朋友圈状态,可以对好友发布的"朋友圈"进行评论或点赞,同时朋友圈还支持对公众平台的链接或其他外网的链接进行分享。因此,朋友圈虽然是微信私人账号所拥有的功能,但基于其强关系、强互动的特点,是口碑营销的最佳阵地。很多企业利用朋友圈点赞功能来宣传自己,让用户通过集齐点赞的方式获得企业的礼品券或电子券等,实现信息在朋友圈中的"病毒"传播。

（2）本地化营销。本地化营销主要体现在微信的O2O营销以及基于LBS位置签名进行的推广传播。在微信上,通过LBS功能对用户地域进行挖掘,让消息推送直指本地目标用户,可以有效帮助线下实体商户与其服务区域内的目标用户建立联系,从而实现从线上往线下引流的推广目标。例如,可以通过微信"附近的人"这一功能,查找到周围的微信用户,向其打招呼,同时发布地址信息及优惠券信息,吸引这部分微信用户到店消费。另外,"朋友圈广告"也可以通过位置定位实现本地化推广。本地企业可以通过此功能展示自己门店的信息,加强用户对企业所在地的认知。而用户可直接点击广告信息栏跳转到门店详情页,了解更多信息,页面中的导航和拨号可直接引导用户到店消费。

（3）移动化营销。移动化营销最大的优势在于让用户可以享受到几乎"随时随地"的便捷服务。植根于移动智能终端的微信,不仅提供了一个即时发布营销信息、互动交流的平台,其移动支付功能的建立与完善更是让企业在微信平台上实现了营销"闭环",从产品的宣传推广到最后实现价值交付的一系列过程都可以在微信上完成。

4. 自媒体营销模式

自媒体时代,每个人都可以是内容生产者,媒体主体也由原来的传播机构转化为个人。在微信上,任何个人或组织都可以申请微信公众账号。获得公众号后,自媒体人可通过后台编辑文字、图片、语音、视频等,群发给关注该账号的用户。因此,每个微信公众号都可看作是一个基于微信公众平台的自媒体,也可以根据业务需要,通过开放的第三方接口去实现所需功能,其包含的营销方式也灵活多样,除了F2F营销、O2O营销,还有以下几种形式。

（1）口碑传播。每个公众号都有其定位和特点,用户完全是出于自身兴趣主动关注微信公众号,所以公众号所提供的原创或转载内容大都体现了关注者对某一事物的感情偏好和观点。一旦所关注的粉丝对公众号的内容进行转载,或者向他人推荐了公众号,就实现了自媒体的口碑传播。

（2）广告植入。在微信自媒体的公众号里,进行广告植入的具体方式有几种:一是以图片、文字等形式将广告放在页面的头部、中部或底部,也就是banner广告;二是利用微信公众号的"查看原文"链接,直接将点击指向广告网页;三是内容植入广告,如软文、图片、音频等植入。

（3）社群营销。关注同一个自媒体的用户是一群有着共同兴趣爱好和相同价值观的粉丝群体,该群体比较固定,非常适合开展社群营销。社群营销即以该社群用户为中心,开展一系列满足社群需求的网状营销活动,建立成熟的运营维护体系,保持社群粉丝的活跃度。

此外,微信营销模式常见的还有利用微信的"看一看"功能的撒网式营销模式和利用微信

"摇一摇"功能的场景互动式营销模式等。

（四）微信营销平台的运营

1. 微信营销运营团队架构

微信营销运营团队的一般架构见图5-1。

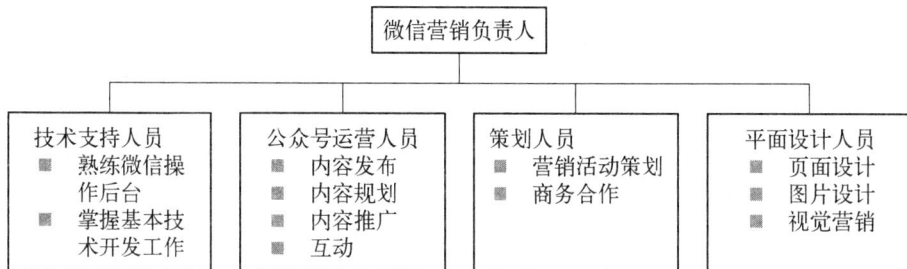

图5-1　微信运营团队的一般架构

（1）微信营销负责人主要负责公众号的定位、全年微信营销的目标设定,以及运营的整体规划及调整工作。

（2）技术支持人员能熟练操作微信公众号后台,随时了解新增功能,并支持技术开发工作。

（3）公众号运营人员负责公众号内容规划、微信图文内容的发布、内容的推广及与客户的互动交流。

（4）策划人员负责营销活动的策划,包括线上和线下的活动以及商务合作的工作。

（5）平面设计人员负责公众号的一切视觉设计内容,包括推广内容、页面设计以及视觉营销。

2. 营销平台推广策略

营销平台推广的目标是挖掘并留住用户,其推广策略分为渠道推广和营销活动推广两方面。

（1）渠道推广主要包括以下几个方面。

一是人员推广。即利用自身的人际关系如亲朋好友、员工等要求其关注并发动其进行下一级推广和扩散。

二是KOL(意见领袖)推广。寻找与营销内容定位一致的意见领袖,并让其成为第一批模范用户,利用其影响力进行推广。

三是内部资源引流。微信本身内部的资源如搜索、微信号推荐、二维码等功能都可以利用并进行推广。

四是内容传播。创作出优质内容后,将内容通过垂直行业网站、自媒体平台、论坛、行业微信号等推送给更多目标用户。

五是群推广。在目标用户群集中的QQ群、微信群进行互动推广也是较为精准且稳妥的推广方式。

六是微信公众号互推。找到与自身微信公众号的目标用户群相匹配的其他公众号,进行合作互推,优点是简单、快捷、精准,效果良好,但互推往往要求资源平等互换,所以门槛较高。

七是微信自媒体联盟推广。指与其他微信公众号组成联盟,进行资源互推,如综合性联盟和行业性联盟等。

八是导航网站推广。将微信公众号登录到 hao123、360 等导航网站,借助其巨大的流量进行引流。

九是地推。地推是地面推广的简称,即找到目标用户聚集的地方举行现场营销展示活动,通过展示服务+奖品赠送等方式获取精准用户的关注。例如,微信公众号的目标受众是年轻群体,则选择到大学校园开展现场活动吸引大学生群体。

十是行业互助推广。有团队运作的企业公众平台,可以通过参加一些行业性会议展览,进行微信公众号推荐,或者找到与微信公众号定位相关的行业进行合作。

十一是线上广告推广。如果有预算,可以采用线上广告推广方式,将公众号更大规模地展现给潜在用户,寻求潜在用户的主动关注。

(2)营销活动推广主要有如下几种。

一是热门事件营销。通过热点或数据分析抓取,挖掘近期内最受关注、最流行的话题进行内容创作并发布在公众号,利用用户对热门事件的关注进行引流。

二是分享活动营销。利用微信公众号开展举办行业相关或专业性内容分享活动,用户需通过微信号报名才能参加。

三是投票活动营销。利用微信公众号开展与用户相关的投票活动,利用人们趋利、希望被认可的本性在积极配合推广投票活动的同时,吸引更多用户关注。

四是 H5 广告传播。设计开发与微信公众号相一致的 H5 广告,如趣味游戏、有奖猜谜、互动场景等,投放到用户的朋友圈,引发用户的扩散传播。

3. 营销平台运营策略

(1)平台运营初期。微信营销平台在运营初期,与目标客户群体仍处于相互认知的阶段。这个阶段的营销目标是提高公众平台的曝光度,增强用户对公众平台的认知。所以,营销重点是提升微信信息推送的及时性和互动性水平,把握目标用户获取信息的偏好习惯,按预定周期向目标群体推送让对方感知度较高的信息内容,来赢得目标客户群体的高关注度。具体应注意以下几点。

一是原创是内容营销的核心。如果用户通过公众平台看到的都是空洞雷同甚至是抄袭的内容,不但不能起到营销的效果,还会适得其反。所以,原创是微信内容营销持续发展的核心所在。

二是以互动化和娱乐化赢取关注度。应创造和设立引导性讨论交流话题,将娱乐的元素或形式融入内容,激发和驱动用户 UGC(用户自生产内容),调动用户去讨论、点赞、分享和评论。

三是内容精简,形式多样。微信内容应符合用户在移动端的阅读习惯,在内容精简的基础上丰富内容形式,优化用户阅读体验。

(2)平台运营巩固期。当营销平台运营到一定阶段,会初步形成与最初的营销定位相一致的内容推送风格。但单一的推送风格容易造成用户的审美疲劳。因此,整合用户需求,进行多风格组合推送或建立客户分组,信息的精准度会相对更高。同时,在这一阶段,微信营销平台的粉丝群体较为固定,此时的营销重点可加强互动性营销,有甄别地、针对性地推送微信信息,以确保客户群体可以获取具有较高服务含金量的微信信息,用客户喜闻乐见的方式给予他们个性化、定制化的服务,从而有效保留目标客户群。

4. 微信平台营销力评估

评估微信平台的营销力一般以用户粉丝作为指标,从以下几个指标进行评估。

（1）用户数量,包括两个方面,分别为关注公众号的用户总数量以及目标用户的占比率。如果目标用户数量占总人数的比例低于 50%,则该指标考核不合格。

（2）用户状态,可从两个方面进行评估:第一,是否有用户取消关注或取消关注用户占比是多少;第二,用户没有取消关注,但用户是否几乎或从未浏览公众号的内容。

（3）互动性,体现在推送内容的阅读数、点赞数、评论数以及分享链接数。该指标体现用户对内容的兴趣程度,可以评估用户在公众号的活跃程度。

同步阅读

"小程序第一股"同程艺龙,是如何通过
社交广告成就超级入口的?

每一次技术革命和新的技术形态的出现,都蕴含了大量的商业机会,只不过有的人看到机会选择观望,而有些人会奋不顾身"下注",为自己博得弯道超车的机会。

同程艺龙属于后者。

11 月 26 日,同程艺龙正式登陆资本市场,成为微信小程序第一股,上市首日就收报 12.4港元/股,较发行价大涨 26.53%。

今年 9 月份,"同程艺龙酒店机票火车"的小程序悄然超越称霸阿拉丁指数榜首 260 天的小游戏"跳一跳",成功登上微信小程序月度榜首。此后在 10 月、11 月,同程艺龙小程序继续高居榜首位置,实现微信小程序的"三连冠"。

站在了"巨人"腾讯的肩上,同程艺龙也因此拥有了强大"发动机"。当绝大多数玩家还尚在迟疑和尝试时,不经意间,微信小程序已成长为同程艺龙未来流量格局里重要的一部分。

一、同程艺龙用小程序造了一座"流量之城"

可就在两年前,一切景象还完全不同。

那时候,OTA 巨头"你争我抢",市场竞争一直处于焦灼状态。

2017 年 12 月 29 日,同程网络与艺龙旅行网双剑合璧,正式宣布合并成一家新的公司——同程艺龙,并在今年 3 月份完成了合并。很快,同程艺龙的高层就决定,新的品牌不再独立开发同程艺龙 App,而选择"All in 小程序"。

在同程艺龙看来,OTA 产品同质化、毛利率低,旅游中的很多痛点无法解决。而相较于竞争对手,同程艺龙也有自己的"短板",比如与竞争对手的市场份额差距大,以及在竞争对手侧重的一二线城市占比低。

如何弯道超车,则是同程艺龙一直思考的问题,他们把目光投向了微信小程序。

一个拥有 10 亿级高黏性用户群体的微信生态,在这个自带社交属性的生态体系下,有公众号、朋友圈等内容载体,再加上微信支付,可以形成完整的闭环。与此同时,微信钱包入口的天然优势,也为同程艺龙争取和赢得在线旅游的爆发性增长,增加了更多可能。

基于此,同程艺龙要做的就是,利用微信生态的土壤和用户群体,尽可能地挖掘能够触达用户群体的出行场景,并且通过小程序的方式触达,为用户提供产品和服务。

为此,同程艺龙做了几件事:

1. 确认矩阵小程序的玩法

同程艺龙总共设计了 30 多款小程序,通过主场景(酒店、机票、火车票、汽车票、景区门票)以及特色场景(景区周边游、签到、签证、拼团游等),为用户提供了多元化的服务。

这 30 多个矩阵小程序不是简单的数量堆砌,而是环环相扣,特色场景主要是为了覆盖主小程序无法触达的多种场景,这些场景触点都与主场景的业务相关,并且可以与主场景形成流量互通、互跳,从而延伸到业务的上下游。

2. 打通同程艺龙双入口

同程艺龙还把会员体系、商城积分、小程序底层架构打通,最终将微信的各个渠道融合为一个大入口并通过小程序触达,实现了跨平台、跨账户的洞察分析。具体来说,就是同程艺龙把双方在微信侧的所有核心流量入口全部引流到小程序,让小程序扮演"流量中枢"的角色。

这样做的好处是,同程艺龙可以依靠微信钱包天然的流量入口,迅速提升在小程序生态里的排名,彻底成为一家"长"在微信里的公司。

有了流量,必须有好的服务来承接流量,因此,业务侧的打通就变得非常重要。同程艺龙在会员体系、商城积分、小程序底层架构彻底打通,实现了同程网络与艺龙旅行网在业务端的资源互通,完成了其会员等级、商城积分体系的全面升级。

3. 在具体的运营策略上,同程艺龙的小程序玩法也可圈可点

首先用公众号完成用户积累,通过公众号的菜单栏关联小程序,将公众号粉丝变为小程序用户,并引导用户领取现金,完成用户的拉新。同程艺龙还做了小程序到公众号的回流措施,用户在小程序完成交易后,可直接关注同程旅游公众号,实现双互通的流量闭环。

在交易完成后,同程艺龙也并未让链条戛然而止,而是通过运营活动来沉淀更多会员和潜在用户群体。比如让用户在每次交易完成后,领取火车票或酒店红包,刺激用户一键注册会员,为日后获客进行"蓄水"。

善用小程序消息能力,并且通过此能力构建小程序服务或召回用户机制,完成复购,也是同程艺龙的创新所在。

当用户在小程序内完成交易后,小程序都会推送消息通知,促使用户查看交易细节,并引导用户领取红包、优惠券,实现再次复购。

自此,同程艺龙通过构建矩阵式的服务体系形成了三角形的流量闭环,让用户的不同需求在流量的闭环中流动。其中,通过主小程序完成了同程艺龙的底层打通、子小程序解决单一服务触达用户群体成本高的痛点,满足了用户在不同场景下的需求,同时让公众号成为同程艺龙服务与沉淀小程序用户的载体。这样做的好处在于三个方面。

(1) 同程艺龙触达用户群体的渠道更广,扩大了原本的用户群体。

(2) 矩阵式服务体系提高了现有用户的活跃度和回购率。

(3) 方便各类拉新、促活、老带新等营销活动的开展。

数据显示,2018 年第三季度,同程艺龙合并平均月活跃用户达到 2.06 亿,合并平均月付费用户达到 2 260 万。

二、寻找新增流量 逆袭"跳一跳"的秘密功臣

虽然小程序很好地激活了同程艺龙原有的公众号和微信钱包的自然流量,但是要满足同程艺龙业务高速发展,这些自然流量显然是不够的,况且微信作为"超级入口",其巨大的流量潜力显然远远超出单一的钱包自然入口。

那么问题来了,能不能把腾讯基于微信"母体"的流量尽可能为己所用,更大程度发挥小程序的流量中枢价值? 如此一来,就能够解决钱包入口自然流量无法满足业务发展需求的问题。

在这之后,同程艺龙小程序获得了四类流量来源:

第一个是微信开放入口,主要是基于微信自身的基本功能。比如用户如果在微信搜索框搜索"北京到上海""酒店"等跟旅行关联度较高的内容,微信原生的搜索功能会自动联想到同程艺龙的小程序入口。

去年3月微信开放小程序二维码识别功能后,也让同程艺龙能够在线下等其他场景中便捷地推广小程序。

第二个是在旅游线下场景中引流——这与微信开放入口同样存在紧密关联。线下旅游场景本身就与OTA密切相关,很容易与身在其间的用户建立连接。在微信开放小程序二维码识别后,同程艺龙立即对车站、景区、机场等场景的物料进行小程序二维码布局。

第三个是基于微信社交能力的社交裂变。小程序可以用发红包、拼团、砍价的玩法,在不同场景和节点带动用户的分享行为,并将这些活动中裂变出的新老用户,沉淀为潜在的小程序用户。而且通过社交裂变引流,品牌的获客成本也比较低。

还有更重要的一种是由社交广告投放创造的商业流量。腾讯在社交广告方面已经形成了覆盖整个营销链路的成熟的解决方案,这对同程艺龙来说,包含了基于洞察有效触达用户、高效利用社交平台流量矩阵、沉淀用户资产等多方面意义,可以说是精细化运营程度相对更高的推广方式。

在同程艺龙市场总监江颖看来,社交广告不仅仅是业务新增流量的来源,更是分析洞察和用户精准定向、流量运营、品效转化等全方位的商业链条重塑。

1. 精准客群洞察及分层营销

腾讯社交产品体系覆盖了国内超过90%的网民,占据超过50%的移动互联网使用时长,这是腾讯实现多维消费洞察的先天优势。腾讯强大的洞察能力如何赋能同程艺龙,助其获得大量高价值用户?

由于旅游行业的低频特性,导致旅游人群行为较难琢磨,所以精准获取目标人群面临很大困难。对此,腾讯应用其"双维空间模型",一方面基于地理大数据,了解用户群体的消费偏好,一方面借助社交数据洞察目标群体的社交兴趣,通过多维洞察形成合力,获得深度的旅游人群洞察成果。

同时,腾讯的社交洞察,与同程艺龙的一方数据洞察相结合,更进一步了解旅游人群特征,并进行lookalike人群拓展,如采取针对性的差异化营销策略:首访用户侧重做好钱包的入口习惯教育;回访活跃用户通过红包、促销等优惠和激励拼满,刺激回流并通过活动做站内跳接;针对回访流失用户,则侧重于通过运营活动唤醒。

2. 微信流量矩阵的运营

同程艺龙发力小程序,除了希望收获用户好感,还需要以更优的成本来获取大量用户。因此,品效合一成为同程艺龙与腾讯广告营销服务线的共同目标。双方一方面通过数据不断打磨验证不同流量的属性和所承载的广告使命,形成微信全流量矩阵;另一方面,充分研究不同流量和场景的用户特征,并结合同程艺龙产品属性选定针对性投放策略。

在投放的总体策略上,对于朋友圈广告、公众号视频广告等用户聚集的流量场景,同程艺龙侧重于传达入口教育和用户的深度交流,通过投放来提升用户对钱包入口预定火车票机票和酒店的认知,并提升品牌好感。针对公众号底部广告、小程序广告、文中广告、小游戏激励广告等,则更加侧重于传递用户福利、打折信息等,直接引导用户转化,提升投放效果。

在投放实施过程中,腾讯营销服务线对投放的素材和场景,都进行了精细化的设计和运营,对于不同流量、不同广告位,都依据用户需求进行创意分析,并结合节假日、季节热点、产品卖点,进一步实现创意细分。

投放所选择的视觉素材,除了根据用户群的分层,突出相应的利益点,还积极尝试了短视频的创意形式。从图文到视频,承载内容更加多元,信息传播更加高效,用户接受度更高。基于深度用户需求洞察所采用的真人场景实拍形式,形象化传达同程艺龙的产品和服务卖点,成功打造了一次旅游行业短视频营销的标杆案例。

在全新的用户场景中,通过广告投放,与用户深度沟通,也是此次双方进行的一次成功探索。例如在小游戏这一新兴场景中,采用了小游戏激励视频这一新的广告形式。用户在小游戏中观看完视频后,即可获得小游戏下发的奖励,让广告深入融合进娱乐场景中,点击率超过常规的 3 倍。

还有借助 LBS 功能,选择正在旅行途中的用户群体,来把握旅行中产生的即时需求和兴趣,收获了高于常规投放 2 倍的点击率。

3. 小游戏激励视频广告

为确保投放成本得到高效利用,在投放中,腾讯广告营销服务线还利用 oCPM/oCPA 出价功能,不断进行基于营销目标的运营优化。通过数据回传和系统模拟学习,自动出价投放并持续优化模型,使用户获取成本总体下降 54%。随着后续更多数据的接入,系统学习能力和投放效率还将得到进一步增强。

到今年 11 月,同程艺龙小程序已经三度超越"跳一跳",为行业提供了一个依托小程序运营实现快速增长的样本。在同程艺龙看来,微信是一个和用户全面沟通的网状结构。

不管对于同程艺龙还是其他企业,当你真切看到用户增长、效率提升、转化率提高时,就能真切地感受到小程序背后潜在的巨大商机,而这无疑也是企业未来决胜的重要赛道之一。

资料来源:中华旅游网(2018 - 12 - 24). http://www.zhlvy.com/cnnews/2901.html

三、微博营销

(一)微博营销概念

微博(Microblog)指长度在 140 字以内的微型博客,是一个基于用户社交关系的信息分享、传播以及获取的公开平台。用户可以通过 Web、Wap 以及各种客户端组建个人社区更新信息,并实现即时分享,其关注机制既可以是单向也可以是双向的,注重时效性和随意性,传播效率非常高。在我国,随着网络技术的不断发展和新媒介的冲击,微博发展至今表现为新浪微博一枝独秀,并逐步走向稳定。所以本书所指微博皆以新浪微博作为主要阐述对象。

微博营销是指企业、个人基于微博平台而进行的网络营销活动,也指发现并满足用户的各类需求的商业行为方式,包括品牌信息传播、消费者互动、客户服务、公关服务和电子商务等。微博营销的实质在于通过微博发布营销信息,并借助微博意见领袖、热门话题、热门事件等,让更多的微博用户积极参加营销活动,并与用户进行高层次的情感沟通与关系链互动,从而在无形中提升企业品牌价值。

（二）微博营销的特点

微博营销具有以下几个方面的特点。

1. 立体化、即时性

微博营销可以借助先进的多媒体形式，从微博主页的头像、标签说明、业务介绍以及所发的微博文字、图片、视频等对品牌、产品或服务进行多维度的描述和展示，并最大化地开放给客户，让用户可以接收到更直接更形象的信息。同时，微博是即时性传达，微直播、微访谈等功能可以实现事件的"现场直播"，能与用户进行现场式的即时互动和沟通，调动用户参与的积极性。

2. 高速度、广泛性

基于庞大的用户基础及其开放性，微博信息传播速度极其迅速。一条关注度较高的微博信息在互联网及与之关联的手机 WAP 平台上发出后，短时间内的互动性转发可以抵达微博世界的每一个角落，有可能使事件的传播量呈几何级数放大，这种病毒式传播的影响面非常大。

3. 成本低、易操作

微博营销所需的成本较低。只要在微博上注册账号就可以免费发布文字、图片、视频等内容，简单易行。发布信息的主体也无需经过繁复的行政审批，可以节约大量的时间和成本。例如，发布能引起潜在用户兴趣的话题或者能刺激消费者神经的活动（如打折，抽奖等）往往能吸引大量现实的和潜在的消费者关注，再通过这些关注者进行转发传播，信息就能够低成本、广泛地传播开来。

4. 互动化、人性化

微博是一种有效的双向沟通形式。每个人既是传播者，又是受众。营销主体可以通过分析用户的微博，了解其需求、偏好等，同时通过评论系统可以解决用户的疑惑，避免负面信息的无限制流传，提高用户满意度，并通过关注者的转发提高品牌信息或产品信息的覆盖面。这种互动性极大地提高了企业对消费者的把握能力，使企业与消费者之间距离被拉近，可以形成一种情感维系。许多企业、品牌在微博上进行拟人化塑造，更具亲和力。

5. 自主性、精准化

微博营销不只是简单地发布产品广告，还可以通过个性化、感情化、人性化的营销形式来吸引受众的注意力，赢得其主动关注和选择。微博基于用户兴趣去建立社交、消费以及互动的习惯，让企业的营销活动能够做到有的放矢，精准性强。只有对企业感兴趣的用户才会去关注企业微博，因此受众都是现实的或潜在的用户，基于数据技术的挖掘和分析，微博营销可以实现科学化、精准化。

（三）微博营销的类型

从营销主体去进行划分，微博营销可以分为个人微博营销和企业微博营销。

1. 个人微博营销

个人微博营销以明星、名人、网络红人为主，通过经营微博去吸引粉丝关注并让粉丝进一步地去了解和喜欢自己，一般由粉丝的关注、评论、点赞、转发来达到营销效果。

微博的关注机制对微博个人营销尤其是网络红人的走红起到关键作用。其开放性的单向关注不仅减轻了社交负担，而且能够轻松突破社交人数的限制，建立起原本需要通过人脉才能建立的信息渠道。博主通过发布能吸引受众眼球的微博,或者转发别人的微博再加上自己的意见、看法等,基于其众多粉丝群体可以使信息以营销博主为中心多级迅速传播。

2. 企业微博营销

微博对企业品牌的价值意义重大。目前众多企业都进入了微博市场,因其定位的不同呈现出以下几种形式。

(1)信息发布平台。企业通过官方微博发布企业动态、促销活动、新品资讯等,获取粉丝的关注,达到品牌曝光、品牌宣传和产品推广的目的。例如,有些企业会将营销信息编辑成段子、视频、笑话等,配合优惠活动、抢购活动、转发活动、抽奖活动,可以很好地提升关注度和知名度,并促成购买行为。

(2)消费者互动平台。微博营销是一个持续的交互过程,可以打破时空、人数等实现实时沟通,有助于企业了解消费者对于企业及产品的看法,更深层次了解他们的需求进而改进产品的性能、服务或按需生产新产品,扩大品牌影响,提高市场占有率。同时,微博可以为企业提供用户追踪服务,成为无处不在的主动客服,与消费者进行精准对话的同时开展产品、品牌信息传播,缩短企业对客户需求的响应时间。也可以作为客户维护的工具,提供一对一的咨询、售前、售后等服务,与客户进行互动,获得更多有价值的信息。

(3)品牌塑造平台。信息包容量巨大的微博成为受众获取信息的重要渠道之一。品牌通过微博发布品牌信息、文化、理念等,提高品牌、产品的微博曝光度,不仅让受众能快速获取所需信息,还能加深品牌认知和品牌烙印,加速企业品牌的形成和知名度的提升,实现品牌建立和传播,树立行业影响力和号召力,引导行业良性发展。

(4)危机公关处理平台。微博作为当下大事件、突发事件的传播与舆论中心,对于事件营销具有较强的可操作性。通过微博,企业可以进行口碑实时监测与跟踪,尤其是可以关注相关利益方、客户、媒体及意见领袖等言论,及时发现危机苗头,并争取在第一时间内化解。当危机事件发生后,企业可以通过微博发布对危机的处理过程,针对存在的误解进行主动、公开、透明的回应,及时弥补过失,有效控制事态扩大。

(四)微博营销的常用策略

1. 内容营销

(1)内容营销的含义及组成。内容营销(Content Marketing)策略是微博营销最为常用的策略,指营销主体通过微博发布文字、图片、视频等传递产品、服务或品牌信息,提高企业品牌影响力或激发消费者购买的行为。内容营销主要由内容和营销两个核心部分组成。有价值的内容对内容传播者有价值,更重要的是对内容接受者即受众也有价值,有助于满足其需求(学习、消费、娱乐等)并值得信任。

一条标准微博的内容组成部分包括话题、正文、相关账号、网页链接、图片和视频。微博话题(如#独家首发#)表示可以在搜索相关话题的时候,找到该则微博内容;正文即微博阐述的内容主旨;相关账号即@(提及)相关的微博账号,有利于粉丝引流;网页链接可以是网站链接、视频链接等;图片、动图或视频可以让内容更直观,有利于吸引受众注意力。

(2)内容营销的类型。在微博上,常见的内容营销型以营销目的进行分类,主要呈现六种形式:① 抽奖活动类(参与感较强,更能让消费者留下印象);② 促销折扣类(通常是简单产品信息推送,参与感较弱);③ 向外链接类(有助于提高所链接网站流量,链接的内容也有助于提高受众的认知);④ 用户反馈类(属于互动类内容,有助于构建与消费者之间的关系);

⑤ 与行业无关类(无法直接转化,但通过形象展示有助于提高消费者的品牌感知);⑥ 与行业相关类(对消费者品牌的忠诚度及未来购买行为的影响较大)。

(3) 内容营销的原则。微博营销内容的制作一般参考以下几个原则:① 新鲜性(微博内容应具有及时性和实时性,即时性的信息有利于吸引受众的关注);② 有趣性(微博内容应具备新意和吸引力,有趣好玩的微博内容才有被用户分享转发的可能,硬广告宣传性质的微博不仅得不到关注,反而容易引起用户反感);③ 有用性(应发布能满足用户信息获取需求的微博,使用户能够从微博内容中获取到某种形式的利益,如最新的新闻、有用的情报、好看的消息、特殊的知识或商品的促销信息或者折扣凭证、奖品等);④ 个性化(内容发布应具备某种特色,能自成体系,并长期保持一致性,以给用户一个系统和直观的整体感受,让微博与其他同类微博差异化且容易被识别,有利于保持粉丝的忠诚度)。

(4) 内容营销的技巧主要有以下几项。

一是内容与用户产生关联。以显而易见的方式向用户"硬塞"内容易引起反感,首先应以用户喜欢的方式,分享他们认为有关联性和价值的内容;其次,努力用内容为用户创造基于乐趣的可与他人分享的体验,处于最高层次的则是用内容帮助用户更好地实现或改变自己。

二是内容人性化。根据目标用户的特点去采取对应的营销手段,例如针对人的"惰性"提供"速食性"内容、将复杂难懂的内容通过大众熟悉和喜欢的方式或以娱乐诙谐的手法传递给用户等。

三是内容有参与性。可给予不同需求的用户不同方式的激励和自我展现的平台,最大程度激发用户参与的热情,实现内容扩散化传播,例如抓住当下热点话题让营销内容"搭便车"、设计热门话题让受众参与讨论等。

四是把握发布和互动周期。每天所发布的微博条数应有规划并且有规律地发布更新,可以每天规划发布的微博条数,但不必过于频繁更新,时间选择上可以是受众上班、下班乘坐交通工具的时间,或者午休、晚上睡觉前以及日常的休闲时间,这些时段属于粉丝活跃的高峰期,在此时段发布微博有助于吸引受众的注意力,且能保证不被其他信息淹没。

2. 立体式营销

立体式营销也称整合式营销,指在微博上打造全方位、多平台、多账号的捆绑式互动营销。形成"企业官方微博—个人微博—大众微博—官方微博"的闭环传播途径。

(1) 官方微博营销。官方微博既是企业的网络信息发布平台、网络售后服务平台、品牌维护和危机公关处理平台,也是企业深度了解和挖掘消费者的平台。官方微博对消费者来说最权威可信,所拥有的关注者往往是现实及潜在消费者。进行官方微博营销时,企业可以通过营业执照等获得新浪认证。经过新浪认证的账号,企业名称后面会出现"V"的字样,可信度较高,可以进入新浪的品牌馆并获得一些忠实关注者。企业可以开通多个官方微博,进行市场细分,从而使微博营销更加分工明确,但必须权责分明,各有侧重。企业微博营销关注者越多,其产品广告所能辐射的范围也就越广。

企业应设置专门的团队或部门对微博账号进行维护,去提高企业微博内容的多样性和全面性。企业官方微博必须经常进行更新,同时对粉丝的活跃时间进行统计,把握好其活跃期,在该段时间集中推送微博以提高微博传达的有效性。此外,微博是"弱关系"型的陌生人社交平台,企业必须持续不断地与用户进行互动,转发和评论用户的信息,吸引用户的踊跃讨论和响应,这可以让用户获得被尊重感而更加忠诚。在微博限流的环境下,互动率高的微博信息往往可以获得优先曝光。

（2）企业相关人员微博营销。主要包括企业领导人微博、员工微博两类。

一是企业领导人微博。许多企业领导者微博上的个人账号，粉丝量巨大，甚至成为行业相关意见领袖，可以起到人群聚拢效应。网民愿意通过关注企业领导者的个人微博更深入地理解他们的思想，体会他们的处事原则。企业的领导者可以选择经营个人微博，再通过个人品牌来提升企业的形象和价值。

二是员工微博。企业员工的微博运营良好，聚集众多粉丝，可以通过个人影响有效提升企业形象。可鼓励内部员工设立个人微博，进行企业认证，参与互动，以提升企业与消费者之间的交流氛围。企业也必须加强对员工微博的管控，以免员工微博发布不恰当的信息给企业带来负面影响。

3. 意见领袖

微博意见领袖是指以微博为主要活动场域，拥有较高关注度和较大影响力，善于与粉丝分享信息并能够对他人的态度产生影响的微博活跃用户，主要通过三个数据加以量化证明：一是粉丝数，二是微博评论数，三是微博转发数。为了区别名人用户和普通用户，新浪微博在所有经过实名认证的名人 ID 后面加了一个金黄色的 V 字，这是微博意见领袖的标志。主要分为两类，一类是演艺界、体育文化界、企业界、传媒界等明星、名人、专家；另外一类是草根力量，如网络红人、某些机构经营的微博大号等。其主要运营模式有以下几种。

一是代言模式。企业寻求产品或品牌代言人，利用代言人在微博中的人气去宣传产品、开展营销的方式，常见于娱乐界、体育界明星。通常情况下，代言明星会直接将其所代言产品或品牌广告发布在微博中，借助其百万千万的关注量去获得巨大影响力，同时也带来商机。

二是内容植入模式。分直接植入和间接植入两种。直接植入是指名人直接在微博进行产品推广，发布意图明显，易被粉丝识破，引发反感。间接植入是指微博内容结合私人生活发布，与日常所发微博无异，比如在微博评论中提及产品使用感悟、产品的型号、购买渠道等，类似于口碑传播，这种内容植入形式不容易引起粉丝的察觉和反感，在名人微博中非常广泛。

三是转发模式。指名人转发跟营销内容相关的微博信息，配上评论或推荐内容，这种方式简单、方便、快捷，既可以维护自身形象，又可以有效规避责任与风险，也是很常见的名人微博形式。

4. 话题营销

话题营销又叫付费评论，属于口碑营销的一种，意指借助媒体的传播和消费者口碑效应，让广告主的产品和服务成为众人谈论的话题，以此推动销售。微博以"#话题#"作为话题识别标志，同时还提供话题关注和搜索功能，微博用户只要在所发布的微博内容中添加#话题#，就可以发起微博话题或者参与到该微博话题的讨论中。一般情况下，话题营销持续的时间不长，所以话题的设置和推广尤其关键。

其一，巧妙设置话题。可以选择与品牌契合的热点话题进行借势。品牌借助热点话题设置次生话题或者挖掘潜在热点设置原生话题，顺势传播推广企业自身的品牌或产品，能够快速获得目标人群的关注，从而引发网友的共鸣和自发传播。同时，任何类型的品牌话题都不能脱离品牌的核心诉求，这样才能使得话题传播的方向朝着品牌的传播目标和诉求进行扩散，而受众在参与话题讨论的过程中能对品牌产生认同。

其二，扩大话题传播。应把握好话题主持人的位置，拥有话题议程设置的自主权，按照传播目标,时刻监测和控制话题传播的走向,充分发挥它的功能和作用;在话题中可加入有奖转发等激励活动,促进受众参与话题讨论和转发的热情;让意见领袖参与到话题传播中,实现其粉丝到品牌话题粉丝的转变也是常用的手段。

除了以上提到的内容营销、立体营销、意见领袖以及话题营销这几个常用策略外,微博营销还有基于微博受众、传播速度等优势进行的活动营销;利用微直播、微访谈等线上互动功能的互动营销、情感营销等;利用新浪其他平台在微博推出的服务功能进行的营销如微群营销等。随着微博的不断发展,营销模式还在不断丰富和创新。

同步阅读

主题公园门票不好卖,该怎么用口碑营销挽救?

在产品本身质量过硬的前提下,主题公园首先要做的,就是要把自己传播出去,刷出存在感。

目的地旅游在旅游市场占据了相当大的份额,但是与酒店和航司不同的是,目的地是消费者旅游的终极目标。酒店和航司作为住宿和交通工具的提供方,某种意义上是必要条件,而目的地,却可以算得上是消费者决定旅游的充分条件。

而主题公园,又是目的地旅游市场里的一个重要细分。主题公园包括国内外主题公园运营商经营的、具有一定规模的城市级主题公园,如迪士尼乐园、海昌海洋公园等,以及室内娱乐体验中心或室内游乐园,如杜莎夫人蜡像馆、国家地理探险家中心等。目前中国市场的经营者们,其实面临着主题公园开发过热的挑战。

《2015 年我国主题公园行业发展现状分析》显示,近 10 年来涌现的本土主题公园中,已倒闭的约占 80%,给国内旅游业造成经济损失高达 3 000 亿元。目前国内主题公园投资在 5 000 万元以上的有 300 家左右,其中有一定品牌知名度、有良好经营业绩的主题公园只占比约 10%,有约 70%的主题公园亏损,约 20%持平。

因此,主题公园们如何在竞争中脱颖而出,保持良好增长,在预计的时间内收回投资并取得盈利,是他们目前需要思考的重要问题。

在产品本身质量过硬的前提下,主题公园首先要做的,就是要把自己传播出去,刷出存在感,配合正面、积极的话题引导,把消费者引流至园区内,才能有机会让消费者体验产品、体验服务、体验到主题公园为消费者们精心设计和准备的饕餮娱乐盛宴。

比起在线上线下投放硬广,口碑营销有着更为经济、灵活和更具影响力的特点,也更易为消费者所接受和信任。笔者想要探讨的,就是如何利用口碑营销来帮助主题公园树立良好形象,带来更多曝光和更高转化,从而成为主题公园的营销利器。

口碑营销容易被理解为线下的、圈子的、人与人之间的推荐,事实上口碑营销的范围已突破这种一对一的想象,从朋友圈扩大到旅游圈的 OTA 点评、旅游达人推荐,更甚至是小红书、抖音这类新媒体平台。可以说,只要能被人看到的地方,就有口碑营销的存在。笔者主要想讨论以下几种。

OTA、本地生活平台

携程、去哪儿等在线旅游平台对"景点/门票"这一板块一直都有布局,虽然没有机票和酒店业务板块的影响力大,却早就占据了一席之地。美团点评虽然参与晚,但是在非城市级别主题公园的门票销量上有着压倒性优势。从一些非城市级别主题公园的统计数据中可以看出，通过美团点评渠道产生的入园人数，可以占到线上市场整体入园人数的60%~80%。

这些平台除了提供预订服务之外，还具备让客人进行点评、攻略分享等具有一定社交媒体属性的功能。目前大多酒店经营者已经知道并开始非常重视OTA（在线旅游）上客人的点评，他们知道也许一个差评可能就会让很多客人望而却步、损失生意。

很多消费者在出行前习惯做好功课。在选择一个新鲜的、未曾到访过的目的地之前，80%以上的人会提前在网上查找目的地相关的信息和点评。对于主题公园来说，好的点评分数有助于消费者做出最终到访的决策，也有助于让时间有限、需要有取舍的消费者选择那个点评数量多、点评内容丰富且点评分数较高的主题公园。

但主题公园经营者们对点评的重视程度并不够。从主题公园运营者对客人点评的处理就可以看出，有些主题公园完全不予理会，任凭差评横行；有些主题公园只是千篇一律复制几句套话；有些观念比较新的主题公园能够根据客人的不同点评给出不同回应，至于是否能够根据客人的点评对自身进行修正，就不得而知了。

需要指出的是，笔者简单翻了翻携程上一些主题公园的点评回复情况，基本上是"携程回复：您好……您提供的情况我们已向景区进行核实/已反馈给合作伙伴，带来不便……"。不知道是携程没有开放给主题公园经营者相应的点评回复权限，还是因为需要区分不同供应商的客人来源而仅仅开放了部分的权限。

如果主题公园一方面能够提供给消费者一个精彩的并且印象深刻的游玩体验，另一方面能够引导消费者主动分享这些体验并积极互动，无论是对于园区的潜在消费者，还是已经有过游玩体验的潜在重复消费者，都有着重要的参考价值。

如何引导消费者分享也需要一定技巧。最简单的，主题公园可以准备一些小礼品，鼓励消费者写点评。稍微隐晦一点的，可以提供一些别出心裁的服务和特色体验，让消费者情不自禁地把服务和特色体验分享给大家。

例如，可以用拍立得抓拍小朋友开心的表情、帮一家三口拍合影并将照片免费赠送给他们；也可以为每个小朋友准备专属的纪念卡片，在园区出口处现场为小朋友写上名字并赠送给他们，欢迎他们下次再来。或跟OTA做好沟通，请他们也做好相关设置，在消费者入园检票成功之后自动给消费者发送提醒，请他们及时点评。

旅游达人、KOL等

在这个草根、网红、自媒体泛滥的时代，口碑营销最不应该也最不能忽略的就是KOL（意见领袖），也就是所谓的大V们。闲暇时间打开手机，刷刷微信、翻翻微博、看看抖音，已经成为现代人打发碎片时间甚至娱乐的方式。

微信公众号生态中的"咪蒙们"应该已经让人们意识到了文字的力量。现在，除了文字，还有图片、小视频、直播，力量是成倍增长的。

每位消费者的习惯可能不同，有人倾向于上大众点评搜评论，有人喜欢去马蜂窝查旅游攻略，还有人愿意上小红书看推荐，有人是在微博上follow"爱豆"的足迹，还有些人是关注了KOL的微信公众号，等着每日的推送。因此，主题公园覆盖的范围要广，才能尽可能涵盖到潜在的目标群体。

在小红书上搜索"上海迪士尼"，会出现很多"小红薯"们的笔记，其中综合排名最高的一篇笔记，标题为《良心总结！史上最全最细的上海迪士尼游玩攻略分享！！！》，目前点赞数量超过4万,评论2 000+,收藏人数达到了158.5k。这个数据还在随着时间推移不断增加。

值得注意的是,"霸王餐"活动是大众点评的一个活动板块,有美食、亲子、玩乐、酒旅等分类。商家可以提供若干个免费的名额,大众点评的用户可以0元抢,VIP用户中奖的概率会更高。大众点评的VIP用户,基本上都是大众点评的高度活跃用户,不仅要使用网站提供的功能,更要为网站贡献内容价值,他们很多都是多年的点评家,有着深厚的文字和图片功底。

部分酒店已经开始参加"酒旅"分类的霸王餐了。例如上海海昌海洋公园主题度假酒店正在进行价值2 588元的高级主题房/景观房的免费抢活动,共30个中奖名额,目前已有1 800多位点评用户报名,7 500多位点评用户感兴趣。

主题公园也可以做这样的活动。一方面,活动有10~15天的宣传期,能够提高曝光量;另一方面,最终抢到霸王餐的用户可以来园区免费体验,又能带动一波点评,算是花少钱办大事的一个举措,尤其适合没有IP支持又没有足够广告费用的室内体验中心和游乐园。

微信公众平台、微博等自有平台

虽然在自家的官微、官博做口碑营销会有"老王卖瓜"的嫌疑,但是这两个掌握在自己手中的平台是不能错过的。用微信、微博来做口碑营销,需要有一定的粉丝数量基础。其实对于新开的主题公园,或者关注度不够高的主题公园来说,前期粉丝的积累其实比较困难。

笔者认为,主题公园开业前可以利用线下活动等方式,主动出击,在活动现场主动邀请粉丝扫码关注,回报以精美礼品或者开业后的门票体验券等。开业后可以结合游玩攻略、园区内电子地图、主题区介绍等信息,在园区内主动引导消费者关注官方微信、微博成为粉丝。

粉丝数量上来了,阅读量有提升之后,跟粉丝的线上互动就可以做起来了。可以组织一些有命题的征文、图片或者小视频大赛,让粉丝分享在园区内的经历,每周或每月评选出例如"最难忘的回忆""最开心的瞬间""园区最美照片"等的冠军,把粉丝盘活起来,并且成为有黏性的粉丝,还能够提高消费者重复游玩的几率。他们在参加活动的过程中,也会不自觉分享给身边亲友,传播的目的就达到了。

主题公园的官方网站

尽管在国内,主题公园官网的使用率并不高,但是对于从未去过的地方,很多消费者还是习惯从搜索引擎中搜索官网信息。很多规模不大的室内主题乐园并没有官网,或很少对官网进行SEO优化,这样就导致消费者搜遍全网,也难寻乐园的详细介绍。微信公众平台现在是一个相对封闭的平台,更像一个熟悉起来并且建立关系之后的交流和信息获取的方式,对于新玩家来说并不完全友好。

除了具备一个正常的官方网站的功能之外,为了更好地进行口碑营销,官网要有更多的功能和意义,如果能让官网有个传播的爆点就最好不过。

例如,可以让每位浏览网站的客人都有个特殊的体验,客人可以通过在网站上附带的表单填写简单的昵称、电子邮箱等,就可以获赠一张电子贺卡,比如"欢迎第XXX位光临线上主题乐园的游客,您可以持电子贺卡携带最多五位亲友来主题乐园享受XXX的优惠"。制造一些话题性的东西,能够让客人参与进来,并且能在一定程度上影响客人,形成转化。

线下活动

口碑营销不仅仅局限于线上,在没有互联网的时代,人们的口口相传也起到了很大作用。制造线下的传播点、话题故事,是能让消费者进行线下传播的基础。这个就需要配合市场活动来进行引导了。

除此之外,实物纪念品,例如赠送在园区里拍的照片、带有主题公园元素的原子笔、鼠标垫、便签本等,都有可能出现在消费者的办公室里,可以引发话题。甚至使用过的门票,也可以作为优惠券,让已经来过园区并且有美好体验的消费者传递出去。

总之,口碑营销的方式有很多,最好选择适合的几种,多管齐下,建立起一个良性的"好产品—好服务—好口碑—高客流量—稳定收入—更好的产品服务"的生态系统。

（文/萧月）

资料来源:《环球旅讯》2018 年 11 月 29 日.http: m.traveldaily.cn

四、短视频营销及其他

（一）短视频营销

2016 年被称为短视频发展元年,在资本的推动下,短视频凭借着移动终端、时长简短、简易内容和简便式操作,呈现出井喷式的发展势头,不仅涌现出了秒拍、快手、美拍、抖音、火山等短视频平台,而且吸引了腾讯、阿里、百度、字节跳动等互联网巨头涉足。年轻受众更加关注视频传播,新媒体的视频内容传播也渐渐聚焦于社交短视频平台。随着抖音旅游打卡短视频的盛行,旅游类短视频应运而生。旅游类短视频的传播对城市形象塑造和旅游业的发展开始产生巨大影响。

1. 短视频的含义及类型

所谓短视频指的是视频时长在五分钟以内的视频。

目前,旅游类短视频按照生产内容和生产用户的不同,主要分为 UGC(用户生产内容)旅游打卡短视频和 PGC(专业人士生产内容)旅游短视频。前者制作门槛低,生产流程简单,生产的视频内容涉及面较广,但专业性较弱;后者专业技术好,视频质量高,但成本也高。目前,我国的短视频以非专业用户生产的较多,而专业用户生产的短视频则较少,导致我国短视频内容质量较为参差不齐,主要以社交、娱乐属性为主。

2018 年在抖音短视频的传播带动下,网上迅速涌现出像西安这类网红城市和大量网红打卡景点,甚至连一些县级旅游景点也由此成为公众所熟知的旅游目的地。目前,短视频内容同质化现象严重,短视频内容未来的发展将会逐步垂直化,而旅游类短视频将会成为短视频内容垂直化发展的一个重要方向,这使得更具专业性和艺术性的 PGC 旅游短视频可能成为旅游类短视频进一步深入发展的突破口。

小链接

UGC 旅游打卡短视频和 PGC 旅游短视频之间的关系

1. 逼真性和假定性

逼真性和假定性是影视艺术发展过程中两种特殊的表现形式,纪录片创始者卢米埃尔所代表的纪实派强调影视艺术的纪实性,而以梅里爱为代表的戏剧派则强调影视艺术的假定性。根据我国旅游类短视频的创作特点分析,UGC 旅游打卡短视频凭借着单个长镜头、"后头"前置等纪实美学特点呈现出一种逼真性,而 PGC 旅游短视频逐步走向垂直化,追求内容的专业化、精品化、艺术性、戏剧性,使得 PGC 旅游短视频呈现出一种偏向于假定性的影视美学特点。

　　抖音和快手提倡用户运用纪实的手法记录周边的生活,激发了全民性创作 UGC 短视频的狂热行为,从而使得 UGC 旅游打卡短视频应运而生。所以 UGC 旅游打卡短视频从诞生之日起就具备了纪实美学的特性,使得 UGC 旅游打卡短视频偏向于影视艺术的逼真性。与 UGC 旅游打卡短视频追求逼真性的纪实风格不同,PGC 旅游短视频更多的是偏向于假定性的戏剧风格,通过短视频讲故事的方式来吸引眼球,追求内容的垂直化发展,使其短视频作品更具艺术性、戏剧性,呈现出精品化的发展路线。因此,UGC 旅游打卡短视频基于用户创作的简便性和对旅游体验的探索欲驱使呈现出影视艺术的逼真性。

　　2. 社交性与艺术性

　　UGC 旅游打卡短视频能够造成用户之间的疯狂模仿打卡行为,很大原因是由于 UGC 旅游打卡短视频所追求的社交性促使的。而 PGC 旅游短视频更加强调内容的艺术性,追求短视频的戏剧化创作。用户通过模仿打卡证明自己到此一游,满足用户的创作表达欲望和社交欲望。正由于这种社交性行为,UGC 旅游打卡短视频将成为一种全民创作的狂欢形式。人们利用手机拍摄周边生活,模仿旅游打卡行为,使得 UGC 旅游打卡短视频呈现出影视艺术的逼真性特点。PGC 旅游短视频要在浩如烟海的短视频中脱颖而出,必须提高制作水准,追求艺术性、戏剧性、精品化。这种对艺术性的追求,使得 PGC 旅游短视频必须创作出吸引眼球的内容,使得 PGC 旅游短视频呈现出影视艺术的假定性特点。

　　3. 业余性与专业性

　　由于 UGC 旅游打卡短视频是一种全民创作的打卡行为,这促使 UGC 旅游打卡短视频创作的业余性。这种业余性使得 UGC 旅游打卡短视频具备草根民间影像创作的特点,不会受到专业拍摄规则的束缚,能随心所欲地去表达,用户更热衷于追求单个长镜头记录旅游打卡片段。这促进人们全方位、多角度对旅游类短视频创作方式进行多元化探索。PGC 旅游短视频拥有专业的制作团队,短视频内容追求艺术性、戏剧性和精品化。因此 PGC 旅游短视频创作者会在传统影视创作经验的基础上追求新形式,探索旅游类短视频故事讲述的新方式。而且,PGC 旅游短视频不光要追求一定的故事性讲述,还讲究品牌化打造,探索旅游类短视频的变现形式。

　　4. 瞬间创作与系列剧式创作

　　由于 UGC 旅游打卡短视频追求逼真性的纪实美感,创作目的旨在追求社交性,属于业余的全民旅游打卡创作行为,所以 UGC 旅游打卡短视频的创作不具备持续性创作的条件,呈现着瞬间创作的特点。在创作内容上也追求记录瞬间高潮,不遵循讲故事的形式,属于一种情绪化表达的瞬间记录创作形式。

　　为了能在短暂的时长里更好地讲述故事,PGC 旅游短视频演化出一种短视频系列剧的形式,在统一主题、风格和制作模式的基础上,制作相互独立的单元故事。同时它的主要人物及人物关系都是固定的,且贯穿整个短视频系列剧,虽然每个单元故事和旅游目的地的介绍都相对独立,但保持着一定的关联性。其最大特征是结构的开放性,故事可以无限延伸下去。这种旅游短视频系列剧十分适合短视频碎片化的叙事特点,也通过系列短视频的制作保证了短视频故事的完整性和持续性。

　　资料来源:张通勇,甘清,昌蕾. 旅游类短视频发展现状及创新模式[J]. 中国报业,2020(4):18-19.

2. 短视频营销的形式

所谓短视频营销指的是依托短视频向浏览者进行广告的一种营销模式，手机可以在一定程度上被视为短视频传播的重要载体。就目前而言，传统广告业正逐渐萎缩，电视广告也受到重大影响，大部分拥有手机的人已相应减少观看电视等传统广告形式，而手机客户端是人们获得信息的主要渠道，短视频营销因此成为旅游企业和目的地宣传自身的重要途径。短视频的营销形式主要有两种。

（1）借助品牌推广力度进行营销，起到宣传品牌的作用，如通过微博或者微信公众号主动推广的短视频形式，一般依托大数据信息对客户喜好进行大数据分析，然后向客户推送相应的视频，以在第一时间抓住客户的注意力，从而获得较高的浏览量。

（2）发挥用户的主观能动性，让他们主动上传短视频，经过大量用户点赞、分享、模仿体验，引导旅游消费。这种营销形式为视频内容注入了多元化色彩，使得视频内容更加贴近生活，更具有创造性。例如可以通过发起挑战的形式召集众多用户参与，并制定丰厚的奖品，从而刺激用户视频的原创性，增加内容的趣味性。

在旅游业，游客对旅游体验各具特色的现场短视频分享，往往能通过感官激发众多用户的旅游兴趣和需求，从而催生个性化、定制化旅游，未来跟着视频去旅游将成为一种趋势。现在一些旅行社已开始针对短视频中网友热捧的目的地和景区等设计旅游产品。目前，UGC 旅游打卡短视频是旅游类短视频的主体，这些短视频主要是由一部分极具探索性、开拓性的旅游爱好者所拍摄，经过大量用户点赞、分享、模仿后逐渐引发其他用户的关注并成为这些用户群体的意见领袖，也可以通过 PGC 的引入进一步引导旅游打卡短视频的发展。

根据旅游业和短视频的特点，旅游行业可以通过旅游类短视频开展活动来盈利，提高用户参与度，为品牌方推广品牌做铺垫。首先，可以通过开展有趣有个性的话题提高用户的参与度，通过奖励来刺激用户视频分享；其次通过景点短视频拍摄，让用户与景点亲密接触，用视频记录景点的美好，提高景点的吸引力与知名度，并依托视频分享收益分成；最后也可以通过广告植入的形式来进行盈利，当然允许广告植入之前必须就广告植入制定较高的门槛，避免失去视频个性以及景点吸引力。

同步阅读

"抖音短视频"对旅游营销的启示

自 2018 年开春以来，重庆、西安等一批旅游城市突然成了炙手可热的"网红"，旅游收入与游客量显著增长，这都与一个名为"抖音短视频"（下简称"抖音"）的手机 APP 有关。在抖音中，用户可以通过搭配音乐、控制视频拍摄的快慢、滤镜、特效及场景切换等技术，创作时长不超过 15 秒的 MV 作品。这些来自民间的自制短视频悄然成为旅游营销的利器。举个例子，位于西安城墙脚下的永兴坊"摔碗酒"是被抖音捧红的众多"网红"景点之一。"摔碗酒"配上一曲欢快又洗脑的《西安人的歌》，在网上迅速蹿红，吸引八方"抖友"纷纷前来"打卡"，饮一碗古城老米酒，做一回西安"社会人"。其他抖音"网红"景点还有重庆的"轻轨穿楼"、厦门鼓浪屿的"土耳其冰淇淋"、山东济南宽厚里的"连音社"和张家界的天门山等。这些地方都借助抖音平台形成了滚雪球式的疯狂传播。那么，是哪些因素促成了抖音在旅游营销上的成功呢？

1. 优质的内容

优质内容是抖音的核心竞争力,可以从视频内容和产品运营两方面来分析。旅游类视频内容的"优质"体现为两点。其一,景点本身极具特色。无论是重庆"洪崖洞"还是西安"摔碗酒",要么景观设计极为震撼,要么情景活动有趣好玩。因此,一个成功的"网红"景点首先要有成为"网红"的潜质。其二,多元融合妙趣无穷。抖音之"抖"来自软件内嵌的丰富特效,"音"体现为可供选择的海量"神曲",大多数作品具有节奏感强、"魔性"十足的特点,给人感觉酷、炫、潮。在抖音上,科技元素、艺术元素与旅游场景相融合,令视频极具艺术感、创造性和现场感。产品运营的成功也体现为两点。其一,韬光养晦一鸣惊人。抖音团队拥有这个时代极为难得的品质——耐心。抖音的前期重点是打磨产品、储备网红和积累内容,这个"默默无闻"的阶段持续近半年。一直到2017年3月13日,著名笑星岳云鹏通过微博转发了一条其模仿者的视频,抖音用户量瞬间呈现井喷式增长,从此一发不可收拾。其二,正是这些海量的优质短视频将抖音用户死死"黏住"。调查显示,约22%的"抖友"每天使用抖音时间超过1小时,不少用户戏言抖音"有毒"。

2. 契合的用户

与其他短视频平台不同,抖音不仅是短视频的分享平台,还是其粉丝社群的社交平台。抖音鲜明的产品特征令其收获了与其调性相契合的市场,主要为一二线城市居民,其中又以女性(66.1%)和年轻人(30岁以下用户占比93%)居多。这部分"抖友"有钱有闲,是出游的主力军;同时,他们中的大多数是互联网"原住民",善于创造,乐于分享,对于互联网产品的参与意愿很高,有着较为强烈的社交需求。一方面,他们通过拍摄和上传短视频来吸引关注,同时带动"抖友"之间的视频创意比拼。相比传统营销模式而言,动态的短视频社交模式呈现出更强的交互性和参与性。在旅游类视频里,用户能够更加生动全面地了解到景区的全貌,相比图文信息更令人有"涉入感"。另一方面,观赏视频的"抖友"在评论区实现与播主的互动。评论是抖音UGC(用户原创内容)中极其重要的组成部分。企鹅智酷2017年发布的报告指出,超过一半的抖音用户会看评论,21.8%的用户会参与评论互动。在旅游类视频的评论区,"抖友"会对视频内容和质量进行点评、询问景区的名字和位置、交流旅游体验心得等。评论区的互动不仅具有第三方推荐的信任优势,还让评论本身成为优质的体验内容。更奇妙的是,基于对抖音平台的认同感和归属感,"抖友"们会把去网红景点"打卡"当成一种义务,出游动机由"我想去"升级为"我必须去"。

3. 共生的机制

基于优秀的产品和模式设计,抖音构建了一个互惠共生的生态圈。在旅游营销场景下,利益相关者包括抖音运营方、旅游地、播主及观赏用户。在抖音平台上,所有参与者都能满足需求和创造价值。观赏用户在免费观看视频、参与互动的过程中贡献了自己的时间和注意力,创造了流量。播主为抖音提供视频内容和吸引流量,因自己成为关注焦点或意见领袖而获得心理满足感。在运营初期,平台会对提供优质内容的播主提供一定补贴。而对于粉丝量达到十万甚至百万级别的"大咖号",他们还可以选择与商家合作以寻求流量变现。旅游地成为"网红"以后,游客量和旅游收入显著增加,平台运营方也将获得不菲的投资和广告收入。实际上,抖音早已开启了变现之路。从"海底捞神秘吃法"到"网红奶茶的隐藏菜单",抖音的每次动作都能引发"抖友"的疯狂传播,甚至导致多个地方卖断货,堪称"网红制造机"。目前,抖音与旅游营销的融合已经开始进入更为成熟的新阶段。2018年4月,西安市旅发委与抖音短视频达成合作。双方计划将基于抖音的全系产品，通过文化城市助推、定制城市主题挑战、抖音达人深度体验、抖音版城市短片来对西安进行全方位的包装推广，用短视频来向全球传播优秀传统文化和美好城市文化。

据悉，旅游已成为抖音刚发布的"美好生活计划"的重要组成部分。在抖音搭建的共生平台之上，旅游营销具有无尽的想象空间。

资料来源：邓昭明，向文雅，李旭."抖音短视频"对旅游营销的启示[N].中国旅游报，2018-5-22(003).

（二）直播营销

近两年来，网络直播迅速发展成为一种新的互联网文化业态。目前的直播平台大致可分为泛娱乐类平台、游戏类平台、垂直类直播平台、版权类直播平台四类。"旅游直播"属于其中的垂直类直播平台。

直播作为互动性与实时性极强的社交媒体平台，其营销优势主要体现在提供用户的真实使用场景，增加产品体验感。此外，用户的高频互动行为可使营销者实时接收到营销效果反馈，即时解决用户问题，增强营销效果。

1. 直播营销的模式

直播营销的模式主要有以下几种。

（1）直播+发布会。这种已成为各大品牌抢夺人气、霸占流量和制造热点的营销法宝。通过直播场景形成了共同的兴趣社群，可打破传统发布会在时间、空间、形式上的制约，并可通过打赏、互动、点赞等实现双向互动、高关注度和持续热度。

（2）直播+产品体验：通过邀请人气网红站台背书，往往能为品牌带来人气迅速提升，形成良好的广告转化效果。该形式适用于景区、餐饮、娱乐等多个行业，是个普适性极高的玩法。

（3）直播+日常活动。实时直播不容易修饰，因而看起来更加真实，会吸引相关目标群体的注意。

（4）直播+解密。通过"网红记者"将不利于传播、不被公众熟知的品牌优势传播出去。例如，有趣的产品制造过程、不好表达的企业实力、小众的产品或服务以及美容整形过程等。

（5）直播+产品售卖。将流量变现、产品售卖紧密结合，已成为当下的变现利器。

（6）直播+名人访谈。企业"大佬"参与访谈直播，对于传递企业文化、提升企业知名度及市场好感度、塑造良好的企业公关形象等都起着积极作用。

同步阅读

旅游直播"所见即所得""带货"也火了吗？

近日10时，"90后"上海姑娘贾雪风在城隍庙旧校场路环球奇趣艺术馆前，开始一小时网络直播。为让观众了解这个地方，这家景点和贾雪风所在的旅行社合作，直播推广并销售产品。因"双11"，贾雪风的行程从每个工作日直播一场变成两场，周末两天分别增加一场。而在千里之外的云南，曾在电视台工作的"90后"昆明姑娘李青青也在为一家旅行社担任专职主播。一年多来，她已走遍云南90%的地区。

在成千上万旅游主播身后，是大批为"带货"而推动旅游直播产业的机构，旅行社、景点、邮轮公司、旅游目的地等都是这个产业的直接参与者。

不少专职主播月入过万

主播的作用是给观众"种草"

成为旅游主播前,贾雪风是春秋旅游的产品运营人员。去年上半年,春秋旅游入驻飞猪平台开展旅游直播,年轻活泼、表达能力不错的贾雪风成为主播。

第一次直播是去年6月在太湖边一处房车基地进行的外景直播。贾雪风说,"主播的作用就是给观众'种草'。"根据设计,直播开始10多分钟后,页面上会放出与房车相关的产品链接,吸引观看者下单。这样的操作在2个小时左右的直播过程中根据粉丝询问的活跃程度重复出现,以便新进入直播间的观众也看得到产品。而在整个直播店铺的"宝贝购物袋"内,粉丝也可以直接点开自己感兴趣的产品链接,这些产品还会根据直播主题的不同随时调整。

要给粉丝们成功"种草",旅游主播本身需要相当丰富的知识储备,形象较好、口头表达能力强是基本条件。比如一场跨年旅行室内直播,短短几分钟谈到的话题涵盖错峰出游、海岛跨年、年末拼假等,还能分享自己去年在三亚参加沙滩派对跨年的经历和感受。主播在直播中要推荐一些适合跨年旅行的目的地和线路,并不时与粉丝互动,回答他们的问题。

李青青曾客串主持过不少商业活动,因喜欢旅游而做了主播。室内直播一般采用"主播头像+视频图片资料"的组合方式。主播说话时,屏幕下方会滚动播出对应目的地的视频或图片资料,让粉丝们直观了解。当观看直播的粉丝较少时,有些主播也会选择放几首歌,自己在旁边稍作休息,这种真实感是不少粉丝喜欢看直播的原因之一。

旅游主播所属的机构各不相同:一部分有长期"带货"需求的旅行社会聘请专职主播;更多的景点、航空公司或邮轮等机构则选择在某次大型活动中临时聘请一批旅游主播集中营销,提高曝光率;也有部分旅游主播自立门户、独立运作。一家大型旅行社负责人告诉记者,人气颇足的云南旅游直播频道中,不少90后专职主播的月收入都在万元以上,收入在当地相当可观。

使尽浑身解数吸引眼球

也能拓宽自身视野吸收新知

无论是对旅游主播还是对运营机构,一场直播的收看人数、粉丝活跃度、吸粉效应乃至转化率,都是关系旅游产品售卖的要素。为了提高"带货率",主播和机构们都使尽浑身解数吸引眼球。

李青青曾做过多次"吃播"。云南为她的"吃播"提供了很多素材:去不同的过桥米线店做"吃播"和评价;尝试野生菌火锅,让"同时吃7种野生菌会中毒"的谣言不攻自破;挑战吃云南的特色美食"百虫宴",从而带出云南各地的风土人情、旅游特色……从直播间的人气和互动来看,类似的"吃播"颇受欢迎,也可以激起一部分粉丝去旅游目的地实地体验的愿望,从而带动线路销售。

贾雪风的拿手好戏是"跟着热点走"。以近期一周十多场直播为例,她每次都花大量时间考虑直播话题。"11月最适合聊的是枫叶季,再冷一些可以谈泡温泉和滑雪。我会特别关注一些目的地的节庆活动和流行玩法,据此再去聊目的地。"

去年12月长白山滑雪季,贾雪风和同事们去长白山做了一场外景直播。零下20多摄氏度的天气,她举着手机做直播,为方便操作只能戴薄薄的皮手套,有时滑动屏幕与粉丝互动,需要同事协助才能完成。她说,在雪地里站上十来分钟,膝盖以下就变得毫无知觉,只好赶紧跑进有暖气的室内缓和一下再出来,如此反复。极端低温下手机可能随时被冻到关机,她和同事们在手机表面贴上三四个暖手贴来保温。由于直播时间较长,他们还备了两三个充电宝应对不时之需。

　　贾雪凤坦言，每天两场的直播也会遭遇题材重复、没有太多新思路的情况，这时她会去平台看粉丝留言、上网看热点信息，或者和同事、闺蜜聊天，找些新的灵感发掘话题。比如日本这个旅游目的地，有人喜欢风景，有人看重美食，也有人偏爱动漫。关注不同的角度和观点，对旅游主播来说是不断拓宽视野和吸收新知的过程。

收看旅游直播冷热不均
购买旅游产品决策周期较长

　　旅游直播究竟收效如何？做了一年多的昆明翔好国际旅行社总经理桂华介绍，尝试旅游直播前，旅行社的营销主要集中在线下，现在逐步转到线上。从目前情况看，旅游直播带来的订单能够覆盖成本。桂华所在的旅行社聘用专职旅游主播，每次直播成本平摊下来在 500～1 000 元。如果是找外面的"网红"主播做直播，成本可能从几千元到数万元不等。

　　桂华坦言，最开始只是抱着试试的态度，去尝试开拓新的渠道。当时也没什么经验，就是简单地"卖货"，告诉观众旅行社售卖产品的具体内容，行程怎么安排、吃住行游购娱环节怎么配置等。但一段时间后发现，简单重复这些信息有点像读产品说明书，这样的旅游直播难以吸引消费者注意。

　　经过一年多摸索，桂华和同事们有了心得：直播的观众或粉丝更关注的是直播能给他带来什么，他们很看重具体的内容。比如，想要推销云南线路，旅游主播就出外景去拍玉龙雪山等漂亮的风景，蓝天、白云、雪山、绿树这些鲜活的画面对粉丝有实际的吸引力，然后再顺水推舟抛出相应的旅游线路，接受度会更高。

　　除了旅行社，邮轮公司、酒店、景点等旅游机构都已在相关平台上开出直播节目。来自飞猪旅行的数据显示，开元酒店的直播曾创下单场观看超 4 万人次、120 多笔成交的直播带货纪录；万豪酒店的直播开播 18 秒即成交第一单，单价 16 999 元的套餐 2 小时售出数十件；春秋旅游旗舰店去年 6 月起开始首场直播，一年多来粉丝日均增长 40% 以上，引导购买转化率平均30% 以上……旅游直播的获客成本较低、"带货"效果也不错。正因如此，尽管每场旅游直播的收看冷热不均，仍有大批旅游机构坚持在做。

　　不过，也有旅游行业人士坦言，涉及吃住行游购娱的旅游产品并非简单的标准产品，消费者在购买前需要考虑的因素很多，除了产品本身和价格外，和谁一起出游、能否顺利请假等都在考虑之列，决策周期相对较长。

　　因此，旅游直播中当场下单的观众比例与食品、美妆类商品不可同日而语。另外，旅游外景实时直播没有任何修饰，一个半小时到两个小时甚至更长时间的直播过程中，传递给观众的就是"所见即所得"，蓝天白云、鲜花美景可能会即时打动观看的粉丝；但遇到天气不好，早已定下的直播日程如期进行，呈现给观众的一些风景没晴天漂亮，观众可能会觉得这个地方不过如此，让直播效果大打折扣。

（文/李宝花）

资料来源：上观新闻(2019 - 11 - 13).http://media.people.com/n1/2019/1113/c40606-31451764.html

　　2. 直播营销的操作流程
　　无论是大品牌还是个人，在利用直播进行营销时往往遵循以下几个流程。
　　（1）精确的市场调研。直播是向大众推销产品，推销的前提是深刻地了解用户需要，要清楚企业能够提供什么,同时还要避免同质化的竞争。因此,只有精确地做好市场调研,才能做出真正让大众喜欢的营销方案。

(2)项目自身优缺点分析。做直播,如果营销经费充足、人脉资源丰富,可以更有效地实施很多想法。但对于大多数企业来说,没有足够充足的资金和人脉储备,这时就需要充分发挥自身的优点来弥补。只有充分发挥自身优点,才能取得意想不到的效果。

(3)市场受众定位。营销能够产生结果才是一个有价值的营销。找到合适的受众是做好整个营销的关键。企业需要明白项目的受众是谁,他们能够接受什么样的产品和服务。

(4)直播平台的选择。直播平台种类多样,根据属性可以划分为不同的领域。所以,选择合适的直播平台也是关键的一步。例如,如果做直播推销日用品、衣服、化妆品等,淘宝 App 带来的流量相对可观。而推销旅游类产品,在飞猪、马蜂窝等旅游类 App 上直播效果更佳。

(5)良好的直播方案设计。完成以上步骤后,最后呈现给受众的方案也十分关键。在整个方案设计中需要销售策划及广告策划的共同参与,让产品在营销和视觉效果之间恰到好处。在直播过程中,过分的营销往往会引起用户的反感,在设计直播方案时,如何把握视觉效果和营销方式,还需要不断地商讨。

(6)后期的有效反馈。营销最终要落实在转化率上,后期的反馈要及时跟上,同时通过数据反馈不断地修整方案,不断提高营销方案的有效性。

同步阅读

携程梁建章亮相微信小程序直播间: 如何做到单日 GMV 超 2 000 万?

"这是我第一次来到贵州,我感到特别的惊喜。贵州不仅有美丽的湖光山色,还有非常深厚的文化和民俗特色,这使得我这几天的旅游体验非常丰富。现在这个阶段是特别好的旅游时期,防范措施让这里变得非常安全,空气和环境也很好……"

在微信小程序直播间里,这位身着苗族传统服饰,在美丽的苗寨夜景前侃侃而谈的主播还有另外一重身份:携程集团联合创始人、董事局主席梁建章。在短短一小时内,携程 Boss 梁建章的微信小程序直播间硕果累累:直播累计总观众数 61 万,总互动人次达 167 万,携程旅行当日 GMV 超 2 000 万。

当 Boss 化身"旅行带货一哥",被疫情按下暂停键的旅游行业如何重启精彩?

一、Boss 走进直播间,品牌营销再升级

一场突如其来的疫情让旅游行业遭受重创,但随着国内疫情逐渐得到控制,各地纷纷发布相关文旅政策,促进旅游市场复苏。旅游业回暖在即,为了抢得市场先机,各大品牌纷纷出手,携程旅行正是其中之一。

伴随着媒介升级和消费者的互联网使用习惯变迁,直播逐渐成为品牌与消费者沟通的新途径。对携程旅行来说,直播和旅游的结合不仅助力品牌有效触达消费人群,更凭借着 Boss "下场"直播分享亲身经历,增添了极大的吸引力。

在 3 月 25 日的直播中,梁建章亮相微信小程序直播间,首次揭秘#携程董事长住过的酒店#,与主持人和当地向导一起向观众分享他的旅行住店经历,呼吁大家走出房门,享受久违的旅行快乐时光。一个小时的直播中,Boss 梁建章一共推荐了 4 轮 15 样商品,包含多个地区不同

价位的预售酒店,同步上线万家酒店通用券,直播间还提供百万福利及酒店钜惠,四轮大奖引发观众分享热情。直播当日正是携程旅行复兴 v 计划正式预售首日,单日 GMV 超 2 000 万。BOSS 梁建章成为当之无愧的"旅行带货一哥"。

二、"Boss 同款"的巨大魅力

梁建章的直播无疑昭显了 Boss 的带货实力,也缺不了微信小程序直播的强大助攻。截至 2019 年底,微信及 WeChat 合并月活较去年增长了 6.1%,达到 11.64 亿;2020 年 1 月微信公开课 PRO 披露小程序已实现日活 3 亿、全年交易额达 8 000 亿的好成绩,高活跃度、广覆盖面为微信小程序直播提供了强大的社交优势。

微信小程序直播提供丰富玩法,"抽奖""优惠券""满减赠送""新品秒杀""点赞评论互动""导购群转播""好友分享"等功能一应俱全,更能承接朋友圈广告和微信搜一搜品牌官方区流量,充分发挥社交优势和平台能力,为品牌触达用户人群、提升转化效率注入了新鲜活力。数据显示,微信小程序直播受到观众的极大喜爱,呈现"能停留、爱分享、勤点赞、下手快、粘性高"五大特征,是品牌拓展营销玩法、输出品牌形象的高效渠道。

一场微信小程序直播带货超千万,"Boss 同款"究竟有怎样的魅力?

1. 重旅行体验

旅行强调实地体验,空口宣传将或多或少降低可信度。但微信小程序直播给观众提供了一场"云体验":苗寨夜景成为直播间的天然"背景墙",美丽的景色为推荐增添说服力;梁建章、主持人、当地向导都身着苗族传统服饰,凸显当地民俗风情;直播中,当地向导还与梁建章进行当地民俗问答,丰富了直播的趣味性,更有吸引力。

2. 强品牌背书

一趟完美的出行计划需要巨大的精力投入,前期调查、住宿安排、特色景点、当地小吃都要做好功课,如果有一份现成的可靠推荐,消费者的行前准备压力将大大减轻。梁建章作为"一年旅行三个月"的"超级达人",在直播间推荐国内东南西北四个方位的优质酒店,分享亲身体验,介绍酒店特色,提供了强大的品牌背书,简化观众的选择困难,强势提供行动指引。微信小程序直播具备配合台本实时推送的 SKU 能力,在梁建章分享不同酒店的入住体验时,微信小程序直播间下方会同步出现"Boss 同款"的购买链接,方便观众快速下单,抢到优惠,提供顺滑的流程体验。

3. 多直播玩法

微信小程序直播玩法丰富,尤其是基于社交场景的分享,极大提升了品牌的潜在消费者的增量机会。直播设置四轮抽奖送出丰厚礼品,激励观众积极向好友和社群分享直播间,多多点赞评论参与互动;每轮开奖前设置倒计时,邀请 Boss 开奖后获奖名单随即在直播间展示,提供直接分享动力,增强社群传播效果,促进裂变转化。携程旅行工作人员介绍,每一轮抽奖,流量都会上涨 20% 左右。

4. 全方位保障

这次直播的另一大魅力在于直播间的董事长专属福利,百万福利及酒店钜惠价格实惠,万家酒店通用券适用范围广泛,超长有效使用期、安心退过期退等保障措施打消消费者顾虑,时刻提醒观众抓住时机直接下单购买。观众可以通过微信小程序直播间提供的购物链接跳转至详情页,也可以查询专属推荐,满足个性化需求。

直播中,梁建章表示携程旅行全体员工正在持续行动,希望为消费者提供更好的旅行体验。目前,携程旅行的各地首发团已经出发,线下的几千家门店也将继续为消费者提供热情周到的服务。

三、腾讯广告如何助力携程旅行开启新精彩?

1. 微信朋友圈广告引流+微信小程序直播承接,强势圈定目标受众

除了携程旅行微信小程序的站内自有流量,携程旅行在直播同期投放微信朋友圈广告等资源,获取海量曝光;同时以微信小程序直播作为落地页,快速承接流量,不仅集成社交体验,加深品牌影响力,更能充分发挥平台优势,轻松抢占消费者注意力,牢牢锁定目标受众。

2. 精准人群洞察,助力品牌触达旅游兴趣人群

腾讯广告具备强大的人群洞察能力,助力品牌精准触达微信朋友圈高质量人群,还能进一步发现更多潜在的"旅游达人",拉近与潜在消费者的情感连接,加深品牌印象,提升转化效率。

四、微信搜一搜助力,直达携程旅行品牌官方区,一站式体验缩短转化链路

微信搜一搜品牌官方区为携程旅行提供了专属入口,消费者通过微信搜一搜,搜索"携程"能够直接访问携程旅行微信品牌官方区,直达携程旅行公众号、小程序,一站式享受酒店、机票等携程官方服务和商品,缩短转化链路,强势带动销售转化。携程微信品牌官方区还提供了本次#携程董事长住过的酒店#直播提醒及链接,让搜索携程旅行服务的消费者一键跳转直播间,极大地方便了消费者的访问和使用。

随着国内疫情逐步得到控制,在复苏政策的鼓励下,旅游行业的"雾霾"将逐渐散去,迎来迟到的春天。为了抢占市场先机,旅行品牌可以学习携程旅行与微信小程序直播的营销新玩法,充分发挥不同渠道优势,玩出营销新花样。

资料来源:旅游商业观察.(2020-4-2). https://mp.weixin.qq.com/s/0Rm68A7qIHcZKI-qOFRPRw

(三) VR 营销

1. VR 的相关概念

虚拟现实技术(Virtual Reality,VR)是一种计算机仿真系统,通过对三维世界的模拟,创造出一种新的交互系统,它利用计算机生成一种模拟环境,是一种多源信息融合的交互式三维动态视景和实体行为系统仿真,并使用户沉浸到该环境中。

在产业界,将虚拟现实定义为三类技术应用方式:虚拟现实、增强现实和混合现实。简单来说,虚拟现实(VR)看到的场景和人物全是虚拟的,是把人的意识代入一个虚拟的世界。增强现实(AR)看到的场景和人物一部分是真实的,一部分是虚拟的,是通过电脑技术将虚拟的信息应用到真实世界,真实的环境和虚拟的物体实时地叠加到了同一个画面或空间。混合现实(MR),包括增强现实和增强虚拟,指的是合并现实和虚拟世界而产生的新的可视化环境。

虚拟现实具有以下三个重要特征,常被称为虚拟现实的3I特征。

(1) 构想性(Imagination)。构想性是指虚拟的环境是人想象出来的,同时这种想象体现出设计者相应思想,因而可以用来实现一定的目标。VR 的应用,可以使人跨越时间与空间,去经历和体验世界上早已发生或尚未发生的事件;可以使人类突破生理上的限制,进入宏观或微观世界进行研究和探索;也可以模拟因条件限制等原因而难以实现的事情。

(2) 沉浸感(Immersion)。沉浸感是指用户感受到被虚拟世界所包围,好像完全置身于虚拟世界之中。VR 技术最主要的特征是使用户由观察者变成参与者,沉浸其中并参与虚拟世

界的活动。沉浸性除了常见的视觉感知外,还有听觉感知、力觉感知、触觉感知、运动感知、味觉感知和嗅觉感知等。目前在虚拟现实系统的研究与应用中,较为成熟的主要是视觉沉浸、听觉沉浸、触觉沉浸技术。

（3）实时交互性（Interactivity）。实时交互性是指用户对模拟环境内物体的可操作程度和从环境得到反馈的自然程度。借助于虚拟现实系统中的特殊硬件设备,用户能通过自然的方式产生同在真实世界中一样的感觉。

2. VR 营销的优势

VR 允许用户通过支持 VR 的设备（包括移动电话和 VR 耳机）访问为特定目的创建的人工环境。这种逼真的可视化为用户提供了更好、更有吸引力的体验,使其成为营销和品牌推广的绝佳工具。旅游企业利用 VR 营销的原因如下。

（1）体验式营销是鼓励消费者参与活动和体验产品的新趋势。VR 可以通过消费者参与互动的沉浸式活动展开,在提供诱人的"虚拟试用"把产品非常直观、逼真、360 度地展示给消费者后,消费者的体验会增加他们对旅游产品的兴趣,容易产生即时消费冲动。例如沃尔沃的"沃尔沃现实"活动让使用 Google Cardboard 的用户体验了他们新款 XC90 型号 SUV 的虚拟试驾,用户只需要将应用下载到自己的手机上就可以进行 360 度的试驾体验,在家中感受沃尔沃 XC90 型经过开放四野、山区和湖泊的驾驶乐趣以及沃尔沃 XC90 的平顺性。该项活动最后获得了 2.38 亿次公关印象、接近 2 000 万次社交媒体展示以及高达 50 万的网页浏览量,沃尔沃的新车在 2 天内售罄。

（2）会成为消费者的难忘经历。在营销中使用 VR 技术的一个主要亮点是体验 VR 活动的人往往会记住这种体验并进行口碑传播,它比人们通常不记忆的传统广告更令人难忘。Virgin Holiday 就是一个很好的例子。他们使用 VR 创造了一种引人入胜且令人难忘的用户体验——让消费者等待他们首选目的地的虚拟之旅,从而消除无聊的等待时间。阿里巴巴也成立了 VR 实验室,实施 Buy+计划,通过 VR 技术最大程度搭建出真实的异地购物场景,实现足不出户买遍世界。使用 Buy+,即使身在国内某个城市的家中,消费者戴上 VR 眼镜,进入 VR 版淘宝,既可以选择去纽约第五大道,也可以选择英国复古集市,让你身临其境地购物,"全世界去买买买"。

（3）显示旅游企业实力。如果旅游企业以创新营销的方式利用 VR,实际上表明了企业的实力。只要消费者享受 VR 所代表的东西,一家拥有 VR 的旅游企业就会被视为具有创新性和趣味性。VR 广告往往比单纯的媒体广告营销效果更好。事实上,VR 活动往往在社交媒体中引起很多关注,使其具有新闻价值。而且,VR 技术与数字营销配对可以很好地帮助企业推动未来的营销,借助越来越庞大的用户群,进行实时客户数据收集可以帮助企业快速调整自己的市场营销策略,以迎合大众消费者的实际需求。

3. VR 营销的具体操作

（1）根据产品定位选择适合的 VR 演示方式。企业的产品故事是什么,很大程度上决定了企业需要为产品提供怎样的 VR 体验方式。VR 能在营销界成为热点的原因,就是它可以让人身临其境地去到任何一个场景,因此产品定位是在制作 VR demo 时最优先考虑的,如何借助虚拟现实使产品更好地讲故事以体现品牌精神是整个体验的核心。如果企业仅仅只想展示一个房间,一个场所,或者一款产品,那么可以考虑使用 360 度,比如用一块纸板、两个透镜以及一块磁铁做成的 VR 眼镜;如果同时还想让用户能控制他们的方向等,可能就需要加入更复杂的技术。企业的 VR 演示要确保用户体验过程中能够理解和接受产品想要表达的东西。

（2）选择最适合的 VR 平台。VR 是一项有门槛的新技术，要想做出更好的 VR 体验，需要企业寻找到合适的平台进行合作。对于可选择的 VR 产品/平台，有几点因素是需要企业在做决定之前充分考虑的。一个是所提供的 VR 体验的深入度，另一个是体验的时长。希望提供的交互越多，各项保障的要求越高。体验时长则不仅和目标受众有关，也受到所用的 VR 技术、demo 成本以及演示场所的影响。如果希望在某个大型旅游展会上让用户在你的展台驻足进行体验，一般将 VR demo 的时长控制在 3~5 分钟，因为参展的用户通常希望快速地了解你的产品，而且时间太久容易产生眩晕感。另外所制作的 VR demo 如果因为价格昂贵导致只有一小部分用户才能观看，就达不到推广产品的效果。

同步阅读

<h2 style="text-align:center">宁夏 VR+旅游 打开新世界的大门</h2>

"进入古墓区，触碰一下古墓，是不是有真实感？"

"是的，感觉触碰到了！"

"向右迈步，用火把点燃旁边的柱灯！"

"哇，火光四射，柱灯开始熊熊燃烧！"

7 月 28 日，在 AFN2019"一带一路"（宁夏）动漫节上，记者现场体验了宁夏本土动漫企业制作的 VR+旅游产品《王陵秘境》：在 20 平方米大小的地方，体验者可以恍似进入"真实的古墓和大漠"。

VR+旅游产品的本土实践

"随着近年 VR+旅游模式在国内逐步推广，企业一直想将宁夏富有地域特色的旅游文化资源进行演绎和创作，制作出属于宁夏自己的 VR+旅游产品。"新科动漫产业有限公司技术总监陈亮告诉记者。"目前，宁夏本土已有的一些 VR+旅游产品都偏重文史介绍，是比较传统的表述方式，我们想在思路上进行创新，《王陵秘境》就是在这样的想法下产生的。"

自今年年初开始，制作团队用半年时间，完成了《王陵秘境》前期的脚本和策划及后期的技术制作，以西夏陵遗迹、贺兰山岩画等具有宁夏本土特色的文化元素为线索，将虚拟现实、解谜探索以及陵墓遗迹等元素进行融合，引导玩家在虚拟现实的世界里进行解密以及探索的旅程。为了增加体验的趣味性，还加入了 FPS 射击元素与守墓石像进行攻守大战的场景。

"制作这样的项目产品，除了能给游客带来一种新的旅游体验，也为旅游企业提供了一种新的营销服务方式。"陈亮说，"对于曾到过景区的游客来说，VR+旅游可以给游客带来新体验，增加旅行印象；对于第一次进入景区的游客来说，融入本土旅游特色的虚拟现实，可激发游客亲自体验的欲望。"此外，VR+旅游也可用于对外宣传和推广旅游资源，且性价比更高。动漫节上，就有来自北京、上海、兰州、西安等地的游客在体验后表示，想去看一下真实的西夏陵。

VR+旅游，未来可期？

据相关资料显示，目前虚拟现实技术得到广泛应用的可能性正在逐步提升。随着 VR 技术愈发成熟，成本逐渐降低，VR 将会在各行各业发挥至关重要的价值。放眼国内，文旅小镇、主题乐园、旅游综合体、景区商业街，VR 体验店层出不穷。据不完全统计，2018 年，国内 VR 体验店的市场规模预计达到 21 亿元。但对于如火如荼发展的"VR+旅游"模式，也不是所有人都看好。有人认为,旅游开发是一种资源驱动型行业,某种程度上,对于一个旅游项目来说,其命运在被开发之前就已基本定型,之后的研发运营能力等最多就是锦上添花。

对此,陈亮认为,"VR+旅游"是有发展空间的,但"VR+旅游"产品不能完全制作成仿真的景区体验,而是应当根据特色旅游文化进行演绎创作。就眼下,VR技术的沉浸性体验,还有它的高性价比,都是旅游资源推介的巨大优势。而VR作为一种技术驱动型行业,其技术还将不断升级,这也意味着,"VR+旅游"也将使旅游产业取得改观和突破,从而打开一个新世界。

资料来源:马越,裴云云.《宁夏日报》2019年08月01日11:16

项目任务二　理解旅游定制化营销

一、互联网背景下的旅游定制化营销

(一)定制化营销概述

1. 定制化营销的概念

定制化营销(Customization Marketing)思想最早由美国宾夕法尼亚大学温德(Wind)教授和兰恩斯沃米(Rangaswamy)教授提出。他们认为,定制化营销是指企业在大规模生产的基础上,将每一位消费者都视为一个单独的细分市场,根据每一位顾客的特定要求来进行市场营销组合,单独设计、生产产品并迅速交货的营销方式。它的核心目标是以顾客愿意支付的产品出售价格和能获得一定利润的成本高效率地进行产品定制。美国著名营销学者科特勒将定制营销誉为21世纪市场营销最新领域之一。

互联网背景下的旅游定制化营销是指旅游企业从不同消费者的实际需要出发,在信息技术的基础上,设计出不同的旅游产品,并为消费者提供相应的个性化服务的营销方式。定制化营销来源于客户差异化的旅游需求,目的是让旅游者享受到高质量的旅游产品和服务,其信念是"以客户为主导,满足客户的需求",其产品形态并非无限地给出客户选择,而是通过客户特定的需求提供适当的产品和服务模块,组合成适合客户选择的多种搭配,给客户提供有效的旅游方案设计。定制化营销的显著特点是其对消费者个性的突出化,所以也可叫做个性化营销或者一对一营销。

2. 定制化营销的基本特征

(1)顾客至上。顾客至上是定制化旅游营销必须遵从的重要营销理念。随着社会大众生活水平的不断提升,广大旅游消费者对各个旅游企业的旅游服务提出了更高的要求,希望能够获得更多的线路设计权利,拥有更多自由支配的时间。游客的市场需要已经由过去单一的满足观光游览需要的"到此一游"型旅游,转变成高度追求舒适度的个性化旅游。因此,定制化旅游营销需要根据消费者的喜好和需求定制旅游行程,旅游消费者与旅游企业之间是一种合作关系,在旅游行程中旅游企业和旅游消费者随时保持联络,旅游消费者在旅游行程中有任何问题都可以随时和旅游企业进行沟通,企业往往全程提供旅游信息咨询服务,满足消费者的需求变化。

(2)最大化细分市场。在为消费者提供定制化旅游服务的过程中,旅游企业应将市场最大程度地细分,并立足于每个客户的实际需要制定和提供相应的个性化旅游产品和服务。这需要旅游企业充分了解消费者的具体需要,在根据职业、性别以及年龄等方面进行细分的基础上,进一步对消费者的文化水平、兴趣爱好等方面进行细分,从而为客户设计出充满人性化和个性化的旅游产品。

(3)消费者积极参与。消费者可以参与到旅游行程的规划当中是旅游定制化营销最为明显的特征。定制旅游的客户可以不了解目的地,甚至可以不明确目的地,旅游定制师会针对性地根据客户的出游记录、兴趣爱好、经济预算等情况,为客户设计出一系列具有特色的创意行程。旅游消费者可亲自参与到旅游产品的设计与制定中,可立足于自身的实际身体情况以及经济条件等来选择或设计适当的旅游产品。旅游企业通过构建一对一沟通的平台,与旅游消费者进行充分交流,全面了解消费者的实际需求,同时可定期组织"驴友"俱乐部,将具有相同爱好的消费者集合起来,为其提供交流平台,以有效加强旅游企业与消费者之间的联系。

(二)旅游企业实施定制化营销的背景因素

1. 有利因素

(1)体验经济时代的到来。产品经济和服务经济正逐渐升级,新兴技术和互联网的发展催生了体验经济时代的来临。中国旅游者消费能力层次升级,经验积累日渐丰富,路线选择愈加挑剔,"走马观花式"的传统单一化游览体验已难以满足消费者的需求。在此情境下,旅游企业需要切合休闲时代旅游发展的内在要求,充分尊重旅游消费者的个性化需求,系统打造提升游客体验、满意度的旅游产品,以助推"一对一"定制营销策略的变革。

(2)网络用户群的迅速增长。根据中国互联网络信息中心发布的第 42 次《中国互联网络发展状况统计报告》,截至 2018 年 6 月 30 日,中国网民达到 8.02 亿,其中手机网民为 7.88 亿。在网民规模保持快速增长的情况下,电子商务发展势头迅猛,"网购大军"中不乏大批在线购买旅游产品的网络顾客。新兴技术的普及和庞大的网络旅游市场,为旅游企业通过定制化营销进行网络旅游产品销售,开辟了广阔的发展前景。

(3)旅游者的消费心理转变。在互联网没有普及之前,可供旅游者选择的旅游产品十分有限。网络消费的普及促使消费者的眼界变得愈加开阔,对旅游产品的个性化、时尚化要求提升,消费者希望自身购买动机可以通过旅游企业的定制化服务得以实现,互联网的信息海量性和跨时空性又很大程度上缓解了旅游消费者与旅游企业间信息不对称的矛盾,使得旅游消费者主动了解、参与旅游消费全过程的意识日益强化,对消费体验的便捷性和互动性也提出更高要求。

2. 不利因素

(1)旅游电商平台信息服务能力不足。旅游业与电子商务具有天然的适应性,而旅游业的综合性特点要求电子商务平台提供丰富信息,包括旅游产品信息、交通信息、饮食信息、住宿信息、旅游景点信息、旅行常识及旅游保健知识、旅游娱乐信息、旅游购物信息等,以供旅游消费者多元化选择。但不同的旅游电商企业因受战略部署、发展模式、经营理念等诸多因素影响,旅游网络信息数据处理能力和应用水平差异性明显。因此,建设和完善旅游电商平台信息服务任重道远。

(2)旅游定制化产品流于形式。传统旅游企业的经营管理是标准化的思路,并且已经形成行为的路径依赖,缺乏转变经营方式的能力。目前很多旅游企业在旅游线路的开发和设计、食宿安排、行程的设计和组合、交通工具的选择上的确实行了一些定制化的改革,但在实施过程中,往往受一些主观和客观因素的制约,如因为对成本控制的重视,多提供套餐式的产品供游客勾选,在此过程中鲜有与游客的互动,不注重游客的个性化需求,尚未实现定制化产品本身应该有的旅游体验,仍有在激烈旅游市场竞争中因"同质化"产品供给而陷入"价格战"泥潭的情况。

(三)国内定制化旅游营销的发展

1. 目前的产品形态

目前中国旅游市场上,定制化旅游产品一般有以下三种形态。

(1)单项组合定制产品。这种形态的定制化产品是最低级的定制游种类。一般是旅游企业事先设置好产品内容如机票、酒店、景点等,消费者购买旅游产品如同去旅行超市购买物品,自由组合,但是这种形式只能在一定范围内满足消费者的个性化选择,对于部分自由行游客来说是不错的选择方式。

(2)主题定制产品。主题定制是目前最盛行的定制方式。一般来说,购买此类定制产品的旅游消费者对旅游细节没有具体的要求,但是有明确的大方向,例如希望参加潜水、自驾等主题活动,或者是希望参加成都研学之旅、意大利文艺复兴建筑之旅等之类的产品。旅游消费者对旅游主题有个关键词,所有的旅游定制活动围绕这个关键词进行。此类定制一般属于奢华旅游,是针对小众的特色旅游线路。

(3)完全C2B定制产品。C2B定制(Customer to Business,即消费者到企业)定制,顾客提出具体需求,商家根据需求制定详细的旅行计划书。这个模式和主题定制游类似,但是要求更细和更具体,定制价格更高,适合小团体游和一般企业集体出游。

表 5-3　携程的公司定制产品类别

品　类	说　明
团建拓展	含体验式、团队拓展项目
会议旅游	含会议,以部门管理会/公司高管战略会为主
商务考察	含参观企业/院校/著名机构项目
疗休养	党政机关和国有企事业单位职工,纯旅游
奖励旅游	以员工旅游作为奖励,纯旅游

资料来源:携程旅游学院

2. 目前的市场状况

定制游企业最早出现于2002年,标志性事件就是班敦俱乐部的成立。由于定制旅游客户对价格相对不敏感而对旅游服务的质量要求高,目前主要吸引的客户群体为企业家、白领、媒体人士和热爱旅游人士。

2016年被称为我国的定制旅游元年,从这年开始,旅游市场主要的各大OTA都开始布局定制游。携程2016年正式开展定制游业务,目前有1 500多个优质的定制游供应商和4 000多名专业的定制师,2018年在定制游市场中的份额占到了30%。去哪儿网2010年开始开展定制游业务,目前有1 000多个优质的定制游供应商和1 000多名专业的定制师。途牛和飞猪旅行开展定制游的时间较晚,在2017年开始涉入定制游业务,定制游供应商和定制师的数量尚不具备一定的规模。

目前旅游市场上,虽然部分旅游定制企业已经崭露头角并且开始在高端定制游领域领先,但定制游市场仍没有出现一家独大或者三足鼎立的局面,市场空间还很大。中国超过 90% 的定制游公司为 20 人以下的小微企业,服务的客群也十分分散,产品和服务特色鲜明的企业并不多见。据不完全统计,我国目前主要有包括携程旗下的鸿鹄逸游(上海)、中青旅耀悦(北京)、德迈(北京)、众信奇迹(北京)、无二之旅(北京)、世界邦旅行(深圳)等近百个高端定制旅行社,其地点大多位于北京,其次是上海、深圳和广州。这些高端定制旅行机构大致分为领域细分和客户细分两种路线,例如针对细分领域的旅行机构有:专注于医疗旅行的名仕优翔,主打极地旅行的极之美,专注于自驾游的自家中国俱乐部,主打野奢生活的赞那度、专注于足球五大联赛观赛的世界邦等。德迈、众信奇迹和鸿鹄逸游等则是基于客户的细分,针对客户的个性化需求,涉及全球所有的目的地。

同步阅读

路书为你揭秘 10 家知名定制游公司的获客秘诀!

近几年定制游市场需求激增,由于它进入门槛低、毛利高的特点,定制游公司大量涌现,然而获客成本高、难度大已成为行业的一大痛点。怎样才能解决这个难题?路书采访业内 10 家做定制游的公司,一起分享他们获客的渠道和方法。

1. 鸿鹄逸游

机构简介:HHtravel 鸿鹄逸游以创作挑战极限、服务精雕细琢的品牌理念,坚持打造高规格定制服务。公务舱、高端酒店、米其林餐食、私家团 2~6 人成行;连续多年成功推出高端环游世界 80 天定制产品,行程遍布全球七大洲。旅客可以从北京、上海、广州、成都、香港、台北等多个城市出发,公司拥有百条高端旅游行程。

鸿鹄逸游 COO 郭明:目前我们大部分的客户来源于我们(鸿鹄逸游)的网站,首先和客户接触的是我们的客服。客户从行前一直到行后都是客服在负责,帮助客户挑产品,通过现有的基础类产品和客户沟通,确定客户具体的需求,然后把需求提交给产品经理,产品经理再安排详细的行程。

2. 极之美

机构简介:极之美是中国专业开展南极北极旅行服务的品牌,目的地覆盖南极点、北极点、南极半岛、北极圈等,以其专业服务获得了国际南极旅行组织协会(IAATO)、北极探险邮轮运营商协会(AECO)、冰岛旅游局等国际专业认证。

极之美总经理周沫:我们的客户 60% 是靠口碑传播的,跟我们走过的客户基本都会向他们的亲朋好友推荐我们的产品。有 40% 的客户是通过 OTA 渠道来的,像携程、途牛和飞猪等,我们很少做广告。

3. 游心旅行

机构简介:游心旅行成立于 2014 年,是一家面向中高端个人和企业客户的品质旅行服务平台,提供定制、半定制旅行和高品质的自由行产品。目前游心旅行累计注册用户达到 100 万。2016 年,游心旅行先后成立游心商旅和闻医富馨两家子公司,分别从纵深拓展游心旅行现有任务板块,深耕旅行产业链,以求打造更加完善的一站式品质旅行服务平台。

游心旅行市场总监 Gideon:获客是一个跟产品结构相关性很强的课题。首先要看我们的客户是哪些、在哪里。从业务上讲,我们的核心一个是垂直细分平台,定位于中高端用户;二是我们和携程、去哪儿不一样,我们是以定制、半定制为主,但是我们在此基础之上,还有一些品质化的服务,包括一些高品质的机酒套餐。最终是要希望打造一个一站式的旅行服务平台,我们将自身定位为旅行管家的角色,旅行管家为用户提供一对一的旅行咨询和定制服务,收取服务费。从产品布局讲,我们的用户群是金字塔式的布局,塔尖是高端私人定制,我们专注在几个高端的领域,包括亲子、教育、留学、医疗,还有商旅。目前我们已经把高端医疗和商旅开辟出来成立独立的子公司;并且,游心商旅已经在近期完成新一轮融资。从发展战略看,我们希望做的是中高端旅行这样一个比较大的平台,并且能够形成自己的体系,既能保证自己的服务,又能保证一定的规模。把一块块金字塔塔尖拆分出来,保证服务的品质。做中高端有一个很大的问题——如果仅专注于小而美,业务规模就做不大;规模做很大的话,品质又不能保证。游心目前的模式类似于高端旅行服务领域的"保洁",基于游心这个大体系下,根据商旅、医疗、亲子、游学等品类的不同,有不同的品牌和平台。但是我们的用户体系、供应商体系是统一的,包括市场品牌宣传上,这样就能够既兼顾到品质,又能兼顾到规模,这个就是金字塔塔尖的部分。中间就是半定制,现在市场上友商也在做,类似于为用户制定行程规划,平均客单价比高端定制低一些,主要覆盖中产这个群体。针对低端入门级的自由行产品,我们有不同类型的产品。这块儿很注重渠道运营,每个业务模块都有一个相对重点的平台来经营,这样一来体量和品质都有保障。现在我们在携程、去哪儿、穷游这类平台上都有销售,而且效果都不错。举个例子来讲,穷游全平台有500多家供应商,游心能做到前5名左右。

4. 卧客

机构简介:卧客国际旅行社(北京)有限公司,是一家致力于为中国高净值人群提供海外消费的高端服务商。卧客品牌有着十三年的历史,全中国有7家落地服务中心,是以B2C的境外旅行产品为核心,为高净值人群提供全球化定制旅行的高端消费服务平台。

卧客市场策划主管 唐小双:原则上来说,卧客目前是不需要通过外部拓展来获客的。卧客十多年的商务舱、头等舱机票业务为企业积累了一批高净值客户群,大部分客户已经属于卧客机票业务的精准会员。卧客定制旅行业务的获客方式主要就是基于这些高净值老客户的口碑宣传,同时会举办一些基于高净值人群圈层内的线下活动。

5. 海豚哆哆

机构简介:海豚哆哆于2013年在深圳成立,最初以斐济为突破点,打开了海岛度假市场,后来推出主题游和私人定制两大业务板块,产品覆盖澳新、欧洲,以及全球目的地。它曾被塞舌尔旅游局评为"2016年中国最佳精品旅行社";斐济旅游局授予其"2016中国最佳出境奢华旅行社"称号。

海豚哆哆COO 官文禄:第一,由于大平台已经占据了大部分流量,所以今天如果一家做服务的创业公司做在线,是很难避开这几个我们经常提到的平台的。面对这样的情况,创业公司要做的第一件事情,就是迎合平台的需求。对于风险,和平台的合作确实可能会遇到风险。但在了解自己的阶段性目标是什么以后,至少在公司发展的初级阶段,我们是能够在一定的程度上,和平台达成共赢的。第二,在既有的客户版块里做一些文章。今天的创业公司,如果要在新流量上做文章,除了价格的问题,还有获取难度的问题。你花很多的钱,也不一定能够获得这么多的流量,所以想要成功,其实很难。而你的客户和他身边的朋友,其实就是你最想要的客户。所以在客户版块里做文章,从定位用户群看,是比任何渠道都要精准的。第三,今天你不管做什么,旅行这件事情都难避开线下渠道。所以和一些线下机构合作,是必须尝试的。

比如我们就和摄影师张大枪先生合作，进行了一次瓦努阿图的火山摄影的尝试。如果这次尝试能够成功，我也希望能借助他的能量，做一些欧洲的或者澳洲的一些类似的摄影的产品，并在这个基础上加一些线上、线下的分享，然后结合一些摄影公司、机构、俱乐部联合的一些合作，获得 PR+销售+产品相互加成后比较好的效果。

6. 理想国之旅

机构简介：理想国之旅是于潇与合伙人在 2015 年 8 月创建的，最初以工作室的形式开展小包团业务。经过不到两年的快速发展，2017 年获得了泰然天合基金数百万人民币的天使轮投资，成为 2017 年最热门境外私人定制旅游公司。

理想国之旅创始人兼 CEO 于潇：在获客方面，我们现在有这样几块：第一个最传统的 SEM。转化率指的是真实成交的数据，而 SEM 是一个市场回报率越来越低的东西。所以我会把价格控制在每次点击在 2 块 3 左右。这样我们每天可以收到 8～10 组客户，只要出一单就可以收回成本。第二个，我们是携程供应商。携程的模式有点像滴滴派单，它会把一个单子同时推给三个人，所以最重要的是要从三家里脱颖而出。在这方面，由于现在携程上 90% 的入驻商家都是传统旅行社的人，所以只要我们保持服务质量和产品品质，就一直都能有不错的转化。最后一个，我们的投资方泰然天合基金有很多高级客户资源，理想国就在做这块的转化。泰然天合集团本身就有电商，懂销售。而他们的客户又都是买基金，懂理财的人，对定制游的接受度普遍较高。我们作为他们在定制旅游这个版块的唯一供应商，本来就拥有一批很好的用户资源。

7. 柏路旅行

机构简介：柏路旅行是旅行高定新锐设计师品牌，主张有性格的旅行，由 Gabriel 和合伙人在 2015 年 3 月创立。其子品牌香蕉星球是一个致力于推广"海外定制自由行"的新锐创意旅行品牌。2016 年 10 月，公司获得千万级天使轮融资。

柏路旅行创始人兼 CEO Gabriel：柏路旅行的定位比较奢华，获客渠道偏传统，主要是线下。早期是存量客户资源，然后口碑传播产生增量，另一方面会跟一些机构合作。比如像银行和财富管理公司，他们有客群与我们客户画像吻合，像黑卡白金卡客户理财顾问，与其客户联系很紧密，会帮忙处理客户很多事情，客户很多生活琐事都会找他，其中也会有旅游出行的诉求。其实服务高净值人群的行业门类很多，这些都是我们尝试的方向。至于线上这一块，自己做流量较难，主要是贵，目前有一些知名度比较高、流量聚集的高端定制游公司具有头部效应。作为创业公司，我们还有很多需要学习的地方。这也是后来创立香蕉星球的一个原因。

8. 慢蜗牛旅游家

机构简介：慢蜗牛旅游家是一家旅游定制服务公司。很多人问，蜗牛行动已经很迟缓，为何还要加个"慢"？其实说到底是希望在现在这个愈发快节奏的社会里能有慢下来的情怀，慢下来，时间拉长变成时光、不负旅行好时光，旅行便不再是走马观花；同时不论去到世界的什么地方都能像蜗牛自带一个家，总能有安全和温暖的感觉。这正是我们想要带给客户的体验，精心安排策划一段旅程，让旅行慢下来且更有温度，为客户节省时间，让客户将时间用在更美好的事物上。

慢蜗牛旅游家联合创始人兼副总经理 Daniel Lee：慢蜗牛主要的获客渠道是老客户的口碑。作为云南第一家旅行定制服务公司，慢蜗牛没有受到传统旅行社的影响，可谓是拥有纯正的定制基因,定制师对行程细节的精心设计,行程中事无巨细的关怀和服务,赢得不少客户的口碑。因此,朋友老客户推荐在慢蜗牛主要的获客渠道中占比达到50%,其余大致分为三种:线上微信渠道30%,线下活动推广10%,同业推荐10%。

9. 环球高定

机构简介:环球高定位于成都,专注服务高端游客已有5年时间,主营目的地线路包括日本、迪拜、澳大利亚、南极、欧洲、美国,以及奢华海岛(大溪地、马尔代夫、塞舌尔等)和东南亚海岛(沽岛、苏梅、巴厘岛等)。主要服务以家庭和朋友为主的团体,并提供商务头等舱特价机票预定、奢华酒店(如安缦、四季、丽思等)合约价预定,以及签证服务。

环球高定COO 李秋冬:我们获客这块是纯线下模式,比较深耕细作。获客渠道主要是朋友圈积累,此外,也有几家合作机构,包括医疗器械公司、地产公司,但是数量不多。微信和网站主要也是服务圈内客户,并没有对外投放广告吸引流量。我们的客户群体以中小企业的老板为主,因为客户在自己圈子里,会互相比较,谁玩的好很快就会扩散,形成口碑传播。为了赢得口碑,我们每次给客户设计的产品都会再细化一些,考虑到他所在的行业。比如说飞行员是我的客户,针对这个行业我们就会给他安排一些细节。很多老客户会介绍圈内朋友来,我们的复购率可以达到30%,未来努力做到更高。

10. 非途旅游

机构简介:非途旅游出自云南熊猫国际旅行社,是一家专业为用户提供定制服务的公司。依托云南熊猫国际旅行社资源,仅在2015年,非途旅游服务过的客户高达2 000人次,为旅行社创收1 000多万。在2016年年初,非途旅游正式成立,成为一家独立运作的定制旅游公司。

非途旅游运营总监 瞿智萍:我们有很大一部分客户是原来旅行社的老客户,体验过我们的定制服务后,会把我们推荐给亲朋好友;还有就是通过举办线上和线下推广活动获客。此外,我们会和大的OTA合作,作为他们定制游的供应商。

资料来源:路书科技(2017‑07‑21). https://www.sohu.com/a/158859114_451231

二、旅游定制化营销的服务体系构建

(一) 主要步骤

旅游定制化营销的服务体系主要包括以下几个步骤。

(1) 收集和分析潜在客户的个人信息。

(2) 开发差异性旅游产品。

(3) 与旅游者进行沟通和咨询服务。

(4) 为游客设计定制旅游营销组合。

(5) 顾客经历旅游消费和体验过程。

(6) 旅游后的信息反馈及数据库更新。

上述过程是一个环环相扣的循环体,体现了旅游定制化营销服务体系以客户为中心的特点。旅游定制化营销过程与市场营销理论中的 STP 模式(Market Segmentation、Market Targeting、Market Positioning) 有一定的关联,但与后续发展的整合营销传播思想更为契合。互联网及大数据技术的迅猛发展,为旅游企业全面收集客户个体消费行为信息,以及将其聚类为不同旅游者群体,提供了良好契机。与传统的细分方法相比,定制化营销服务更丰富,更具有洞察力,它针对旅游消费者的购买意愿、浏览习惯、特殊需求等信息,提供定制化的旅游产品及其组合,需要旅游企业具备庞大精准的数据库系统,以支撑旅游消费者繁复多样的个性化需求。

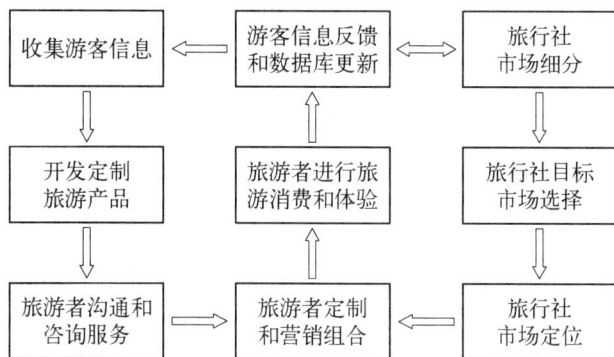

图 5 - 2 定制化营销的服务体系

(二) 实施重点

1. 创新旅游定制化产品营销方式

传统旅游企业最常用的产品营销方式是旅游广告、旅游人员推销、营业推广、公共关系等。这些营销方式虽然能够对推广旅游定制化产品起到一定的作用,但效果并不理想。随着时代的发展,人们的旅游出行经验日益丰富,旅游者个性化需求不断提高,大多数旅游者对传统的营销方式开始产生厌倦之情,旅游企业为了谋求定制化旅游产品的更好发展,必须注重营销方式的创新。

旅游企业可以借助新媒体附带的强大能力进行旅游定制化营销,传播多样化的产品信息,如通过微博、微信、抖音等平台进行营销推广。旅游企业还需要运用现代通信技术和网络技术,构建有效的营销信息系统,大量地搜集消费者的数据资料并进行合理分析利用,基于消费者信息建立彼此连接的信息沟通平台,这样可以有效扩大旅游企业和旅游消费者的接触范围,使广播式沟通向互动式沟通转变,实现硬性发布到柔性互动的转变,进而根据旅游消费者的性格特点、爱好、需求等为其提供专属化的定制旅游服务。创新营销方式有利于旅游定制化产品的营销推广,进而有效增加定制旅游客户量,这对于推动旅游企业整个定制化营销服务体系的发展具有重要作用。

另外,在定制化营销实施的过程中,由于产品生产的非标准化,旅游企业应根据具体情况采取差异化的定价策略,充分考虑费用和产品服务的附加价值。首先,在议价过程中,应明确旅游消费者选择产品的定制化程度,充分考虑旅游消费者接受差别价格的敏感反应。此外,旅游企业还应高效利用数据库的客户档案,对不同社会阶层、经济收入的旅游消费者实施差别化定价。由于网络时代信息查询的便利性和信息的海量性,旅游企业的产品成本、服务费用等变得更加透明,同质化旅游产品将无法维持不合理的溢价。为额外提高旅游企业的收益,定制化旅游产品定价还需充分体现知识附加价值,知识类、理论类的创新成本应在价格构成中占据较大比例。

2. 创新产品销售组织结构

随着旅游个性化需求的不断提高,旅游市场也逐渐朝细分化方向发展,这些变化要求旅游企业在产品销售策略上做出相应的调整和优化。在实施旅游定制化服务体系时,为了更好地满足客户个性化需求,在产品销售策略方面,其销售管理的组织结构应该由旅游产品管理型向客户管理型转变,即定制旅游产品销售管理以每个客户为主体开展旅游产品的设计和实施,这样可以使旅游产品更加具有私人性、排他性,对于满足客户的个性化需求具有重要意义。在建立旅游定制化营销服务体系过程中,产品销售组织结构不仅要注重产品的创新与优化,构建可供消费者检索、选择、设计和组合的完整旅游定制化产品和服务模块,还需要注重客户的管理。对于每一位旅游消费者,旅游企业都应该提供专业化的一对一服务,即由专门的旅游产品销售管理人员为旅游消费者进行全方面的跟踪服务,面对面、一对一地与客户展开全方位接触,充分重视客户购买的方便性,而每一个管理人员都必须建立自己的"客户数据库",对顾客提供有针对性的行程安排,切实根据客户的需求进行定制化的旅游生产和服务。

3. 提高旅游定制化产品质量

旅游企业想要推动旅游定制化营销服务体系的发展,就必须保证定制旅游产品的质量。只有保证了定制旅游产品的质量,才能够获得更高的顾客忠诚度,进而吸引更多的旅游消费者,促进旅游定制化营销服务体系发展。

为了提高定制旅游产品的质量,首先需要对消费者的喜好、生活习惯以及禁忌有充分的了解。旅游企业可以通过多种信息交流的手段来与旅游消费者进行沟通、交流,在沟通交流过程中了解消费者的兴趣、爱好,进而满足消费者的各种需求。其次需要从旅游企业自身出发,明确自身职能范畴及产品构成,从能提供什么样的产品和服务、能在多大程度上满足消费者的个性需求两个方面加以思考,根据旅游企业的自身条件来有选择地提供具有不同类型功能且满足消费者情感寄托的旅游定制化产品,体现针对消费者需求的产品服务功能化和产品服务差异化。

在实施过程中,旅游企业可以派出相关人员进行实地考察,在确保特色景点和优质线路完整性的前提下,允许旅游者将旅游产品和服务合理地拆分、整合,甚至凭借个人意愿设计出全新的旅游产品,具体可从以下几点入手。

(1)增加定制旅游产品的精神文化价值等附加值,积极融入创新元素、文化内涵和高水平的专业知识。

(2)旅游目的地的选择要能够满足不同类型游客的好奇心和求知欲,使其发现不同寻常或者鲜为人知的地域特色。

(3)根据定制游客的特殊需求,将文化、艺术、饮食、建筑、民俗和环保等主题概念融入特定线路中,将特色鲜明的深度体验式主题贯穿旅游行程,摒弃低品质的旅游景点和食宿交通排列组合。

(4)通过科学合理的流程控制,使完整的定制旅游产品具备体验性、创意性、精品性、时尚性等品质,并实现全程"一对一"个性化优质服务。

此外,对制定的旅游路线进行预案分析,以便于对旅游过程中存在的问题和不足进行提前解决。当旅游行程结束后,工作人员还需对消费者的旅游满意度进行追踪回访,派出专业的人员对消费者的旅游满意度进行追踪,对于消费者提出的意见和建议要虚心接受,并加以改正和优化,以此来为旅游消费者下一次出行制定出更加完美的定制化旅游产品方案。

项目任务三 实施旅游产品策划

一、主题旅游产品策划

(一)主题旅游产品概述

1. 主题旅游产品的概念

主题旅游产品不同于一般的大众旅游产品,它是将各种旅游项目围绕确定的旅游主题进行组合从而形成的一种旅游产品。此类旅游产品往往有较强的参与性和一定的知识性和趣味性,能满足主题旅游参与者所追求的独特旅游体验。从深圳世界之窗、迪士尼主题公园到目前市场上常见的夕阳红旅游、红色旅游等,可以看出主题旅游产品具有显著的时代性和多样性。

2. 主题旅游产品的分类

目前常见的旅游主题产品有如下几种。

(1)文化主题旅游产品。文化主题旅游产品主要是利用旅游区域或旅游地历史或现存的特质性或典型性文化开展的旅游活动。该类主题旅游产品最大的特点是旅游地本身具有较深厚的文化底蕴,策划者可以将该地独具特色的文化融入旅游物质载体中,开展与之相关的休闲观光以及文化体验等活动,对文化爱好者型的游客具有很强的吸引力。例如杭州的宋城主题公园,就是整合当地特有的宋文化和遗留的齐文化。图5-3展示的是港中旅的主题文化旅游产品定制页面。

图5-3 港中旅的主题文化旅游产品定制页面

(2)自然景观主题旅游产品。自然景观主题旅游产品以旅游区域突出并具有特色的地理特征为依托,综合展示该旅游区域旅游资源、社会风貌以及风土人情。这类主题旅游产品通常突出该旅游区域的自然景观,但往往也与很多其他相关活动进行组合,实现产品的丰富化。例如湖南张家界、安徽黄山等自然风景区许多相关旅游产品都属于自然景观主题旅游产品。

（3）民俗风情主题旅游产品。民俗风情主题旅游产品就是以本民族独特的民俗风情为主题，涉及该民族独特的建筑、饮食、多姿多彩的歌舞、独具一格的婚恋习俗和节庆活动等。我国现有的56个民族，每个民族都有自己的风俗习惯，因此民俗风情主题旅游产品在许多少数民族聚居地如火如荼开展，如畲族的三月三、傣族的泼水节、彝族的火把节等。

（4）产（商）品类主题旅游产品。产（商）品主题旅游产品是以地区特色工业产品、商品和地方特产为主题，配合其他相关的参观和表演活动。该类主题旅游产品不仅有利于商品交流、经贸洽谈，为旅游地带来可观的经济效益，而且可以为旅游地带来很多的社会效益。例如中国青岛啤酒节、景德镇国际陶瓷节、淮南豆腐文化节、中国山西面食节等节庆类主题旅游产品。

同步阅读

"老家河南·卢氏首届爆米花节"在河南省卢氏县举行

2018年11月10日至12日，由河南省文化和旅游局、三门峡市人民政府主办，卢氏县人民政府、三门峡市旅游发展委员会承办，河南中华风文旅集团策划的"老家河南·卢氏首届爆米花节"在河南省卢氏县豫西百草园举行。

本届爆米花节秉承以节促旅、以旅扶贫的活动策划初衷，结合活动主题，卢氏县旅游发展委员现场捐献了70台传统爆米花机送给贫困户，为贫困户增加了脱贫致富新途径，使贫困户金豆开花财运来。

本届爆米花节期间，安排有卢氏特色民俗展示、卡通人偶快闪热舞、美食大集、"乡夜电影"等多个节目，郏县茨芭镇、晋城司徒小镇、洛阳孟津、封丘等六大传统爆米花机代表队助阵此次爆米花节。文化节期间，推出1日游、2日游精品旅游线路。同时，豫西大峡谷景区和豫西百草园景区展开了对外免门票优惠活动。

此次爆米花节把"爆米花节金豆开，走进卢氏好运来"的祝福隐喻植入人心，让文化情感与旅行体验互为融合，树立卢氏爆米花节祈福地的宣传品牌，极大地提高了爆米花节在乡村旅游市场的竞争力，让卢氏乡村旅游从一众旅游品牌中脱颖而出，助推乡村振兴。

据悉，卢氏县委、县政府将从"美景、美食、美宿、美人"四美入手大力发展乡村旅游，借此爆米花节成功举办之势，筹划建设爆米花主题公园，打造集诸多娱乐活动、休闲要素和服务接待设施于一体的现代旅游目的地，构建主题公园产业链，满足当代旅游者多元化、个性化休闲娱乐需求，为游客带来身体感官体验的同时也为游客带来心灵的精神体验，以独特的文化内涵吸引游客，提高居民收入水平，促进消费增长，从而推动卢氏经济蓬勃发展。

资料来源：https://www.henan.gov.cn/2018/11-14/715384.html

（5）宗教主题旅游产品。我国地域广阔、人口众多，分布着多种宗教，佛教、伊斯兰教、基督教、道教、天主教等宗教文化内容丰富、形式各异，对部分旅游消费者具有很强的吸引力。基于此而开发的多种宗教主题旅游产品吸引了不少宗教信仰者，比较有名的如九华山庙会、峨眉山朝佛盛会、藏传佛教晒佛节等。

（6）其他主题旅游产品。如果旅游地缺乏特色原生资源，人文资源及自然资源又都相对贫乏，但由于各种原因需要对旅游地进行旅游开发时，尤其是该旅游目的地位于大城市边缘客源集中地时，也可以另辟蹊径。例如中国香港的迪士尼公园、中国深圳的世界之窗等主题公园,都是靠对市场需求的把握将一些新的文化因素引入,进行整合确定主题,围绕主题把各种相关的旅游资源进行组合,进而构建一个大的旅游产品并开展商业化运作。

(二)国内主题旅游产品策划的现状

从改革开放至今,短短几十年的时间里,我国旅游行业从无到有,出现了各种规模和类型的主题旅游产品,但总体经营状况却不容乐观,保守估计盈利的产品占比不足百分之十。目前,存在的主要问题包括以下几个方面。

1. 主题提炼不到位

很多主题旅游产品策划只是为了追求经济利益,并未对旅游主题和旅游地的文化内涵做深入了解,在主题选择上过于简单化,主题模糊、抽象、夸张,缺乏旅游地特色,导致整个旅游环境和氛围遭到破坏,反而使游客失去游玩兴致。不少旅游景区盲目"复古""仿古",却不知仿的是何朝何代。例如河南省永城市的汉兴园景区是为纪念汉高祖刘邦斩蛇起义开创400余年大汉王朝功绩,所展现的主题是汉文化,但其所有的建筑却是明清风格建筑,主题和建筑格格不入。同时一些旅游产品打着发扬民族传统文化的旗号,为吸引游客大搞封建迷信活动,采用各种手段来制造阴森恐怖的鬼怪环境,主题内容庸俗,很难吸引到足够的游客,最终呈现的旅游产品完全没有文化内涵。

2. 产品项目缺乏创意

主题旅游产品策划需要坚持创新性和个性化特点,这样才能提高旅游者对该产品的关注度和记忆的深刻度。但目前很多主题旅游产品都十分相似,存在千篇一律的现象,在旅游主题、产品项目设计等方面都存在大量雷同,一味地模仿而不加入新的元素进行完善和丰富,导致旅游者只需体验过某一两个主题旅游产品后就开始产生审美疲劳。例如电视剧《乔家大院》热播后,山西晋中市的乔家大院享誉中外,吸引了大批旅游者,随即晋中市的其他大院如王家、曹家、渠家等大院开始争抢客源,但造成的最终结果就是这些大院的经济效益都不尽人意。

3. 产品策划注重利益,忽视对资源和环境的影响

很多主题旅游产品策划只考虑如何最大化创造经济利益,对环境影响和旅游安全考虑不周,造成一些不可挽回的损失。例如河南南阳某自然景观类旅游产品,瀑布成群,风景秀丽,旅游资源十分丰富。但在景区尚未开发建设、基础设施属于空白的情况下,旅游产品被过早投放广告并进入市场,造成游客伤亡事故频频发生,景区形象和经济效益受到严重影响。近年来深受大众喜爱的许多滑雪主题旅游产品开发同样存在环境问题,尤其是南方滑雪场的建造需要大量林木开采和人工造雪,对自然环境影响十分严重。

(三)主题旅游产品策划的原则

针对目前国内主题旅游产品市场现状,在进行主题旅游产品策划时,需要调整思路,遵循以下原则。

1. 立足资源,面向市场原则

面向市场即以市场为导向,主题旅游产品策划的最终目的是将该产品顺利推向市场,坚持以市场为导向是主题旅游产品策划的基本依据。在旅游产品策划前需要开展充分的市场调查,进行深入的市场研究,了解市场的走向,掌握消费者的需求,最终策划推出的主题旅游产品应既满足当下又符合未来旅游发展趋势。产品应适应当前的经济环境、社会环境和政治环境,同时评估投资经济效益,努力做到短期效益和长期效益相结合。

2. 突出主题形象原则

主题旅游不同于一般旅游,其所有的活动都围绕确定的主题开展。主题形象是整个旅游产品的特色所在,因此突出主题形象是主题旅游产品策划必须坚持的重点。主题的选择要相对新颖而且定位准确,在内容策划时一定要紧紧围绕主题进行,不能任凭想象脱离主题。如果策划脱离主题,整个旅游项目就失去了重心,其独特性也就跟着消失。图 5-4 为港中旅策划的突出主题文化旅游产品示例。

缘起唐诗之路

图 5-4　港中旅策划的突出主题文化旅游产品示例

3. 创新性原则

创新性即主题旅游产品策划应该具有个性化特点,与其他主题旅游产品有明确的不同应该是此类产品最大的特征和策划中最具魅力的部分。创新首先体现在旅游产品的主题新颖上,确定一个无独有偶的主题是此类产品策划成功的基础。其次,在具体旅游内容及旅游形式策划上也应具有一定的独创性,努力做到人无我有、人有我新、人新我特。例如扬州的"瘦西湖"项目策划就是一个成功案例,它借助杭州西湖的知名度,在其基础上有意模仿,但并非生搬硬套,而是利用其自身的优势,别出心裁地在整体布局上采用曲线游步道突出"瘦"的特色,在市场中给自己争取了立足之地。

4. 人本主义原则

人本主义原则就是要求主题旅游产品策划以人为本,遵循旅游消费者生理和心理规律,满足其审美、交流、休憩及整个生活方式的需求。这需要策划者对产品进行准确的定位,在创造主题旅游产品核心吸引力之外,在游玩方式设计中也要满足旅游消费者对安全性、舒适性等多方面的需求,使其获得一个快乐和独特的生活体验。

(四) 主题旅游产品策划的具体实施

1. 选择策划团队

一个成功的主题旅游产品项目策划,首先必须要有优秀的策划团队。团队组成应囊括各种专业人才,包括规划设计、经济管理、市场营销、社会、文学艺术、心理等各方面的人员。团队成员的年龄层次也应搭配合理,可由经验丰富的资深人士与具有创新思维的年轻员工共同组成,让经验与创新得到完美结合。

确定了专业的策划团队后还需对策划整体工作进行合理的组织分工,一般按照工作内容的不同可分为四个组:资源搜集组、市场调研组、策划制定组、项目论证组。

(1)资源搜集组。对旅游地资源进行地毯式的搜索,对发现的旅游资源进行归类整理,围绕相关资源进行讨论判断,找出既能凸显主题又具有市场竞争力的旅游资源纳入开发范围。

(2)市场调研组。以主题旅游产品为对象,对相关的市场信息进行全面系统的调查整理和分析,为整个主题旅游产品策划的制定和实施提供决策性的依据信息,包括对旅游市场环境的调查、旅游消费者的调查、旅游设施和服务的调查等。

(3)策划制定组。在整理分析相关资料的基础上,进行观点的整合,将整合内容通过文本或图纸的形式进行反映,形成产品策划报告书。

(4)项目论证组。为了减少或避免决策失误和提高投资效益,需要对所策划产品进行综合评价分析。需站在中立立场上对策划制定组提出的多种方案进行逐一分析,讨论投入资金、经营所需费用及收益等,最终确定最优方案并提出可实施的措施。

2. 旅游资源的调查与分析

主题旅游产品策划的基础是旅游资源,进行旅游产品策划必须先确定旅游地可供开发的旅游资源类型。策划者可将所有旅游资源进行分类调查,在此基础上对各大类旅游资源进行逐个分析,对比找出最具优势且符合当前市场需求的资源进行开发。

3. 旅游市场的调查与分析

主题旅游产品策划最终是为了在旅游市场中占有一席之地。对旅游市场的调查中最重要的是对旅游消费者的调查,可根据不同的标准对旅游消费者进行划分,如按年龄段、年收入、职业、与旅游地距离远近等。调查内容应包含旅游地对旅游消费者的吸引力、旅游消费者对旅游设施及服务的要求、旅游消费者对门票等相关旅游产品价格的接受范围、旅游消费者对旅游环境的憧憬等。通过对旅游市场的调查,同时结合旅游资源调查结果,确定旅游地最具性价比的可开发旅游资源,明确该主题旅游产品开发所针对的主要人群及主题旅游产品的市场定位。

4. 主题旅游项目设计

主题旅游项目设计包括产品项目设计、休憩方式设计、商业模式设计、开发流程设计等。产品项目设计是最核心部分,包含观光方式的设计、观赏内容及路线的设计、主题化场景的布置、特色美食设计等。休憩方式设计主要针对旅游消费者游玩过程中休息场所的安排。此外还有营销模式、管理模式、收入模式、投融资模式等商业模式设计以及开发流程设计等。

5. 营销模式确定

主题旅游产品的成功离不开成功的旅游营销。可通过选择一些常见的旅游产品营销模式如热点营销模式、影视营销模式、网络新媒体营销模式等对主题旅游产品开展适当的产品营销活动,最终使旅游产品成功进入市场。

以热点营销模式为例,湖南张家界相关主题旅游产品就是这方面的成功例子。热点营销指通过参与或举办重大活动将自身与当前的社会热点话题靠拢,也可以刻意制造与自身有关的社会热点话题来进行主题旅游产品的形象宣传,提升知名度和影响力。张家界景区在电影《阿凡达》火爆上映之际,曾第一时间宣布"悬赏10万元,面向全球寻找除张家界之外第二座与《阿凡达》海报中'悬浮'的主山头相同的山头",并将景区中的南天一柱更名为《阿凡达》哈利路亚山,将黄龙洞的音乐厅命名为哈利路亚音乐厅,使张家界相关旅游产品在市场的知名度极大提升。

二、旅游线路设计

(一)旅游线路的概念

旅游线路指在特定区域内,根据旅游六要素(吃、住、行、游、购、娱)的情况,由旅行社或其他旅游管理部门为游客设计和串联组合而成的以旅游景点为节点,以交通路线为连线的具体走向的线路。

作为将政府、旅游业经营者、游客、旅游景点相串联的媒介,旅游线路在旅游产业发展中发挥着相当重要的作用。旅游线路是旅游组织者或旅游产品设计者(如旅行社、旅游规划者)构建旅游产品的重要环节,对旅游景区和旅游企业的发展有着非常重要的影响,并直接影响旅游消费者的旅游效果。

(二)旅游线路的设计原则

1. 需求导向原则

旅游线路的设计归根结底是为了获得游客认可,提高其对旅游线路的满意度并最终进行购买。因此,需求导向原则是旅游线路设计的最基本原则。在具体实施时要针对不同旅游线路类型的消费者进行需求调研。开展调研的目的就是要让旅游线路的最终设计能激发旅游消费者对产品的兴趣,对旅游消费者而言成本小、日程安排方便,引起旅游消费者的共鸣,并最终实现对旅游线路的购买和实地体验。

2. 特色突出原则

不同旅游资源的丰度和特色是不相同的。按照旅游线路设计的基本要求,在旅游线路的设计过程中,应当充分挖掘旅游地的文化内涵,充分反映旅游地的特色,突出特色鲜明的景点,明确旅游线路的主题,使其具有不可替代性,这样才能对旅游消费者产生强大的吸引力。

3. 时间安排合理原则

旅游线路的设计需要综合考虑各旅游景点间路程及到达旅游线路各景点所需时间、游览景点所需时间等,在设计行程时努力使游览效率最大化,让旅游消费者在有限时间内获得最大观赏收获。在旅游线路的设计过程中,将旅游线路设计成封闭的串联路线是比较合理的,这样不仅可以消除旅游消费者的疲劳感,满足他们的求新、求异的心理体验,还可以大大节约时间。

4. 空间安排合理原则

在旅游线路设计过程中应注意线路设计的合理性、通达性、安全性、舒适性,在游览过程中除遵循不走回头路、尽量避免重复经过同一旅游点外,还应遵循点间距离适中、顺序科学等空间安排原则,并使人文类景点与自然景观类景点交叉设计以避免审美疲劳,也可将本地著名旅游景点与相邻地区著名旅游景点对接,通过跨地区旅游线路的设计以共享客源方式提高客流量,增强旅游地整体旅游资源竞争力及经济效益。

(三)旅游线路设计的具体实施

旅游线路设计的实施需要充分考虑其基本影响因素,即旅游吸引物、旅游交通、旅游专用设施和费用、时间、距离等因素。

1. 基本步骤

（1）按照目标市场需求确定旅游线路希望囊括的主要旅游景点，并按照东西南北各方向把相关景点在地图中进行标注。

（2）确定交通工具，在车速一定、路况通畅、天气无突发状况的情况下，利用电子地图查询各景点之间回程与去程的多条路径。

（3）确定各景点间最短线路及其他可行路线，并综合各种情况最终做出路线选择，在此基础上得出景点间具体行程距离以及行程所需时间。

（4）根据旅游论坛、导游访问以及游客访问方式综合得出各景点游览所需时间，并最终确定线路设计中各景点游览所需时间。

（5）根据初步线路图，将线路以日为单位划分，加入食宿地点。

（6）根据旅游线路设计原则进行适当调整，确定旅游区域外的交通、从城市到景点的交通、景点内部交通，得出最终线路图及相关支出费用。

2. 注意事项

（1）考虑旅游线路设计中点线面的结合。旅游线路设计中的点指旅游景点，线指的是旅游过程中具体的游览路线，而面则是区域内（行政区划的区域）众多旅游线路的有机组合与衔接。旅游线路的设计需对旅游地的点（即景点）、线（即旅游线路）、面（即旅游区域）以及其相互之间的关系进行科学合理的设计规划，才能得以优化。

在旅游景点的选择过程中，可以"以点串线，以线带面"。以特色旅游景点的选择为重心，将冷门景点和特色景点有机地结合在一起，用富有特色、极具个性化并对旅游消费者产生强大吸引力的旅游景点带动冷门旅游景点的协调发展。通过统观全局，既考虑旅游消费者的需求，又兼顾旅游业经营者的成本和利润，将知名度较高的景点和知名度较低的景点合理搭配、协调发展，创造旅游效益最大化。

要注意不同类型的旅游景点合理搭配，人文景观、自然景观、购物景点以及休闲体验景点等类型应该交叉出现。一条旅游线路中的每个旅游景点都应该有自身的特色，尽可能不出现有2个以上景点是相同类型的情况。例如新疆哈密市有3个雅丹地貌景观，在设计旅游线路时，就要避免在同一条旅游线路上安排两次雅丹地貌类型。

线路设计的特色要综合考虑旅游景点综合价值，做到"择点适量"。要避免景点过多、节奏太快而出现走马观花式的旅游，同时也要避免景点数量过少、无法满足游客的需求并最终导致游客满意度较低的情况。以地质科普类旅游线路为例，地质景观的数量、规模和类型多样性都需要慎重选择，线路中类型过于多样会面临主题不够鲜明的问题，类型过于单一则容易导致游客审美疲劳，而地质遗迹点数量太少就无法突出地质特色。

旅游线路的设计要"串点成线，渐入佳境"。可以考虑将最好的旅游景点（区）放在最后面，在旅游消费者游览的过程中就会产生引人入胜、渐入佳境的效果，旅游消费者对这条旅游线路的好评度也会大大增加。相反，如果将知名度较高的旅游景点（区）安排在游览线路的最开始，会给游客留下美好的第一印象，但是在后续的旅游过程中，游客的满意度会越来越低，继而使旅游消费者产生一种被欺骗的感觉。

（2）考虑单一景区型与景区组合型线路的不同侧重。单一景区型旅游线路指只有一个大景区，在大景区中有若干个小景点或多个旅游项目的旅游线路。这类旅游线路在景点选择上比较简单，只需进行景区内相应景点的选择确定及景点间路线的连接即可。单一景区型旅游线路景点间的距离一般不会太远,需要注意的是景点之间的衔接,要努力做到一环扣一环并使相邻景点间的游览不产生冲突,这样旅游消费者在两个景点切换时才不觉得无聊,常见的做法有观光型景点后安排体验型景点、体验型景点后安排参观型景点等。

景区组合型线路是指围绕某一主题,将不同景区进行串联,形成一条特有的旅游线路。红色旅游就是这类旅游线路的代表。这类旅游线路不仅要进行景区内相应景点的选择确定及景点间路线的连接,更要注重不同景区的选择和这些景区间的串联不出现雷同。如果不同景区之间无本质区别,很容易使旅游消费者感到无趣,随即带来乘坐交通工具换景区的疲惫感。这类线路相邻两个景区间距离不能相隔太远,以免因为路途劳累影响旅游消费者的旅游兴致。并且景区切换时的沿途安排极为重要,路途中的美好感受能大大增强旅游消费者对线路安排的好感,使其印象深刻。

(3) 考虑不同旅游消费者需求的差异性对旅游线路设计的要求。旅游需求的多样化对旅游线路的选择有明显差异。目标市场旅游消费者的受教育程度、年龄、职业都是影响旅游线路设计的因素。

旅游消费者的受教育程度越高,选择旅游线路时差异性就越大。因此在面对高学历群体时尤其要注重线路设计的特色性。此外,不同年龄段的旅游消费者,由于其生活经验和阅历的不同,对旅游线路的选择也存在较大的差异。研究表明,年龄的大小与旅游线路的选择差异性关系呈现出"两头强、中间弱"的关系,即年龄处于中间段的旅游消费者,选择旅游线路的差异较小,而年龄较大者和年龄较小者选择旅游线路差异较大。另外,从职业来看,旅游线路的选择同样存在较大差异。

(4) 考虑旅游配套设施对旅游线路设计的影响。旅游酒店的地理位置对于旅游线路的设计就有深远影响,因为其地理位置与数量直接制约着旅游线路设计的可能性。一个旅游地旅游酒店数量较少,旅游线路的设计就很有限,可能只能设计紧凑型旅游线路,导致旅游消费者大部分时间都在赶路。旅游酒店的质量高低参差不齐,同样也影响旅游线路的设计。而如果旅游地具有大量高品质的酒店,就可能会提供给旅游消费者诸如海景、游泳之类的更多旅游体验,增加游客满意度。

在设计旅游线路的过程中,餐饮消费也同样是线路设计的限制因素。如果在旅游线路的设计中能很好融入餐饮文化,不仅会提升旅游地旅游线路的吸引力,还可以丰富旅游消费者的旅游体验,更能满足旅游消费者的心理需求。开发美食在丰富旅游活动的同时,也增加了旅游收益。此外,在旅游线路的设计过程中,合理安排旅游购物和娱乐环节也可以提高旅游消费者的满足感和愉悦感,带给旅游消费者新颖的感受和体验。

复习小结

软文指企业通过策划,在报纸、杂志或网络等媒体上刊登的可以提升企业品牌形象和知名度、促进企业营销的一系列宣传性、阐释性文章。软文营销具有以下特点:营销目的隐蔽;内容丰富,形式多样,受众面广;吸引力强,可接受度高;低成本,高效益;影响周期长,有可能实现二次或多次传播。

常见的软文主要有新闻稿软文、行业类软文和用户类软文三大类型。新闻稿软文指企业向媒体主动提供的具有一定新闻价值的软文稿件,面向一般公众。行业类软文指面对某个行业内人群的软文,通常目的是扩大行业声誉、打造行业品牌,包括经验分享、观点交流和第三方评论等。用户类软文是最常见的网络推广手段,面向目标消费者,包括信息分享类、娱乐搞笑类、经验类、爆料类、争议类、情感类、悬念类与故事类等。

软文写作首先应设计一个有吸引力的标题,一般来说,常见标题的选择方式包括悬念式、故事式、情感式、恐吓式、促销式、新闻式、趣味式、热点式等。软文正文的写作则需要找准文章切入点,淡化广告色彩,此外还应讲究写作艺术,增强可信度和注重排版。

为提升软文被动浏览量,往往需要对网络软文进行 SEO 优化,可从标题关键字、信息摘要、正文 SEO、关键字链接等几个方面入手。软文的发布形式有付费和免费两大类。常见的付费发布形式包括报纸杂志、网络新闻、名博挂文和博客推荐、论坛置顶等。免费软文发布形式有网站投稿、博客发布、论坛发帖、文件共享、知识问答、微博等,其他发布形式如新闻评论、视频评论、博客评论、商铺公告、邮件等。

微信营销指基于微信平台进行的各种营销活动,其营销主体可以是企业或个人,主要起着产品展示宣传和推广销售的作用。微信营销的特点:平台适用性强;用户主导性强;互动针对性强;展示全面,到达率高;形式灵活多样。其模式包括 F2F 营销模式、O2O 营销模式、SOLOMO 营销模式、自媒体营销模式。

在完成微信营销运营团队架构的基础上,微信营销平台的推广策略可分为渠道推广和营销活动推广两方面。平台运营初期的营销重点是提升微信信息推送的及时性和互动性水平,把握目标用户获取信息的偏好习惯,来赢得目标客户群体的高关注度。平台运营巩固期的营销重点可加强互动性营销,有甄别地、针对性地推送微信信息,有效保留目标客户群。评估微信平台的营销力一般以用户粉丝作为指标,从用户数量、用户状态、互动性几个指标进行评估。

微博营销指企业、个人基于微博平台而进行的网络营销活动,包括品牌信息传播、消费者互动、客户服务、公关服务和电子商务等。微博营销具有以下特点:立体化、即时性;高速度、广泛性;成本低、易操作;互动化、人性化;自主性、精准化。

微博营销的具体策略包括内容营销、立体式营销、意见领袖营销、话题营销等。内容营销策略是微博营销最为常用的策略,指营销主体通过微博发布文字、图片、视频等传递产品、服务或品牌信息,提高企业品牌影响力或激发消费者购买的行为。立体式营销也称整合式营销,指在微博上打造全方位、多平台、多账号的捆绑式互动营销,形成"企业官方微博—个人微博—大众微博—官方微博"的闭环传播途径。微博意见领袖是指以微博为主要活动场域,拥有较高关注度和较大影响力,善于与粉丝分享信息并能够对他人的态度产生影响的微博活跃用户。利用此类微博用户往往可以取得较好营销效果,可以通过粉丝数、微博评论数和微博转发数三个数据加以量化证明。话题营销又叫付费评论,指借助媒体的传播和消费者口碑效应,让广告主的产品和服务成为众人谈论的话题,以此推动销售。

所谓短视频指的是视频时长在五分钟以内的视频。目前,旅游类短视频按照生产内容和生产用户的不同,主要分为 UGC(用户生产内容)旅游打卡短视频和 PGC(专业人士生产内容)旅游短视频。短视频的营销形式主要有两种:第一种是借助品牌推广力度进行营销,起到宣传品牌的作用,如通过微博或者微信公众号主动推广的短视频形式;第二种是发挥用户的主观能动性,让他们主动上传短视频,经过大量用户点赞、分享、模仿体验,引导旅游消费。

直播作为互动性与实时性极强的社交媒体平台,其营销优势主要体现在与用户的实时互动,并通过提供用户的真实使用场景来增加产品体验感,可以更轻松地进行传播和抓住具有忠诚度的精准目标人群。直播营销的模式主要有以下几种：直播+发布会；直播+产品体验；直播+日常活动；直播+解密；直播+产品售卖；直播+名人访谈等。

VR 允许用户通过支持 VR 的设备（包括移动电话和 VR 耳机）访问为特定目的创建的人工环境，其所带来的虚拟、沉浸式体验使其成为营销和品牌推广的绝佳工具。VR 营销的关键步骤是根据产品定位选择适合的 VR 演示方式，并在此基础上选择最适合的 VR 平台。

互联网背景下的旅游定制化营销则指旅游企业从不同消费者的实际需要出发，在信息技术的基础上，设计出不同的旅游产品，并为消费者提供相应的个性化服务的营销方式。目前中国旅游市场上，定制化旅游产品一般有单项组合定制产品、主题定制产品、完全 C2B 定制产品三种形态。旅游定制化营销的服务体系主要包括以下几个步骤：收集和分析潜在客户的个人信息；开发差异性旅游产品；与旅游者进行沟通和咨询服务；为游客设计定制旅游营销组合；顾客经历旅游消费和体验过程；旅游后的信息反馈及数据库更新。

主题旅游产品是将各种旅游项目围绕确定的旅游主题进行组合从而形成的一种旅游产品，往往有较强的参与性和一定的知识性和趣味性，能满足主题旅游参与者所追求的独特旅游体验。目前常见的旅游主题产品种类有：文化主题旅游产品；自然景观主题旅游产品；民俗风情主题旅游产品；产（商）品类主题旅游产品；宗教主题旅游产品；其他主题旅游产品。主题旅游产品策划的具体实施遵循以下步骤：选择策划团队；旅游资源的调查与分析；旅游市场的调查与分析；主题旅游项目设计；营销模式确定。

旅游线路指在特定区域内，根据旅游六要素（吃、住、行、游、购、娱）的情况，由旅行社或其他旅游管理部门为游客设计和串联组合而成的以旅游景点为节点，以交通路线为连线的具体走向的线路。旅游线路的设计需要充分考虑旅游吸引物、旅游交通、旅游专用设施和费用、时间、距离等基本因素，并注意旅游线路设计中点线面的结合、单一景区型与景区组合型线路的不同侧重、不同旅游者需求的差异性对旅游线路设计的要求、旅游配套设施对旅游线路设计的影响等问题。

实践技能训练

"美食文化之旅"主题旅游产品设计及新媒体推广

一、实训内容

自行选择旅游目的地完成以"美食文化之旅"为主题的旅游产品设计，内容包括方案目的、市场分析、产品介绍及特色、费用预算等内容。在此基础上申请微信订阅号，在微信平台上尝试进行该旅游产品的营销推广。

二、实训步骤

（1）将班级同学按每组 10 人分成若干小组，每组推选一名负责人，以小组为单位完成实训内容。

（2）选定要完成的旅游目的地及主题，按要求完成旅游产品设计的相关内容。

（3）做好微信订阅号的软文写作及发布，写作软文 3 篇以上并在微信平台上进行推广。

（4）每个小组按照实践情况在班级进行陈述，接受师生提问，各小组对陈述进行互评。

（5）教师进行活动总结。

三、考核评价

（1）按照教师和小组评分各占50%的标准评选出优秀小组。

（2）评分标准：软文的浏览量及内容（20分）；产品设计的内容及合理性（50分）；陈述汇报的条理性（10）；仪容仪表（10分）；小组合作的协调性（10分）。

思考与习题

一、名词解释

1. 软文　　　2. 微信营销　　　3. 微博营销　　　4. 话题营销

5. 定制化营销　　6. 主题旅游产品　　7. 旅游线路

二、单项选择题

1. 新闻稿软文一般由企业向媒体主动提供具有一定新闻价值的稿件，其面向的对象是（　　）。

A. 行业内人群　　B. 目标消费者　　C. 媒体人员　　D. 一般公众

2. 在微信中，O2O营销模式主要通过（　　）功能实现。

A. "扫一扫"　　　　　　　　B. LBS位置定位服务

C. 自定义菜单　　　　　　　D. "摇一摇"

3. 朋友圈是微信私人账号所拥有的功能，一般具有（　　）的特点。

A. 弱关系、弱互动　　　　　　B. 强关系、弱互动

C. 强关系、强互动　　　　　　D. 弱关系、强互动

4. 在企业微博营销中，提供一对一的咨询、售前、售后等服务，与客户进行互动，这主要是呈现了企业微博作为（　　）的功能。

A. 信息发布平台　　　　　　B. 消费者互动平台

C. 品牌塑造平台　　　　　　D. 危机公关处理平台

5. 所谓短视频指的是视频时长在（　　）以内的视频。

A. 三分钟　　B. 五分钟　　C. 六分钟　　D. 八分钟

6. （　　）是旅游定制化营销最为明显的特征。

A. 消费者可以参与到旅游行程的规划当中

B. 无限地给出客户选择

C. 提供套餐式的产品供游客勾选

D. 客户的旅游需求差异化

7. （　　）被称为我国的定制旅游元年，从这年开始，旅游市场主要的各大OTA都开始在布局定制游。

A. 2015年　　B. 2016年　　C. 2017年　　D. 2018年

8. 在主题旅游产品策划时，对旅游市场的调查最重要的是对（　　）的调查。

A. 旅游资源　　B. 产品盈利能力　　C. 旅游者　　D. 营销环境

9. 旅游线路设计的最基本原则是（　　）。

A. 需求导向　　B. 特色突出　　C. 时间安排合理　　D. 空间安排合理

10. 研究表明,年龄的大小与旅游线路的选择差异性有关,呈现出(　　　)的关系。

A. 两头弱、中间强　　　　　　　　　B. 两头强、中间弱

C. 年轻弱,年老强　　　　　　　　　D. 年轻强,年老弱

三、多项选择题

1. 从面向的读者对象看,常见的软文主要(　　　)几种类型。

A. 新闻稿软文　　　B. 行业类软文　　　C. 用户类软文　　　D. 分享类软文

2. 在微信公众平台中,面对消费者进行营销活动的主要是(　　　)。

A. 服务号　　　　　B. 订阅号　　　　　C. 小程序　　　　　D. 企业微信

3. 评估微信平台的营销力一般以用户粉丝作为指标,主要从以下方面进行评估(　　　)。

A. 用户数量　　　　B. 用户类型　　　　C. 用户状态　　　　D. 互动性

4. 营销控制一般要抓好(　　　)方面的控制。

A. 年度计划控制　　B. 盈利能力控制　　C. 效率控制　　　　D. 战略控制

5. 旅游线路设计中需要考虑点线面的结合,即(　　　)几方面的合理规划设计。

A. 旅游景点　　　　B. 旅游线路　　　　C. 旅游配套　　　　D. 旅游区域

四、简答题

1. 软文营销具有哪些方面的特点?

2. 旅游类短视频有哪些类型? 其主要营销形式是什么?

3. 旅游定制化营销的服务体系主要包括哪些步骤?

五、论述题

微博营销的常用策略有哪些? 请简要论述。

附录 思考与习题参考答案

模 块 一

一、名词解释

1. 市场营销：是个人或组织通过创造并同他人交换产品和价值以满足需求和欲望的一种社会和管理过程。

2. 旅游市场营销：旅游市场中通过交换旅游产品和价值来满足旅游消费者需要的社会管理过程，一般可分为旅游企业营销与旅游目的地营销。

3. 旅游企业营销：指旅游企业以旅游消费需求为导向，通过分析、计划、执行、反馈和控制，协调各种旅游经济活动，从而实现提供有效产品和服务、使游客满意、使企业获利并实现社会目标的过程。

4. 市场营销观念：指导营销的思想和协调企业、顾客和社会关系的准则。

5. STP 营销：指按照"市场细分—目标市场选择—市场定位"三个步骤确定市场营销的总体思路。

6. 4P 营销策略：指从产品(Product)、价格(Price)、渠道(Place)、促销(Promotion)四个方面对营销策略进行具体可实施性的设计。

7. 营销策划：是根据企业的营销目标，以满足消费者需求和欲望为核心，设计和规划企业产品、服务、创意、价格、渠道、促销的理性思维活动。

二、单项选择题

1. B 2. A 3. C 4. B 5. C 6. D 7. C 8. C 9. D

三、多项选择题

1. ACD 2. ABC 3. AD 4. ABCD 5. ABCD

四、简答题

1. 旅游企业市场营销观念经历了一个漫长的演变过程，可以将种类繁多的市场营销观念分成传统市场营销观念和现代市场营销观念两大类。传统市场营销观念以企业内部要素为中心和导向，现代市场营销观念以企业外部要素为中心和导向。传统市场营销观念包括：生产观念、产品观念、推销观念；现代市场营销观念包括：营销观念、社会营销观念、关系营销观念和全面营销观念。传统的市场营销理念在特定的市场条件下仍然行之有效。

2. 以综合性的全程旅游营销策划书为例，其主要内容一般包括以下方面：旅游营销现状分析、旅游环境的 SWOT 分析、确定旅游营销目标、制定旅游营销战略、制定行动方案、编制经济预算、组织实施和控制。

五、论述题

1. 旅游市场营销与一般市场营销的差异主要体现在以下几方面：(1)经营产品不同：旅游营销侧重于无形产品，而其他行业营销一般偏重于有形产品；(2)生产过程参与度不同：其他行业的消费者一般不参与产品的生产过程，而在旅游活动中，旅游者可以参与旅游产品的生产过程;(3)消费需求不同:不同于对一般日用工业品的需求,旅游需求往往具有多样性、季节性、敏感性和弹性大的特点;(4)产品质量控制难易不同:有形产品的生产一般可以控制产品质量,而旅游市场营销的主体是无形商品,很难做到标准化,产品质量也难以控制;(5)对时效的重视度不同:旅游企业在旅游营销活动中对时效问题的重视往往超过其他行业;(6)分销渠道不同:旅游营销往往借助一系列独立的中间商来营销,造成中间商的行为和态度直接影响旅游需求者的购买决策;(7)评价标准不同:其他行业有形产品的质量既可反复观察、挑选,又有数据和试用为评价标准,旅游产品质量的好坏通常取决于旅游者的评价。

2. 旅游目的地营销与旅游企业营销的区别主要表现在以下几方面:第一,目的不同。旅游目的地营销的研究对象主要是旅游目的地的(国家、城市或地区)整体营销活动,旅游企业营销的研究对象则是旅游企业的经营活动。第二,主体不同。旅游目的地营销的主体是目的地政府及其旅游主管部门,旅游企业营销的主体则是企业。第三,活动内容不同。旅游目的地营销通过规划、开发、建设营造和传播整体旅游形象,营造目的地的整体旅游环境,其营销活动具有"造势"性质,旅游企业营销则是各类旅游企业开展的营销活动,其营销活动具有"借势"性质。

旅游目的地营销与旅游企业营销的联系非常密切。首先,旅游目的地营销是旅游企业营销的前提。单个的旅游企业往往承担不了对整个旅游目的地的营销。其次,旅游企业营销是旅游目的地营销的条件。无论何种旅游目的地,它为满足游客多样化的需求所提供的多样化的旅游产品,都必须通过企业经营的方式提供。最后,旅游目的地营销与旅游企业营销具有同方向互动关系。旅游目的地营销越成功,旅游企业的机会越大;旅游企业的营销越成功,旅游目的地营销则越有吸引力。

模 块 二

一、名词解释

1. 宏观环境要素:即影响企业宏观环境的巨大社会力量,主要是指政治法律环境、经济环境、社会文化环境、技术环境、自然环境、人口环境等。

2. PEST分析:针对政治、经济环境、社会环境、技术环境所进行的宏观环境分析。

3. 微观环境要素:指存在于旅游企业周围并影响其营销活动的各种因素和条件,具体可从企业自身、营销中介、供应商、购买者、竞争者和公众六方面来阐述。

4. 旅游者购买行为:指旅游者受到外界刺激之后,在旅游动机的支配下,为满足较高层次的心理需要而选择购买旅游产品的活动。

5. 旅游市场调研:指针对旅游企业特定的营销问题,采用科学的研究方法,系统地设计、收集、整理、分析、解释和报告与企业有关的数据和研究结果,为营销管理者制定、评估和改进营销决策提供依据。

6. 问卷法:访问法的一种形式,指通过设计调查问卷并让被调查者填写调查表来获得调查对象的信息。

二、单项选择题

1. B 2. C 3. D 4. B 5. A 6. A 7. B 8. C 9. C 10. D

三、多项选择题

1. ABCD 2. ABCD 3. AC 4. ABC 5. ABC

四、简答题

1. 影响旅游者购买行为的因素大体上可归纳为三类：① 旅游者个人方面的内在驱动因素，包括旅游消费者个人方面的动机、学习、信念与态度、知觉、人格或心理类型；② 外在影响因素，包括文化、年龄与性别、社会阶层、生活方式、人类生活周期的阶段、微社会群体；③ 购买情境因素，包括该项购买的性质；参与者在整个购买过程中的角色扮演。

2. 设计调查问卷的程序包括以下步骤：第一步，明确调研目的及信息来源；第二步，确定问卷类型及抽样方式；第三步，明确所需信息；第四步，设计问题及答案；第五步，将问题排序；第六步，修改并完善问卷；第七步，排版定稿。

五、论述题

根据调研目的的不同，旅游市场调研一般分为探测性调研、描述性调研和因果性调研三种类型。

探测性调研用于探询旅游企业所要研究的问题的性质，指旅游营销人员对所需研究的问题或范围还不很清楚，为明确进一步调研的内容和重点，需进行的试探性调研。探测性调研通常是在正式调查中的初步调研或明确问题阶段时所采用，一般为小样本调研和定性分析。常用方法有专家咨询法、座谈会法、个人访谈等。

描述性调研是在已经明确所要研究的问题与重点的基础上，以描述研究对象的特征、功能、属性等为目的进行的调研。大多数的市场营销调研都属于描述性调研。与探测性调研相比，描述性调研的目的更加明确，研究的问题更加具体，一般为大样本调研和定量分析。描述性调研注重对实际资料的记录，因此多采用询问法、观察法、文案法。

因果性调研是指为了通过对多种因素的研究来确定问题产生的原因所进行的调研。因果性调研的目的是找出关联现象或变量之间的因果关系。如果说描述性调研是要对问题"知其然"，那么因果性调研就是要对问题"知其所以然"，通常为定量分析。因果性调研常用方法有实验法、统计模型法等。

六、讨论题

略

模 块 三

一、名词解释

1. STP 营销：即市场细分、目标市场选择、市场定位三个构成企业营销战略的核心要素。

2. 市场细分：指营销者通过市场调研，依据消费者的需要和欲望、购买行为和购习惯等方面的差异，把某一产品的市场整体划分为若干消费者群体的市场分类过程。

3. 目标市场：指旅游企业在市场细分的基础上，所选定并决定为其服务的一部分消费者群。

4. 整体目标市场营销策略：指旅游企业将整个旅游市场视为一个目标市场，不进行细分，用一种旅游产品和一套营销组合开拓市场。

5. 差异性目标市场营销策略：指旅游企业把整个旅游市场划分为若干个细分市场，并针对不同细分市场的需求特点，提供不同的旅游产品及制定不同的营销组合以满足旅游者不同的需要。

6. 集中性目标市场营销策略：指旅游企业集中力量进入一个或少数几个细分市场,实行专业化旅游产品销售和服务。

7. 旅游市场定位：是根据所选定目标市场的竞争状况和自身条件,塑造出旅游企业和产品在目标市场上的鲜明特色、形象和位置的过程。

二、单项选择题

1. D 2. A 3. C 4. C 5. A 6. A 7. B 8. D 9. B

三、多项选择题

1. BCD 2. ABCD 3. ABC 4. ABC 5. ABCD

四、简答题

1. 旅游企业评价细分市场是否可作为本企业目标市场时,首先要考虑细分市场是否具备适度规模和增长潜力。理想的目标市场是具有较大的销售额、高增长率和高利润贡献的市场。其次,旅游企业选择目标市场时,还需要考虑目标市场是否具有长期盈利能力,也就是目标市场应具有较强的结构性吸引力。最后,旅游企业的目标市场选择还需考虑企业的目标和资源。

2. 产品差异化可以采用以下几种方式实现：通过产品价格差异定位中高低档产品、通过技术差异体现不同用途、通过功能差异增加产品的延伸功能、通过文化差异体现不同价值等。服务差异化可以通过将无形服务转化成有形的产品、为顾客提供定制化的服务、定期对服务人员进行培训、提高管理水平等方式实现。人员差异化可以通过聘用或者培养比竞争对手更优秀的人员、定期开展专业的知识培训、满足员工对知识的需求等方式来实现。形象差异化可以通过设计易于记忆和传播的品牌形象或者品牌宣传语等方式来实现。

五、论述题

1. 无差异性目标市场营销策略适用于需求广泛、市场同质性高并且旅游企业掌握大量旅游资源的情况。其优点是减少产品开发成本,实现产品的经济性,规模效应显著,易于形成品牌旅游产品的声势和地位。其缺点是忽略了旅游者需求的差异性,市场适应能力差,企业的经营风险较大。

差异性目标市场营销策略适用于规模大、实力强的旅游企业。其优点是：首先,能更好地满足各类旅游消费者的不同需要,有利于扩大旅游企业的销售额和提高旅游企业的竞争力;其次,有利于建立旅游企业及其品牌的知名度和美誉度,塑造良好的企业形象,培养品牌忠诚度;第三,有利于旅游企业抓住更多的市场机会,提高市场占有率,降低经营风险。其缺点是：首先,由于旅游企业必须针对不同的细分市场开展独立的营销计划,会增加企业在市场调研、促销和渠道管理等方面的营销成本;其次,可能造成旅游企业顾此失彼,使企业在各个细分市场的竞争力受到影响,最终影响优势发挥和经营效率。

采用集中性目标市场营销策略的企业力求在一个或几个子市场占有较大份额,适用于资源较少的小企业。其优点是集中优势力量在大企业尚未顾及或尚未建立绝对优势的某个或某几个细分市场进行竞争,成功可能性更大。其缺点是由于市场狭小,企业发展受到限制,一旦市场需求变化或消费者爱好偏向转移,旅游企业将会面临较大困难。

2. 旅游市场定位是根据所选定目标市场的竞争状况和自身条件,塑造出旅游企业和产品在目标市场上的鲜明特色、形象和位置的过程。市场定位研究的是以怎样的姿态进入目标市场并设法在目标顾客心目中形成一种特殊的偏爱以建立竞争优势。

市场定位的过程包括以下步骤：首先,通过产品差异、服务差异、人员差异、形象差异构建和确定可能的竞争优势;其次,通过差异点个数和差异点选择标准的确定选择恰当的竞争优势,企业需要考虑宣传一个差异点还是多个差异点,也就是以一种差异还是多种差异作为定位基础,企业差异点的选择标准包括重要性、独特性、优越性、可沟通性、专有性、经济性、盈利性;第三,在优质优价、优质同价、同质低价、低质更低价、优质低价五种企业可以采用的价值主张中选择其一传递恰当的定位信息。

模　块　四

一、名词解释

1. 旅游产品:指旅游企业经营者为了满足旅游消费者在旅游活动中的各种需求,向旅游市场提供的各种物质产品、精神产品和旅游服务的组合,一般由核心产品、形式产品、延伸产品三个层次组成。

2. 旅游产品组合:也称产品搭配,指旅游企业生产或销售的全部产品的结构,涉及产品线、产品组合的宽度及深度、长度等。

3. 旅游产品的生命周期:旅游产品从投放市场开始,到最后被市场所淘汰为止的全部过程所经历的时间,包括导入期、成长期、成熟期和衰退期四个阶段。

4. 旅游新产品:指同现有产品相比较,在原理、构成、方法、手段等方面有显著改进和提高,并在一定市场和范围内首次投放和使用,能给旅游消费者带来某种新的满足和新的利益的产品。

5. 市场撇脂定价:是高价投放的新产品价格策略,目的是在尽可能短期限内迅速获取高额利润,适用于特色鲜明、垄断性强、其他企业难以仿制或开发的旅游新产品。

6. 市场渗透定价:指企业在新产品投放市场的初期,将产品价格定得相对较低以便迅速而深入地渗透到市场当中,吸引大量消费者,获得较高的销售量和市场占有率,适用于能尽快大批量生产、特点不突出、易仿制、技术简单的新产品。

7. 旅游营销渠道:指旅游产品在转移使用权过程中所经过的各个环节连接而成的通道,包括所有取得旅游产品的使用权,或协助该使用权转移的组织和个人在内的有组织、多层次的销售系统。

8. 旅游中间商:指介于旅游生产者与消费者之间,协助旅游企业推广和销售旅游产品给最终消费者的中介组织或个人。

9. 旅游经销商:指旅游产品买进以后再转卖出去的旅游中间商,其显著特点是旅游产品所有权在买卖双方的转移。

10. 旅游代理商:指那些只接受旅游产品生产者或供应者的委托,在一定区域内代理销售其产品的旅游中间商,其收入来自被代理企业支付的佣金。

11. 旅游促销:指在旅游产品、价格、渠道确定以后,旅游企业向消费者传递有关本企业及产品的各种信息,说服或吸引旅游消费者购买其产品,以达到扩大销售量的目的。

12. 旅游广告:指旅游目的地国家、地区、旅游组织或企业以付费的形式,通过非人员媒介向目标市场的公众传播产品或服务的有关信息,以扩大影响,提高知名度,树立自身形象,最终达到促进销售目的的一种宣传形式。

13. 人员推销:指旅游企业通过派出销售人员与一个或一个以上可能成为购买者的人面

对面或以电子方式交流来进行产品促销,帮助和说服购买者选择旅游企业,购买某种旅游产品的行为。

14. 销售促进:指旅游企业在某一特定时期与空间范围内,通过各种短期刺激和鼓励,促使旅游者尽快购买或大量购买旅游产品及服务而采取的一系列促销措施和手段。

15. 公共关系:指旅游地和旅游企业为了获得旅游者和社会公众的信任与好感,以非付费方式以大众传播媒介为主要手段,树立、改善或改变旅游企业与旅游产品在公众心目中的形象,维护和发展与旅游者和社会公众之间的良好关系,营造有利的经营环境所进行的一系列宣传活动和措施。

二、单项选择题

1. D　2. A　3. C　4. C　5. B　6. C　7. A　8. A　9. B　10. A
11. B　12. C　13. A　14. D　15. B　16. A

三、多项选择题

1. ABCD　2. ABCD　3. ABC　4. ABCD　5. ABCD　6. AB　7. ABD
8. ABCD　9. ABCD

四、简答题

1. 一般认为,整体旅游产品由核心产品、形式产品、延伸产品三个层次组成。核心产品是指顾客购买产品时所追求的基本效用或利益,在旅游产品中指满足旅游者基本旅游需求的产品;形式产品是核心产品的载体,即核心产品出现在市场上的样貌,主要包括品牌、质量、设计、特色和包装等,在旅游产品中指满足旅游者不同需求和欲望的产品形式,如自然风光、人文景观、民俗风情等。延伸产品是指消费者购买之前、之中和之后所得到的各种附加服务和利益的总和,即售前咨询、售后服务及销售过程中的其他服务。

2. 旅游产品的定价方法主要有三类:(1)成本导向定价法:在成本的基础上加上一定的利润和税金来制定价格的方法,包括成本加成定价、盈亏平衡定价法、目标利润定价法等;(2)需求导向定价法:指以旅游产品的市场需求状态为主要依据,综合考虑旅游企业的营销成本和市场竞争状态而制定或调整产品、服务的营销价格的方法,包括习惯定价法、认知价值定价法、差别定价法等;(3)竞争导向定价法:是通过研究竞争对手的产品价格和服务质量,以市场上相互竞争的同类产品价格为基准点确定同类产品的价格的方法,包含率先定价、随行就市定价等。

3. 旅游经销商是指旅游产品买进以后再转卖出去的旅游中间商,其显著特点是旅游产品所有权在买卖双方的转移,经销商通过购买而取得旅游产品所有权,其收入来自旅游产品购进价和销出价之间的差额。旅游代理商是指那些只接受旅游产品生产者或供应者的委托,在一定区域内代理销售其产品的旅游中间商,其收入来自被代理企业支付的佣金。

4. 首先是产品因素,主要涉及产品的性质或类型、产品的档次或等级两个方面;其次是市场因素,主要包括客源市场的规模、客源地与旅游生产现场之间的空间距离,以及目标客源人群的集中度;第三是企业自身因素,基本上可归结为本企业的经营规模或接待能力、本企业的营销实力两个方面。

5. 首先是面向旅游者的销售促进方式,最常用的有赠送促销、折价券、现金返还或抽奖促销、联合推广、事件营销、会议促销等;其次是面向中间商的旅游销售促进方式,包括批发回扣、推广津贴、销售竞赛、扶持销售渠道、培训促销等;此外,还有组合型的销售促进方式,包括旅游企业或相关企业的联合促销,往往与广告、公关、事件等配合促销,具体形式有联合推广、增值服务推广、包价旅游等。

五、论述题

1. 一个完整的旅游产品生命周期包括四个阶段:导入期、成长期、成熟期和衰退期。

旅游产品生命周期的导入期往往始于新产品首次进入市场,主要特点是:销售量较低;经营成本高;利润低;竞争者尚未加入。在此阶段,旅游企业的营销策略应围绕"快"字做文章。

旅游产品生命周期的成长期主要特点是:销售量迅速增加;利润迅速增加;成本迅速下降;竞争者开始加入。在此阶段,旅游企业的营销策略应尽可能长期地维持市场的快速增长,围绕"好"字做文章。

旅游产品的销售增长在某一点上开始转向缓慢时,该产品便进入了成熟期,该阶段的主要特点是:销售增长趋于和缓、销售量和利润达到最高点;经营成本达到最低点,竞争异常激烈。在此阶段,旅游企业的营销策略应围绕"长"字做文章。

旅游产品生命周期的衰退期主要特点则是:销量开始下降;成本费用开始上升;利润明显下降;竞争格局已明朗,胜负已成定局。在此阶段,旅游企业的营销策略应围绕"转"字做文章。

2. 广告活动的实施过程一般包括五个重要的步骤,即确定广告目标(Mission)、确定广告预算(Money)、确定广告信息(Message)、选择广告媒体(Media)、评价广告效果(Measurement),简称"5M"。

广告策划的第一步是确定该广告的目标。根据广告的作用和信息传递目标的不同,一般可以把广告目标分为告知、提醒、说服三类。告知主要用于旅游产品的引入阶段。提醒促销在产品生命周期的成熟和衰退阶段以及购后评价的采纳中最为有效。说服性促销在产品生命周期的成长期和成熟期以及购买过程的可替代性评价中会发挥最好的功效。

广告目标确定后,旅游企业必须确定广告预算。确定广告预算需要考虑的因素包括产品所处的生命周期阶段、市场份额、竞争激烈程度、广告频率、产品差异性等,具体方法主要有量入为出法、销售比例法、竞争均势法、目标任务法四种。

根据既定的广告目标去构思和设计该广告所要传递的信息是广告实施过程中最具创造性的工作,一般包括确定广告主题、评估和选择广告信息等。

在选择广告媒体时,首先注意遵循选择与目标市场人群密切程度最高的媒体,具体应注意考虑媒体的广告覆盖面和目标市场人群的媒体习惯、所要推介的旅游产品的性质或类型等。此外还要注意考虑成本效益,如成本费用与受众质量之间的平衡、媒体受众对广告的注意程度、所选择媒体的社会公信度等。

广告效果的评价则一般包括销售效果的测量和传播效果的测量两类。

模　块　五

一、名词解释

1. 软文:指企业通过策划,在报纸、杂志或网络等媒体上刊登的可以提升企业品牌形象和知名度、促进企业营销的一系列宣传性、阐释性文章。

2. 微信营销:指基于微信平台进行的各种营销活动,其营销主体可以是企业或个人,主要起着产品展示宣传和推广销售的作用。

3. 微博营销:指企业、个人基于微博平台而进行的网络营销活动,包括品牌信息传播、消费者互动、客户服务、公关服务和电子商务等。

4. 话题营销:又叫付费评论,指借助媒体的传播和消费者口碑效应,让广告主的产品和服务成为众人谈论的话题,以此推动销售。

5. 定制化营销:指旅游企业从不同消费者的实际需要出发,在信息技术的基础上,设计出不同的旅游产品,并为消费者提供相应的个性化服务的营销方式。

6. 主题旅游产品:将各种旅游项目围绕确定的旅游主题进行组合从而形成的一种旅游产品,往往有较强的参与性和一定的知识性和趣味性,能满足主题旅游参与者所追求的独特旅游体验。

7. 旅游线路:指在特定区域内,根据旅游六要素(吃、住、行、游、购、娱)的情况,由旅行社或其他旅游管理部门为游客设计和串联组合而成的以旅游景点为节点,以交通路线为连线的具体走向的线路。

二、单项选择题

1. D　2. A　3. C　4. B　5. B　6. A　7. B　8. C　9. A　10. B

三、多项选择题

1. ABC　2. ABC　3. ACD　4. ABCD　5. ABD

四、简答题

1. 软文营销具有以下几个方面的特点:营销目的隐蔽;内容丰富,形式多样,受众面广;吸引力强,可接受度高;低成本,高效益;影响周期长,有可能实现二次或多次传播。

2. 旅游类短视频按照生产内容和生产用户的不同,主要分为UGC(用户生产内容)旅游打卡短视频和PGC(专业人士生产内容)旅游短视频。短视频的营销形式主要有两种:第一种是借助品牌推广力度进行营销,起到宣传品牌的作用,如通过微博或者微信公众号主动推广的短视频形式;第二种是发挥用户的主观能动性,让他们主动上传短视频,经过大量用户点赞、分享、模仿体验,引导旅游消费。

3. 旅游定制化营销的服务体系主要包括以下步骤:收集和分析潜在客户的个人信息;开发差异性旅游产品;与旅游者进行沟通和咨询服务;为游客设计定制旅游营销组合;顾客经历旅游消费和体验过程;旅游后的信息反馈及数据库更新。

五、论述题

微博营销的具体策略包括内容营销、立体式营销、意见领袖营销、话题营销等。

内容营销是微博营销最为常用的策略,指营销主体通过微博发布文字、图片、视频等传递产品、服务或品牌信息,提高企业品牌影响力或激发消费者购买的行为。在微博上,常见的内容营销类型主要呈现为抽奖活动类、促销折扣类、向外链接类、用户反馈类、与行业无关类、与行业相关类六种形式,在内容制作上应遵循新鲜性、有趣性、有用性、个性化等原则,并注意内容应该与用户产生关联和具有人性化、参与性的特点,并需把握好发布和互动周期。

立体式营销也称整合式营销,指在微博上打造全方位、多平台、多账号的捆绑式互动营销,形成企业官方微博——个人微博——大众微博——官方微博的闭环传播途径。企业应设置专门的团队或部门对官方微博账号进行维护,去提高企业微博内容的多样性和全面性,并利用好企业领导人微博和鼓励员工个人微博的设立,但也需要适当经营和加强管控,以免不当信息给企业带来负面影响。

　　微博意见领袖是指以微博为主要活动场域,拥有较高关注度和较大影响力,善于与粉丝分享信息并能够对他人的态度产生影响的微博活跃用户。利用此类微博用户往往可以取得较好营销效果,可以通过粉丝数、微博评论数和微博转发数三个数据加以量化证明。具体可以采用代言模式、内容植入模式和转发模式。

　　话题营销又叫付费评论,指借助媒体的传播和消费者口碑效应,让广告主的产品和服务成为众人谈论的话题,以此推动销售。一般可以选择与品牌契合的热点话题进行借势,并采用适当方式扩大话题传播。

参 考 文 献

[1]　陈玲. 市场营销策划[M]. 北京：清华大学出版社,2018.

[2]　张文锋,黄露. 新媒体营销实务[M]. 北京：清华大学出版社,2018.

[3]　李晓. 当代旅游市场营销方式的综合研究[M]. 北京：中国水利水电出版社,2018.

[4]　孟韬. 市场营销：互联网时代的营销创新[M]. 北京：中国人民大学出版社,2018.

[5]　孙梦阳,季少军. 旅游市场营销[M]. 北京：北京航空航天大学出版社,2017.

[6]　李进恩,王似保. 市场营销学[M]. 北京：国家行政学院出版社,2018.

[7]　李天元,曲颖. 旅游市场营销[M]. 北京：中国人民大学出版社,2013.

[8]　张通勇,甘清,昌蕾. 旅游类短视频发展现状及创新模式[J]. 中国报业,2020(4)：18 - 19.

[9]　蔡君涛,刘文华. 旅游类短视频发展现状及创新模式[J]. 现代营销(经营版),2019(2)：101.

[10]　常乐茹,杨利. 定制营销视角下的旅游企业经营创新研究[J]. 无锡商业职业技术学院学报,2018(18)：39 - 42.

[11]　崔波. 基于定制化营销理论的邮轮主题化研究[J]. 现代商业 2018(34)：191 - 192.

[12]　陈莹. 区域性定制旅行网的品牌建构[D]. 合肥：安徽大学,2018.

[13]　毛亚云. 主题旅游项目策划研究："'牵手世遗,完美之旅'万人游龙泉"主题旅游项目为例[D]. 桂林：广西师范大学,2017.

[14]　郝青文. 浅谈定制旅游在旅游企业营销中的创新[J]. 商场现代化,2019(13)：55 - 56.

[15]　张芹. 定制旅游在旅游企业营销中的创新研究[J]. 旅游经济,2012(2)：187 - 188.

[16]　林爱芳. 定制旅游研究综述[J]. 中国科技信息,2012(12)：214.

[17]　黑马程序员. 网络营销文案策划[M]. 北京：人民邮电出版社,2018.